Danksagung

Mein Dank gilt vor allem meiner Frau Kathrin, die mir in der Hochphase dieser Dissertation mit viel Geduld begegnete, meine Verschrobenheiten mit einem Lächeln zu quittieren verstand und mir vor allem zum Schluss viel Hilfe zuteilwerden ließ. Auch sind meine Freunde Tobias, Daniela, Micha, Sonja, Christian und Can zu nennen, die mir mit Anregungen und Toleranz hinsichtlich meiner knappen Zeit für sie zur Seite standen. Mein Dank gilt auch meiner Mutter, die mich auf jedem Weg meines Studium und während meiner ersten Schritte auf dem Arbeitsmarkt nicht zuletzt mit materieller Hilfe unterstützte und meine Entscheidung für die politische Philosophie immer gut geheißen hat, ohne mich jemals zu drängen, doch etwas „Vernünftiges" zu lernen. Das Gleiche hat Wendelin für mich getan, den ich gerne länger gekannt und dem ich gerne meine Arbeit gezeigt hätte, da er Bücher doch so liebte. Den Teilnehmern des Kolloquiums „Andersheit und Fremdheit" verdanke ich viele Inspirationen und nicht zuletzt die Gelegenheit, mich an ihrem letzten Workshop mit einem Vortrag über Judith Butler zu beteiligen. Auch sind Ulrike Wörz, Christian Styra und Tanja Onken zu nennen, in deren engagiertem Taekwondo-Training ich immer wieder zu einer Welt jenseits des Schreibtisches fand, um Ruhe und Kraft zu tanken. Lisa Glauche danke ich für ihre so gründliche Korrektur und ihre vielen so vollkommen richtigen Anmerkungen. Prof. Dr. Göhler und Prof. Dr. Wehland-Rauschenbach bin ich für die Offenheit verbunden, mit der sie meinem Vorhaben gleich begegneten, obwohl sie mich beide noch nicht kannten, da ich sowohl in Berlin als auch an der Freien Universität neu war. Ihnen und dem Rest des Theoriebereichs Politik an der FU-Berlin habe ich es außerdem zu verdanken, über bloße Schreibtischarbeit hinaus auch lehren zu können. Nicht zuletzt seien natürlich meine Studenten und Studentinnen genannt, die mir nicht selten mit ihren vielen Fragen nachhaltig zu denken geben.

Einleitung

Die vorliegende Arbeit versucht durch Verbindung der Ansätze Judith Butlers und Ernesto Laclaus eine Auffassung des Begriffs Geschlecht zu erarbeiten, die diesen als Produkt politischer Auseinandersetzungen um Hegemonie versteht. Das Ziel dieser Auseinandersetzungen liegt demnach in der Anerkennung heute devianter und unsichtbarer Identitäten und wird von Subjekten getragen, die gerade in ihrer diskursiven Dezentriertheit über genügend Freiheit verfügen, um die sie umgebende soziale Welt auf grundlegende Weise zu verändern. Um dies herauszustellen, wird zunächst der politische Kern der butlerschen Theorie erarbeitet, um diesen anschließend in einem zweiten Schritt unter hegemonietheoretischer Perspektive auszuarbeiten. Da somit zwar deutlich wird, inwiefern Geschlecht und Hegemonie zusammenhängen, jedoch noch nicht ersichtlich ist, worin die Ziele hegemoniepolitischer Geschlechterpolitik liegen könnten, folgt als dritter Schritt eine Analyse des butlerschen Anerkennungsbegriffs, die eine auf dem Weg der Anerkennung verfolgte Politik der Inklusion als Einsatz hegemonialer Auseinandersetzungen um den Begriff Geschlecht erkennbar macht. Der letzte Schritt besteht in einer Interpretation des Subjektbegriffs bei Butler und Laclau, die beide das Subjekt entgegen der häufig formulierten Kritik am Poststrukturalismus als widerständiges Moment im Diskurs und Träger jeder gesellschaftlichen Transformation begreifen.

Die Rezeption Judith Butlers war – zumindest in Deutschland – eine unter wissenschaftlichem Blickwinkel unglückliche Geschichte. Butler zählt zu jenen Theoretikern und Theoretikerinnen, die heute nicht nur wissenschaftliche Arbeit leisten und sich aufgrund dessen breiter Reputation in Fachkreisen und darüber hinaus erfreuen, sondern in ihrer Popularität vielen Pop- und Filmstars in nichts nachstehen. Dieser Status ihrer Person vermischte sich mit der Rezeption und Interpretation ihrer Veröffentlichungen und war – wie zu vermuten ist – nicht unwesentlich mit verantwortlich für jene starke Polarisierung, die Butler bei ihren Lesern und Leserinnen hervorrief. Alles begann mit der Veröffentlichung von „Das Unbehagen der Geschlechter" (Butler, 1991), als Butler die These aufstellte, der Feminismus habe die Trennung zwischen sex und gender zwar mit dem Ziel eingeführt, der Rede vom Geschlecht als Schicksal etwas entgegenzusetzen, dabei aber übersehen, inwiefern nicht nur gender, sondern auch sex eine soziale Konstruktion sei, weswegen er durch die unbedachte Verwendung dieser Kategorie auch die zu ihrer Herstellung notwendigen gesellschaftlichen Ausschlüsse wiederhole. Damit geriet Butler ins Kreuzfeuer vor allem zweier Kritikpunkte: Erstens liefe ihre Theorie auf die Schwächung, wenn nicht gar Beseitigung des Feminismus hinaus, zweitens verwandle sie den geschlechtlichen Körper in ein reines Diskursprodukt ohne eigenständige Dynamik. Auch wenn Butler sich in ihrem Folgewerk „Körper von Gewicht" (Butler, 1997) bemühte, den Kritiken durch Klarstellungen und Einführung neuer Begriffe entgegenzutreten, und explizit betonte, ihr Ziel liege keineswegs in einer Beseitigung der Geschlechterdifferenz, der sie sogar „ontologischen Status" (Butler, 1997b; 36) zusprach, wurde diese Kritik doch zum Grundstein der Butlerrezeption und ist es bis heute geblieben. Dadurch wurden viele Modifikationen, die Butler an ihrer Theorie vornahm, in der Interpretation nicht ausreichend berücksichtigt und vor allem verschwand sie in dem Moment aus der Rezeption, als ihr Schreiben sich nicht mehr ausschließlich auf die Frage der Konstruktion geschlechtlicher Identität konzentrierte, sondern sich auch aktuellen Problemen wie Guantanamo oder dem israelisch-palästinensischen Konflikt zuwandte (z.B. Butler, 2003 / Butler, 2004 / Butler, 2006). Der politische Gehalt ihrer Theorie wurde entweder übersehen oder lediglich in den wenigen, von Butler selbst benannten politischen Strategien gesucht, die zum einen in der Praxis des Drag und zum anderen in Versuchen liegen, durch Resignifikation Diskurse zu verschieben, die verantwortlich für Ausschluss und Unterdrückung sind (z.B. Bublitz, 2002; 75-117 / Weinbach; 2001, 417-420).

Trotz der Popularität Butlers ist ihre Theorie aufgrund des Verlaufs der Rezeption also relativ unerschlossen und in ihrem potentiellen Reichtum nicht im Ansatz ausgeschöpft. Dies spiegelt sich in den Veröffentlichungen über Judith Butler wider, bei denen es sich fast ausschließlich um Aufsätze handelt, die bis Mitte, Ende der neunziger Jahre verfasst wurden und versuchen, in die damals aktuelle Butler-Diskussion einzugreifen. Ebenso wie der Fokus dieser Debatte ist auch das thematische Spektrum dieser Aufsätze sehr verengt, die sich vornehmlich um die Frage der Natur-Kultur-Dichotomie gruppieren und in mehr oder weniger starken Formulierungen fast allesamt zu der Schlussfolgerung gelangen, Butler tendiere dazu, den Körper im Diskurs aufgehen zu lassen. Bei den wenigen Monographien, die über Butler verfasst wurden, handelt es sich zwar sowohl um vergleichende (Lorey, 1996 / Hauskeller, 2000 / Wachter, 2001 / Ludewig, 2002) als auch um explizit ihrer Theorie gewidmete Arbeiten (Wagner, 1998 / Geller, 2005), doch liegt das Hauptgewicht dieser Studien auf Butlers ersten Büchern und ist damit (heute) nicht (mehr) auf dem aktuellen Stand ihrer Theorie. Zudem tendieren die vergleichenden Arbeiten, da sie fast alle Foucault als Bezugspunkt wählen, dazu, Butler in dessen Schatten zu stellen, und stärken damit unbeabsichtigt das heute verbreitete Vorurteil, bei Butler finde sich im Grunde nichts, was nicht schon bei Foucault zu lesen wäre.

Ernesto Laclaus Publikationen haben im deutschen Sprachraum eine gänzlich andere Geschichte. Weder sind sie alle übersetzt noch werden sie in breiterer Form rezipiert. Doch gibt es mittlerweile vielversprechende Ansätze, Laclaus hegemonietheoretischen Ansatz auch in Deutschland bekannter zu machen. So veröffentlichte z.B. Oliver Marchart einen deutschsprachigen Reader über Laclau (Marchart, 1998) und in der von André Brodocz und Gary Schaal herausgegebenen Einführung in die politische Theorie (Brodocz/Schaal, 2001) findet sich ein Artikel über die laclausche Hegemonietheorie. Auch wenn die Rezeption in Deutschland mittlerweile ins Rollen kommt, liegt ihr geographischer Schwerpunkt weiterhin in England, wo Laclau an der Universität von Essex tätig ist und Wissenschaftler und Wissenschaftlerinnen unterschiedlicher Fachgebiete innerhalb des „Doctoral Programme in Ideology and Discourse Analysis" an einer Weiterentwicklung seiner Theorie arbeiten. Laclaus Denken war zunächst von einer großen Nähe zum klassischen Marxismus geprägt (Laclau, 1977), von der er sich jedoch in dem gemeinsam mit Chantal Mouffe veröffentlichten Buch „Hegemonie und radikale Demokratie" (Laclau/Mouffe, 2000) freimachte, indem er und Mouffe die Geschichte des klassischen Marxismus einer dekonstruktiven Lektüre unterzogen, um zu zeigen, wie der marxistische Ökonomismus immer wieder an einen Punkt geriet, an dem er seine Erklärungshoheit verlor und der Supplementierung durch ein verschwiegenes Element bedurfte, das Laclau und Mouffe in der Hegemonie ausmachen. Nach diesem gemeinsamen Werk trennten sich die Wege von Laclau und Mouffe und kreuzten sich nur noch selten in gemeinsamen Veröffentlichungen (z.B. Laclau/Mouffe, 1990). Während Chantal Mouffe sich mit der Ausarbeitung des Begriffs „radikale Demokratie“ beschäftigte, widmete sich Ernesto Laclau vor allem der Weiterentwicklung der strukturellen Grundlagen seiner Hegemonietheorie. Eine wichtige Rolle auf diesem Weg spielte die Intervention Slavoy Žižeks, der in seinem Aufsatz „Jenseits der Diskursanalyse“ (Žižek, 1998) anmahnte, Laclau müsse die Begriffe des Antagonismus und des Subjekts präzisieren, und dadurch zum Mitauslöser für Laclaus stärkere Hinwendung zu Lacan wurde, dessen Theorie Laclau Begriffe wie Subjekt, Mangel oder Identifikation entnahm, um sie auf modifizierte Weise in seinen eigenen Ansatz zu integrieren.

Dass Laclaus Hegemonietheorie trotz ihrer mittlerweile mehr als 30-jährigen Geschichte und ihres außerordentlichen Innovationsreichtums nicht zu ebenso großer Popularität gelangt ist wie die Theorie Judith Butlers, ist für ihre Rezeption höchst förderlich, die sich, von den unmittelbaren Reaktionen empörter Marxisten auf „Hegemonie und radikale Demokratie“ (Laclau/Mouffe, 2000) abgesehen, ausgesprochen sachlich vollzieht und ihren wohl produktivsten Ausdruck in dem von Critchley und Marchart herausgegebenen Sammelband „Laclau. A critical reader“ (Critchley/Marchart, 2004) gefunden hat. Was der Rezeption in Deutschland noch Steine in den Weg legt, sind wahrscheinlich drei Faktoren. Laclau ist selbst im Vergleich zu Foucault oder Butler ein schwer zugänglicher Autor, da er primär metatheoretisch argumentiert und sich entsprechend auf die Gesetze von Strukturen und Differenzsystemen konzentriert, die er nur selten mit Beispielen aus der Praxis untermalt. Zudem wird der Begriff Hegemonie auch heute noch von breiten Teilen der Politikwissenschaft schlicht mit Dominanz gleichgesetzt (Howarth, 2004; 256), wodurch eine Theorie der Hegemonie, wie Laclau sie formuliert, in den Verdacht gerät, den Gedanken der Demokratie wenn nicht zu verabschieden, so doch immerhin mit einem nicht zu tolerierenden Pragmatismus zu behandeln. Nicht zuletzt ist anzunehmen, dass noch immer viele Menschen Laclau im Spektrum des Marxismus ansiedeln und ihn deswegen zu einer theoretischen Schule zählen, die sich weigert, die Zeichen der Zeit zu erkennen. Doch in dem Maße, wie sich die Rezeption ausdehnt, werden diese Vorurteile verschwinden und einer sachlichen Analyse Platz machen.

Die Nähe der Ansätze Butlers und Laclaus ist unverkennbar. Auf theoretischem Gebiet verfolgen beide einen dekonstruktiven, diskurstheoretischen Ansatz. Beide ordnen sich der Strömung des Antifoundationalimus zu und beide weisen starke Bezüge zur modernen Linguistik und Psychoanalyse auf. Das politische Bestreben sowohl Butlers als auch Laclaus liegt in der Konzeption eines Ansatzes, der Menschen, die unter Erfahrungen gesellschaftlichen Ausschlusses leiden, die Möglichkeit eröffnet, sich mit ihren Forderungen und Wünschen an der Konzeption der Gesellschaft zu beteiligen. Aufgrund dieser Nähe erscheint es folgerichtig, dass Butler und Laclau in den neunziger Jahren begannen, nach Verbindungsmöglichkeiten ihrer Ansätze zu suchen (Butler/Laclau, 1998), und schließlich zusammen mit Slavoj Žižek einen Sammelband herausgaben, in dem sie versuchten, gemeinsame Antworten auf drängende theoretisch-politische Fragen zu geben (Butler/Laclau/Žižek, 2000). Doch ist es verwunderlich, wie abrupt diese intellektuelle Auseinandersetzung versiegte und welch tiefes Schweigen mittlerweile zwischen Laclau und Judith Butler herrscht, obwohl die Nähe zwischen ihren Ansätzen auch heute noch offensichtlich ist und keiner von beiden einen theoretischen Schwenk vollzogen hat, der geeignet sein könnte, zu einer solch starken Distanzierung vom Anderen zu führen. Bis auf eine Ausnahme (Smith, 1998/Smith, 1998b) gibt es bis heute keinen Versuch, die Ansätze Laclaus und Butlers auf eine wie auch immer geartete Weise einander nahezubringen.

Zur Schließung dieser Leerstelle beabsichtigt die vorliegende Arbeit einen kleinen Teil beizutragen. Es wird kein Vergleich beider Theorien angestrebt, der sie sie daraufhin analysiert, welche besser geeignet ist, die soziale und politische Wirklichkeit zu erklären. Ebenso wenig besteht das Ziel darin, sie einer systematischen Kritik zu unterziehen, um Nachbesserungen anzumahnen, die notwendig erscheinen, um zu höherer Konkretion zu gelangen. Vielmehr wird versucht, die jeweiligen Stärken beider Ansätze herauszuarbeiten, um zu einer Lektüre zu gelangen, in der beide Ansätze sich durch wechselseitige Ergänzung stützen und über ihren eigenen thematischen Fokus hinaus verweisen.

Butlers Ansatz hat aus politischem Blickwinkel vor allem zwei Schwächen. Der Begriff des Ausschlusses ist für sie von größter Wichtigkeit, da ihr zufolge intelligible Geschlechtsidentitäten (binär und heterosexuell) erst durch die Produktion eines konstitutiven Außen möglich werden, zu dem all jene Menschen zählen, die nicht die Norm erfüllen. Die Behauptung, eine „normale" Geschlechtsidentität zu besitzen, ist nur möglich, wenn sie mit dem Verweis auf jene Menschen einhergeht, die nicht „normal" sind und dadurch das Negativ liefern, von dem die Norm sich abgrenzt, um zu der ihr eigenen Geschlossenheit zu gelangen. Das Problem bei Butler besteht in der Verschwommenheit ihres Ausschlussbegriffs. Was in diesem Bereich liegt, wird von ihr als „das Nichtlebbare, das Nichterzählbare, das Traumatische" (Butler, 1997; 260) bezeichnet, was die Frage aufwirft, welche Identitäten Butler mit diesen Begriffen vor Augen hat. Können sie wirklich nicht benannt werden, liegen sie weit jenseits jedes verfügbaren Diskurses und machen dadurch die Erfahrung radikaler gesellschaftlicher Unsichtbarkeit? Oder handelt es sich – wie Butler häufig andeutet – um Identitäten, die in die heute verfügbaren Kategorien geschlechtlicher und sexueller Devianz fallen, also um Schwule, Lesben, Trans- und Intersexuelle? Diese Frage auf Grundlage von Butlers Veröffentlichungen abschließend zu klären, ist nicht möglich, da sich jeweils ebenso viel für die eine wie für die andere Interpretation sprechende Passagen finden lassen. Dadurch kommt es in Butlers Theorie zu einem großen Maß an Verwirrung, da nicht deutlich ist, über wen gesprochen wird, und sich die Frage erhebt, ob Butler trotz aller Fortschritte in der Gleichstellungspolitik behauptet, auch heute noch würden z.B. Lesben und Schwule behandelt wie Menschen, die ein grundlegendes kulturelles Tabu übertreten haben. Durch den Begriff des Antagonismus und dessen Differenzierung entlang der ontologischen Differenz kann Laclaus Theorie helfen, diese Unklarheiten in der Theorie Butlers zu beseitigen, indem er zwischen Ausschluss und Normalität den Begriff der Grenze setzt und dadurch zu bestimmen erlaubt, wie und wo das Deviante in der Gesellschaft situiert ist.

Eine weitere Schwierigkeit besteht in der Perspektivlosigkeit der Dekonstruktion der Geschlechtsidentität. Zwar zeigt Butler in luzider Weise, wie Geschlechter durch performative Diskurse geschaffen und mit dem Anschein unanfechtbarer Natürlichkeit ausgestattet werden, womit sie den Konstruktionscharakter der Geschlechtsidentität bloßlegt, doch ist sie nicht in der Lage, Wege aufzuzeigen, wie in dem dadurch entstehenden Raum der Unentscheidbarkeit geschlechtlicher Identitäten eine Politik betrieben werden könnte, die darauf abzielt, neue Konzeptualisierungen der Geschlechterdifferenz ins Leben zu rufen. Dies ist vor allem darin begründet, dass ihr Ansatz außer der Praxis des Drag und der Resignifikation über keine politischen Strategien verfügt, die darauf angelegt sind, mit dem Ziel der Veränderung in gesellschaftliche Verhältnisse einzugreifen. Leider entpuppt sich die Praxis des Drag bei näherer Analyse jedoch als weitgehend unpolitisch und die Resignifikation lediglich als Eingriff in einen sprachlich gedachten Diskurs, der zudem nicht geeignet ist, selbigen zielgerichtet zu verändern. Auch hier kann Laclau zu einem größeren Maß an Klarheit beitragen, indem Geschlecht aus der Perspektive seines Ansatzes als leerer Signifikant lesbar wird, dessen exponierte Stellung im Diskurs auf Kämpfe um Hegemonie zurückgeht, die konkreten sozialen Gesetzmäßigkeiten gehorchen.

Ebenso wie die Theorie Butlers weist auch diejenige Laclaus vor allem zwei Schwächen auf. Da Laclau seinen Ansatz nicht auf die Erklärung bestimmter politischer und sozialer Situationen zuschneidet, sondern ihn vollkommen allgemein formuliert, handelt es sich um eine Metatheorie, deren potentielles Anwendungsgebiet überall dort liegt, wo Laclaus theoretische Grundvoraussetzung differentieller Bedeutungskonstitution erfüllt ist – also nahezu überall. Diese Offenheit liegt vollkommen in der Intention seiner Arbeit (Laclau, 2004; 321), bringt jedoch mit dem aus ihr folgenden weiten Anwendungsbereich die Unklarheit mit sich, wie mit der Hegemonietheorie umgegangen werden soll. Ist sie ein reines Analyseinstrument, das von Konservativen ebenso angewendet werden kann wie von linken Systemkritikern? Zielt sie auf Formen gesellschaftlicher Veränderung, durch die bislang ausgeschlossene Menschen stärker in die Gesellschaft integriert werden, oder ist es ebenso gerechtfertigt, sie heranzuziehen, um zu analysieren, wie der Machterhalt eines reaktionären politischen Regimes sichergestellt werden kann? Butler ist an dieser Stelle eine wesentliche Hilfe, da sie in vielen Punkten zwar ähnlich argumentiert wie Laclau, ihre Überlegungen jedoch um das Thema Geschlecht gruppiert und der Hegemonietheorie dadurch ein konkretes Anwendungsgebiet erschließt.

Das zweite Problem Laclaus folgte aus dem ersten. Da die Hegemonietheorie eine Metatheorie und prinzipiell auf jede politische Situation anzuwenden ist, tendiert sie dazu, sich ethischen Fragestellungen gegenüber neutral zu verhalten. Zwar wird beim Lesen Laclaus deutlich, dass es sich bei ihm um einen linken Theoretiker handelt, der nach Wegen sucht, die Gesellschaft egalitärer und demokratischer zu gestalten, doch gibt es in seinem Ansatz nichts, was beispielsweise verhindern könnte, ein von breiten Teilen der Bevölkerung getragenes Unrechtsregime als intaktes Hegemonieverhältnis zu beschreiben. Ebenso benennt Laclau das vordringliche Ziel heutiger Kämpfe um Hegemonie, das entsprechend sowohl in der Abschaffung des Kapitalismus, der Einführung einer neuen Anerkennungsordnung oder auch der Durchsetzung neoliberaler Wirtschaftsprinzipien durch Techniken der Disziplinierung und Normalisierung liegen kann. Zwar wird dieser Voluntarismus durch die Stilistik des laclauschen Schreibens und kurze, über seine Texte verstreute Einlassungen zur Ethik ein wenig abgefedert, doch bleibt trotz allem eine Tendenz zur Beliebigkeit zurück, durch die seine Theorie von einem ethischen Vakuum bedroht wird, das geeignet ist, die Intention seines Schreibens zu konterkarieren. Durch die Möglichkeit, Laclaus hegemonietheoretische Erwägungen auf das Thema Geschlecht zu beziehen, erweist sich Judith Butler auch hier als wesentliches Korrektiv, da ihre Theorie mit der Forderung nach Anerkennung devianter Identitäten über ein konkretes Ziel verfügt, in dem ihre politischen Einlassungen konvergieren.

Zusammenfassend lässt sich sagen: Was Butler von Laclau erhalten kann, ist vor allem die Systematisierung ihrer Theorie entlang explizit politischer Begrifflichkeiten; was Laclau durch Butler gewinnt, ist die Anwendung seiner metatheoretischen Überlegungen auf das konkrete Thema Geschlecht und eine klar definierte politisches Zielsetzung.

Um diesen Ansatz zu entfalten, gliedert die vorliegende Arbeit sich in vier Teile. Der erste widmet sich der Theorie Judith Butlers und beginnt mit einer so kurz wie verständlich gehaltenen Darstellung ihrer grundlegenden Thesen, die sich eng an der vor allem in Deutschland verbreiteten Rezeption orientiert. Darauf folgt ein thematisch geordneter Überblick der Butlerdiskussion während der neunziger Jahre, durch den ersichtlich wird, dass sich die Auseinandersetzung sehr schnell auf die Kritikpunkte konzentrierte, Butler neige dazu, den Körper auszublenden, und überbetone den Diskurs, was zu einer thematischen Verengung der Diskussion führte, die sich einseitig auf die Natur-Kultur-Dichotomie konzentrierte und die anderen Aspekte des butlerschen Ansatzes wenig oder gar nicht beachtete. Auf der Basis dieser Bestandsaufnahme wird anschließend eine andere Interpretation verfolgt, die sich im Gegensatz zur Butler-Kritik nicht an einem dualen Modell der Sprache orientiert, das nur Signifikant und Signifikat berücksichtigt, sondern auch den Referenten als drittes Element. Dadurch entpuppt sich das Geschlecht als eine „schwankende Grenze" (Butler, 1997b; 36), die durch politische Auseinandersetzungen immer wieder neu ausgehandelt werden muss, und wird bereits als Produkt hegemonialer Auseinandersetzungen lesbar. Wie zum Schluss des ersten Teil dargelegt wird, liegt das wesentliche Problem Butlers in politischer Hinsicht darin, dass ihr Ansatz keine politischen Instrumentarien zur Verfügung stellt, durch die das Schwanken der Geschlechterdifferenz in eine politische Größe verwandelt werden könnte.

Der zweite Teil der Arbeit stellt den Versuch dar, Butlers Theorie der Konstruktion geschlechtlicher Identität entlang der Schlüsselbegriffe der laclauschen Hegemonietheorie zu rekonzeptualisieren, und bildet entsprechend das Kernstück dieser Arbeit. Begonnen wird mit einer knappen Darstellung des Ansatzes von Laclau und einem Vergleich seiner Theorie mit der Judith Butlers, der erweist, wie wenig trennend ihre Differenzen und wie stark ihre Gemeinsamkeiten sind. Darauf folgt eine Ausarbeitung des butlerschen Ausschlussbegriffs entlang des Antagonismuskonzepts Laclaus, wodurch eine klare Grenze zwischen Normalität und Abweichung eingeführt wird, die originär politisch ist und sich unter Zuhilfenahme der ontologischen Differenz Heideggers auf drei Ebenen situieren lässt. Dies führt zur Klärung der Frage, in welchen gesellschaftlichen Bereichen die verschiedenen Ausschlüsse situiert sind, die durch die soziale Konstruktion der Geschlechtsidentität hervorgebracht werden. Der Begriff der Dislokation greift das bereits von Butler benannte Problem der Rückkehr des Ausschlusses auf, leitet es mit Laclau aber aus den Eigengesetzlichkeiten von Strukturen her, anstatt seine Existenz wie in den Veröffentlichungen Butlers lediglich durch versteckte

Bezüge zur lacanianischen Theorie zu behaupten. Dadurch wird der Begriff Geschlecht schließlich als leerer Signifikant erkennbar, dessen wesentliche Eigenschaft darin besteht, eine Partikularität mit der Universalität zu verklammern und ihr auf diesem Wege den Anschein unbedingter, naturgegebener Gültigkeit zu verschaffen. Beim leeren Signifikanten Geschlecht handelt es sich um ein hegemoniales Verhältnis und damit um einen Typus von Herrschaft, der einerseits auf der Übereinstimmung des größten Teils der Bevölkerung beruht, andererseits aber von einer Zwangsdimension durchzogen ist, die darin besteht, alternative Optionen des politischen Arrangements undenkbar zu machen. Da Hegemonie für Laclau die grundlegende Kategorie von Politik darstellt, wird weiterhin gefragt, wie angesichts dessen mit dem klassischen „linken" Ideal der Emanzipation umgegangen werden muss. Die Befreiung von der „Macht" erweist sich im Zuge dessen als utopisches Ideal, das im Falle seiner Umsetzung zu einem psychotischen Zustand führen würde, und durch die Frage ersetzt werden muss, welche Formen von Macht die Gesellschaft strukturieren und wie diese organisiert sein soll. Den Abschluss des zweiten Teils der Arbeit bildet eine Auseinandersetzung mit der ethischen Dimension der Hegemoniepolitik, durch die ein normatives Defizit ersichtlich wird, das nur auf dem Wege der Entscheidung für ein konkretes politisches Ziel überwunden werden kann.

Der dritte Teil der Arbeit benennt mit Judith Butler das Ziel hegemonialer Kämpfe im Bereich der Geschlechterpolitik als Politik der Anerkennung und fragt nach den Subjekten dieser Politik. Zunächst wird die Relevanz des Anerkennungsbegriffs im Werk Judith Butlers herausgearbeitet, um anschließend die Ebenen darzustellen, auf denen ihr zufolge Anerkennung situiert ist. Diese erweist sich als komplexes Zusammenspiel mit der Norm, die ein Moment der Allgemeinheit in die Andersheit des Anderen einführt, das die Begegnung mit ihm ermöglicht, sie zugleich aber gefährdet, da es seine Singularität zu beseitigen droht. Anerkennung wird aus diesem Blickwinkel als prekäres Spannungsverhältnis lesbar, das immer von Auflösung bedroht ist und nur in der Bewegung fortwährenden Scheiterns aufrechterhalten werden kann. Ausgehend von dieser Entfaltung des Anerkennungsbegriffs wird mit Laclau dargelegt, inwiefern eine konsequent über Anerkennung verfolgte Politik der Inklusion abweichender geschlechtlicher Identitäten zu einer Veruneindeutlichung der heutigen Geschlechterkategorien von Mann und Frau beitragen kann. Abgeschlossen wird der dritte Teil von einem spekulativen Ausblick auf die künftige politische Relevanz des Anerkennungsbegriffs.

Der vierte Teil widmet sich dem Subjekt der Politik und beabsichtigt vor allem den verbreiteten Vorurteilen entgegenzutreten, poststrukturalistische Ansätze wie diejenigen Laclaus und Butlers würden die Handlungsfähigkeit des Subjekts verabschieden. Butlers Subjektkonzeption wird anhand des Begriffs des Überschusses entfaltet, wodurch sich das Subjekt in seiner Eigenschaft, vom hegemonialen Diskurs entbundene Entscheidungen treffen zu können, als nicht zu regulierender „Nebeneffekt" der Macht erweist, der es mit der Fähigkeit ausstattet, sich gegen die Bedingungen seiner eigenen Existenz zu kehren und sie von Grund auf zu verändern. Laclaus Subjektkonzeption folgt dem Oberbegriff des „Mangels" und zeigt, wie das Subjekt durch seine Identifikationsleistungen und die aus ihnen folgenden Entscheidungen immer wieder in bestehende Hegemonieverhältnisse eingreift, um sie in Richtung neuer hegemonialer Projekte zu verschieben. In einem weiteren Schritt wird aufgezeigt, dass Überschuss und Mangel in einem chiastischen Verhältnis stehen, was es erlaubt, Butler mit Laclau und Laclau mit Butler zu lesen und dadurch die Analyse beider Ansätze zu vertiefen. Den Schluss des Abschnitts bildet ein Ausblick darauf, weshalb der Begriff des Subjekts insbesondere heute zu neuer Relevanz gelangt und was diese Entwicklung für politisches Handeln bedeutet.

Die politische Dimension des Geschlechts

Die Schriften Judith Butlers setzen sich intensiv mit den aktuellen gesellschaftlichen Techniken auseinander, welche die Geschlechtsidentität in ihrer bipolaren und heterosexuellen Kodierung hervorbringen, und verdeutlichen dadurch neben dem Konstruktionsaspekt des Geschlechts vor allem dessen politische Dimension. Doch wurde dieser Aspekt in der Diskussion um Butler stark vernachlässigt, die sich einseitig auf die Frage des Verhältnisses von Natur und Kultur konzentrierte und zu dem Ergebnis kam, Butler dematerialisiere den Körper durch Überbetonung des Diskurses und mache auf diesem Weg politische Auseinandersetzungen äußerst schwierig, wenn nicht gar unmöglich. Um den politischen Kern des butlerschen Denkens herauszuarbeiten, ist es unumgänglich, die Geschichte der Butler-Rezeption aufzuarbeiten und nach Möglichkeiten für einen Neuansatz in der Butler-Interpretation zu suchen, der zu erkennen erlaubt, inwiefern ihr Ansatz Anschlussstellen für weiterführende politische Theoriekonzepte bietet.

Die Theorie Judith Butlers im Überblick

Die Theorie Butlers ist Thema einer Vielzahl von Publikationen, die um spezifische Probleme ihres Ansatzes kreisen oder diesen mit anderen vergleichen. Aufgrund der Komplexität ihrer Theorie und der Unüberschaubarkeit der Sekundärliteratur wird Butlers Ansatz an dieser Stelle in aller Kürze dargestellt, um einen Überblick zu geben und die in Deutschland bis heute gängige Interpretation zu verdeutlichen. Entsprechend liegt das Ziel weniger in einer kreativen Auslegung als in einer eng an der etablierten Rezeption orientierten Darstellung. Dies bereitet die Zusammenfassung der deutschen Butlerdiskussion vor, deren anschließende Analyse die Basis für eine alternative, im Hinblick auf die politische Theorie fruchtbare Interpretation Butlers schafft.

Sex-Gender

Mit der Veröffentlichung ihres Buches „Das Unbehagen der Geschlechter" wurde Butler, die bis zu diesem Zeitpunkt nur wenigen Menschen bekannt war, plötzlich zu einer omnipräsenten Person, deren Thesen vehement diskutiert wurden. Der Grund hierfür lag vor allem in ihrer Dekonstruktion der Sex-Gender-Trennung und deren politischen Konsequenzen.

Es gibt zwei Geschlechter. Menschen werden als männliche oder weibliche Wesen geboren, lernen als Mann oder Frau in der Gesellschaft zu agieren und bilden ein Begehren aus, das sich als heterosexuelles auf den jeweils anderen Pol dieser Binarität bezieht – es gibt also ein lineares Verhältnis von Biologie, Sozialem und Begehren. In aller Kürze lässt sich auf diese Weise auch heute noch die klassische Auffassung von Geschlechtlichkeit zusammenfassen. Die von feministischen Theoretikerinnen vorgenommene Trennung von biologischem und sozialem Geschlecht hatte das Ziel, dieser angeblichen Fatalität der Biologie zu entkommen, die Kontingenz und damit die Veränderbarkeit von gesellschaftlich eingespielten Geschlechterrollen zu betonen.[1] Doch bereits in ihren frühen Veröffentlichungen war Butler skeptisch gegenüber dieser Trennung. So schrieb sie über Merleau-Pontys phänomenologische Ausführungen zum geschlechtlichen Körper (Merleau-Ponty, 1966; 185-206), diese seien von einer gewissen Naivität geprägt, da er zwischen einem „biologischen Dasein" und einem „Bereich der geschichtlichen und kulturellen Bedeutungen" (Butler, 1997c; 174) unterscheide, und spekulierte bereits in einem anderen frühen Aufsatz mit Blick auf Simone de Beauvoir, es sei unklar, ob gender in irgendeiner Weise mit sex verknüpft oder diese Verbindung nicht selbst eine kulturelle Konvention sei (Butler, 1994; 134).

Auch wenn Butler sich in „Das Unbehagen der Geschlechter" nicht völlig von ihren existenzphilosophischen Grundlagen löst (Maihofer, 1995; 46), rekurriert sie seitdem wesentlich stärker auf Michel Foucault, konzentriert sich jedoch nicht auf dessen genealogischen Ansatz, sondern auf die Kategorie des Diskurses und unterzieht die Sex-Gender-Trennung einer dekonstruktiven Lektüre. Butler schreibt, dass wenn das in der Sex-Gender-Trennung zum Ausdruck kommende Bestreben ernst genommen werde, das soziale Geschlecht von der Biologie zu entkoppeln, so dass biologisch zwar ein Bimorphismus vorausgesetzt werden könne, ohne jedoch folgern zu müssen, dieser setze sich auf sozialer Ebene fort, wo es ganz andere Geschlechter geben könne, sei die Frage angebracht, ob angesichts einer so radikalen Spaltung überhaupt noch von einem (biologisch) gegebenen Geschlecht gesprochen werden könne. Mit Blick auf die Medizin, die Biologie und andere Wissenschaften, die sich ihr zufolge um die Beschreibung eines natürlichen – stets männlich oder weiblich und zugleich heterosexuell gedachten – Geschlechts bemühen, argumentiert Butler, diese würden nicht bestehende Tatsachen erforschen, sondern es handele sich um Diskurse, also kulturelle Werkzeuge, die den Eindruck von Natürlichkeit erst hervorbringen (Butler, 1991; 23). Dies kulminiert in einer Einschließung des Begriffs sex in den Begriff gender.

> „Die Geschlechtsidentität umfaßt auch jene diskursiven/kulturellen Mittel, durch die eine ‚geschlechtliche Natur' oder ein ‚natürliches Geschlecht' als ‚vordiskursiv', d.h. als der Kultur vorgelagert oder als politisch neutrale Oberfläche, auf der sich die Kultur einschreibt, hergestellt und etabliert wird." (Butler, 1991; 24)

Genau jene Diskurse, die gender konstruieren, stellen auch sex als scheinbar natürliche Gegebenheit her und gehen damit in ihrer produktiven Wirkung viel weiter, als bisher angenommen wurde. Da sex eine Kategorie ist, die den Körper in seiner vorkulturellen Dimension beschreibt, hat dieser theoretische Schritt Butlers entscheidende Konsequenzen für die Auffassung des Körpers. Er kann nicht länger als Einschreibefläche verstanden werden, auf die kulturelle Diskurse anschließend ihre Bedeutungen übertragen. Vielmehr ist Butler zufolge kein Rückgriff auf den Körper möglich, der ihn nicht zugleich anhand kultureller Bedeutungen interpretiert und geschlechtlich markiert. Es ist demnach nicht hinreichend, die Normen, von denen das soziale Geschlecht reguliert wird, einer kritischen Analyse zu unterziehen – auch die an der Herstellung des biologischen Geschlechts beteiligten Diskurse müssen in die Auseinandersetzung einbezogen werden, insofern sie nicht neutral beschreibend, sondern regulierend und damit selbst Teil der Norm sind (Butler, 1991; 23f. / Butler, 1997; 21f.). Da Butler den Begriff des Diskurses mit Foucault denkt, ist er von der Dimension der Macht nicht zu trennen.

Die diskursive Konstruktion der heute vorherrschenden binär und heterosexuell organisierten Geschlechterkategorien geht einher mit der Sanktionierung von Abweichung und produziert ein konstitutives Außen devianter Subjekte, die innerhalb des vom Diskurs etablierten Rahmens der Intelligibilität nicht repräsentiert werden (Butler, 1991; 38f. / Butler, 1997; 23).

Mit dem Aufgehen von sex in gender hat Butler den konstruktivistischen Zug ihrer bisherigen Arbeiten deutlich verstärkt (Waldenfels, 1997; 80), doch geht damit auch ein modifiziertes Verständnis von Konstruktion einher. Dass sex konstruiert wird, bedeutet nicht, es sei möglich, das Geschlecht beliebig zu wechseln, noch ist im Gegenteil zu folgern, der Diskurs setze seine Effekte in deterministischer Manier durch und beseitige den Spielraum für die Handlungsfähigkeit des Subjekts. Derartige voluntaristische oder deterministische Alternativen werden von Butler klar zurückgewiesen (Butler, 1997; 28). Stattdessen hat sie, nicht zuletzt als Reaktion auf die Kritik an „Das Unbehagen der Geschlechter", darauf verwiesen, dass die Konstruktionen selbst betrachtet werden müssten und die Art, wie sie sich materialisieren, wobei sich zeige, wie lebenswichtig die heute existierenden Konstruktionen von Geschlecht seien (Butler, 1997; 16). Lebenswichtig heißt jedoch nicht unveränderlich.

Die Frauen als Subjekt des Feminismus

Die sich aus der Dekonstruktion der sex-gender Trennung für den Feminismus ergebenden Konsequenzen sind mit Butler gedacht immens. Der Denkweg lässt sich am einfachsten mittels einer Implikationsbeziehung veranschaulichen. Wenn sex keine natürliche Kategorie ist, sondern eine diskursive, machtbasierte Konstruktion, die all jene ausschließt, deren Identität jenseits der herzustellenden heterosexuell kodierten Zweigeschlechtlichkeit liegt, es folglich möglich ist, bereits in den vermeintlich natürlich gegebenen Kategorien von Mann und Frau das Wirken einer verletzenden Macht nachzuweisen, so reproduziert jeder Rekurs auf diese Begriffe in unreflektierter Weise eben jene Gewalt, die zu ihrer Herstellung und Aufrechterhaltung aufgeboten wurde und wird. Für den Feminismus bedeutet dies nicht nur die Infragestellung der ihm zu Grunde liegenden Identitätskategorie „Frauen"; er muss sich seitens Butlers auch den Vorwurf gefallen lassen, durch seine Praxis genau jene Verhältnisse zu reproduzieren, die er doch eigentlich infrage stellen will.

> „Meine These ist, daß die unterstellte Universalität und Integrität des feministischen Subjekts gerade von den Einschränkungen des Repräsentationsdiskurses unterminiert wird, in dem dieses Subjekt funktioniert. Tatsächlich ruft das verfrühte Bestehen auf einem festen Subjekt des Feminismus – ‚Frau(en)' verstanden als bruchlose Kategorie – unweigerlich zahlreiche Ablehnungen hervor. Diese ausgeschlossenen Positionen enthüllen die zwanghaften und regulierenden Folgen einer solchen Konstruktion, selbst wenn sie zu emanzipatorischen Zwecken ausgearbeitet wurden." (Butler, 1991; 20)

Neben ihrem Angriff auf die Sex-Gender-Trennung war es vor allem diese These, mit der Butler in ihrem ersten Buch viel Widerspruch provozierte. Indem sie das Subjekt des Feminismus dekonstruierte, schien sie dessen politisches Projekt gänzlich infrage stellen zu wollen (Hänsch, 1999; 54) und auch heute wird ihre Intervention noch ablehnend beurteilt (Ludewig, 2002; 217).

Es lag jedoch nicht in Butlers Absicht, den Feminismus für politisch bankrott zu erklären, als ihn vielmehr durch eine Modifikation der ihm zu Grunde liegenden Kategorie zu revitalisieren (Butler, 1991; 21). Auch wenn es Butler zufolge für den Feminismus von essentieller Bedeutung ist, die eigenen Begrifflichkeiten infrage zu stellen, optiert sie nicht für einen politischen Kampf jenseits von Identitätskategorien. Der Begriff „Frauen" kann durchaus in feministischen Kämpfen verwendet werden, doch muss er dabei immer auch hinsichtlich seiner konstitutiven Ausschließungen infrage gestellt werden (Butler, 1994b). Die Instabilität des Begriffs sollte nach Butler als Chance verstanden werden, eine auf flexiblen Identitätskategorien basierende Geschlechterpolitik ins Leben zu rufen, die in der Lage ist, die Ausschlüsse des klassischen Feminismus zuumgehen, ohne dessen emanzipatives Projekt aus den Augen zu verlieren (Butler, 1991; 209-218). Eine solche Politik ist für Butler jedoch eher unter dem Begriff „queer" zu denken, dessen Grenzen weniger klar zu umreißen sind als die des klassischen Feminismus, da er eine flexible Identitätskategorie darstellt, die außer Frauen auch Lesben, Schwule, Bisexuelle, Intersexuelle, Transsexuelle und andere Identitäten umfasst. In diesem Sinne ist der Begriff „queer" als

„Erweiterung des Politischen" zu verstehen (Genschel, 1996; 526), doch muss auch er auf seine Ausschließungen und Geschichte hin befragt werden und kann damit ebenso wenig als Identitätskategorie und/oder nicht hinterfragte Basis für politisches Engagement dienen, wie die Kategorie „Frauen". Vielmehr muss er Butler zufolge ein „Ort kollektiver Auseinandersetzungen" (Butler, 1997; 313) bleiben und ständig umgearbeitet werden. So verstanden setzt Butler politisch gesehen jedoch große Hoffnungen in ihn.

> „Tatsächlich wäre es denkbar, dass die Kritik an dem Begriff ein Wiederaufleben sowohl feministischer als auch antirassistischer Mobilisierung innerhalb lesbischer und schwuler Politik auslöst oder neue Möglichkeiten für Koalitionsbündnisse erschließt, in denen nicht davon ausgegangen wird, dass diese konstitutiven Personenkreise untereinander grundverschieden sind." (Butler, 1997; 314)

Um Butlers Theorie besser nachvollziehen zu können, gilt es nun zu verstehen, wie die heute etablierte bipolare, heterosexuelle Geschlechterordnung hergestellt wird und über welche Kräfte der Diskurs dazu verfügen muss.

Die „heterosexuelle Matrix" und ihr Außen

Der Begriff Intelligibilität bezeichnet in der Philosophie das durch die Vernunft Erfassbare im Gegensatz zum lediglich sinnlich Registrierbaren (Halder/Müller; 1988, 147). Dass etwas außerhalb des Intelligiblen liegt, bedeutet, es kann mit auf Vernunft basierenden, epistemologischen Mitteln nicht hinterfragt oder dargestellt werden, was – bis zu einem gewissen Grad – seinen Ausschluss aus dem Bereich des Diskursiven zur Folge hat, in dem es allenfalls in verzerrter Form erscheinen kann. Wenn Butler nun die Begriffe Heterosexualität, Intelligibilität und Matrix vereint, geht es ihr um Folgendes:

> „[...] ein hegemoniales diskursiv/epistemisches Modell der Geschlechter-Intelligibilität zu charakterisieren, das folgendes unterstellt: Damit die Körper eine Einheit bilden und sinnvoll sind, muss es ein festes Geschlecht geben, das durch eine feste Geschlechtsidentität zum Ausdruck gebracht wird, die durch die

> zwanghafte Praxis der Heterosexualität gegensätzlich und hierarchisch definiert ist." (Butler, 1991; 220)

Es ist hier gleich eine Einschränkung zu machen. Nicht intelligibel zu sein heißt nicht, keinen Körper zu haben oder inexistent zu sein, sondern weder Sinnhaftigkeit noch Einheit zu verkörpern.[2] Doch aus was setzt sich diese Matrix zusammen und wie gewinnt sie ihre Kohärenz?

> „‚Intelligible' Geschlechtsidentitäten sind solche, die in bestimmtem Sinne Beziehungen der Kohärenz und Kontinuität zwischen dem anatomischen Geschlecht (sex), der Geschlechtsidentität (gender), der sexuellen Praxis und dem Begehren stiften und aufrechterhalten." (Butler, 1991; 38)

Dabei sind als Ergebnis zwei Geschlechter vorgesehen (Mann und Frau), eine Binarität, die durch die heterosexuelle Organisation von Sexualität und Begehren konstituiert und reproduziert wird (Butler, 1991; 45). Die heutige Variante der Geschlechterdifferenz ist Effekt einer historisch spezifischen und damit – entgegen allen Verweisen auf die Notwendigkeit des Binarismus zur Reproduktion der menschlichen Gattung (Landweer, 1993, 1994) – in letzter Instanz kontingenten Weise der Organisation von Sexualität als, wie Butler es formuliert, „Zwangsheterosexualität" (Butler, 1991; 39). Diese konstituiert die kulturell vorherrschende Zweigeschlechtlichkeit als Binarismus, innerhalb dessen eine Seite nur zu ihrer Identität gelangt, indem sie nicht die andere ist, einer Identität, der es an positivem Inhalt mangelt, insofern sie auf eine negative Abgrenzung vom jeweils Anderen zurückgeht.

Dem in die „heterosexuelle Matrix" eingelassenen Subjekt wird daraus die Pflicht zuteil, die Identifikation mit dem jeweils anderen Geschlecht zurückzuweisen und es stattdessen in ein Objekt des Begehrens zu verwandeln (Butler, 2001; 129). Wenn die Geschlechtsidentität als Mann oder Frau durch ein Implikationsverhältnis von sex, gender, gegengeschlechtlichem Begehren und gegengeschlechtlicher Sexualität konstituiert wird, gefährdet jedes Ausscheren aus dieser Ordnung die Geschlechtsidentität des Subjekts (Butler, 2001; 128). Die „heterosexuelle Matrix" produziert nicht nur intelligible Identitäten, sondern auch einen Bereich der Nicht-Intelligibilität, der als konstitutives Außen die Kohärenz der Konstruktion garantiert. Hannelore Bublitz bringt dies auf den Punkt, wenn sie schreibt, die „heterosexuelle Matrix" sei „ein Machtkomplex, in dem die kulturelle Norm der Heterosexualität mit Ausschlusscharakter die Grundlage der Konstitution von Geschlecht bildet" (Bublitz, 2002; 140). Da Butler den Subjektstatus mit der Existenz innerhalb der heterosexuellen Matrix verknüpft und dessen Materialität der dem englischen Wort „matter" innewohnenden Zweideutigkeit entsprechend auch als Bedeutung denkt (Ludewig, 2002; 191), heißt eine Existenz außerhalb des gesellschaftlich abgesteckten Bereichs der Intelligibilität für ein Individuum kein Subjekt[3], ja nicht einmal von Gewicht zu sein.

Das Außen der heterosexuellen Matrix ist ein konstitutives Außen, da es nicht einfach jenseits von ihr liegt, sondern sie stützt. Da das Ausgeschlossene die Grenzen der Signifikation des Intelligiblen bildet und dadurch aktiv an seiner Konstruktion beteiligt ist, macht es sich im Bereich des Intelligiblen als Störung bemerkbar, indem es als das „Nichtlebbare, das Nichterzählbare, das Traumatische" in ihn hereinbricht (Butler, 1997; 260). Die Grenzen der Signifikation (und mit ihnen der Bereich des Intelligiblen) werden durch ihre Unfähigkeit, die Ausschlüsse, auf denen sie basieren, ein für alle Mal festzuschreiben und sie auf genügend Abstand zu halten, damit sie nicht spürbar werden, instabil und drohen ständig, sich zu verschieben.[4]

Dies hat sowohl auf subjektiver als auch auf gesellschaftlicher Ebene Konsequenzen. Wie bereits gezeigt fußt die Existenz als Subjekt darauf, geschlechtlich intelligibel markiert zu sein, und dies setzt die als Akt der Verwerfung vollzogene Ausschließung des anderen Geschlechts als Identifikationsmöglichkeit und des eigenen Geschlechts als Objekt des Begehrens voraus. Die Rückkehr des Ausgeschlossenen im Subjekt vollzieht sich durch die Melancholie[5], die das Subjekt verspürt, weil es nicht um den durch den Ausschluss erlittenen Verlust trauern kann, ohne seinen Subjektstatus aufs Spiel zu setzen (Butler, 2001; 125f.). Für die Gesellschaft bedeutet der Ausschluss, keine bestimmte Interpretation von Geschlecht für immer durchsetzen zu können. Das Ausgeschlossene wird immer die Grenzen unterlaufen – wodurch der Begriff Geschlecht instabil und schwankend wird.

Diskurs und Performativität

Doch durch welches Mittel wird die „heterosexuelle Matrix" aufrechterhalten? Der Schlüsselbegriff lautet „Performativität". Wie bereits weiter oben angedeutet stützt sich Butler seit ihrem ersten Buch „Das Unbehagen der Geschlechter" auf Foucaults Begriff des Diskurses und dessen Eigenschaft, sowohl juridisch-repressiv als auch produktiv zu sein (Weinbach, 2001; 407). Ist in diesem Buch noch ein Schwanken zwischen der Alternative spürbar, die Performativität in der Geschlechterperformanz oder im Diskurs zu suchen, reformuliert Butler ihre Theorie in „Körper von Gewicht" dahingehend, die Materialität der geschlechtlichen Körper als Prozess der Materialisierung zu denken, der durch performative Diskurse geleistet wird (Annuß, 1996; 507f. / Annuß, 1998; 85), und behält diesen Ansatz auch in ihren nachfolgenden Publikationen bei. Den Begriff der Materialisierung zugunsten desjenigen der Materie in den Vordergrund zu stellen bedeutet nicht, die Existenz von Materie zu bestreiten, um die kontraintuitive Behauptung aufzustellen, ohne Diskurs würde der Körper sich in Luft auflösen, sondern es bedeutet, die mit dem Begriff unterstellte Irreduzibilität infrage zu stellen und eine Analyse anzumahnen, wie diese Irreduzibilität zustande kommt. (Butler, 1997; 53f.).

Der Gedanke Butlers lässt sich in aller Kürze wie folgt darstellen: Der Diskurs ist performativ und bringt die Subjekte ins Sein. Dazu muss er eine Konvention zitieren und sich stetig wiederholen, wodurch er sich verändert, da es nicht möglich ist, den Kontext eines Diskurses abschließend zu fixieren oder ihn ohne Verschiebung zu reproduzieren. Um der luziden Darstellung von Butlers Performativitätsbegriffs bei Sybille Krämer zu folgen, sei der Begriff im Folgenden anhand von Zitatförmigkeit und Anrufung erläutert (Krämer, 2001; 244f.).

Zur Formulierung ihres Ansatzes stützt sich Butler vor allem auf Austins Thesen zur Performativität sprachlicher Äußerungen (Austin, 2002)[6] und Derridas Ausführungen über die Kontextualität und Iterabilität sprachlicher Äußerungen (Derrida, 2001b, 2005)[7]. Dabei distanziert sie sich von der subjekttheoretischen Version des Performativitätsbegriffs bei Austin, indem sie diesen nicht an den Willen des Subjekts, sondern an den Diskurs bindet

(Butler, 1997; 259) und mit Derrida die Relevanz der Zitatförmigkeit hervorhebt.

> „Zunächst einmal darf Performativität nicht als ein vereinzelter oder absichtsvoller ‚Akt' verstanden werden, sondern als die sich ständig wiederholende und zitierende Praxis, durch die der Diskurs die Wirkung erzeugt, die er benennt." (Butler, 1997; 22)

Ebenso wenig wie die performative Kraft einer Äußerung auf einen willentlichen Akt des Subjekts zurückführbar ist, kann sie außerhalb der Sprache liegen, also z.B. nicht allein durch die Tatsache bedingt sein, als Richter einem Gericht vorzustehen und damit zur Rechtssprechung legitimiert zu sein. Butler situiert die Macht des Performativs in der Sprache selbst, indem sie auf deren Geschichtlichkeit und die in dieser Geschichte eingelassenen Traditionen und Rituale verweist. Im Moment des Sprechens wird eine „Gemeinschaft der Sprecher" und deren Historie aufgerufen (Butler, 1998; 75) und damit eine Konvention zitiert, die der Sprache die Macht verleiht, wovon sie spricht auch werden zu lassen, sei es im Moment der Äußerung selbst (illokutionär) oder zu einem durch diese bewirkten späteren Zeitpunkt (perlokutionär)[8]. Wenn die Konvention jedoch als eine in der Sprache verborgene Geschichte der Gemeinschaft der Sprecher verstanden wird, ist sie selbst ein Produkt früherer Zitationen, die durch zahlreiche Wiederholungen sedimentiert sind (Butler, 1993; 124).

Butler interessiert sich wie Austin insbesondere für das Misslingen performativer Äußerungen und die Möglichkeit, sie in Richtung neuer Bedeutungen zu verschieben. Da es nach Derrida nicht möglich ist, den Kontext einer Äußerung, auch einer performativen, abschließend zu fixieren, ist dieser in ständiger Veränderung begriffen und mit ihm auch die Bedeutung der Äußerung (Derrida, 2001b; 26f.). Eine performative Äußerung bringt zwar hervor, was sie benennt, ist aber nie in der Lage, ihre Effekte gänzlich zu kontrollieren. Zwischen der Intention, der Äußerung und der Handlung gibt es Brüche, durch die performative Äußerungen von ihrem Ziel abgelenkt werden können. Damit haben sie zwar die Macht, etwas hervorzubringen, entgegen der klassischen Auffassung jedoch nicht immer das, was sie benennen (Butler, 1998; 133f.).

Mit dem von Althusser entlehnten Begriff der Anrufung bezeichnet Butler den Vorgang, durch den Subjekte vom performativen Diskurs ins Sein gehoben werden. In seinem Fragment „Ideologie und ideologische Staatsapparate“ (Althusser, 1977) beschreibt Althusser eine kleine Szene aus dem Alltag. Ein Passant geht die Straße entlang, wird plötzlich von einem Polizeibeamten mit den Worten „He, Sie da!“ (nicht mit seinem Namen) angerufen und dreht sich um. Durch diese „Wendung um 180 Grad“ wird das „angerufene Individuum“ Althusser zufolge zum Subjekt. Wie er einschränkend hinzufügt, spielt sich die Anrufung in unserer Gesellschaft natürlich nicht in dieser Reihenfolge ab, da die „Existenz der Ideologie und die Anrufung der Individuen als Subjekte“ dasselbe sind (Althusser, 1977).

Ausgehend von ihrem diskurstheoretischen Ansatz und der These, der Mensch sei ein sprachliches Wesen (Butler, 1998; 9), formuliert Butler Althussers Idee um, indem sie den Diskurs an die Stelle der Ideologie rückt. Anrufung ist nicht sozialisationstheoretisch im Sinne der Internalisierung von Normen durch ein bereits zuvor existierendes Subjekt zu denken, sondern als Prozess, in dem das Subjekt erst durch den Diskurs geschaffen wird. Bereits vor der Geburt wird das Kind mit einem Namen und einer geschlechtlichen Markierung versehen, in den Bereich der Sprache, der Verwandtschaft und klar definierter Geschlechter aufgenommen (Krämer, 2001; 245). Diskurs und Anrufung sind dem Subjekt also vorgängig und verhalten sich ihm gegenüber wie Instanzen, die es durchlaufen muss, um in den Besitz des Subjektstatus zu gelangen.

Die Schaffung des Subjekts durch den anrufenden Diskurs nennt Butler Subjektivation (Butler, 2001; 7). Diese ist eine paradoxe Bewegung, da sie das Subjekt durch einen Akt der Unterwerfung unter ihm vorhergehende Normen schafft, zu denen es niemals ja oder nein sagen konnte, bevor sie sich in Möglichkeitsbedingungen seiner Existenz verwandelten, die es zugleich aber auch befähigen, eigene Entscheidungen zu treffen und seine Handlungsfähigkeit zu entfalten.

> „Subjektivation besteht in eben dieser Abhängigkeit von einem Diskurs, den wir uns nicht ausgesucht haben, der jedoch paradoxerweise erst unsere Handlungsfähigkeit ermöglicht und erhält.“ (Butler, 2001; 8)

Die Fähigkeit des Subjekts zu handeln muss zwischen der Determination durch den Diskurs einerseits und uneingeschränkter Freiheit andererseits gesucht werden.

> „Behält das Subjekt im Handeln seine Entstehungsbedingungen bei, so impliziert das nicht, daß seine gesamte Handlungsfähigkeit in diese Bedingungen verstrickt bleibt und daß diese Bedingungen in jeder Ausübung seiner Handlungsfähigkeit die gleichen bleiben." (Butler, 2001; 17)

Das Subjekt ist immer schon in eine Geschichtlichkeit des Diskurses verstrickt, die seine eigene weit übersteigt und kann sich nicht von den Bedingungen seiner Anrufung lösen. Handlungsmacht heißt nun, von der diskursiven Bedingtheit des eigenen Ichs auszugehen, gleichzeitig um die Unabgeschlossenheit der Sprache zu wissen und sich diese zunutze zu machen, um die Stoßrichtung der performativen Kraft von Diskursen zu verschieben. Diese Form des Handlungsvermögens und die aus ihr abgeleitete politische Praxis nennt Butler „Resignifizierung" (z.B. Butler, 1998; 65).

Politische Strategien

Die von Butler erarbeiteten politischen Strategien bestehen zum einen aus Drag-Praktiken, zum anderen aus Akten der Resignifikation. Ihrer Kritik an der Kategorie sex entsprechend verortet sie das Politische in beiden Fällen innerhalb der Bezeichnungsverfahren, die den Körper als Substanz erscheinen lassen, die an bestimmte Formen der Geschlechtsidentität gebunden ist (Bublitz, 2002; 83).

Die Drag-Praktiken weisen durch ihre Imitation der Geschlechtsidentität auf die Imitationsstruktur der Geschlechtsidentität im Allgemeinen hin und legen so die Kontingenz offen, die hinter der angeblichen Implikationsbeziehung von sex, gender und Begehren steht[9]. Dabei wird vor allem der Begriff des Originals, eines irreduziblen Kerns der Geschlechtsidentität, infrage gestellt.

> „Der hier verteidigte Begriff der Geschlechter-Parodie (gender parody) setzt nicht voraus, daß es ein Original gibt, das diese pa-

> rodistischen Identitäten imitieren. Vielmehr geht es um den Begriff des Originals als solchem." (Butler, 1991; S 203)

Durch die Imitation im Zusammenhang mit Drag-Praktiken zeigt sich, inwiefern die Geschlechtsidentität „selbst nur eine Imitation ohne Original"[10] ist (Butler, 1991; 203), und es wird zugleich der nicht betrauerbare, als Melancholie zurückkehrende Verlust allegorisiert, der aus der Verwerfung anderer Identitätsmöglichkeiten entsteht (Butler, 1997; 322). In der auf Wiederholungen basierenden, sich durch Sedimentation in geschlechtsspezifischen Körperstilen manifestierenden Geschlechtsidentität (Butler, 1991; 206f.) wird plötzlich ein Spalt der Kontingenz sichtbar, der Verschiebungen, Resignifikation und Rekontextualisierung ermöglicht. Drag-Praktiken sind für Butler aber nicht nur ein Mittel, um die Imitationsstruktur von Geschlechtsidentität bloßzulegen, sondern besitzen performative Macht, wodurch sie unmittelbar an der Konstruktion alternativer Identitätsmöglichkeiten beteiligt sind (Butler, 1991; 205). Drag zeigt also nicht nur die Möglichkeit zur Verschiebung, sondern ist zugleich die Verschiebung.

Es stellt sich jedoch das Problem zu unterscheiden, welche Form von Imitation subversiv ist und welche lediglich die etablierten Geschlechterrollen bestätigt. Da Butler jede Geschlechtsidentität als Imitationsstruktur ohne zu Grunde liegendes Original betrachtet, besteht für sie das Kriterium zur Unterscheidung von progressiven und reaktionären Darstellungsformen darin, ob sie geeignet sind, die Imitationsstruktur offenzulegen. In diesem Rahmen verweist sie auch auf die Möglichkeit, mit Darstellungen von Drag die herrschende Geschlechterordnung zu stützen und homophobe Ängste zu schüren, von denen eine subversive Praktik sich klar abgrenzen müsse (Butler, 1997; 179).

Resignifikation besteht für Butler darin, die Chancen der Instabilität von Diskursen zu ergreifen, und zeigt sich, wenn das Subjekt das „Scheitern seiner Identitätsbemühungen bewusst in Gebrauch nimmt" (Weinbach, 2001; 415). Als Beispiel führt Butler den Begriff „queer" an, der aus einer Beleidigung zu einem Begriff der positiven Selbstbeschreibung von Schwulen, Lesben, Transsexuellen etc. umfunktioniert wurde. War der Begriff „queer" zuvor ein Mittel, um nichtheterosexuelle Menschen durch verletzende Anrufungen in den Bereich der Devianz zu verweisen, ist er heute zu einem Begriff geworden, in dem ein positives Selbstverständnis zum Ausdruck kommt und dessen Gebrauch nicht länger auf die Verletzung des Anderen zielt. Auch im Bereich des Rassismus macht Butler ähnliche Praktiken der Resignifikation aus, wenn sie z.B. auf die Bedeutungsverschiebung des Wortes „nigger" in der Rap-Musik verweist (Butler, 1998; 143f.).

Weil Butler zufolge jede Identität auf einem konstitutiven Ausschluss basiert, darf eine queere politische Bewegung sich nicht mit diesem Erfolg zufrieden geben, sondern muss ihre eigene Selbstbeschreibung ständig hinterfragen, um Rechenschaft darüber abzulegen, welche politischen Inhalte von ihren Begriffen ermöglicht und welche in den Hintergrund gedrängt werden (Butler, 1997; 312). Die Arbeit der Resignifikation richtet sich damit nicht nur auf die hegemonialen Diskurse, von denen die Geschlechtsidentität und ihre Ausschlüsse reguliert werden, sondern auch auf oppositionelle Diskurse und die von ihnen intendierten Verschiebungen.

> „Wenn der Begriff ‚queer' ein Ort kollektiver Auseinandersetzung sein soll, Ausgangspunkt für eine Reihe historischer Überlegungen und Zukunftsvorstellungen, wird er das bleiben müssen, was in der Gegenwart niemals vollständig in Besitz ist, sondern immer nur neu eingesetzt wird, umgedreht wird, durchkreuzt wird [queered] von einem früheren Gebrauch her und in die Richtung dringlicher und erweiterungsfähiger politischer Zwecke." (Butler, 1997; 313)

Da Resignifikation sich die Instabilität eines Diskurses zunutze macht, um ihn durch abweichende Wiederholungen in eine andere Richtung zu verschieben, bleibt sie immer in den Diskurs verstrickt und kann weder vollkommen neue Räume eröffnen noch den Bereich der Macht transzendieren. Es geht in den von Butler beschriebenen Strategien sozialer Transformation nicht darum, den Weg in ein wie auch immer geartetes Utopia zu finden, sondern um eine auf der Realität basierende Auseinandersetzung mit den gesellschaftlichen Verhältnissen (Butler, 1997; 308), die sich nicht durch einen einmaligen revolutionären Akt, sondern nur durch langsames, geduldiges Arbeiten überwinden lassen. Diese unermüdliche Auseinandersetzung um die Aneignung des diskursiven Raums nennt Butler „Sprachkampf" (Butler, 1998; 64), womit sie darauf verweist, dass für sie das politische

Terrain innerhalb des Sprache selbst liegt und nicht in einem außerhalb der Sprache gelegenen sozialen Bereich, der lediglich mit sprachlichen Mitteln beschrieben wird. Da die Sprache aber niemals nur einem Individuum gehört, sondern zwischen allen zirkuliert, ist es nicht möglich, den eigenen politischen Einsatz vollständig zu kontrollieren, der sich – trotz bester Absichten – innerhalb des Diskurses im Extremfall sogar in sein Gegenteil verwandeln kann (Butler, 1997; 331-332).

Doch worauf zielen Drag und Resignifikation? Butlers Anliegen besteht darin, jenen Menschen, die von der heterosexuellen Matrix aus dem Bereich der intelligiblen Subjekte ausgeschlossen werden, die Chance auf ein gleichberechtigtes Leben in der Gesellschaft zu eröffnen. Dies ist der Punkt, an dem sich die Anrufung mit der Frage der Anerkennung überschneidet. Eine Anrufung kann das Subjekt innerhalb oder außerhalb des Raums der Intelligibilität situieren, je nachdem, ob und wie es angerufen wird (Butler, 1998; 14f.). Der Anerkennung geht die Anrufung in jenen Bereich voraus, in dem Anerkennung möglich ist. Insofern dieser Prozess auf allen Ebenen von gesellschaftlichen Normen strukturiert ist, erweist sich die Frage nach dem Umgang mit den Ausgeschlossenen als Frage nach den Regulationstechniken, von denen die Verteilung der Menschen in Kategorien wie Verworfenheit, Devianz und Normalität gesteuert wird (Butler, 1998; 15f.). Da Butler in all ihren Veröffentlichungen vor allem um eine Analyse dieser Techniken bemüht ist, kann die Rolle der Anerkennung in ihrer Theorie kaum überschätzt werden. Rückblickend auf ihr erstes Buch spricht Butler heute gar davon, schon in diesem sei es neben einer Auseinandersetzung mit dem Heterosexismus in der feministischen Theorie vor allem um die Frage der Anerkennung gegangen (Butler, 2004c; 207).

Der politische Ansatz Butlers lässt sich wie folgt resümieren: Politisch handeln bedeutet Drag- und Resignifikationspraktiken zu mobilisieren, deren Ziel in der Überwindung der restriktiven Geschlechternormen liegt, von denen gesellschaftliche Anerkennung reguliert wird, um auch jenen Menschen ein würdevolles Leben zu ermöglichen, denen heute aufgrund ihrer abweichenden geschlechtlichen Identität der Status des Subjekts vorenthalten wird.

Die (vor allem deutsche) Butlerdebatte...

Die Veröffentlichung von „Das Unbehagen der Geschlechter" (Butler, 1991) und dessen Nachfolger „Körper von Gewicht" (Butler, 1997) löste insbesondere in Deutschland eine breite Diskussion aus, in der Butler zum Teil vehement, manchmal gar vernichtend kritisiert wurde. Vornehmliches Ziel war ihre Dekonstruktion der Sex-Gender-Trennung, die ihr den Vorwurf einbrachte, die Materialität des Körpers aufzulösen und den normativen Diskurs an ihre Stelle zu setzen. Entsprechend fuhr sich die Diskussion in der Natur-Kultur-Dichotomie fest, wurde nach kurzer Zeit unergiebig und endete fast so plötzlich, wie sie angefangen hatte. Die späteren Werke Butlers fanden vergleichsweise geringe Beachtung. Sogar neuere Publikationen über sie stützen sich vor allem auf ihre alten Werke. Auch wenn es nicht möglich ist, die volle Bandbreite der Diskussionsbeiträge erschöpfend darzustellen, soll im Folgenden versucht werden, einen Überblick über die zentralen Punkte der Diskussion um Butler zu geben.

Auflösung des Körpers

Der wohl heftigste Ausfall gegenüber Butler stammt von Barbara Duden, die als Reaktion auf „Das Unbehagen der Geschlechter" einen äußerst persönlich gehaltenen Aufsatz schrieb, in dem sie Butler beschuldigte, die Frauen zu entkörpern (Duden, 1993; 26), da der Körper durch ihre Theorie zu einem bloßen „Epiphänomen" degradiert werde, das mit den sozialen Umständen in der „Gesprächsblase eines Diskurses" entstehe (Duden, 1993; 31). Weniger hart, doch in ähnliche Richtung zielend, ist die Kritik Regula Giulianis, der zufolge der Körper bei Butler nur als „Rohstoff" für die Normierung dient, als „Material für die Realisierung des Gesetzes ohne Eigentätigkeit" (Giuliani, 1997; 122). Beiden Kritiken gemein ist die Auffassung, Butler betreibe nicht nur eine radikale Infragestellung der herrschenden Geschlechterordnung und ihrer scheinbaren Natürlichkeit, sondern schieße weit über das Ziel hinaus, indem sie mit den binär strukturierten Geschlechtskörpern zugleich die existenzielle Dimension der Körperlichkeit als solche beseitige. Dieser Ansicht schließt sich auch Karin Ludewig an, wenn sie schreibt, Butler habe ihre These der Konstruiertheit des biologischen Geschlechts nicht, wie im Vorwort von „Körper von Gewicht" angekündigt, abgeschwächt, sondern durch ihre Ausführungen zur Materialisierung von Körpern als Wirkung der Wiederholung performativer Diskurse noch verschärft (Ludewig, 2002; 186). Diese Beseitigung des Körpers kann natürlich nicht folgenlos bleiben. Ludewig schreibt, „der widerspenstige Körper" scheine bei Butler vollkommen aus dem Blickfeld getreten zu sein (Ludewig, 2002; 199), und auch Giuliani argumentiert in diese Richtung, wenn sie in phänomenologischer Manier den Vorwurf erhebt, der Konstruktivismus, wie ihn Butler vertrete, würde auf der „Verwerfung einer wilden Natur" (Giuliani, 2001; 209) basieren, die jenseits der Konstruktion zu suchen sei. Der Ansicht dieser Autorinnen zufolge zeichnet sich die Theorie Butlers durch eine zentrale Leerstelle aus, insofern sie nicht erlaubt, Artikulationen des Körpers zu denken, die nicht aus dessen sozial-diskursiver Konstruiertheit herrühren. Auch Ansätze, die dem Konstruktivismus weniger skeptisch gegenüberstehen, machen – wenn auch in differenzierterer Form – auf diesen vermeintlich blinden Fleck Butlers aufmerksam.

So etwa Barbara Holland-Cruz, wenn sie schreibt, Butlers Argumentation würde stets vor der Thematisierung materieller Körperlichkeit „abbiegen", das Problem also ständig evozieren, es jedoch nie „jenseits der Grundannahme der Konstruktion" (Holland-Cruz, 1999; 25) thematisieren. Die Richtung dieser Kritik ist insofern produktiver, als sie in den Schriften Butlers immerhin eine Auseinandersetzung mit der Materialität des Körpers wahrnimmt, fällt aber in die etablierte Position zurück, indem sie selbige zu einem bloßen Subtext stempelt und wieder die Einseitigkeit des Konstruktionsaspekts in den Vordergrund rückt. Auch Autorinnen, die der butlerschen Theorie nahe stehen, führen ähnliche Argumente ins Feld. Isabell Lorey spricht mit Blick auf Butlers Denken von der Unmöglichkeit, die Verhältnisse zu erfassen, die der Mensch in seiner Vergeschlechtlichung zu sich selbst eingeht, und stellt diesem Missstand ihren auf Foucault basierenden Begriff des Selbstverhältnisses gegenüber, um nicht nur die relative Stabilität der Geschlechtsidentität zu betonen, sondern auch die Handlungsmacht der Subjekte zu stärken (Lorey, 1993; 20f. / Lorey, 1996; 143). Sehr ähnlich argumentiert Andrea Maihofer, wenn sie die butlersche Dekonstruktion der Sex-Gender-Trennung und der heterosexuellen Zweigeschlechtlichkeit analysiert, um sie für ihren eigenen Ansatz fruchtbar zu machen, dann jedoch anmerkt, Butler schieße über das Ziel hinaus, da sie dazu neige, die Einsicht in die Konstruiertheit der Körper „ontologisch zu verabsolutieren" (Maihofer, 1994; 179). Die Verabsolutierung des Konstruktionsgedankens, so Maihofer, mache es unmöglich, den „Geschlechtskörper als gelebte Realität" oder die geschlechtliche „Konstitution von Subjektivität und Identität" zu erfassen, weswegen es notwendig sei, durch eine stärkere Hinwendung zu Foucault Geschlecht als Existenzweise zu denken (Maihofer, 1994b; 255f.).

Auch wenn die Kritiken bezüglich der Dematerialisierung des Geschlechtskörpers unterschiedlich weit gehen und verschiedene Zwecke verfolgen, teilen sie alle das zentrale Argument, Butler blende den Körper und somit ein wesentliches Stück der menschlichen Lebensrealität aus. Da bereits an diesem Punkt erkennbar wird, wie sehr die Diskussion um Butler sich an der Dichotomie von Natur und Kultur bzw. Materialität und Diskurs orientiert hat, ist es nicht verwunderlich, dass der andere Strang der Kritik beim Diskurs ansetzt.

Überbetonung von Diskurs und Norm

Corinna Genschel merkt an, der butlersche Diskursbegriff würde „gesellschaftliche Prozesse" auf „rein diskursive" zurückführen, was zur Konsequenz hätte, den institutionellen Charakters der Heterosexualität monokausal aus den Eigengesetzlichkeiten der Sprache zu erklären (Genschel, 1996; 534). Diesem Vorwurf des linguistischen Monismus schließt sich Hilge Landweer an, wenn sie behauptet, die Theorie Butlers würde die foucaultsche Einsicht in die diskursive Produktion der Wahrnehmung und Kategorisierung von Körperdifferenzen universalisieren, da sie annehme, der geschlechtliche Körper sei „generell diskursiv produziert", und dem Diskurs ontologischen Status verleihe (Landweer, 1993; 41 / Landweer, 1994; 163).

Die Kritik an der Verabsolutierung des Diskursbegriffs geht noch weiter, wenn der Charakter des Diskurses, trotz aller von Butler unternommenen Versuche, auf dessen Instabilität und die daraus erwachsenden Möglichkeiten zur politischen Transformation hinzuweisen, als deterministisch bezeichnet wird. So schreibt Cathren Müller, Butler lege ein Verständnis von Konstruktion nahe, demzufolge „eine Struktur [...] die Praxis der Akteure determiniert“ (Müller, 2001; 255). Dem schließt sich Ludewig an, wenn sie darauf hinweist, trotz aller gegenläufigen Beteuerungen Butlers, das Verhältnis von diskursiver Macht und Körper nicht als Ursache-Wirkungs-Relation zu denken, bestehe zwischen beiden Ebenen doch ein Gefälle, in dem die Richtung vom Diskurs vorgegeben werde (Ludewig, 2002; 193f.). Und auch Giuliani glaubt, in der Theorie Butlers eine deutliche Überbetonung des Diskurses ausmachen zu können (Giuliani, 2001; 211f.).

Neben dem Vorwurf, die Materialität des Körpers zu übergehen, wird Butler aufgrund der ihr attestierten Überbetonung des Diskurses auch die Kritik zuteil, sie tendiere zu einer Unterschlagung des Sozialen. So mahnen z.B. Regine Becker-Schmidt und Gudrun-Alexi Knapp mit Blick auf Butlers Derridakritik in „Hass spricht“ an, sie würde die sozialen Faktoren zugunsten des Diskurses vernachlässigen und sich deswegen genau dessen schuldig machen, was sie selbst bei Derrida bemängele (Becker-Schmidt/Knapp 2000; 91).

Dem schließt sich in variierter Form Juliane Rebentisch an, die in der Theorie Butlers zwischen der diskursiven Bedingtheit der geschlechtlichen Subjekte und der Instabilität der Sprache einen Widerspruch von strukturalistischen und poststrukturalistischen Elementen wahrnimmt. Auf der einen Seite erscheine der Diskurs zu festgefügt, um Offenheit zuzulassen, auf der anderen werde „die Analyse sozial sedimentierter Bedeutungen“ durch das von Derrida hergeleitete Insistieren auf der Unabgeschlossenheit sprachlicher Strukturen unmöglich gemacht (Rebentisch, 1998; 51).

Der all diese Kritiken durchziehende rote Faden ist die Annahme, Butler betreibe eine einseitige Analyse diskursiver und sprachlicher Strukturen. Sie lässt sich als Gegenstück zum Vorwurf der Dematerialisierung des Körpers lesen, die weiter oben geschildert wurde. Die beiden Hauptstränge der Kritik an Butlers Theorie setzen dadurch genau jene Dichotomie von sex und gender wieder ein, die Butler überwinden wollte.

Rückfall in die Affirmation

Auf die Feststellung, Butler löse den Körper durch Privilegierung des Diskurses auf, folgt nicht selten die Behauptung, ihre

Theorie führe zur Festschreibung sozialer Ungerechtigkeit, einem ethisch fragwürdigen Körperbild und der Entmündigung von Menschen mit Gewalterfahrungen. Eine kapitalismuskritische Variante dieser Vorwürfe findet sich bei Evelyn Annuß, die Butler beschuldigt, ihr Verständnis von Praxis nicht genügend zu konkretisieren und einen gegenüber Gesellschaft und Geschichte indifferenten Begriff von geschlechtlichen Subjekten zu vertreten. Dadurch verfange sich ihre politische Theorie in einem ausschließlich symbolischen Raum (Annuß, 1996; 509) und propagiere die Vervielfältigung von Identitäten, ohne zu bemerken, mit dieser Forderung lediglich eine zentrale Entwicklung des modernen Kapitalismus zu bestätigen, die in der Flexibilisierung und „Pluralisierung von Konsumorientierung und Lebensstilen" bestünde (Annuß, 1996; 513). Ähnliches mahnen auch Katharina Pühl und Nancy Wagenknecht an, wenn sie darauf insistieren, die Queer-Theorie müsse die Kapitalismuskritik entdecken, und ihre Forderung mit dem Argument stützen, Butlers Begriffe wie etwa „heterosexuelle Matrix" würden ohne diesen erweiterten Fokus auf ein „Zuweisungssystem für differente kulturelle Positionen reduziert" (Pühl/Wagenknecht, 2001). Ergänzungsbedarf reklamiert auch Nancy Fraser, der zufolge feministische Aneignungen der Theorie radikaler Demokratie (zu denen auch Butler zu zählen ist) an einer Beschränkung auf die „kulturell-politische Ebene" kranken und dazu neigen, die „politische Ökonomie auszuklammern" (Fraser, 2001; 263). Eine einseitig auf kulturelle Anerkennung ausgerichtete Politik, die Fragen der gesellschaftlichen Umverteilung außer Acht ließe, so Fraser, könne niemals demokratisch sein und konterkariere somit ihren zentralen Anspruch (Fraser, 2001; 264)[11].

Den affirmativen Gestus der butlerschen Theorie betont auch Bernhard Waldenfels, doch ist die Stoßrichtung seiner Kritik ethisch motiviert. Mit Blick auf Butler und den Konstruktivismus im Allgemeinen schreibt er, die Fremdheit des anderen Geschlechts verschwinde zugunsten eines „Logos", dem es nur noch um die „Grenzen des eigenen Könnens bzw. Noch-nicht-Könnens" ginge. Hinter dem Wunsch nach Vervielfältigung der Identitäten stünde der „Narzissmus eigener Wünsche, verstärkt durch die Apparaturen einer Sexualtheorie" (Waldenfels, 1997; 80f.). In diese Kerbe schlägt auch Ludewig, der zufolge Butler mit ihren Thesen „diejenigen Tendenzen in unserer Kultur" stütze, die an einer Angleichung der „natürlichen Körper“ an die „Wunschvorstellungen von diesen“ arbeiten. Die Rede von der Konstruktion und Rekonstruktion der Körper lasse Gedanken an „mit Baukästen herumwerkelnde“ Kinder entstehen und bestätige den abendländischen „Machbarkeitswahn“, der das Körperliche als beliebig zu manipulierende Ressource verstehe und „neuerdings u.a. auch auf genmanipulative Techniken setzt“ (Ludewig, 2002; 213f.). Sogar eine dem Konstruktivismus gegenüber aufgeschlossene Theoretikerin wie Maihofer fragt nach dem zeitlichen Zusammenhang von konstruktivistischen Ansätzen und Fortschritten in der Biotechnologie (Maihofer, 1994; 168f.).

Nicht zuletzt wird auch darauf hingewiesen, Butlers Ansatz mache es unmöglich, das mit dem Übertreten der etablierten Geschlechterrollen einhergehende Leiden zu thematisieren. An die Stelle politischer Subjekte träten die „Gesetze der Sprache“ und ließen Normabweichungen als „parodistisch und bunt“ erscheinen, wobei verkannt würde, welch immense Schmerzen sie für die Betroffenen mit sich brächten (Genschel, 1996; 533). Noch einen Schritt weiter geht Linda Martin Alcoff, die poststrukturalistischen Ansätzen (zu denen sie explizit auch Butler zählt) vorwirft, sie würden die Dimension der Erfahrung verwerfen, indem sie auf deren Abhängigkeit von diskursiven Ordnungen hinwiesen. In letzter Konsequenz könne dies zu einer Verharmlosung von Vergewaltigung (Alcoff, 1997; 236) und Kindesmissbrauch (Alcoff, 1996; 101-112)[12] führen. Das Leiden der Betroffenen würde nicht nur hinter einer glitzernden Oberfläche versteckt, sondern erschiene lediglich als irrealer Effekt der diskursiven Ordnung. Über Vergewaltigung zu sprechen sei in Ansätzen wie denen Foucaults und Butlers nur innerhalb diskursiver Ordnungen möglich, in denen es für dieses Sprechen einen Platz gibt, der eine Vorstellung von dem erlaubt, was Vergewaltigung bedeutet. Damit könne Vergewaltigung jedoch nie eine originäre Erfahrung sein, wodurch sich der Verdacht einschleiche, das mit ihr verbundene Trauma ginge vielleicht mehr auf die kulturelle Konstruktion als den gewaltsamen Eingriff in die Sphäre des Leibes zurück (Alcoff, 1997; 236f.).

Politische Unbrauchbarkeit

Als Konsequenz der Kritik wurde die butlersche Theorie in politischer Hinsicht als unbrauchbares Instrumentarium angesehen. Innerhalb einer der etablierten Rezeption folgenden Interpretation erscheint diese Schlussfolgerung unausweichlich, da die Überbetonung des Diskurses ihr zufolge zu einer Dematerialisierung menschlicher Existenz führt und damit die Politik jeder Grundlage beraubt. Christine Hauskeller bringt dies auf den Punkt.

> „ [...] ihr Programm kann aus mehreren Gründen nur akzeptiert werden, wenn die Existenz der außerdiskursiven Wirklichkeit materieller Körper aufgenommen würde, was eine massive Umgestaltung bedeutete. [...] Den subjektiven Widerstand gegen die existierende Ordnung kann sie nur mit abstrakten Überlegungen und theoretischen Konzepten von Repressionsfreiheit begründen – nicht mit Erfahrungen. Gewalt, Ausbeutung oder Unterdrückung, die zumindest auch als leibliche, als körperliche Entfremdung und Überwältigung erfahren werden, sind dann keine Argumente, auf die sich die Forderung nach Veränderung der bestehenden patriachalen Verhältnisse stützen ließe.“ (Hauskeller, 2000; 112)

Aus Butlers Ansatz lässt sich erst ein politischer Nutzen ziehen, wenn er in seinen Voraussetzungen grundlegend verändert wird. Ansonsten bleibt er metatheoretisch und ist nicht in der Lage, die zentralen Themen des Politischen einzufangen, ohne sich selbst zu widersprechen. Auch Hannelore Bublitz zielt in diese Richtung, indem sie feststellt, Butlers Theorie würde auf der Ebene performativer Bedeutungsverfahren verharren und die Relevanz von Institutionen und Praktiken verkennen (Bublitz, 2002; 88). Entsprechend äußert sich auch Stefan Hirschauer, der den Ansatz Butlers als „sperrig“ und zunächst „gar nicht politikfähig“ (Hirschauer, 1993; 56) bezeichnet, um anschließend hinzuzufügen, die von ihr geforderten Strategien der verschiebenden Wiederholung der Geschlechterkategorien seien im Alltag längst durch eine Verwischung der Geschlechtergrenzen realisiert, ihre Forderungen also anachronistisch (Hirschauer, 1993; 64). Beruhen diese Kritiken immerhin noch auf einer Auseinandersetzung mit Butlers Theorie, setzen andere bereits in der Fragerichtung voraus, ihr Ansatz könne nicht ernst genommen werden. So deutet bereits der von Annuß gewählte Titel „Umbruch und

Krise in der Geschlechterforschung: Butler als Symptom" darauf hin, der Grund für den Erfolg Butlers sei weniger in der Qualität ihrer Theorie zu suchen als im Zusammentreffen bestimmter „akademischer Marktverhältnisse", deren Symptom sie sei (Annuß, 1996; 518). Ebenso setzt Duden an, wenn sie weniger Interesse für die Theorie Butlers zeigt als für den „Idealtypus des postmodernen Objekts", der seine Verkörperung im Menschen Butler gefunden habe, an dem die „Entkörperung unserer Epoche zu betrachten" sei (Duden, 1993; 28). Eine solche Herangehensweise ist nicht nur herablassend, sie macht jede ernsthafte Analyse unmöglich.

Die Diskussion um Butler war auf die Dichotomie von Natur und Kultur bzw. Materialität und Diskurs fixiert und etablierte das bis heute vorherrschende Verständnis ihrer Theorie. Da ihre späteren Bücher diese Thematik nicht mehr zum Schwerpunkt machten, gerieten sie kaum in den Blick oder mussten sich am vermeintlich revolutionären Gestus ihrer Vorläufer messen lassen.

In ihrer Rezeption des Buches „Hass spricht" äußerst Annette Weber, Butler habe den Schwung ihres alten Schreibstils verloren und scheine sich jetzt an „sozialdemokratische Akademikerinnen" zu wenden (Weber, 1998). Annuß schreibt in einer Doppelrezension der Bücher „Hass spricht" und „Psyche der Macht"[13], abgesehen von kleinen Modifikationen ihrer Argumente habe Butler nichts Neues mehr zu bieten (Annuß, 1998; 85). Dieses Argument hat sich durchgesetzt, schreibt doch auch Andrea Rödig in einer Betrachtung des 2003 erschienenen Buches „Kritik der ethischen Gewalt", nichts von dem sei „neu, originell oder [...] zu proklamieren dringend an der Tagesordnung gewesen" (Rödig, 2003). Ebenso Markus Klaue, wenn er gleich in der Überschrift seines Artikels zum auch von Rödig besprochenen Buch deutlich macht, Butler wolle zwar Adorno für sich entdecken, fände aber „doch nur Michel Foucault", der sich zudem durch eine „bornierte Verachtung für die empirischen Subjekte und ihr geschichtliches Schicksal" auszeichne (Klaue, 2003). Eine Diskussion kam nicht mehr zustande und mittlerweile ist es merkwürdig still um Butler geworden. Es scheint sich der schweigende Konsens gebildet zu haben, Butler sei ein kurzzeitiges Phänomen gewesen, das hinreichend diskutiert worden sei und nichts mehr bereithielte. Doch vielleicht weist der Mangel an Neuem, der ihren aktuellen Büchern unterstellt wurde, weniger auf ein Defizit ihrer Theorie als auf eine Lesweise hin, deren Fokus nicht in der Lage ist, das Neue wahrzunehmen.

...und wie man ihre Fehler umgehen kann

Im Folgenden soll es nicht darum gehen, die Kritiker und Kritikerinnen Butlers der Fehllektüre oder eines destruktiven Ansatzes zu bezichtigen. Die von ihnen entwickelten Leseweisen sind schlüssig und machen auf Schwachpunkte aufmerksam, die eine an Butler anschließende Theoriebildung beachten muss, wenn sie nicht in Widersprüche geraten will. Andererseits musste die Diskussion durch die Art, wie sie geführt wurde, zwangsläufig an einen toten Punkt geraten, von dem aus weder Butlers produktive Beiträge zur Queer-Theorie noch ihr politischer Ansatz ins Blickfeld geraten konnten. Dies wurde auch von feministischen Theoretikerinnen bemängelt.

> „Leider ist die sehr polarisierende und zum Teil sehr ärgerliche Debatte durch die Fokussierung auf die Konstruktionsgrenzen des (Geschlechts-)Körpers und dem Heraufbeschwören einer Entpolitisierung feministischer Theoriebildung in eine (Denk-) Sackgasse geraten." (Genschel, 1996; 525)

Wenn es bis heute kaum Versuche gibt, den butlerschen Ansatz für die politische Theorie fruchtbar zu machen, ist der Grund dafür in dem von Genschel angedeuteten Zusammenhang zu suchen. Die Diskussion bewegte sich zwischen Materie und Diskurs, wobei der Hauptvorwurf darin bestand, Butler verfolge einen Ansatz, durch den der Körper systematisch in Text verwandelt würde. Ein radikal-konstruktivistischer Ansatz ist jedoch nicht nur selbstwidersprüchlich, da er in letzter Konsequenz auch sich selbst in den Bereich der Konstruktion rücken und so jeden Wahrheitsanspruch aufgeben muss, sondern vor allem nicht politikfähig, weil jede politische Forderung, die versucht, eine Verbesserung der Lebensumstände für eine bestimmte Gruppe innerhalb der Gesellschaft zu erwirken, darauf angewiesen ist, zu zeigen, inwiefern die aktuellen Zustände Leiden verursachen – eine Argumentation, die ohne Verweis auf den Körper absurd ist. Das Vorhaben, Butlers Überlegungen für die politische Theorie fruchtbar zu machen, muss deswegen zuerst eine andere Interpretation ihres Verständnisses von Körpern entwickeln. Dies ist Ziel der folgenden Ausführungen, die sich weniger von der Absicht leiten lassen, durch originelle Interpretation zu einem neuen Ansatz zu finden, sondern schlicht versuchen wollen, Butler beim Wort zu nehmen.

Existenzphilosophie, Poststrukturalismus, Dekonstruktion – eine Frage des Stils

Zwar ist von vielen Interpretinnen darauf verwiesen worden, Butler habe spätestens in ihrem zweiten Buch versucht, durch Einschränkungen klarzustellen, sie beabsichtige keineswegs, die Materialität der Körper infrage zu stellen, doch kommen alle – wenn auch in verschiedener Form – zu der Ansicht, ihre Zugeständnisse würden nicht ausreichen, um der in ihrer Theorie vorherrschenden Tendenz zur Dematerialisierung entgegenzuwirken (vgl. z.B.: Ludewig, 2002; 209f. / Hauskeller, 2000; 108f.). Bei Betrachtung der Texte Butlers auf inhaltlicher Ebene ist diese Aussage sicher richtig und lässt sich durch Verweis auf das Verhältnis der Passagen, die der Konstruktion, und jener, die der materiellen Ebene der Körper gelten, schlüssig belegen. Wird mehr als nur die inhaltliche Ebene in die Analyse einbezogen, so lässt sich diese Asymmetrie jedoch auch anders denn als gefährliche Nähe zum radikalen Konstruktivismus interpretieren.

Butlers theoretische Wurzeln gehen unter anderem auf die französische Existenzphilosophie zurück. So widmete sie Sartre ein großes Kapitel in ihrer Dissertation über die Hegelrezeption in Frankreich (Butler, 1987; 101– 175) und setzte sich in ihren ersten Aufsätzen intensiv mit Simone de Beauvoir und Maurice Merleau-Ponty auseinander (Butler, 1994 / Butler, 1997c). Sie war also bereits zu ihrer Zeit als Studentin intensiv mit einer philosophischen Schule beschäftigt, deren Anliegen über eine Auseinandersetzung mit der Philosophie hinaus vor allem darin bestand, das Schreiben als Praxis zu verstehen, deren Ziel darin liegt, in die gesellschaftliche Wirklichkeit einzugreifen[14]. Aus existenzphilosophischer Sicht ist Schreiben eine Form des politischen Handelns, die nicht auf ihren Inhalt reduziert werden darf, weil dies für das Verständnis wesentliche Dimensionen wie Zeitpunkt und Situation ausklammert.

Wie weiter oben bereits ausgeführt wurde, hat Butler mittlerweile die französische Existenzphilosophie zugunsten des Poststrukturalismus in den Hintergrund ihrer Theorie gestellt. In anderer Form betont auch Letzterer die Relevanz des Schreibens als politische Tätigkeit.

> „Wenn es ein vergebliches Bemühen ist, den Sinn festhalten und eindeutig bestimmen zu wollen, wie kann man dann philosophische Texte schreiben, in denen das eindeutig gesagt wird? An dieser Stelle kommt der eigentümliche Stil der poststrukturalistischen Texte zur Geltung. Sie verlegen sich nicht nur aufs Argumentieren, sondern wollen oft durch Wortspiele, Metaphern, literarische Formen und Figuren beim Lesen gleichsam performativ das nachvollziehbar machen, worum es thematisch geht. Die Grenzen von Literatur und Philosophie werden dadurch bewusst ins Fließen gebracht oder manchmal ganz beseitigt [...]. Die Schwierigkeit und ‚Unverständlichkeit' poststrukturalistischer Texte erscheint auf diesem Hintergrund als Versuch, die eigenen Thesen ernst zu nehmen – und nicht daran zu verzweifeln, sondern durch neue Ausdrucksformen den Sinn ‚am Laufen' zu halten." (Münker/Roesler, 2000; 39)

Butler bezieht sich in ihrer Analyse der Konstruktion von Geschlechtskörpern nicht nur auf Einsichten aus dem Poststrukturalismus, sondern macht sich auch die auf Derrida zurückgehende Praxis der Dekonstruktion zunutze. Was Jochen Hörisch mit Blick auf Derridas Buch „Marx' Gespenster" schrieb, gilt auch für jene Passagen in Butlers Theorie, die sich um eine Dekonstruktion der vermeintlich naturgegebenen geschlechtlichen Bipolarität bemühen.

> „Man verfehlt in der Tat alles an diesem Text [...], wenn man nicht die Besonderheit des Gestus, der Schrift, der Komposition, der Rhetorik und des Feingefühls berücksichtigt, mit einem Wort dasjenige, was ein traditioneller und eiliger Leser seine Form oder seinen Ton nennen würde, der aber meiner Meinung nach nicht von seinem Inhalt getrennt werden kann." (Hörisch, 2004; 78f.; zit. nach: Moebius/Wetzel, 2005; 26)

Weiter heißt es an gleicher Stelle:

> „Es kommt vor allem darauf an, wie man schreibt und argumentiert, was in dieser Hinsicht die Normen sind [...]; diese Frage ist alles andere als ‚ästhetisch'; sie ist besonders und vielleicht vor

allem ‚politisch'." (Hörisch, 2004; 78f.; zit. nach: Moebius/Wetzel, 2005; 26)

In poststrukturalistischen und dekonstruktiven Texten liegt eine performative Ebene verborgen, die sich vor allem im „Wie" des Schreibens findet. Ein innerhalb dieser Strömungen zu verortender Text beschreibt nicht nur, welche Erkenntnis ihm zugrunde liegt, sondern verdeutlicht sie zugleich anhand seiner eigenen Struktur.

Bezüglich der butlerschen Texte lassen sich somit neben einer inhaltlichen zwei performative Ebenen ausmachen, von denen eine im Zeitpunkt des Schreibens liegt, insofern jeder Text immer eine Intervention in bestimmte Verhältnisse – seien diese akademisch oder gesellschaftlich – darstellt, und die andere in der Stilistik des Schreibens, die praktisch vormacht, was auf deskriptiver Ebene dargelegt wird. Butler nur inhaltlich zu analysieren bedeutet demnach, von drei Ebenen ihrer Texte zwei zu verfehlen.

In „Das Unbehagen der Geschlechter" ging Butler davon aus, die feministische Theorie sei in eine Sackgasse geraten, da es ihr nicht gelinge, das eigene Postulat, Biologie sei kein Schicksal, zu Ende zu denken, und so verurteilt sei, immer wieder jene Ausschlüsse zu reproduzieren, die sie eigentlich abschaffen wollte (Butler, 1991; 15f.). Der Einsatz des Textes bestand folglich darin, einen „Befreiungsschlag aus den Aporien einer ins Stocken geratenen Analyse" (Cruz, 1999; 16) zu vollziehen, um den Feminismus neu zu beleben und ihm sein kritisches Potential zurückzugeben. Dazu war es nicht nur notwendig, die bis dahin vorherrschenden Theorien einer kritischen Lektüre zu unterziehen, sondern klassische Begriffe wie „Materie" zu verschieben, um sie in resignifizierter Form wieder in den Diskurs einzuführen, wo sie dann, anstatt unhinterfragte Ausschließungen zu produzieren, neue Fragen provozieren und eine produktive Weiterführung der Analyse geschlechtlicher Identitäten vorantreiben sollten (Butler, 1997; 51f.). Das Übergewicht des Diskursiven, hinter dem die Materialität der Körper in Butlers frühen Texten zeitweilig verschwindet, wird vor diesem Hintergrund als Teil einer Strategie erkennbar, deren Ziel darin bestand, eine politische Intervention auf dem Gebiet der feministischen Theorie und Praxis zu vollziehen, um diese neu zu beleben. Wenn Butler sich dem Widerspruch aussetzt, einerseits einzuräumen, dass die Materialität der Körper nicht bestritten werden könne, andererseits aber nicht wirklich über selbige zu sprechen, so tut sie dies, weil sie Letzeres zum Zeitpunkt ihrer Intervention nicht für angezeigt hielt und die prioritäre Aufgabe ihres Diskurses in der Dekonstruktion verortete. Die von der Kritik bemängelte Asymmetrie der butlerschen Theorie wird somit weniger als inhaltliche Schwäche denn als politisch-ethischer Einsatz einer Schreibpraxis lesbar, die es vermochte, „sämtliche Gewissheiten über das Verhältnis von biologischem und sozialem Geschlecht vom theoretischen Tisch“ (Cruz, 1999; 16) zu fegen. Fehler vieler Kritiken war es, den performativen Gestus des butlerschen Schreibens nicht zu erkennen, was zur Verwechslung der Textebenen und vorschneller Verdammung führte. Da die Diskussion über Butler und der Streit zwischen Essentialismus und Konstruktivismus mittlerweile deutlich an Intensität verloren haben, besteht das Privileg einer Arbeit, die sich heute auf Butler bezieht, darin, diese Trennung wesentlich leichter vornehmen und sich von allem Ballast befreit auf jene Aspekte beziehen zu können, die eine Weiterführung ihrer Argumente erlauben.

Nicole Wachters These der „Versubstantialisierung“ der Referenzpunkte

In ihrem Buch „Interferenzen“ (Wachter, 2001) widmet sich Nicole Wachter unter anderem der Kritik an dekonstruktivistischen Ansätzen. Auch wenn sie bei ihrer Analyse nicht primär Butler vor Augen hat, trägt ihr Ansatz doch wesentlich dazu bei, Missverständnisse zu beseitigen, von denen die Diskussion um Butler geprägt war, und bietet den Ausgangspunkt zu einer Rekonzeptualisierung der Materialität des (geschlechtlichen) Körpers.

Die klassischen, auf Aristoteles zurückgehenden Zeichenmodelle, so Wachter, unterscheiden zwischen den Begriffen Signifikant, Signifikat und Referent. In ihrer Form als Lautbilder haben Wörter (Signifikanten) die Funktion, Vorstellungen innerhalb des Bewusstseins (Signifikate) zu repräsentieren, die Abbildungen der äußeren Realität (Referenzen) darstellen. Das Signifikat, als Bild innerhalb der Vorstellung, wird auf zwei Seiten von der Materialität flankiert – von den Signifikanten als Lautbild und den Referenten „oder den Dingen der Welt“. Aufgrund der Prävalenz des Bewusstseins in der klassischen Philosophie kommt dem Signifikat in dieser Trias die primäre Stellung zu, insofern es für das „Ding selbst" (Wachter, 2001; 56) steht. Diese Auffassung von Sprache ist durch ein instrumentelles Denken geprägt, da den Signifikanten nur die Funktion zukommt, die Vorstellungen darzustellen und zu ordnen, zu diesen aber in einem lediglich abgeleiteten Verhältnis stehen und über die Repräsentation der Präsenz der Vorstellungen hinaus keine Funktion haben (Wachter, 2001; 55f.). Darüber hinaus ruft auch das Verhältnis der Signifikanten und Signifikate zu den Referenten Verwunderung hervor.

> „Das hier beschriebene Zeichenmodell trennt von der zweiteiligen Aufgliederung des Zeichens in Signifikant und Signifikat ein drittes Moment ab, die Referenten als die außersprachlichen Dinge. Diese sind als etwas vom sprachlichen Bereich gänzlich Heterogenes konzipiert, während paradoxerweise gleichzeitig die Korrelation beider, die prinzipielle Korrespondenz sprachlicher Elemente mit dem Bereich der Objekte aufgrund der Annahme eines Abbildungsverhältnisses behauptet wird." (Wachter, 2001; 56-57)

Zwischen den beiden Polen einer Dichotomie ein Abbildungsverhältnis zu behaupten ist einer der Aspekte der klassischen Auffassung der Sprache, die Wachter zufolge durch Derrida (und Butler) infrage gestellt wurde. Dem gegen die Dekonstruktion gerichteten Vorwurf, die „semiologische auf die ontologische Ebene übergreifen" zu lassen, die „Seinsdimension der Objekte" in der Sprache aufzulösen und die Wirklichkeit der Welt in einer nur noch auf Zeichen zentrierten Auseinandersetzung verschwinden zu lassen (Wachter, 2001; 57), liegt Wachter zufolge zunächst das einfache Beharren auf der Existenz der materiellen Welt zugrunde. Mit dem Ausdruck „Versubstantialisierung der Referenzpunkte" versucht Wachter folgenden Gedanken zu bezeichnen: Gegenüber dem klassischen Zeichenbegriff, innerhalb dessen das „Ding selbst" im Signifikat lag, verwischt das Insistieren auf der materiellen Wirklichkeit, wie es durch die Kritik an der Dekonstruktion betrieben wird, die Differenz zwischen Signifikat und Referent, was zu einer Verschiebung des „Dings selbst" auf den Referenten führt – mit der Konsequenz, „dass auch die Bedeutungen sich auf die reale „Natur der Dinge" übertragen (Wachter, 2001; 57). Der mit Eigenbedeutung aufgeladene Referent, so Wachter weiter, nehme nun die Stelle ein, die zuvor dem „Ding selbst“, dem Signifikat, zukam (Wachter, 2001; 58). Aus einem triangulären Verhältnis wird ein duales und erst diese Vereinfachung macht es möglich, einen diskurstheoretischen Ansatz, der auf die Vorstellungen und deren Materialisierungen, auf die Signifikate und Signifikanten, keineswegs jedoch auf die Referenten zielt, der Auflösung der materiellen Wirklichkeit zu beschuldigen. Die Kritik an Butler macht nicht nur den Fehler, die performative Ebene ihrer Texte nicht ausreichend mit einzubeziehen, sondern auch den, mit einem dualistischen Zeichenkonzept an eine Theorie heranzutreten, die ihrerseits sehr wohl über die Existenz des Referenten informiert ist. Genau in dieser Triangularität liegt die Möglichkeit, Butler für die politische Theorie fruchtbar zu machen.

Der Körper als Referent

Gleich zu Beginn ihres bereits zitierten Vortrages „Das Ende der Geschlechterdifferenz?“ (Butler, 1997b) weist Butler eventuelle Befürchtungen ihrer Zuhörer, sie könne sich in utopischen Forderungen nach Überwindung der Geschlechterdifferenz verlieren, zurück, um dann mit einer äußerst differenzierten Analyse der geschlechtlichen Differenz zu beginnen. Der Geschlechterdifferenz wird ein „ontologischer Status“ eingeräumt, der jedoch schwierig zu bestimmen ist, da sie weder „gänzlich gegeben noch gänzlich konstruiert“ ist, „sondern beides zu Teilen“ (Butler, 1997b; 35-36).

> „So wie ich sie verstehe, ist die Geschlechterdifferenz ein Ort, an dem wieder und wieder eine Frage in Bezug auf das Verhältnis des Biologischen zum Kulturellen gestellt wird, an dem sie gestellt werden muß und kann, aber wo sie, strenggenommen, nicht beantwortet werden kann. Wenn wir sie als eine Grenzvorstellung verstehen, so hat die Geschlechterdifferenz psychische, somatische und soziale Dimensionen, die sich niemals gänzlich ineinander überführen lassen, die aber deshalb nicht letztlich voneinander abgesetzt sind. Schwankt die Geschlechterdifferenz also hin und her, als eine schwankende Grenze [...]?“ (Butler, 1997b; 36)

Die materielle Dimension der Körper räumt sie explizit ein[15], betont jedoch zugleich, es sei unmöglich, diese exakt zu umreißen, was zum Schwanken innerhalb eines Überschneidungsbereichs führe. Diese Unentscheidbarkeit geht nicht auf die mangelnde Fähigkeit der betroffenen Wissenschaften zurück, ihren Gegenstandsbereich zu erfassen, was immerhin die Hoffnung zuließe, mit fortschreitendem Wissen sei die Geschlechterdifferenz in Zukunft vielleicht zu entschlüsseln, sondern auf eine in der Struktur der Sprache angelegte Barriere, die sich nur unter Einbeziehung des Referenten und dessen Abgrenzung gegenüber dem Signifikat beschreiben lässt.

Butler unterläuft die Dichotomie von Sprache und Materie, indem sie auf die in deren sinnlichen Eigenschaften und ihrer körperlichen Basis liegende Materialität der Sprache hinweist. Wären Sprache und Materie klar geschieden, wie es das klassische Zeichenmodell suggeriert, würden beide auf ontologisch verschiedenen Ebenen existieren und es bestünde keine Möglichkeit, über die Dinge der Welt zu sprechen. Materialität und Sprache stehen in einem Verhältnis chiastischer Abhängigkeit, können weder vollkommen auseinandertreten, noch ineinander aufgehen, da eines im anderen immer sowohl enthalten ist als auch über es hinausschießt. Die Materialität der Sprache erweist sich als kontaminiert von der Idealität der Differenzrelationen, von denen sie strukturiert wird, ebenso wie diese Idealität verunreinigt ist durch die Materialität, auf die sie zwingend angewiesen ist, um etwas zu bezeichnen und nicht in ein ontologisches Jenseits abzurutschen. Die Sprache kann sich dem Referenten nähern, da sie nicht sein gänzlich Anderes ist, ihn aber niemals erreichen, da sie nicht von seiner Ordnung ist. Dies bedeutet, er bleibt gegenüber Signifikant und Signifikat irreduzibel und existiert in Form eines sich entziehenden Horizonts (Butler, 1997; 103f.). Dies hat wesentliche Konsequenzen für die Sprache.

> „Die linguistischen Kategorien, von denen angenommen wird, sie ‚bezeichneten' die Materialität des Körpers, werden selbst von einem Referenten gestört, der niemals vollständig oder dauerhaft von irgendeinem gegebenen Signifikat aufgelöst oder umfaßt wird. Tatsächlich verharrt dieser Referent nur als eine Art Abwesenheit oder Verlust, als das, was die Sprache nicht erfaßt, was hingegen statt dessen der Sprache wiederholt den Impuls gibt, jenes Erfassen, jene Umschreibung zu versuchen – und damit zu scheitern." (Butler, 1997; 103)

Das Verhältnis von Signifikant, Signifikat und Referent bei Butler unterscheidet sich von der Auffassung der klassischen

Zeichentheorie, wie Wachter sie skizziert, da Signifikat und Referent nicht in einem Abbildungsverhältnis stehen. Vom der Kritik am Dekonstruktivismus zu Grunde liegenden Modell unterscheidet es sich, da es zwar einen Referenten annimmt, diesen jedoch nicht durch die Voraussetzung einer in ihm selbst liegenden Bedeutung „versubstantialisiert" und ihn zudem klar vom Signifikat unterscheidet.

Dass dem Referenten hier keine eigene Bedeutung zugesprochen wird, bedeutet nicht, ihn von der Bedeutung auszuschließen. Die materielle Ebene der (Geschlechts-)Körper hat etwas Drängendes, das die Sprache antreibt, ihm Bedeutung zu verleihen. Diese kann jedoch immer nur provisorisch sein, vorübergehend und nie endgültig fixiert, da die Sprache gezwungen ist, auf etwas zuzugreifen, das sich sowohl in ihr als auch außer ihr befindet und die Bedeutung somit immer verfehlt wird. Die Materialität des Körpers erweist sich aus dieser Perspektive nicht als von der Sprache aufgelöst, sondern ganz im Gegenteil als auslösendes Moment der Sprache, da der Körper die ständige Aufforderung ist, nach einem Sinn zu suchen, der nicht zu fixieren ist. Doch wie sieht diese Aufforderung aus und wie macht sie sich geltend?

Der Körper und die Disruption des Diskurses

Der Diskurs wird vom stummen Insistieren des Körpers unterbrochen. Dies gilt insbesondere für den Körper in seiner geschlechtlichen und sexuellen Dimension, von dem Butler schreibt, die Sprache könne ihn immer nur auf mangelhafte und abweichende Weise repräsentieren. Der Körper wird dadurch zum Garanten des Scheiterns des Sprechaktes.

> „It will turn out, that the body in its sexuality guarantees the failure of the speech act." (Butler, 2003b; 115)

Neben der strukturellen Unmöglichkeit, den Referenten mittels der Sprache zu erreichen, spielt vor allem die phänomenologische Dimension des Körpers eine zentrale Rolle. Da Sprechen eine körperliche Tätigkeit ist, kann der Körper nicht außerhalb des Sprechaktes angesiedelt werden, sondern geht in diesen mit ein, auch wenn er vorgibt, lediglich eine Intention zu repräsentieren. Das sprechende Ich ist immer auch ein körperliches und bringt in der Sprache sowohl seine Absichten als auch sein physisches Leben zum Ausdruck, was den Sprechakt als ein Korrespondieren von somatischen und intentionalen Faktoren greifbar werden lässt, das der Auffassung eines souveränen Ichs, das in vollem Bewusstsein seiner selbst daran geht, seinen Gedanken Ausdruck zu verleihen, zuwiderläuft. Hinzu kommt die Rolle des Begehrens, die sich Butler zufolge als Eigendynamik des psychischen Lebens in Form von unbewussten Fantasien und Absichten im Körper niederschlägt[16]. Die Auswirkungen dieser ständigen Subversion des Sprechens durch den geschlechtlichen und begehrenden Körper veranschaulicht Butler durch das bei Shoshana Felman entlehnte Beispiel des Heiratsversprechens Don Juans: Er bindet sich durch das Versprechen an sein Gegenüber, verspricht diesem ewige Treue, doch zugleich arbeitet in seinem Körper das Begehren weiter und verwandelt sein Sprechen in Verführung. Der Sprechakt ist von zwei einander widersprechenden Dimensionen durchdrungen (Butler, 2003b; 119). Es ist deutlich zu erkennen, wie der körperliche Referent den Diskurs durchbricht, allerdings bleibt fraglich, warum von dieser Disruption ein Anstoß ausgehen sollte, den Diskurs in einer unausgesetzten und letztlich immer scheiternden Bewegung dem Referenten anzunähern.

Dass es sich hierbei nicht um eine philosophische Gedankenspielerei handelt, zeigt die der gleichen Logik folgende Erfahrung körperlichen Schmerzes, über die Butler mit Blick auf die Ausführungen Elaine Scarrys schreibt, sie würde im Extremfall die Sprache auslöschen (Butler, 1998; 17f.). Der Schmerz ist nicht nur eine leibliche Erfahrung, sondern, wie Elisabeth List anmerkt, „ein Politikum“ (List, 1992; 231). Von der Zerstörung der Sprache durch Schmerzen kann Scarry zufolge gesprochen werden, da sie Menschen in einen Zustand versetzen, in dem „Laute und Schreie vorherrschen, deren wir uns bedienten, bevor wir sprechen lernten“ (Scarry, 1992; 13). Das Außerkraftsetzen der Sprache dauert auch über den Zeitpunkt der unmittelbaren Erfahrung an und zeigt sich vor allem in dem Umstand, anderen Menschen auf sprachlichem Weg keinen Eindruck von der durchlittenen Gewalt vermitteln zu können. Schmerz darzustellen ist aber nicht nur für die Betroffenen wichtig, deren Leid durch die Objektivierung ihres Schmerzes gemildert wird, sondern auch entscheidend für die politische Darstellbarkeit von Schmerzen, ohne die z.B.

eine Kritik an der Folter nicht möglich wäre (Scarry, 1992; 23f.). Deswegen bemühen sich verschiedene Diskurstechniken wie Erfahrungsberichte von Betroffenen, Medizin, Politik, Rechtssprechung oder Kunst darum, die durch den Schmerz bedingte sprachliche Barriere zu überwinden, wobei sie sich innerhalb des Spannungsfeldes der Paradoxie bewegen, beim Sprechen über etwas „Nichtkommunizierbares“ (Scarry, 1992; 12) notwendigerweise scheitern zu müssen und trotzdem mit diesen Versuchen der sprachlichen Vermittlung nicht aufhören zu können, da sie von „bedeutsamen praktischen und ethischen Konsequenzen“ (Scarry, 1992; 14) ist.

Das Sprechen über Schmerzen verweist auf die gleiche Schere zwischen Intentionalität und Körper wie das von Begehren durchdrungene Sprechen Don Juans, ist jedoch nicht von spielerischem Charakter und somit in der Lage zu erklären, was die Motivation auslösen sollte, im Sprechen immer wieder um eine (scheiternde) Näherung an den Referenten bemüht zu sein. Die vom Körper in seiner Dimension als Referent ausgehende Aufforderung an den Diskurs ist angetrieben durch seine sprachlich nicht zu fassenden Regungen, die im Falle des Begehrens mitunter in der Lage sind, mit der Zweideutigkeit der Sprache zu spielen, spätestens beim Schmerz jedoch eine Dringlichkeit erreichen, auf die der Diskurs antworten muss, um ihn zu mildern oder gar zu beseitigen. Wird diese Näherung verweigert, bedeutet dies für die Betroffenen nicht nur, auf ihr Leiden zurückgeworfen zu sein, sondern auch, dieses nicht politikfähig machen und seine Ursachen nicht in die Öffentlichkeit stellen zu können. Insofern kann der Diskurs, wie Butler in „Hass spricht“ schreibt, nicht nur durch verletzende Anrufungen, sondern auch durch Auslassungen Gewalt ausüben[17].

> „It is not simple, then, that there is a ‚discourse‘ of dehumanisation that produces theses effects, but rather that there is a limit to discourse that establishes the limits of human intelligibility.“ (Butler, 2004; 35)

Wenn der Körper in den Diskurs drängt, ist die Frage, wie der Diskurs strukturiert ist, ausschlaggebend dafür, wie Menschen ihr Leben führen können. Eine von Binarität und Heterosexualität abweichende Geschlechtsidentität in einen Diskurs zu zwängen, der sie lediglich als Devianz behandelt, bedeutet für die Betroffenen, in ein sprachliches Korsett gezwängt zu werden, das ihnen nicht entspricht, und nimmt ihnen gleichzeitig die Möglichkeit, die daraus erwachsenen psychischen und physischen Leiden thematisieren und politikfähig machen zu können. Durch den Einbezug des körperlichen Referenten und seine Verbindung mit dem Diskurs versucht Butler, dieses Leiden in den Mittelpunkt ihrer Theorie zu rücken und zum Motor gesellschaftlicher Transformation zu machen.

Geschlechterdifferenz als leerer Begriff

Von diesem Punkt aus lässt sich Butlers These vom Schwanken der Geschlechterdifferenz besser verstehen. Die wenige Seiten zuvor zitierte Stelle aus dem Aufsatz „Das Ende der Geschlechterdifferenz" lautet weiter:

> „Schwankt die Geschlechterdifferenz also hin und her, als eine schwankende Grenze, die eine erneute Artikulation dieser Begriffe ohne jede Vorstellung von Endgültigkeit verlangt? Ist sie daher kein Ding, keine Tatsache, keine Voranname, sondern vielmehr ein Verlangen nach erneuter Artikulation, das niemals zur Gänze verschwindet – aber das sich ebensowenig jemals zur Gänze zeigen wird?" (Butler, 1997b; 36)

Die materielle Dimension der Geschlechterdifferenz, ihr somatischer Referent, kann niemals erreicht werden. Das Leiden an der Geschlechterdifferenz, wie es für viele Menschen kennzeichnend ist, ob heterosexuell, homosexuell, intersexuell, transsexuell oder bisexuell (die Liste ließe sich fortsetzen), durchbricht die Kohärenz jedes Diskurses und fordert dessen beständige Reorganisation. Das Geschlecht kann niemals abschließend definiert noch einfach ignoriert werden und macht sich als beständiges Drängen nach erneuter Artikulation bemerkbar.

Dies hat wesentliche Konsequenzen für den Begriff des Geschlechts. Wenn Geschlechter innerhalb einer Matrix hergestellt werden, die auf heterosexuell strukturierter geschlechtlicher Bipolarität beruht, so muss das Schwanken der Geschlechterdifferenz sich direkt auf die Geschlechter selbst auswirken. Was es bedeutet, ein Mann oder eine Frau zu sein, ob dies die einzigen Geschlechterkategorien sind, die sich denken lassen, ob eine Kategorisierung überhaupt entlang eindeutiger Grenzen verlaufen muss – all das unterliegt dem gleichen Schwanken wie die Geschlechterdifferenz. Dies führt zu einer semantischen Entleerung des Begriffs Geschlecht, der in seiner Leere nur durch stetig neu unternommene, jedoch immer artifiziell bleibende Näherungen an einen Referenten gefüllt werden kann, dessen wesentliche Eigenschaft darin besteht, sich zu entziehen. Was Geschlechter sind, ist vor diesem Hintergrund nicht primär eine Frage der Medizin, der Biologie oder der Sozialwissenschaften, sondern eine der gesellschaftlichen Auseinandersetzung, wodurch sich die Frage nach dem Sein der Geschlechter auf das Gebiet der Politik verschiebt. Wie das Schwanken der Geschlechterdifferenz politisch fixiert wird, ist entscheidend für die Frage, wie viele Menschen in die Devianz gedrängt werden und wie groß das Leiden an den zur Verfügung stehenden geschlechtlichen Identitäten ist.

Die politische Theorie Judith Butlers

Butlers Verständnis des Geschlechts als leerer Begriff, der immer wieder durch gesellschaftliche Aushandlungen und Kämpfe gefüllt wird, bietet einen fruchtbaren Boden für die politische Theorie. Doch bleibt die Frage bestehen, ob es möglich ist, Butlers Geschlechterbegriff mit den von ihr vorgeschlagenen Instrumentarien politisch weiterzudenken, oder ob diese einer wesentlichen Weiterführung durch andere Ansätze bedürfen. Es ist also notwendig, die Elemente hinsichtlich ihres politischen Ansatzes auf Schlüssigkeit und Gehalt zu hinterfragen.

Von der Parodie zur Politik?

Diesen Titel, jedoch ohne Fragezeichen, wählte Butler für das letzte Kapitel ihres Buches „Das Unbehagen der Geschlechter". Praktiken der Geschlechterparodie, so ihre These, sind in der Lage, den Imitationscharakter der Geschlechtsidentität offenzulegen, dadurch zur Destabilisierung von Bipolarität und Heterosexualität beizutragen und so auch jenen Identitäten Zugang zu gesellschaftlicher Anerkennung zu verschaffen, die von der heterosexuellen Matrix in den Raum des Nicht-Intelligiblen verwiesen werden (Butler, 1991; 209-219). Allerdings wusste Butler schon damals um die Zwiespältigkeit von Drag-Praktiken.

„Die Parodie an sich ist nicht subversiv. Also muß es eine Möglichkeit geben zu verstehen, wodurch bestimmte Formen parodistischer Wiederholung wirklich störend bzw. wahrhaft verstörend wirken und welche Wiederholungen dagegen gezähmt sind." (Butler, 1991; 204)

Auch wenn, um Butler richtig zu verstehen, die starke Gebundenheit ihrer Gedanken über Drag an die spezifischen Politikformen der schwul-lesbischen Bewegungen in den USA berücksichtigt werden und ebenfalls mit einbezogen werden muss, dass es nicht um die Ersetzung der Politik durch kulturelle Praktiken, sondern um eine Erweiterung des Politikbegriffs geht (Becker/Knapp, 2000; 89), bleibt doch die Frage zu beantworten, inwiefern es möglich ist, subversive Praktiken von Drag auszumachen bzw., ob diese überhaupt existieren. Christine Weinbach weist in diesem Zusammenhang z.B. auf Filme hin, in denen zwar Männer in Frauenkleidern auftauchen, doch nur mit dem Zweck, „jedes Geschlecht jenseits der heterosexuellen Matrix der Lächerlichkeit preiszugeben" (Weinbach, 2001; 417-418).

In „Körper von Gewicht" weitet Butler ihre Interpretation der Macht von Drag-Praktiken dahingehend aus, ihnen nicht nur die Fähigkeit zuzusprechen, den Imitationscharakter der Geschlechtsidentität aufzuzeigen, sondern darüber hinaus auch die Melancholie allegorisieren zu können, die der Heterosexualität grundsätzlich eigen sei (Butler, 1997; 321f.). Um ihre Ausführungen in „Das Unbehagen der Geschlechter" zu konkretisieren, weist Butler nun explizit darauf hin, Drag könne im Dienste der Subversion wie auch der Affirmation stehen, und versucht, ein Unterscheidungskriterium einzuführen:

„In diesem Sinne also ist drag in dem Maße subversiv, in dem es die Imitationsstruktur widerspiegelt, von der das hegemoniale Geschlecht produziert wird, und in dem es den Anspruch der Heterosexualität auf Natürlichkeit und Ursprünglichkeit bestreitet." (Butler, 1997; 178)

Das Problem dieser Definition liegt in ihrer Allgemeinheit: Drag-Praktiken können die Imitationsstruktur der Geschlechtsidentität verdeutlichen – tun sie dies, sind sie subversiv. Eingedenk der Variationsbreite möglicher Inszenierungen innerhalb des Drag und der nicht minder großen Spanne möglicher Rezeptionen seitens der Zuschauer[18] stellt sich die Frage, wer feststellen soll, was subversiv ist und was nicht. Hinzu kommt die begrenzte Reichweite dieser Praktiken.

> „Demnach setzt drag der Heterosexualität keinen Widerstand entgegen beziehungsweise bringt die Verbreitung von drag die Heterosexualität nicht zu Fall. [...] Im günstigsten Fall lässt sich drag auf die Art und Weise hin lesen, in der übertriebene Normen als das heterosexuell Banale verschleiert werden.“ (Butler, 1997; 326)

Aber es besteht nicht nur ein unlösbares Problem hinsichtlich der Frage, was überhaupt subversiv ist. Sogar wenn dies festgestellt werden könnte, wäre der Effekt von Drag nicht mit einem Akt des Widerstands gleichzusetzen. Von ihrem heutigen Standpunkt aus beurteilt Butler ihre Ausführungen in „Das Unbehagen der Geschlechter“ als voreilig und zu einem nicht geringen Teil biografisch bedingt, besteht jedoch noch immer darauf, Drag könne zeigen, inwiefern die heute intelligiblen Geschlechtsidentitäten durch unsichtbar gemachte „ontologische“ Voraussetzungen geschaffen würden und in welchem Maße diese offen für Reartikulation seien (Butler, 2004c; 214). In einem abstrakten Sinne mag dies richtig erscheinen, doch ist es politisch aus den bereits genannten Gründen nicht umzusetzen. Auch wenn es vom Standpunkt der weiter oben entfalteten Lesart des Körperbegriffs Butlers nicht mehr möglich ist, den Vorwurf zu teilen, sie spiele das Spiel des Neoliberalismus, indem sie der Vorstellung eines herstellbaren Körpers Vorschub leiste und einem flexiblen Identitätsverständnis das Wort rede, geht diese Kritik auch nicht gänzlich ins Leere. Unter den Bedingungen der heutigen Konsumkultur und der immensen Palette verschiedenster Identitätsangebote stellt sich schlicht die Frage, wer innerhalb der westlichen Metropolen an Praktiken des Drag Anstoß nehmen sollte[19].

Resignifikation

Wesentlich wichtiger als die Praktiken des Drag ist der Ansatz der Resignifikation. Nach Butler ist es durch Verschiebung von Diskursen möglich, die starren Grenzen der geschlechtlichen Identitäten zu destabilisieren und so Raum für neue Möglichkeiten zu schaffen. Zwar wird das Subjekt im Prozess der Subjektivation durch diskursive Mechanismen angerufen und in die Ordnung des Seins gebracht, dadurch jedoch zugleich mit einer Handlungsfähigkeit ausgestattet, die es befähigt, in dem Diskurs, von dem es hervorgebracht wurde, zu intervenieren und ihn von seiner Richtung abzubringen. Brennpunkt dieses politischen Projekts ist, wie Slavoy Žižek schreibt, der „alte linke", insofern es Butler nicht nur darum ginge, einfachen „Widerstand zu leisten", sondern „das bestehende sozio-symbolische Netz [...] zu unterminieren und/oder zu verschieben, das den Raum vorherbestimmt, in dem das Subjekt [...] existieren kann" (Žižek, 1999b; 28). Zentraler Ansatzpunkt dieser Strategie ist jedoch allein der Diskurs, dessen performative Wirkung umgelenkt werden soll, um eine Veränderung der bestehenden Verhältnisse herbeizuführen. Auch wenn es immer Menschen sind, die diese Arbeit auf sich nehmen, wird dem Diskurs damit eine fast omnipotente Macht zugesprochen. Insofern scheint der Kritikpunkt, Butler überbetone den Diskurs, auf den ersten Blick zuzutreffen. Um dies zu entscheiden, muss jedoch der butlersche Diskursbegriff noch genauer geklärt werden. In einer der wenigen Passagen, die einer Definition des Diskurses gewidmet sind, schreibt Butler:

> „‚Diskurs' ist nicht bloß gesprochene Wörter, sondern ein Begriff der Bedeutung; nicht bloß, wie es kommt, daß bestimmte Signifikanten bedeuten, was sie nun mal bedeuten, sondern wie bestimmte diskursive Formen Objekte und Subjekte in ihrer Intelligibilität ausdrücken. In diesem Sinne benutze ich das Wort ‚Diskurs' nicht in seiner alltagssprachlichen Bedeutung, sondern ich beziehe mich damit auf Foucault. Ein Diskurs stellt nicht einfach vorhandene Praktiken und Bedeutungen dar, sondern er tritt in ihre Ausdruckformen ein und ist in diesem Sinne produktiv." (Butler, 1993; 129)

Butler geht insofern über die konventionelle Bedeutung des Begriffs Diskurs hinaus, als sie ihm zuspricht, produktiv zu sein, da er Subjekte und Objekte innerhalb oder außerhalb eines Bereiches der Intelligibilität situiert und so an der Art ihres Seins teilhat. Der Diskurs selbst bleibt jedoch rein sprachlich, nur dass der Sprache jetzt Eigenschaften zugesprochen werden, die jenseits der Abbildung von Realität zu suchen sind und sich am treffendsten mit dem Begriff Performativität umreißen lassen. Dies bestätigt auch Wachter, die sich das butlersche Konzept des Diskurses für ihren eigenen Ansatz zunutze macht.

„‚Diskurs‘ wird in dieser Studie, aufgrund obiger Ausführungen und mit Verweis auf Butlers Verständnis des Begriffs, als ein in der Ordnung einer organisierten und geregelten (Sprach-)Struktur sich entwickelnder Sinnzusammenhang ausgelegt, der sich auf der Grundlage bestimmter kultureller, politischer und ideologischer Konzepte formiert.“ (Wachter, 2001; 64)

Zwar unterschlägt Wachter in ihrer Aneignung des butlerschen Diskursbegriffs den Aspekt der Performativität, doch bestätigt sie explizit dessen Sprachfixiertheit. Butler verwendet demnach einen äußerst engen Diskursbegriff, der sich vom alltagssprachlichen Verständnis nicht unterscheidet, da er auch etwas anderes als Sprache umfasst, sondern nur, insofern er die Sprache mit der Performativität verknüpft. Dies hat wesentliche Konsequenzen für ihre Auffassung des Politischen. Jede Veränderung wird ihren Weg über den Diskurs nehmen müssen, sei es im Rahmen queerer Politik, antirassistischen Engagements oder anderer politischer Maßnahmen. Damit wird Politik auf einen reinen „Sprachkampf“ (Butler, 1998; 64) reduziert, in dem es um die Semantik von Begriffen geht, die Knotenpunkte des gesellschaftlichen Realitätsverständnisses sind. Entsprechend greift Butler in ihren wenigen Beispielen resignifikatorischer Praktiken primär auf die Veränderung von Wörtern wie „queer“ (Butler, 1997; 307f.) oder „nigger“ (Butler, 1998; 143f.) zurück, die sich ihr zufolge im Laufe ihres Gebrauchs von einer beleidigenden Anrufung hin zu einer positiven Selbstbeschreibung oder kritischen Darstellung alltäglicher Verletzungen gewandelt haben. Die Verschiebung dieser Begriffe ist für die Betroffenen sicherlich von großem Wert, kann jedoch nur eingeschränkt als politische Praxis bezeichnet werden, da Butler weder in der Lage ist, sie von semantischen Verschiebungen zu differenzieren, die aus dem einfachen Gebrauch der Sprache im Laufe der Geschichte hervorgehen, noch fähig ist, anzugeben, mit welchen Formen politischer Organisation oder Praxis sie verknüpft sind. Butler ist jedoch nicht nur mangelnde Differenziertheit vorzuwerfen, sondern auch die aus der Sprachfixierung ihres Diskursbegriffs resultierende Verengung des politischen Feldes.

„Meiner Arbeit geht es in gewisser Weise darum, die Grausamkeiten, durch die Subjekte produziert und differenziert werden, zu entlarven und zu verbessern. Ich räume ein, daß das nicht das einzige Ziel ist und daß es Fragen sozialer und wirtschaftlicher

> Gerechtigkeit gibt, in denen es nicht primär um Subjektbildung geht." (Butler, 1993; 132)

Zwar weiß Butler um ihre mangelnde Auseinandersetzung mit sozialen und ökonomischen Fragen, sieht den Grund dafür jedoch in der Konzentration ihrer Arbeit auf Fragen der Subjektivation. So legitim die Entscheidung ist, sich theoretisch auf bestimmte Bereiche zu beschränken, muss Butlers Argument doch insofern bezweifelt werden, als sich die mangelnde Betonung des Sozialen und Ökonomischen nicht aus ihrer Konzentration auf die Produktion von Subjekten ableiten lässt. Ihr geht es um die Subjektivation, die Anrufung eines potenziellen Subjektes durch den Diskurs. Wenn soziale und ökonomische Fragen dabei aus der Analyse herauszufallen drohen, so nicht, weil sie keine entscheidenden Komponenten dieses Prozesses wären, sondern weil das butlersche Konzept des Diskurses als rein sprachliches nicht zulässt, sie in angemessener Weise zu denken. Diese Kritik teilt auch Lorey, wenn sie über die Verkettung von Sprache und Performativität schreibt:

> „Sie verbannt mit dieser unmittelbaren Verkettung nichtsprachliche Praktiken in einen Bereich des Essentiellen und Ahistorischen und versteht diese letztlich als Effekte performativer Akte. In ihrem Modell ist es nicht möglich, auch nichtsprachliche Praktiken hinsichtlich der Prozesse der Subjektkonstitution zu denken." (Lorey, 1996; 145)

Butler ist nicht in der Lage zu erklären, inwiefern politische Kämpfe, gesellschaftliche Institutionen oder die ökonomische Ordnung an der Herstellung und Aufrechterhaltung der Geschlechterordnung beteiligt sind, da diese in ihrer Theorie lediglich als Effekte performativer Diskurse gedacht werden können. Der diskurstheoretische Ansatz Butlers tendiert aufgrund seiner einseitigen Betonung der Sprache zur Ausblendung eines wesentlichen Teils der politischen Realität und bringt sich um die Möglichkeit, politische Instrumentarien zu entwerfen, mit denen eine organisierte und gezielte Veränderung der Geschlechterordnung zu bewerkstelligen wäre, um beim theoretisch vielleicht interessanten, praktisch jedoch ohnmächtigen Verweis auf die Möglichkeit sprachlicher Interventionen stehenzubleiben.

Diese Überlegungen lassen den Vorwurf seitens der Kritik, Butler überbetone den Diskurs zu Ungunsten nicht-diskursiver

Faktoren, richtig erscheinen. Soll jedoch die Stärke der butlerschen Theorie, eine Dekonstruktion des Begriffs Geschlecht zu leisten und ihn als Feld unermüdlicher politischer Auseinandersetzung zu rekonzeptualisieren, beibehalten werden, ist es nicht möglich, diesen Mangel ihrer Theorie durch die schlichte Einbeziehung außerdiskursiver Momente zu kompensieren. Ein derartiger Ansatz wäre auf die Frage zurückgeworfen, an welcher Stelle die Grenze zwischen Diskurs und Realität verläuft, und würde sich abermals in Auseinandersetzungen über das Verhältnis von Natur und Kultur verlieren. Die Alternative besteht darin, den Begriff des Diskurses auf den Bereich des Nichtsprachlichen auszuweiten, um so die von Butler außer Acht gelassenen Faktoren mit einbeziehen zu können.

Dass der Diskursbegriff Butlers für derartige Modifikationen offen ist, hat Lorey gezeigt, indem sie eine Ausweitung des Diskursbegriffs vorschlug, die sich an Foucaults Begriff des Dispositivs orientiert (Lorey, 1996; 114). Um diesen Vorschlag zu verstehen, ist es notwendig, den Begriff des Dispositivs zu beleuchten.

> „Was ich unter diesem Titel festzumachen versuche, ist erstens ein entschieden heterogenes Ensemble, das Diskurse, Institutionen, architekturale Einrichtungen, reglementierende Entscheidungen, Gesetze, administrative Maßnahmen, wissenschaftliche Aussagen, philosophische, moralische oder philanthropische Lehrsätze; kurz: Gesagtes ebensowohl wie Ungesagtes umfaßt. Soweit die Elemente des Dispositivs. Das Dispositiv ist das Netz, das zwischen diesen Elementen geknüpft werden kann." (Foucault, 1978b; 119-120)

Ein Dispositiv setzt sich aus diskursiven und nicht-diskursiven (Diskurs ist auch hier sprachlich gedacht) Elementen zusammen, ohne jedoch der Summe dieser Elemente zu entsprechen. Vielmehr bezeichnet der Begriff die zwischen ihnen geknüpften Verbindungen, weswegen Foucault als zweiten kennzeichnenden Punkt den relationalen Charakter der Elemente betont, die einem ständigen „Spiel von Positionswechseln und Funktionsveränderungen" unterworfen sind (Foucault, 1978b; 120). Als dritten kennzeichnenden Aspekt nennt Foucault den strategischen Charakter des Dispositivs. Ein Dispositiv ist nicht nur eine bestimmte relational zu denkende Verbindung zwischen heterogenen Elementen, sondern immer auf ein Ziel gerichtet, das durch ihre spezifische Konstellation erreicht werden soll. Die Elemente des Dispositivs verhalten sich zueinander, wie die Elemente einer Struktur, da jede Veränderung eines Elements eine Veränderung der anderen nach sich zieht (Foucault, 1978b; 121).

Auf die Frage hin, ob die nicht-diskursiven Elemente des Dispositivs in letzter Konsequenz auch diskursiv seien, da sie doch artikuliert werden müssten, antwortet Foucault mit dem Hinweis, dies sei nicht von Interesse, da sein „Programm kein linguistisches" wäre. Ebenso wenig sei es den Verhältnissen gewidmet, die von den Elementen der Struktur eingenommen würden (Foucault, 1978b; 125). Auch wenn sich diese Frage an Foucault aufdrängt, da sein Begriff des Dispositivs impliziert, es wäre möglich, zwischen diskursiven und nicht-diskursiven Teilen zu unterscheiden, legt die Leichtigkeit, mit der er die Frage zurückweist, die Vermutung nahe, die Unterscheidung könnte sich vor dem Hintergrund der Hauptstoßrichtung, die er mit seinem Begriff verfolgt hat, als irrelevant erweisen.

Wird der Diskurs als auf spezifische Weise organisierte, von Macht durchdrungene Form der Sprache und selbige in (post-)strukturalistischer Weise als Kette von Differenzrelationen verstanden, ist es möglich, das Dispositiv als Erweiterung des Diskursbegriffs zu lesen. Was vom Diskurs bleibt, ist die Vorstellung einer Struktur, die sich aus Differenzrelationen zusammensetzt, mit dem Unterschied, dass sie nicht nur Zeichen, sondern auch außersprachliche Elemente enthält. Der Diskursbegriff verschiebt sich vom Bereich der Sprache auf den der Struktur im Allgemeinen und kennzeichnet das relationale Verhältnis von diskursiven und nicht-diskursiven Praxen und Vergegenständlichungen (Jäger, 2001; 106f.), die zueinander in einem spezifischen Verhältnis stehen, sich wechselseitig bedingen und nicht isoliert voneinander verstanden werden können. In diesem Sinne bezieht sich auch Lorey auf das Dispositiv, übernimmt den Begriff jedoch nicht, sondern nutzt ihn, um zu einer Erweiterung des Diskursbegriffs zu gelangen.

> „Diskurs umfaßt also auch über sprachliche Praktiken hinausgehende Handlungs- und Verhaltensweisen, Alltagspraktiken, Rituale und Konventionen, Wissens-, Wahrheits- und Problematisierungsformen und institutionelle Praktiken. Es gibt wiederum nicht nur einen Diskurs, sondern sowohl unterschiedliche hegemoniale Diskurse als auch je nach gesellschaftlich kul-

turellem Kontext bedeutende und weniger bedeutende, sich widersprechende oder gegenseitig verstärkende Diskurse. Jeder Diskurs ist ein Netz aus unterschiedlichen Praktiken." (Lorey, 1996; 146)

Die Idee, den Diskurs- mittels des Dispositivbegriffs zu erweitern, ist ebenso pragmatisch wie in analytischer Hinsicht produktiv, da eine artifizielle Trennung beider Begriffe umgangen und zugleich die aus dem sprachlichen Diskursbegriff stammende Idee der aus Differenzrelationen zusammengesetzten Struktur beibehalten wird. Ist mit diesem Vorgehen für die Theorie Butlers auch einiges erreicht, da mit dem Begriff des Diskurses nun auch nicht-sprachliche Elemente mit einbezogen werden können, gibt es trotz allem ein Problem. Zum einen handelt es sich beim Dispositiv um einen Begriff, der von Foucault niemals richtig entwickelt wurde, was zu Unklarheiten hinsichtlich seiner Struktur und Anwendbarkeit führt. Zum anderen schließt auch das Dispositiv Dinge aus seinem Gegenstandsbereich aus, so dass die Frage, was berechtigterweise zu diesem Begriff gezählt werden kann, an die Stelle der Frage tritt, wie weit der Begriff des Diskurses zu fassen ist und inwiefern die mit diesem verbundenen Abgrenzungsprobleme lediglich auf einer anderen Ebene erneut auftauchen. Die Rekonfiguration des Diskursbegriffs muss folglich radikaler sein, auch wenn sie sich vom Begriff des Dispositivs inspirieren lassen kann. Als Lösung dieses Problems wird sich im zweiten Teil dieser Arbeit der Diskursbegriff Laclaus und Mouffes entpuppen.

Hegemonie

Der Begriff der Hegemonie zieht sich durch sämtliche von Butlers Büchern. Bereits in „Das Unbehagen der Geschlechter" umreißt sie ihren Ansatz mit den Worten, es ginge ihr darum, „ein hegemoniales diskursiv epistemisches Modell der Geschlechter-Intelligibilität zu charakterisieren" (Butler, 1991; 220) und auch in „Körper von Gewicht" bezeichnet sie die Matrix der Heterosexualität als ein Ensemble „hegemonialer Positionen" (Butler, 1997). In späteren Veröffentlichungen geht Butler sogar so weit, das Universelle selbst (nicht den universellen Status der

Geschlechterdifferenz) als hegemonial zu verstehen, um es für Reformulierungen zu öffnen (Butler, 2000; 178).

Doch der Häufigkeit des Gebrauchs des Hegemoniebegriffs entspricht bei Butler die Schwierigkeit, Näheres über dessen Bedeutung herauszufinden, da sie ihn an keiner Stelle definiert. Unklar bleibt vor allem, ob er als auf Überzeugung basierende Vormachtsstellung zu denken ist oder als Form der Dominanz, die sich auch gegen die Überzeugungen der Menschen durchsetzen kann, wie Butler z.B. anzudeuten scheint, wenn sie von der Hegemonie des Staates spricht (Butler, 2000; 175). Der Begriff Hegemonie ist bei Butler verschwommen und in seiner Form als Analyseinstrument nicht zu gebrauchen. Trotzdem ist ihm eine Tendenz zu entnehmen. Da Butler ihn auf Heterosexualität, die „heterosexuelle Matrix" und das Universelle bezieht und alle drei in ihrem Ansatz nicht prä- oder außerdiskursive, sondern diskursive Konstruktionen sind, ist bei aller Verworrenheit ein deutlicher Bezug der Hegemonie zum Diskursiven erkennbar. Wenn der diskursive Raum Butler zufolge durch Hegemonieverhältnisse strukturiert wird, hat dies entscheidende Konsequenzen für ihren Ansatz der Resignifikation, da er dann nicht einfach auf die Veränderung der Bedeutung von Begriffen zielen kann, welche die soziale Wirklichkeit strukturieren, sondern auf das gezielte Infragestellen und Alterieren der Hegemonie innerhalb diskursiver Räume. Die Geschlechtsidentität und die „heterosexuelle Matrix" werden als hegemoniale Positionen innerhalb des modernen Diskurses über die Geschlechterdifferenz lesbar, deren schwankende Grenze durch politische Kämpfe um Hegemonie fixiert wird. Aufgrund der mangelnden Differenziertheit ist damit jedoch nur eine Richtung des Denkens vorgezeichnet, die von Butler bedauerlicherweise nicht weiterentwickelt wird.

Im Gegensatz zum Begriff des Diskurses kann dieser Mangel nicht durch andere Ansätze aus dem Feminismus oder der Queer-Theorie kompensiert werden, da die mangelnde Ausarbeitung des Hegemoniebegriffs von diesen geteilt wird. So versucht beispielsweise Maihofer in ihrem gleichnamigen Aufsatz, Geschlecht als hegemonialen Diskurs zu fassen (Maihofer, 1994b), indem sie zunächst auf den Diskursbegriff Foucaults Bezug nimmt, ihren eigenen Begriff des Geschlechts als Existenzweise einführt, es dann aber seltsamerweise unterlässt, den Begriff der Hegemonie zu erklären. Ihr Verweis auf die Rekonstruktion der

„hegemonialen weiblichen oder männlichen Moralauffassungen" innerhalb der westlichen Gesellschaften und deren Verwurzelung in den heutigen Praktiken des Mann- oder Frauseins (Maihofer, 1994; 258) ist die einzige Textstelle, an der es überhaupt zu einer Nennung des Begriffs kommt, wodurch suggeriert wird, dieser sei nicht erklärungsbedürftig. Die Analyse bleibt bei der Alltagsprache stehen, da auch aus dem Zusammenhang nicht mehr als der Verweis auf eine nicht näher spezifizierte Form der Dominanz zu erschließen ist, von der im Dunkeln bleibt, ob sie als stillschweigendes, konsensuales oder als Zwangverhältnis zu denken ist.

Deutlicher sind Katharina Pühl und Birgit Sauer. Zu Beginn ihres gemeinsam verfassten Aufsatzes heißt es:

> „Wir möchten plausibel machen, dass ein geschlechtskritisch orientiertes Konzept von Globalisierung und Transformation von Staatlichkeit nur auf der Basis eines hegemonietheoretischen Zugangs sinnvoll erarbeitet werden kann." (Pühl/Sauer, 2004; 165)"

Den Vorteil dieser Herangehensweise sehen die Autorinnen darin, auf diese Weise politisch und gesellschaftlich hervorgebrachte Subjektivierungsweisen sichtbar machen und die Einbettung politischer Strukturen und Institutionen in Diskurse und Praxen erfassen zu können (Pühl/Sauer, 2004; 166). Der Zugang zum Begriff der Hegemonie wird im Folgenden durch die Gramsci-Auslegung Bob Jessops gesucht, der zwischen einem Staatsprojekt mit eher sanktionierendem und normierendem Charakter und einem Hegemonieprojekt unterscheidet, das den Staat durch die Schaffung von „politischen, intellektuellen und moralischen Richtlinien" in der Zivilgesellschaft verankert (Pühl/Sauer, 2004; 170).

Hegemonie wird zwar relativ deutlich definiert, doch bleibt insofern Verwunderung zurück, als unklar ist, wie mit einer solch weiten Fassung des Begriffs etwas so Komplexes wie die Geschlechterdifferenz erklärt werden soll. Zwar wird diese sicherlich von staatlichen Institutionen getragen und in Form von „Richtlinien" in der Bevölkerung zum Konsens gemacht, doch ist damit nichts über ihr Zustandekommen oder ihre Instituierung gesagt. Zudem ist nicht nachvollziehbar, weshalb in der Konzeptualisierung des Hegemoniebegriffs bei Gramsci stehen geblieben werden sollte, dessen Denken sich nicht nur zu einem guten Teil aus dem klassischen Marxismus speiste, sondern außerdem in sehr spezifischer Weise auf eine politische Situation ausgelegt war, welche sich seit der Entstehungszeit seiner Schriften grundlegend verändert hat. Der Ansatz von Pühl und Sauer geht damit zwar über Butler und Maihofer hinaus, bleibt jedoch bei einer veralteten Version des Hegemoniebegriffs stehen und verschenkt so dessen Potential. Weist der Hegemoniebegriff in die richtige Richtung, so ist es doch notwendig, ein Verständnis von Hegemonie zu entwickeln, das nicht nur Gramsci hinter sich lässt, sondern auch explizit anzugeben vermag, was Hegemonie ist, wie sie zustande kommt und welche Mechanismen ihr zugrunde liegen.

Ausgehend vom jetzigen Stand der Analyse lassen sich bei Butler vor allem drei Punkte festhalten, die sie für eine politische Theorie anschlussfähig machen: Geschlecht als schwankende Grenze, diskursive Resignifikation und Hegemonie – drei Punkte, die im Folgenden mit der Theorie von Laclau (und Mouffe)[20] politisch entfaltet werden sollen.

Das Geschlecht als Hegemonieverhältnis

Die Hegemonietheorie bietet sich für eine Weiterführung dieser Anschlussstellen an, da es zwischen Laclau und Butler bereits eine Auseinandersetzung gegeben hat, die heute auch in Buchform nachvollzogen werden kann (Butler/Laclau, 1998; Butler/Laclau/Žižek, 2000), und Butlers Theorie auch nach dem Abbruch dieses Austausches noch deutliche Verweise auf die Hegemonietheorie von Laclau (und Mouffe) in sich birgt. Des Weiteren gehen beide Theorien von ähnlichen Grundvoraussetzungen aus – Antifoundationalismus, Diskurstheorie, Poststrukturalismus, Dekonstruktion, Denken des Außen – und lassen sich damit vergleichsweise leicht verbinden. Über solch pragmatische Erwägungen hinaus gibt es aber vor allem eine politische Erwägung, welche die Verknüpfung beider Ansätze nahelegt.

Butler dekonstruiert die klassische Zweigeschlechtlichkeit, und was daraus mit dem Begriff des Geschlechts als schwankender Grenze hervorgeht, ist ein Raum der Unentscheidbarkeit. Wie bereits gezeigt hat Butler mit ihrer Strategie der Resignifikation und ihrer Verwendungsweise des Begriffs Hegemonie keine Möglichkeit, über die bloße Dekonstruktion der Geschlechterdifferenz hinauszugehen, und bleibt damit mitten in der Unentscheidbarkeit stehen, ohne politische Mechanismen benennen zu können, die erlauben würden, selbige zu verstehen und mit ihr umzugehen.

Laclau teilt mit Butler den Ansatz der Dekonstruktion, geht jedoch Simon Critchley zufolge weit darüber hinaus:

> „Wenn Dekonstruktion der Versuch ist, die konstitutive Unentscheidbarkeit, radikale Unvollständigkeit oder Nicht-Totalisierbarkeit textueller, institutioneller, kultureller, sozialer und ökonomischer Strukturen zu zeigen, dann ist Hegemonie eine Theorie der auf dem von der Dekonstruktion eröffneten unentscheidbaren Terrain getroffenen Entscheidungen, was aus meiner Sicht genau die Weise ist, in der wir beginnen können, über die Politik der Dekonstruktion nachzudenken." (Critchley, 1998; 202)

Die Theorie der Hegemonie wird von Mouffe als „Brücke zwischen Unentscheidbarkeit und Entscheidung" (Mouffe, 1996b; 4) begriffen und in einem Aufsatz über die feministische Praxis schreibt sie, zum Dekonstruktivismus trete in ihrem Denken

> „[...] die Überzeugung, daß die Kritik des Essentialismus zwar die notwendige theoretische Basis für eine politische Kritik liefert, aber von sich aus nicht ausreicht, um eine fortschrittliche Perspektive zu entwickeln. Wie in *Hegemony and Socialist Strategy* ausgeführt, ist dafür die Einführung einer nach Gramsci entwickelten Konzeption von Hegemonie notwendig. Erst damit wurde es möglich, eine politische Auffassung zu erarbeiten, in deren Zentrum das Wesen der Macht und die Unvermeidbarkeit des Antagonismus stand." (Mouffe, 2001; 12)

Durch die Theorie der Hegemonie ist es möglich, den Sprung von der butlerschen Dekonstruktion der Geschlechterdifferenz in die politische Theorie zu schaffen und ihr dadurch neue Wege zu öffnen. Doch zuvor soll die Hegemonietheorie von Laclau (und Mouffe) in aller Kürze dargestellt werden.

Die Theorie Ernesto Laclaus (und Chantal Mouffes) im Überblick

Die Theorie der Hegemonie von Laclau (und Mouffe) ist nicht nur ungemein vielschichtig, sondern auch seit der Erstveröffentlichung von „Hegemonie und radikale Demokratie" vor über zwanzig Jahren in ständiger Weiterentwicklung begriffen. Eine Zusammenfassung gerät dadurch in die Schwierigkeit, ein heterogenes Denken, dessen Entwicklung sich über Umwege und Widersprüche vollzogen hat, in homogener Weise darzustellen. Da dies nur durch Verkürzungen oder Gewalt gegen die Texte zu leisten wäre, ist es sinnvoller, sich auf den aktuellen Stand dieses Denkens zu beziehen und die älteren Thesen nur heranzuziehen, wenn sie sich in möglichst widerspruchsfreier Form in die neueren fügen und sie ergänzen.

David Howarth unterteilt das Schaffen Laclaus in drei Phasen: Eine frühe, zu Anfang seines Schreibens gelegene, die noch einen starken Einfluss des Klassenmodells verrät, eine mittlere, die mit der Veröffentlichung von „Hegemonie und radikale Demokratie" im Jahr 1985 begann[21], und eine dritte, ausgelöst durch Slavoj Žižeks an diesem Buch geübte Kritik (Žižek, 1998)[22], deren Hauptmerkmale ein veränderter Subjektbegriff, die Ausdifferenzierung des Antagonismuskonzepts und die Einführung des Begriffs des leeren Signifikanten sind (Howarth, 2004; 258f.). Im Folgenden wird vor allem die Theorie Laclaus aus der dritten Phase relevant sein und in einigen Punkten um Einsichten aus der zweiten ergänzt. Entsprechend finden nur die Diskussionen aus dieser Zeit Eingang in die Betrachtung seiner Theorie, nicht aber jene primär von empörten Marxisten begonnenen Streitereien, die den Übergang von der ersten zur zweiten Phase begleiteten[23].

Ist der Bereich abgesteckt, bleibt noch eine weitere Schwierigkeit zu lösen. Die Theorie Laclaus ist um verschiedene Schlüsselbegriffe organisiert, die miteinander in Verbindung stehen und eine Struktur ohne eindeutiges Zentrum bilden[24], was der notwendigen Sukzession einer schriftlichen Darstellung im Grunde widerspricht. Jede Zusammenfassung seiner Theorie ist schon Interpretation, insofern sie durch die Reihenfolge und die dadurch eingeführte Gewichtung der Elemente eine Fixierung vornimmt, die sich in der vornehmlich in Aufsatzform entwickelten Theorie Laclaus in dieser Weise nicht finden lässt. Die hier gewählte Darstellung lässt sich von folgenden Begriffen leiten: Antagonismus, Dislokation, Mangel, Hegemonie, Steppunkt/leerer Signifikant, Differenz/Äquivalenz.

Wie bereits weiter oben erwähnt, entspringt die von Laclau (und Mouffe) entwickelte Theorie der Hegemonie aus einer anfänglichen, wenn auch kritischen, Nähe zu Theoremen des klassischen Marxismus (Laclau, 1977 / Mouffe, 1979), gelangt jedoch erst durch den Bruch mit dieser Tradition zu ihrer in „Hegemonie und radikale Demokratie" entwickelten Form. Wie Butler den hinter der modernen Konzeption der Geschlechterdifferenz liegenden Essentialismus, so dekonstruieren Laclau und Mouffe in diesem Werk den Essentialismus des Ökonomischen innerhalb des Marxismus seit Rosa Luxemburg, indem sie die Inkohärenzen dieses Denkens aufspüren und zeigen, inwiefern der Ökonomismus, um seine logische Konsistenz zu behalten, immer des Supplements der Hegemonie bedurfte (Laclau/Mouffe, 2000; 37-123). Da die Praxis der Dekonstruktion nicht darauf abzielt, logische Fehler und versteckte Letztbegründungen aufzuzeigen, um anschließend das Objekt der Analyse dem Vergessen zu überantworten, sondern sich vielmehr bemüht, unnötigen Ballast fallen zu lassen, um behalten zu können, was wichtig ist, wird der

Marxismus nicht einfach aufgegeben. In einem Interview formulierte Laclau seine Haltung zum Marxismus wie folgt:

> „I haven't rejected marxism. Something very different has occured. It's marxism that has broken up and I believe I'm holding on to its best fragments." (Laclau, 1990b; 201)

Nach dieser in ihrer Kürze so vielsagenden Einschätzung bringt Laclau seine Haltung zum klassischen Marxismus auf den Punkt:

> „Couldn't the same be done with marxism as with other ideologies such as ‚liberalism', ‚conservatism', or ‚socialism' – in other words, treat it as a vague term of political reference, whose content, boundaries and scope should be redefined at each juncture?" (Laclau, 1990b; 203)

Was vom Marxismus behalten wird, ist die Einsicht in die fundamentale Gespaltenheit der Gesellschaft und den daraus resultierenden kämpferischen Charakter jeder Politik. Deswegen ist der Antagonismus ein Schlüsselelement der Theorie Laclaus. Wie er gedacht wird, ist allerdings grundverschieden vom Gedanken des Klassenkampfes.

Antagonismus

Wie später noch genauer dargelegt werden wird, verfügt die Theorie Laclaus (und Mouffes) über einen sehr weit gefassten Begriff des Diskurses, der sowohl linguistische als auch nichtlinguistische Elemente umfasst. Die Gesetze der Linguistik, vor allem jene der Substitution und Kombination, haben für Laclau ontologischen Status, da sie nicht nur die Bewegungen der Sprache, sondern bei bedeutsamen Elementen im Allgemeinen regeln, ob es sich um politische Gruppierungen, Akteure im Feld der Ökonomie oder kulturelle Phänomene handelt (Laclau, 2004; 325). Der Grundgedanke besteht einfach ausgedrückt darin, wie in der Linguistik könne auch in anderen Bereichen kein Element seine Identität allein gewinnen, sondern immer nur durch die Relation zu anderen Elementen, von denen es sich unterscheidet. Bedeutung wird dadurch zu einem Phänomen, das nur in Differenzsystemen entstehen kann. Das Soziale und das Politische sind für Laclau solche Differenzsysteme und werden von ihm auch mit dem Begriff des Diskurses bezeichnet, wodurch er nicht auf ihre sprachliche Bedingtheit hinweisen will, sondern auf ihre Eigenschaft, ein Verhältnis von differentiellen Elementen zu sein, deren Bewegungen mit den Gesetzen der strukturellen Linguistik interpretiert werden können (Laclau; 1996).

Damit aus verstreuten Elementen eine „Instituierung gesellschaftlicher Systematizität" werden kann, bedarf es des Antagonismus (Marchart, 1998b; 104). Um diesen Gedanken zu verstehen, ist es notwenig, den Begriff des Antagonismus genauer zu bestimmen. In „Hegemonie und radikale Demokratie" grenzen Laclau (und Mouffe) den Antagonismus gegen Realopposition und logischen Widerspruch ab. Die Realopposition bezieht sich ihnen zufolge auf die reale Welt, während der logische Widerspruch auf der Ebene des Begrifflichen seinen Ort hat. Zwar ist es möglich, den Zusammenstoß zweier Fahrzeuge als Realopposition zweier Körper zu beschrieben, doch wird ein solches Verhältnis bei Übertragung auf die Ebene des Sozialen sinnlos, da dann z.B. nicht beschrieben werden könnte, dass es sich bei dieser Kollision um die physische Auseinandersetzung eines Polizisten mit einem militanten Arbeiter handelt. Der logische Widerspruch existiert zwischen Begriffen und (weil Begriffe Teil der Realität sind) auch in der Wirklichkeit, doch machen Widersprüche noch lange keinen Antagonismus aus, da es sehr wohl möglich ist, sich in einem widerspruchsvollen Verhältnis zu befinden, ohne dass daraus ein wie auch immer gearteter Konflikt entsteht. Zu dem Umstand, dass keiner der beiden Begriffe sich eignet, ein antagonistisches Verhältnis zu beschreiben, kommt ein weiterer Sachverhalt hinzu. Sowohl die Realopposition als auch der logische Widerspruch setzen Entitäten voraus, die bereits existieren, bevor sie in das jeweilige Verhältnis eingehen (Laclau/Mouffe, 2000; 161f.). Genau dies ist der Punkt, an dem die Spezifität des Antagonismus deutlich wird.

> „Im Fall des Antagonismus stehen wir jedoch vor einer anderen Situation: Die Präsenz des ‚Anderen' hindert mich daran, gänzlich Ich selbst zu sein. Das Verhältnis entsteht nicht aus vollen Totalitäten, sondern aus der Unmöglichkeit ihrer Konstitution." (Laclau/Mouffe, 2000; 164)

Beruht die Konstitution gesellschaftlicher Systematizität auf dem Antagonismus, so bedeutet dies, dass sie sich nur durch Abgrenzung gegen ein Anderes konstituieren kann, das von ihr ausgeschlossen wird, sie aber zugleich daran hindert, sich zu einer Totalität zu schließen. Der Antagonismus verhindert die Schließung der Gesellschaft und verwandelt sie in eine Unmöglichkeit, da die durch den Begriff „die Gesellschaft" implizierte Einheit angesichts der Irreduzibilität des Antagonismus allenfalls eine imaginäre Größe sein kann. Da ein Einbruch des Ausgeschlossenen die etablierte Systematizität der Gesellschaft subvertieren und in letzter Konsequenz auflösen würde, wird die Unmöglichkeit der Gesellschaft nach Laclau immer zu einem gewissen Anteil verdrängt.

Der Antagonismus als Grenze einer gegebenen Ordnung darf jedoch nicht als Koexistenz der beiden Pole des Antagonismus innerhalb eines sie beide umfassenden Systems verstanden werden, da beide Seiten sich dann in positive differentielle Elemente verwandeln und ihren antagonistischen Charakter verlieren würden. Er ist die Grenze der Gesellschaft und über das Jenseits dieser Grenze kann vom Standpunkt des Innen keine Aussage getroffen werden. Mit Butler ließe sich sagen: Der Antagonismus konstituiert den Raum des Intelligiblen. Dies hat auch entscheidende Konsequenzen für das Subjekt:

> „Wenn das Subjekt mittels Sprache konstruiert wird, als eine partielle und metaphorische Eingliederung in eine symbolische Ordnung, so muß jede Infrastellung dieser Ordnung notwendigerweise eine Identitätskrise darstellen. Zum anderen bedeutet diese Erfahrung des Versagens jedoch keinen Zugang zu einer andersartigen ontologischen Ordnung, zu einem Etwas jenseits der Differenzen, einfach weil ... es kein Jenseits gibt." (Laclau, Mouffe, 2000; 166, 167)

Die durch den Antagonismus etablierte Ordnung der innersystematischen Differenzrelationen zu hinterfragen bedeutet, den durch sie geschaffenen Platz der eigenen Subjektivität ins Wanken zu bringen und das Risiko einzugehen, den Subjektstatus zu verlieren. Und sogar dieses Wagnis schafft nicht den Zugang zu einer anderen Welt, einer anderen Wahrheit, insofern das Jenseits der Gesellschaft sich innerhalb der Gesellschaft und der durch sie etablierten Intelligibilität weder denken noch formulieren lässt.

Nach Torben Drybech zeitigt der Antagonismus vor allem drei Effekte. Erstens markiert er die Grenze jeder Identität. Zweitens zeigt er dadurch die Kontingenz von Identität auf und drittens ist er der Versuch, mit dem die Identität blockierenden Moment umzugehen (Drybech, 1998; 32). Diese Definition ist zwar hilfreich, macht aber auch auf eine Unklarheit der Definition des Antagonismusbegriffs bei Laclau aufmerksam. Wenn der Antagonismus ein Versuch ist, mit der Blockade der Identität durch das Außen umzugehen, deutet dies auf die Möglichkeit hin, das Außen zu benennen, was der Definition Laclaus widerspricht. Trotz dieses Widerspruchs kann Drybechs These nicht als Fehllektüre interpretiert werden, da die Existenz von Antagonismen, bei denen beide Seiten des Verhältnisses zumindest mit eingeschränkter Deutlichkeit erfasst werden können, auf gesellschaftlicher Ebene evident ist und auch in Laclaus Theorie immer wieder Beispiele auftauchen, in denen er mit aller Deutlichkeit die konkreten politischen und historischen Akteure antagonistischer Situationen benennt[25]. Der Begriff ist somit geprägt von dem Schwanken zwischen einer absoluten Definition, der zufolge er die Konstitution der Gesellschaft als Ganzes sicherstellt, und einer schwächeren Definition, nach der er innerhalb des gesellschaftlichen Raums existente Verhältnisse beschreibt.

Zu einer ersten Klärung dieser Ambiguität trug Žižek mit seinem bekannten Artikel „Jenseits der Diskursanalyse" bei (Žižek, 1998). Mit Blick auf den Moment, in dem innerhalb sozialer Kämpfe endlich der Sieg über den Gegner errungen, der Antagonismus durch die Beseitigung des Feindes aufgehoben wird, schreibt Žižek, dieser Augenblick sei jener der größten Enttäuschung, da erst jetzt der Antagonismus in seiner radikalsten Dimension zutage trete – als Selbstblockade. Diese Selbstblockade ist für Žižek nicht etwas von außen Aufgenötigtes, das überwunden werden könnte, sondern muss mit Lacan als in der Struktur des gebarrten Subjekts und der symbolischen Ordnung (um es lacanianisch auszudrücken) verankert begriffen werden[26]. Entsprechend schreibt er:

> „Wir müssen dann die Erfahrung des Antagonismus in seiner radikalen Form als Grenze des Sozialen unterscheiden vom Antagonismus als der Relation von antagonistischen Subjektpositionen: wir müssen, in lacanianischen Worten, Antagonismus als das Reale von der sozialen Rea-

lität des antagonistischen Kampfes unterscheiden.“ (Žižek, 1998; 128)

Es gibt zwei Dimensionen des Antagonismus: eine fundamentale und eine empirische. Angelehnt an Heidegger spricht Laclau in diesem Zusammenhang von ontologischer Differenz und unterscheidet demgemäss zwischen einer ontologischen und einer ontischen Ebene (Marchart, 1998c; 13). Die Einführung des Begriffs der ontologischen Differenz ist hilfreich, jedoch nur, wenn sie richtig verstanden wird. Ontologischen Status hat die Tatsache, dass es immer einen Antagonismus geben muss, wenn es ein System geben soll. Der systemkonstituierende Antagonismus in seiner jeweiligen Gestalt ist quasi-ontologisch, insofern er wie bei Butler einen Rahmen der Intelligibilität absteckt, in dessen Begriffen sich konkrete Ontologien entwickeln können, die aber von der Kontingenz dieses Rahmens affiziert werden. Die in diesem quasi-ontologischen Rahmen der Intelligibilität stattfindenden Kämpfe stellen die ontische Dimension des Antagonismus dar. Mit Heidegger ausgedrückt liegt nur die erste Form des Antagonismus auf der Ebene des Ontologischen, wohingegen die letzten beiden ontischen Status besitzen.

Dislokation

Die Etablierung und Stabilisierung des Systems erfolgt durch einen Ausschluss, der ein konstitutives Außen schafft, gegen das sich das System abgrenzt. Ähnlich wie bei Butler ist dieses Außen nicht als vergessenes Jenseits zu denken, sondern bleibt dem System auf eine Weise verbunden, die sich mit Giorgio Agamben am treffendsten als einschließende Ausschließung (Agamben, 2002; 17) bezeichnen ließe. Dabei lehnt sich Laclau an das Verhältnis von Realem und Symbolischem bei Lacan an, verwendet jedoch nicht den Begriff des Realen, sondern den der Dislokation (Sumic, 2004; 186).

Von Lacan wird das Reale als das von der Sprache und der Logik Ausgeschlossene beschrieben, als ein Nichts, das doch nicht nichts ist, insofern es im Symbolischen in entstellter Form sichtbar wird (Widmer, 1997; 50). Das Symbolische wird von diesem ihm inkongruenten Faktor aus dem Gleichgewicht gebracht und angetrieben, sich ständig neu zu strukturieren, um das ihm Entgehende zu fassen – ein zum Scheitern verurteiltes Spiel, das nie zum Ende kommt, da beide in unterschiedlichen Registern existieren, zwischen denen es keine vermittelnde Metainstanz gibt (Widmer, 1997; 58f.). Als zugleich Inneres und Äußeres ist das Reale das Unmögliche, insofern es nicht mit Sprache oder Logik zu erfassen, ja nicht einmal vorstellbar ist. Insofern es eine radikale Andersheit verkörpert, die niemals kontrolliert oder vollkommen ausgeschlossen werden kann, ist es das Angstobjekt schlechthin (Evans, 2002; 250f.).

Wie Butler in ihren Ausführungen über die Wiederkehr des Ausschlusses übernimmt Laclau mit dem Begriff der Dislokation zwar auch die Struktur und Wirkungsweise des Realen, nicht aber die Tendenz Lacans, es der Geschichte so weit zu entrücken, dass Žižek, um das Reale zu charakterisieren, gar die Metapher des Felsens gebraucht (Žižek, 1989; zit. nach: Butler, 1997; 273f.). Die Ausschließung durch den Antagonismus führt zwar zur Schaffung eines Außen, dessen strukturelle Wirkungen sich mit dem lacanianischen Realen und seiner Subversion des Symbolischen vergleichen lassen, kann jedoch aufgrund der empirischen Rückkopplung jedes antagonistischen Verhältnisses nicht als starr verstanden werden, da es politischen und historischen Veränderungen unterliegt. Doch wie spielt das Außen in das Innen des Systems hinein? Darauf versucht Laclau mit seinem Begriff der Dislokation eine Antwort zu geben.

> „However, that which is excluded manages to emerge, even if through a remote derivative: this is the moment of dislocation. [...] This is the paradoxical signifier which marks the limit to any totality because something will always be lost... until it erupts." (Laclau/Zac, 1994; 34)

Dies hat entscheidende Konsequenzen. Durch den Antagonismus kommt im Prozess der Systemkonstitution zwar ein Ausschluss ins Spiel, der den Gedanken an eine Ordnung, welcher es gelingen könnte, alles zu integrieren, zunichte macht, doch scheint immerhin der Ausweg zu existieren, den Ausschluss so gründlich fixieren und so endgültig verdrängen zu können, dass er nicht mehr spürbar ist und der Schein einer Totalität entsteht. Wenn sich das Außen jedoch in Form einer Dislokation innerhalb des Systems bemerkbar macht, wird die Kohärenz des Systems ständig von seinem Außen unterlaufen und von einer tingenz gestört, die an seinen Grundfesten rüttelt.

Wie der Antagonismus kann auch die Dislokation auf zwei Ebenen gedacht werden: Einer ontologischen und einer ontischen (Laclau, 2004; 323) – und wie beim Antagonismus werden diese beiden Ebenen von Laclau nicht klar getrennt (Howarth, 2004; 268). Die erste Ebene verweist auf den immer schon von Dislokation untergrabenen Charakter jedes Systems und jeder Identität innerhalb dieses Systems, die zweite auf die Störung, die von konkreten Umständen auf ein konkretes System von Differenzen ausgeübt wird. Auch hier gilt: Ontologisch ist die Tatsache, dass Systeme immer von Dislokationen unterlaufen werden, quasi-ontologisch ist die vom konstitutiven Außen eines konkreten Systems ausgehende Störung und ontisch sind die Effekte, die innerhalb eines Systems auf die in ihm beheimateten Identitäten wirken, wenn sie sich in antagonistischen Verhältnissen befinden. Die erste Ebene markiert den ontologischen, die zweite und dritte den ontischen Pol der ontologischen Differenz.

Ging Laclau in „Hegemonie und radikale Demokratie" noch von einem Modell des Diskurses und des Antagonismus aus, das keine Unterbrechung durch Dislokationen kannte und das Subjekt als Subjektposition innerhalb der Struktur verstand, determiniert durch deren Bewegungen und nahezu ohne autonomen Spielraum, wird mit der Dislokation ein neuer Weg beschritten (Marchart, 2000; 25f.). Das Subjekt wird nun in enger Anlehnung an Lacan als Verbindung von Mangel und Identifikation gedacht. Die Identität des Subjekts kann sich aufgrund der Dislokation der Struktur niemals schließen und zeichnet sich durch einen konstitutiven Mangel aus, den es durch – in letzter Konsequenz immer scheiternde – Bewegungen der Identifikation zu überwinden versucht[27]. Ähnlich wie durch den Begriff der Subjektivation als zweideutiges Verhältnis von Unterwerfung und Autonomie wird dadurch auch bei Laclau auf dem Umweg der Dekonstruktion des aufklärerischen Subjektbegriffs eine neue Fassung des entscheidenden, freien Subjekts eingeführt (Miller, 2004; 223), das der Struktur zwar eingeschrieben, durch deren dislozierten, unvollkommenen Charakter jedoch niemals determiniert und aufgrund dessen auf sich selbst zurückgeworfen ist. Die Freiheit des Subjekts ist damit unzertrennlich mit der Dislokation verbunden (Laclau, 1990c; 44). Simon Critchley bringt dies auf den Punkt:

„Vielleicht ist Laclaus am meisten herausfordernde und kontroverse These, daß diese Phänomene von Dislokation und Fragmentierung nicht bloß zu einer Vervielfältigung politischer Möglichkeiten führen, sondern darüberhinaus die Bedingungen sind, unter denen so etwas wie Freiheit möglich ist; daß Freiheit eine Konsequenz von Dislokation ist" (Critchley, 1998; 201)

Nun stellt sich die Frage, wie sich in einem diskurstheoretischen Ansatz wie dem Laclaus Antagonismus und Dislokation darstellen lassen.

Äquivalenz und Differenz

Wie bereits angedeutet schreibt Laclau den Entdeckungen der strukturalen Linguistik Ferdinand Saussures bzw. vor allem ihrer Weiterführung durch die Kopenhagener und die Prager Schule insofern ontologischen Status zu, als sie ihm zufolge über die Gesetze der Sprache hinaus die Bewegungsgesetze bedeutsamer Elemente im Allgemeinen erklären (Laclau, 1996 / Laclau, 2004; 325).

„[...] the relations beetween Elements that linguistic analysis explores (combinations and substitutions) are not regional ones, but, on the contrary, the most universal relations that a fundamental ontology has to unveil." (Laclau; 2004; 325)

Ist der Diskurs ein System von Differenzen, wird der Begriff der Grenze zentral.

„[...] Würden die Differenzen sich zu keinem System zusammenschließen, dann wäre überhaupt keine Signifikation möglich. Wie auch immer besteht das Problem darin, daß die eigentliche Voraussetzung der Signifikation das System ist und die eigentliche Voraussetzung des Systems dessen Grenzen sind." (Laclau, 1996c; 66)

Das Problem der Systemgrenze liegt darin, dass die Grenze nicht mit den innerhalb des Systems zur Verfügung stehenden Signifikationsmöglichkeiten bezeichnet werden kann, da sie sonst innerhalb des Systems liegen würde, somit eine Grenze innerhalb des Systems, nicht aber die Grenze des Systems wäre. Die Grenze des Systems muss durch eine Ausschließung gesetzt werden, ist also eine antagonistische Grenze, die das Jenseits als Unmöglichkeit des Diesseits setzt – mit für Antagonismus und Dislokation bereits erörterten Konsequenzen[28]. Durch die Ausschließung tritt zu der in jedem Bedeutungssystem existenten Dimension der Differenz die Dimension der Äquivalenz hinzu (Laclau, 1996d; 86). Die Logik der Differenz erlaubt, die Elemente eines Diskurses voneinander zu unterscheiden und zu festen Bedeutungen zu gelangen, da selbige nur durch die Differenzen jedes Elements des Systems zu den anderen Elementen entstehen können. Die Logik der Äquivalenz aber setzt die Differenzen gleich, insofern sie sich durch die Abgrenzung gegen ein gemeinsames Außen konstituieren (Stäheli, 2001; 200). Jedes Element des Diskurses, jede von ihm konstruierte Identität wird von einer Spaltung zwischen Differenz und Äquivalenz durchzogen und somit von einem Moment der Unentscheidbarkeit affiziert, da sich die Identität eines Elements zwar nach wie vor durch seinen Unterschied zu den anderen konstituiert, dieser Unterschied aber durch die alle Elemente durchziehende Äquivalenz subvertiert wird (Laclau, 1996d; 87). Die beiden Begriffe markieren die beiden Extreme der Bedeutung in Systemen, vollkommene Fixierung und totale Auflösung. Das eine wie das andere würde zur Unmöglichkeit von Bedeutung führen und das System zerstören. Eine Ausschließlichkeit der Differenzlogik würde jede Bewegung der Elemente innerhalb des Systems unmöglich machen, das für jedes Sprechen konstitutive Moment der Kreativität beseitigen (mit Laclau vor dem Hintergrund der wittgensteinschen Auffassung von der Anwendung sprachlicher Regeln gedacht) und zu einer Starrheit führen, die Bedeutung unmöglich macht. Eine Ausschließlichkeit der Äquivalenzlogik würde die Elemente einander gleichsetzen und zu einer Implosion von Bedeutung führen. Entsprechend müssen Differenz und Äquivalenz einander wechselseitig durchdringen.

> „[...] equivalence and difference are ultimately incompatible with each other; none the less, they require each other as necessary conditions for the construction of the social.“ (Laclau, 2005; 78)

Doch was hat all das mit Politik zu tun?

Die Frage nach der Möglichkeit der Signifikation der Grenzen, die soeben angeklungen ist, hilft, diese Frage zu klären. Die mit den Mitteln des Systems nicht zu bezeichnende Grenze kann sich Laclau zufolge nur durch eine Subversion des Bezeichnungsprozesses selbst zeigen, eine Subversion, die nur in der Aufhebung der Differenzrelationen des Systems liegen kann, da jeder Versuch, der Grenze Ausdruck zu verleihen, in letzter Konsequenz ein Rückgriff auf differentielle Mittel und damit ein Rückfall ins System wäre (Laclau, 1996c; 69). Der einzige Weg, auf dem sich die Differenzrelationen eines Systems untergraben lassen, liegt in der Aufhebung ihrer Differenz selbst und dies geschieht durch die Einführung der Dimension der Äquivalenz, die soeben beschrieben wurde. Damit rückt die Antwort auf die Frage nach der Signifikation der Grenzen des Systems ein Stück näher. Doch warum sollten Äquivalenzen ein nicht zu bezeichnendes Jenseits signifizieren können und wie sollen sie fixiert werden?

Wenn die Grenzen des Systems in seinem Außen liegen, verfügen sie über eine ausschließlich negative Existenz und können nicht bezeichnet werden – es sei denn, die Negativität wird invertiert und findet so einen positiven Ausdruck. Was durch die Dislokation geblockt wird, ist die geschlossene Identität des Systems, die einen Mangel in das System und das vom System subjektivierte Subjekt einführt. Die Schließung des Systems, der Gedanke der Fülle, verschwindet jedoch keineswegs von der politischen Bildfläche.

> „If our continuous experiences of dislocation reveal that the full closure of the Other is impossible, that the real is ultimately unrepresentable, that lack is an irreducible characteristic of sociopolitically reality, this does not mean that closure, fullness, or full representation disappear from political discourse. Politics comprise all our attempts to fill in this lack in the other: ‚although the fullness and universality of society is unachievable, it does not disappear: it will always show itself through the presence of its absence'." (Glynos/Stavrakakis, 2004; 207)

Die durch die Dislokation geblockte Fülle des Systems (im Zitat ist das System mit dem lacanianischen Terminus des großen Anderen, der symbolischen Ordnung, bezeichnet) taucht in Form einer anwesenden Abwesenheit, einer Positivierung der Negativität des Außen innerhalb des Systems wieder auf, so dass die Grenze des Systems zu einer Bezeichnung in seinem Inneren findet. Die Repräsentation dieser abwesenden Fülle geschieht Laclau zufolge durch einen Signifikanten, der kein Signifikat hat und so eine Subversion des Bezeichnungsprozesses ausdrückt.

> „This positivation of the negative is what I have called the production of tendentially empty signifiers, which is the very condition of politics and political change. They are signifiers with no necessary attachment to any precise content, signifiers which simply name the positive reverse of an experience of historical limitation." (Laclau, 2000; 185)

Die große politische Relevanz des leeren Signifikanten liegt in seiner Eigenschaft, Partikularität und Universalität zu verbinden, in nicht weniger also als der Vermittlung zweier der wichtigsten Kategorien der politischen Theorie überhaupt. Doch wie lässt sich dies denken?

Die Fülle der Gemeinschaft kann als nur in ihrer Abwesenheit anwesende nicht von sich aus einen positiven Ausdruck haben, weshalb sie darauf angewiesen ist, von einem Signifikanten innerhalb des Systems substituiert zu werden (Laclau, 1996c; 73). Dieser Signifikant ist zwar ein partikularer, übernimmt jedoch eine universelle Funktion, insofern er seine Partikularität abstreift und eine Einschreibefläche für die anderen Signifikanten des Systems wird, die sich an ihm orientieren und auf diesem Wege zu einer Ordnung finden. Dadurch kommt es zur Bildung von Äquivalenzketten, deren Signifikanten sich einheitlich am leeren Signifikanten orientieren und zu einer fixierten Ordnung finden. Die Umkehrung der Negativität der Dislokation in eine abwesende Fülle spiegelt sich in der Ausrichtung der Äquivalenzketten, die ihre äquivalentielle Dimension nicht länger in Bezug auf das ausgeschlossene Jenseits des Systems finden, sondern in der Ausrichtung auf einen leeren Signifikanten, der die Fülle des Systems repräsentiert und damit seine Schließung im Imaginären ermöglicht (Stäheli, 2001; 200). Der leere Signifikant lässt sich von daher auch als Positivierung der Dislokation bezeichnen (Glynos/Stavrakakis, 2004; 207). Um diese Gedanken zu erläutern, gibt Laclau ein Beispiel aus dem Bereich des politischen Widerstands.

Mit Blick auf Rosa Luxemburgs Überlegungen bezüglich der Genese der Klasseneinheit beschreibt Laclau eine Situation äußerster Repression durch einen Staat, dessen Politik von der Bevölkerung nicht länger getragen wird. In einem solchen Klima wird jeder Akt des Widerstands, sei er noch so partikular, nicht nur in seinen konkreten Forderungen wahrgenommen, sondern auch in seiner generellen Eigenschaft, sich gegen das System als solches zu richten. Die verschiedenen gegen den repressiven Staat geführten Kämpfe finden ihre Einheit darin, sich alle gegen das System zu wenden, und gelangen so zu einer negativen Form der Äquivalenz. Diese negative Form der Einheit bildet zwar eine Kette der Äquivalenz zwischen den Kämpfen, eine abstrakte Äquivalenz jedoch, da sie als rein negative über keinen positiven Ausdruck verfügt. Diesen gewinnt sie erst, wenn sich unter den verschiedenen Inhalten der partikularen Kämpfe einer herausbildet, der die Funktion übernimmt, die anderen zu repräsentieren, der Kampf um die Aufhebung des geltenden Streikrechts beispielsweise zu einer Einschreibefläche für die parallel stattfindenden Kämpfe um mehr Lohn, Gleichstellung der Frauen oder besseren Zugang zu Bildung. Je mehr Auseinandersetzungen sich auf den Kampf um die Aufhebung des geltenden Streikrechts beziehen, desto mehr wird dessen konkreter Inhalt, seine Partikularität in den Hintergrund gedrängt, bis er sich z.B. zum leeren Signifikanten Gerechtigkeit verwandelt, der zum Ausdruck der abwesenden Fülle der Gemeinschaft wird (Laclau, 1996c; 70f.).

Hinsichtlich des leeren Signifikanten kann zwischen der Funktion, Äquivalenzketten zu schaffen, und seinem (abgestreiften) konkreten Inhalt unterschieden werden (Zerelli, 2004; 100). Welcher Inhalt die Funktion übernimmt, als leerer Signifikant der Äquivalenzkette positiven Ausdruck zu verleihen und sie zu fixieren, ist nie zu entscheiden, da jeder Signifikant sich von seinem konkreten Inhalt befreien und als Einschreibefläche dienen kann. In einer konkreten Situation entscheidet sich diese Frage entsprechend der Organisation des sozialen und politischen Feldes und der es strukturierenden Machtverhältnisse.

Da Universalität vor diesem Hintergrund nur durch einen leeren Signifikanten möglich ist, der sie inkarniert (Laclau, 2000b; 304), verabschiedet die Theorie Laclaus jeden Gedanken an universelle Werte oder Eigenschaften, die nicht aus einem konkreten Kontext hervorgehen. Und auch die Möglichkeit, ein Universelles zu errichten und ihm ein für alle Mal Geltung zu verschaffen, wird fallengelassen, da sich die Partikularität und die Universalität des leeren Signifikanten wechselseitig kontaminieren, ein Ausschluss des Partikularen zugunsten des Universellen unmöglich und immer die Kontingenz mit im Spiel ist (Laclau, 1996e; 215)

Hegemonie

Wenn es weder präexistente moralische oder ethische Gesetze gibt, von denen das menschliche Zusammenleben geregelt wird, noch einen ökonomischen Determinismus, der hinter dem Rücken der Menschen die Fäden zieht, ist die Frage, welche Gruppe zur Verkörperung welches leeren Signifikanten wird, eine Frage der Hegemonie.

> „Diese Relation, in der ein partikularer Inhalt zum Signifikanten der abwesenden gemeinschaftlichen Fülle wird, nennen wir ein hegemoniales Verhältnis. Die Präsenz leerer Signifikanten – in dem Sinne, in dem wir sie definiert haben – ist die eigentliche Bedingung für Hegemonie." (Laclau, 1996c; 74)

In der politischen Theorie wurde der Begriff der Hegemonie kaum theoretisiert und gewöhnlich mit Dominanz gleichgesetzt, wodurch seine weitergehende Bedeutung aus dem Blick geriet (Howarth, 2004; 256). Mit schlichter Dominanz hat Hegemonie bei Laclau jedoch nichts gemein, insbesondere, da er eng mit dem Begriff der Demokratie verknüpft ist. Zunächst lässt sich der Hegemoniebegriff mit Laclau gegen zwei mit ihm verbundene Vorstellungen abgrenzen. Es handelt sich weder um ein durch Aushandlung herbeigeführtes Gleichgewicht zwischen partikularen Gruppen noch um den Ausdruck einer präexistenten gesellschaftlichen Essenz (Laclau, 1996c; 75). Der dekonstruktiven Lektüre der Geschichte des Marxismus durch Laclau (und Mouffe) folgend wurde der Hegemoniebegriff innerhalb dieser Geschichte zwar stets unterdrückt, besaß als unentbehrliches Supplement der Klassenlogik jedoch stets eine zentrale Stellung und fand seinen Höhepunkt schließlich im Werke Antonio Gramscis.

Laclau zufolge kam es Anfang des 20. Jahrhunderts zu einer Krise des Marxismus, deren Ursachen die Wirtschaftskrise von 1873 bis 1896 und der auf sie folgende konjunkturelle Aufschwung waren. Viele klassisch marxistische Überzeugungen von der Identität der Arbeiterklasse (als einheitliches Subjekt) wurden fraglich, da es zu einer zunehmenden Dissonanz zwischen dem politischen und dem ökonomischen Kampf, der Partei und den Gewerkschaften kam (Laclau, 1988; 249). In der klassisch marxistischen Auffassung führt die Weiterentwicklung des Kapitalismus zu einer zunehmenden Vereinfachung der Klassenstruktur, einer größer werdenden Einheit des Proletariats, das einer schwächer werdenden Klasse von Kapitalisten gegenübersteht, sie auf revolutionärem Wege beseitigt, die Diktatur des Proletariats verwirklicht und sich schließlich selbst aufhebt, um die klassenlose Gesellschaft zu verwirklichen. Doch anstelle dieses Szenarios kam es zu einer Zerstreuung der Klassenpositionen und ungleichmäßigen Entwicklung im ökonomischen, politischen und kulturellen Bereich.

> „Das Problem war also nicht länger, die Klasseneinheit zu sichern, sondern die politische Wirksamkeit des Arbeiterklassenkampfes auf einem historischen Terrain zu maximieren, wo Kontingenz aus der strukturellen Schwäche der Bourgeoisie, ihre eigenen Aufgaben wahrzunehmen, erwuchs." (Laclau/Mouffe, 2000; 81)

Zwischen der Arbeiterklasse und den ihr von der klassisch marxistischen Theorie zugeschriebenen Aufgaben machte sich eine immer größer werdende Kluft bemerkbar, die in zunehmendem Maße durch eine Logik der Hegemonie supplementiert werden musste, indem die Arbeiterklasse innerhalb politischer Bereiche, die theoretisch nicht die ihren waren, praktisch die Vormachtsstellung übernahm. Entgegen aller Versuche, diese Situation als vorübergehende Anomalie abzutun, die durch die Weiterentwicklung des Kapitalismus verschwinden würde, vergrößerte sich dieser Spalt und mit ihm die Relevanz des Begriffs der Hegemonie. In der Theorie Gramscis fand diese Entwicklung Laclau zufolge ihren Höhepunkt (Laclau/Mouffe, 2000; 100-108).

Nach Gramsci ist der Ort der politischen Auseinandersetzung der integrale Staat, den er als Zusammensetzung von politischer und ziviler Gesellschaft versteht. Dieser wird von einer Doppelbewegung charakterisiert: Auf der einen Seite steht die Verstaatlichung der Gesellschaft, eine umfangreicher werdende Intervention der Staatsapparate in die Ökonomie und Zivilgesellschaft; auf der anderen Seite dehnt sich die zivile Gesellschaft zusehends aus, allerdings nicht in Opposition zu den Staatsapparaten, sondern als Instanz, die von deren Macht- und Kontrollstrukturen tief durchdrungen ist und auf diesem Weg dazu beiträgt, deren Stellung zu festigen. Der integrale Staat ist also kein Verhältnis, in dem die Staatsapparate durch einfachen Zwang die zivile Gesellschaft niederhalten. Zwar verschwindet die Dimension des Zwangs nicht, doch beruht der integrale Staat im Wesentlichen auf Hegemonie, verstanden als Internalisierung seiner Prinzipien durch die Bevölkerung, eine Tendenz, die sich nach Gramsci in den modernen kapitalistischen Gesellschaften noch verstärkt (Bieling; 2002; 448f.). Wolfgang Fritz Haug spricht in diesem Zusammenhang gar davon, der Hegemoniebegriff tendiere von sich aus zur Demokratie (Haug, 2004b; 21). Demgegenüber wird ein nur auf Zwang beruhendes Machtverhältnis innerhalb eines hegemonietheoretischen Ansatzes als Hegemonismus bezeichnet (Davidson, 2004; 30f.).

Insofern Gramscis Theorie für Laclau (und Mouffe) noch immer auf den Klassenbegriff zentriert ist, fällt auch diese in den Essentialismus zurück, von dem sie sich zu lösen versucht. Aus diesem Grund wird mit Blick auf die heutigen politischen Verhältnisse auch der Klassenbegriff verabschiedet, wodurch Hegemonie zu einem Ordnungsprinzip des Politischen wird, dessen Protagonisten keinem spezifischen Ort in der Gesellschaft zugeordnet werden können, keiner Klasse, keiner Schicht, noch einer wie auch immer definierten Elite (Laclau, 1988; 252). Auch wenn sich aus gramscianischer Perspektive sagen lässt, dass Laclau und Mouffe den Hegemoniebegriff infrage stellen (Bergmann, 2004; 28), ist ihr Ansatz unzweifelhaft von dessen Geist geprägt.

So spricht Laclau explizit vom konsensualen Charakter der Hegemonie (Laclau, 1996; 75), der jedoch anders als z.B. bei Habermas nicht auf einen rationalen Dialog in einem machtfreien Raum zurückgeht, sondern aus der politischen Interaktion von Gruppen resultiert, die um die Hegemonisierung des politischen Raums konkurrieren (Laclau, 1996c; 75). Wenn Hegemonie von jedem Bezug zu einer bestimmten Klasse oder Gruppe befreit wird und als Besetzung leerer Signifikanten innerhalb eines von Dislokationen destabilisierten, antagonistischen, diskursiven Raums verstanden wird, ist jedes Hegemonieverhältnis bis in seine Tiefen von Kontingenz durchdrungen. Gerade die Anerkennung dieses prekären Status eines jeden hegemonialen Verhältnisses ist es, was nach Laclau den Ausgangspunkt moderner Demokratie ausmachen muss (Laclau, 1996c; 78).

Laclau und Butler – Differenzen und Übereinstimmungen

Zwischen Laclau und Butler gibt es viele Gemeinsamkeiten – soviel dürfte aus der kurzen Darstellung der Theorie Laclaus deutlich geworden sein. Butler beschäftigte sich bereits in dem ursprünglich 1993 in der Zeitschrift Diacritics erschienenen Aufsatz „Poststrukturalismus und Postmarxismus" (Butler, 1998b) mit Laclaus Theorie, diskutierte in der gleichen Zeitschrift 1997 mit ihm über die Frage der Gleichheit (Butler/Laclau, 1998), setzte diese Auseinandersetzung auch in „Körper von Gewicht" (Butler, 1997) fort und veröffentlichte schließlich im Jahre 2000 zusammen mit ihm und Žižek den Band „Contingency, Hegemony, Universality" (Butler/Laclau/Žižek, 2000)[29]. Doch wäre es vorschnell, die beiden Theorien einfach als komplementär zueinander zu lesen, ohne sie vorher auf ihre Differenzen hin zu überprüfen, zumal Butler und Laclau durch eine Geschichte des intellektuellen Austausches verbunden sind, die mit einem Abbruch der Diskussion endete. Der wichtigste Streitpunkt zwischen Butler und Laclau war die Stellung des Transzendentalen, ausgefochten anhand der Begriffe des Subjekts, der Sprache und der Ethik. Hinsichtlich des Diskursbegriffs weisen ihre Ansätze zwar größere Differenzen auf, doch war dieser nie zentraler Gegenstand der Auseinandersetzung, obwohl das Potential wechselseitiger Ergänzung in diesem Punkt am größten ist.

Transzendentalismus (1): Das gebarrte Subjekt

Wie bereits in der Zusammenfassung angedeutet, hat sich, angestoßen durch Žižeks Aufsatz „Jenseits der Diskursanalyse" (Žižek, 1998), der Subjektbegriff Laclaus seit „Hegemonie und radikale Demokratie" von einer Theorie strukturaler Subjektpositionen zu einer stark lacanianisch gefärbten Fassung des Subjekts als Mangel entwickelt. In „New reflections on the revolutions of our time" formuliert Laclau dies erstmals mit voller Deutlichkeit. Die Struktur ist ihm zufolge durch Dislokationen unterbrochen –

da das Subjekt keine Essenz außerhalb der Struktur hat, ist es deswegen von einem grundlegenden Mangel an Sein durchdrungen (Laclau, 1990c; 44f.). In „Minding the gap", zusammen mit Lilian Zac verfasst, wird die Konzeption des Subjekts weiter ausformuliert. Nicht nur ist das Subjekt ein Mangel an Sein, es trachtet auch danach, diesen Mangel zu beheben, indem es sich mit Positionen in der symbolischen Ordnung identifiziert, um zu einer Schließung seiner Identität zu gelangen (Laclau/Zac, 1994). Im Subjekt liegt das Begehren, den Mangel, von dem sein Sein durchzogen ist, zu schließen. Deswegen bindet es sich an das mit leeren Signifikanten einhergehende Versprechen, die Fülle der Gemeinschaft (und damit auch des Subjekts) zu verkörpern. Doch an dieser Stelle stößt es auf ein unlösbares Problem. Zwar findet das Subjekt in den Signifikanten der symbolischen Ordnung eine relativ stabile Repräsentation, doch sind diese Signifikanten nicht in der Lage, die Singularität des Subjekts auszudrücken, so dass es letztlich genau an dem Punkt Entfremdung erfährt, an dem es danach trachtete, als volles Subjekt geboren zu werden – das Subjekt wird von den Signifikanten gebarrt (Stavrakakis, 1999; 28). Die Identifikationsprozesse des Subjekts sind zum Scheitern verurteilt und werden doch stets von Neuem aufgenommen, da weder Mangel noch Begehren je verschwinden können.

In Laclaus Fassung des Subjekts findet sich zwar eine starke Anlehnung an Lacan, doch wird Lacans Denkrichtung umgekehrt. Während ein lacanianischer Ansatz vom Subjekt des Mangels ausgeht, diesen Mangel als Möglichkeitsbedingung für Identifikationsprozesse versteht und dann zur Anerkennung des Mangels in der symbolischen Ordnung kommt, (Stavrakakis, 1998; 181), denkt Laclau vom Mangel in der Struktur in Richtung des Mangels im Subjekt.

Für Butler ist diese Herangehensweise dennoch problematisch, insbesondere deren starke Anlehnung an Lacan. Bereits in einer per E-mail geführten Diskussion schrieb Butler, sie könne verstehen, warum Laclau sich mit Blick auf das Scheitern von Subjektkonstitution auf Lacan beziehe, jedoch sei dies ein Punkt, in dem sie sich unterscheiden würden, insofern sie dieses Scheitern mit Derrida aus der Wiederholbarkeit jeder Äußerung ableite, was ihr erlaube, den Aspekt der Zeitlichkeit mit einzubeziehen (Butler/Laclau, 1998; 248). Der Aspekt der Zeitlichkeit lässt bereits anklingen, was Butler zwei Jahre später wesentlich deutlicher sagt (in Butlers typischer Art auf dem Wege einer Frage): Es gibt bei Laclau einen Widerspruch zwischen dem Begriff der Hegemonie und dem des Subjekts

> „Can the ahistorical recourse to the lacanian bar be reconciled with the strategic question that hegemony poses, or does it stand as a quasi-transcendental limitation on all possible subject-formations and strategies and, hence, as fundamentally indifferent to the political field it is said to condition?" (Butler, 2000b; 13)

Während der Begriff der Hegemonie sich durch zeitliche Dynamik auszeichnet, ist der des Subjekts von einer Aura der Zeitlosigkeit, der Transzendentalität umgeben, die ihn außerhalb des Politischen situiert. Damit entsteht Butler zufolge das Problem eines politischen Raumes der Hegemonie, der a priori von strukturellen Bedingungen der Subjektformation limitiert ist, die politisch nicht verändert werden können, da sie die Möglichkeitsbedingungen von Politik als solcher darstellen (Butler, 2000b; 13).

Wie diese Limitierung beschaffen ist, macht sie in einer gegen Žižek gerichteten Passage deutlich. So wie Laclau nach „Hegemonie und radikale Demokratie" setzt auch Žižek bei der Betrachtung von Politik und Sozialem zwei Analyseebenen an. Die eine geht von kontingenten und damit veränderbaren Relationen innerhalb eines historischen Horizonts aus (bei Laclau wäre dies der Raum hegemonialer Kämpfe), die andere ist diesem gegenüber fundamental, insofern in ihr jene grundlegende Exklusion situiert ist, durch die das Subjekt gebarrt und der historische Horizont ermöglicht wird (bei Laclau wäre dies die Tatsache der Dislokation als solche). Problematisch wird dieser Ansatz Butler zufolge, wenn man den Zusammenhang zwischen dem Psychischen und dem Sozialen bedenkt. Die Barrung des Subjekts durch das Symbolische ist, mit Lacan gedacht, auf das Inzesttabu und die Kastrationsszene zurückzuführen, die wiederum in der gesellschaftlichen Organisation von Verwandtschaftsverhältnissen verwurzelt sind. Auf dem transzendentalen Status des gebarrten Subjekts zu bestehen, bedeutet Butler zufolge, den eigentlich sozialen Phänomenen des Inzesttabus und der Kastrationsszene auf indirekte Weise einen transzendentalen Status zu verleihen, der sowohl von neuen Formen menschlichen Zusammenlebens als auch Strömungen innerhalb der Anthropologie und Soziologie vehement infrage gestellt wird. Da das Inzesttabu sowohl Zweigeschlechtlichkeit als auch Heterosexualität voraussetzt, werden in letzter Konsequenz beide vom transzendentalen Status des gebarrten Subjekts erfasst und dem Raum politischer Kämpfe entzogen (Butler, 2000; 137f.). An dieser Stelle ist für Butler ein kritischer Punkt erreicht.

> „Thus, as a transcendental claim, sexual difference should be rigorously opposed by anyone who wants to guard against a theory that would prescribe in advance what kind of sexual arrangements will and will not be permitted in intelligible culture." (Butler, 2000; 148)

Warum Butler diese Kritik gegen Žižek, nicht aber gegen Laclau formuliert, ist fraglich. Vielleicht bietet sich Žižeks Argumentation aufgrund ihres explizit lacanianischen Bezugs und Vokabulars besser an, um ihren Standpunkt zu verdeutlichen, vielleicht sieht Butler in der Umkehrung der Reihenfolge Subjekt des Mangels, Identifikation, Mangel im großen Anderen bei Laclau eine Differenz zu klassisch lacanianischen Argumentationsmustern – sicher ist: Ihre dem Subjektbegriff Laclaus entgegengebrachte Skepsis speist sich aus der Befürchtung, an diesem Punkt seiner Theorie auf eine performative Wiedereinsetzung der sexuellen Differenz innerhalb eines transzendentalen Rahmens gestoßen zu sein.

Transzendentalismus (2): linguistischer Formalismus

Während Butler den Diskurs vor allem sprachlich denkt, lässt Laclau (ebenso wie Mouffe) die Trennung zwischen linguistischen und außerlinguistischen Elementen fallen und gelangt zu einem Begriff des Diskurses, der als System von Differenzen verstanden wird, deren Bewegungen von den durch die strukturale Linguistik entdeckten Gesetzen der Substitution und Kombination reguliert werden. Butlers Schwierigkeiten mit Laclaus Begriff des Diskurses entspringen nicht dessen wesentlich weiterem Anwendungsgebiet, sondern dem Status der Kategorien, durch die Laclau ihn zu denken versucht. In einer auf Butler antwortenden Passage gibt Laclau eine sehr anschauliche Darstellung seiner

Begriffe. Zentral sind Grammatik, Logik, Diskurs und Diskursformation. Eine Grammatik beschreibt die Regeln, von denen ein bestimmtes Sprachspiel (Laclau denkt hier explizit mit dem späten Wittgenstein) reguliert wird, während eine Logik den Typ von Relationen umfasst, der diese Regeln möglich macht. Zu den Regeln kommt ihre Anwendung hinzu, durch die sie zugleich als Regeln eingesetzt und verschoben werden. Der Diskurs besteht folglich aus den Regeln und den sie tragenden Handlungen. Von einer Diskursformation kann gesprochen werden, wenn es gilt, die Interaktion oder Verbindung mehrerer Sprachspiele zu beschreiben. Da eine Diskursformation sich aus heterogenen Elementen zusammensetzt, ist sie von Antagonismen gekennzeichnet und kann ihre Kohärenz nur in einer hegemonialen Ordnung finden (Laclau, 2000b; 284f.).

Wie J. Hillis Miller (Miller, 2004; 220) scheint auch Butler die Logik als Konvergenzpunkt der Begriffe zu sehen, durch die Laclau den Diskurs zu denken versucht. Bereits in ihrem 1993 veröffentlichten Aufsatz „Poststrukturalismus und Postmarxismus" gilt Butlers Frage erwartungsgemäß den Konstitutionsbedingungen der von Laclau beschriebenen Logik. Ihr zufolge ist eine Logik immer aus sozialen Praktiken entstanden und mit Ein- und Ausschließungen verbunden, die hinterfragt werden müssen, durch den der Logik innewohnenden Formalismus jedoch verschleiert werden. Laclaus These, die Logik agiere innerhalb des Sozialen, führt nach Butler dazu, eine Logik vorauszusetzen, die von einem außerhalb des Sozialen gelegenen Punkt auf das Soziale einwirkt, was äußerst problematisch ist, wenn die Logik mit Foucault als Regulationsinstrument verstanden wird, das Sagbares von Unsagbarem trennt (Butler, 1998b; 220f.). In ihrer Auseinandersetzung mit Žižek und Laclau führt Butler die Stoßrichtung dieser Kritik weiter, indem sie nach dem Zusammenhang des Begriffs der Logik mit den anderen Begriffen fragt und zu der Schlussfolgerung gelangt, sie seien nicht sauber genug gegeneinander abgegrenzt. So setze Laclau die Grammatik der Logik gleich, diese dem Diskurs und diesen wieder dem Symbolischen, was zu einer Beseitigung zentraler Differenzen zwischen den Begriffen der Sprachphilosophie führe (Butler, 2000; 171)[30]. Wesentlich wichtiger als die terminologischen Unklarheiten ist für Butler jedoch die in Laclaus Denken angelegte Tendenz, durch die Hintertür wieder jenen unhinterfragten Begriff des Universellen einzuführen, den seine dekonstruktiven Bemühungen zu überwinden versuchen.

> „The notion that all identity is posited in a field of differential relations is clear enough, but if these relations are pre-social, or if they constitute a structural level of differentiation which conditions and structures the social but is distinct from it, we have located the universal in yet another domain: in the structural features of any and all languages." (Butler, 2000b; 34)

Butlers Befürchtung besteht abermals darin, etwas außerhalb des Sozialen Stehendes könne dessen Bewegungen regulieren und zugleich dem Zugriff des Sozialen entzogen sein. Wie es typisch für ihren Stil ist, springt Butler plötzlich vom tastenden Konjunktiv in die konstatierende Rede, um Laclau zu beschuldigen, er trenne die formale Analyse der Sprache von ihrer kulturellen und sozialen Syntax, was in letzter Konsequenz zur Folge hätte, eine Exteriorität der Sprache zur Politik zu behaupten (Butler, 2000b; 34). Dass dies für Butler gefährlich an linguistischen Formalismus grenzt, macht sie in ihrem letzten Essay des Bandes „Contingency, Hegemony, Universality" deutlich.

> „I openly worry about the degradation of the social, and I think that if the linguistic turn in politics that we each represent becomes a formalist turn, we will be repeating mistakes that predate Wittgenstein's *Philosophical Investigation.*" (Butler, 2000c; 271)

Transzendentalismus (3): Ethik

Die Kritik am linguistischen Formalismus Laclaus lässt auch die Frage der Ethik nicht unberührt. Wie bereits gezeigt, kann das Universelle für Laclau nur durch leere Signifikanten verkörpert werden, die sich von der Partikularität ihres Inhalts befreien und zum Repräsentanten einer breiten gesellschaftlichen Äquivalenzkette werden. Das Universelle ist nicht länger in einer bestimmten Eigenschaft des Menschen zu suchen, in Naturgesetzen oder einem rational ausgehandelten Gemeinwillen, sondern existiert nur durch im Spannungsfeld hegemonialer Kämpfe hervorgebrachte leere Signifikanten. Butlers Frage an diesem Punkt ist vorhersehbar. Kommt die angebliche Leere des Universellen durch einen spezifischen gesellschaftlichen Ausschluss zustande und bleibt von diesem Akt der Ausschließung ein Rest am Universellen haften (Butler, 2000b; 34)?

> „But is such a notion of universality ever as empty as it is posited to be? Or is there a specific form of universality which lays claim to being empty? [...] And is it truly empty, or does it carry the trace of the excluded in spectral form as an internal disruption of its own formalism?" (Butler, 2000; 167)

Die Tragweite dieser Frage erschließt sich erst bei näherer Beleuchtung des Begriffs des Ausschlusses. Die Leere des Universellen geht Butler zufolge auf einen Abstraktionsakt zurück, dessen theoretischer Ausschluss konkreter sozialer und kultureller Kontexte auf einen vorherigen Ausschluss dieser Kontexte auf praktischem Gebiet zurückzuführen ist (Gaché, 2004; 28). Implizit klingt an dieser Stelle eines der zentralen Argumente aus „Das Unbehagen der Geschlechter" wieder an. Eine unkritische Wiederholung des Universalismusbegriffs trägt, sofern er durch Ausschlüsse konstituiert wird – ebenso wie eine unkritische Wiederholung der Geschlechterkategorien – zu einer Aktualisierung der Verletzungen bei, aus denen er hervorgegangen ist. Doch diese Befürchtung ist nicht alles. Selbst wenn ein Universelles gedacht werden könnte, das nicht auf den Ausschluss einer Partikularität zurückginge, wäre dieses Universelle eine rein logische, formale Idee, was einen Kampf um Hegemonie unmöglich machen würde (Butler, 2000; 163).

Da für Butler das Universelle niemals leer sein kann, interessiert sie sich wesentlich mehr für die schon ihrer über E-Mail geführten Diskussion mit Laclau zu Grunde liegende Frage nach einer Möglichkeit, zwischen akzeptablen und inakzeptablen Differenzen zu unterscheiden. Während Laclau diese Fragestellung mit der Begründung zurückweist, die Antwort könne nur in einer Reihe hegemonialer Kämpfe liegen, ist Butler an dieser Stelle konkreter, indem sie zwar ebenfalls eine Auflistung unzulässiger Differenzen verweigert, jedoch eine Unterscheidung einführt zwischen solchen, die Differenzrelationen zum Stillstand bringen, und anderen, die sie in Bewegung halten (Butler/Laclau, 1998; 241f.). Auch in dem zusammen mit Laclau und Žižek veröffentlichten Sammelband wird Butler von dieser Frage umgetrieben. Wenn es in der Gesellschaft eine Vielzahl von Gruppen gibt, die ihre Forderungen mit dem Begriff der Universalität verknüpfen, kann die Frage ihr zufolge nicht darin bestehen, wie das Partikulare zum Universellen wird, sondern anhand welchen Kriteriums diese widerstreitenden Formen des Universellen beurteilt werden können. Wie Butler weiter ausführt, kann dies nur durch (noch zu erschaffende) Praktiken der Übersetzung (practices of translation) geschehen, die zwischen konkurrierenden Versionen des Universellen vermitteln und herauszufinden helfen, welche politischen und sozialen Ziele ihnen gemein sind.

Diskurs

Wie bereits ausgeführt wurde, weist Butlers Begriff des Diskurses die Schwierigkeit auf, in sehr starkem Maße linguistisch zentriert zu sein, wodurch nichtsprachliche Faktoren der sozialen Wirklichkeit aus dem Fokus der Analyse zu geraten drohen. Zwar ist es möglich, den butlerschen Diskursbegriff durch Rückgriff auf Foucaults Begriff des Dispositivs zu erweitern, doch entsteht auf diesem Wege zugleich ein neues Problem, da Foucault diesen Begriff nur in Ansätzen entwickelt und unklar bleibt, wie sich das Verhalten der Elemente eines Dispositivs zueinander erklären lässt. Einen Ausweg aus diesem Dilemma ermöglicht erst eine Fassung des Diskurses, wie sie von Laclau gemeinsam mit Mouffe in „Hegemonie und radikale Demokratie" (Laclau/Mouffe, 2000) erarbeitet und seitdem von ihm systematisch weiterentwickelt wurde. Im Anschluss an Saussure und dessen Interpretation durch die Kopenhagener Schule der Linguistik kommt Laclau zu einem Diskursbegriff, der sich vor allem durch drei Momente auszeichnet. Wird Diskurs als abstraktes System formaler Regeln verstanden, welche die Bewegungen der Elemente in Differenzsystemen regulieren, lässt sich erstens sagen, zu seinem Gegenstandsbereich zähle nicht nur die Sprache, sondern jedes System differentieller Bedeutung, seien es geschlechtliche Identitäten, politische Gruppen oder auch nur die Welt der Mode. Als Konsequenz muss zweitens die Dichotomie zwischen Linguistischem und Nicht-Linguistischem fallengelassen werden, da beide zum ihnen gegenüber prioritären und sie beide vereinenden Bereich bedeutender Totalitäten gehören. Drittens folgt aus diesen Schritten eine Dezentrierung des Subjekts, das – wie bei Butler – nicht länger souveräner Akteur sein kann, sondern seine Handlungen als Element einer Struktur vollzieht, die seiner Existenz ermöglichend vorausgeht (Laclau, 1996; 433). Laclau wählt ein sehr anschauliches Beispiel, um diese Gedanken zu veranschaulichen.

> „Now turning to the term discourse itself, we use to emphasize the fact, that every social configuration is meaningful. If I kick a spherical object in the street or if I kick a ball in a football match, the physical fact is the same, but its meaning is different. The object is a football only to the extent that it establishes a system of relations with other objects, and these relations are not given by the mere referential materiality of the object, but are, rather, socially constructed. This systematic set of relations is what we call discourse." (Laclau/Mouffe, 1990; 100)

Dieser Begriff des Diskurses ähnelt dem des foucaultschen Dispositivs insofern, als er sowohl sprachliche als auch nichtsprachliche Elemente mit einschließt, und besitzt zugleich Nähe zu einem sprachlichen Diskursbegriff, indem er die Verhältnisse der Elemente als Differenzrelationen denkt, die festgefügten Regeln folgen[31]. Der Diskursbegriff wird von Laclau in sehr weitem Sinne gebraucht und hat einen entsprechend großen Erklärungsanspruch.

> „At the outset, it is important to stress, that Laclau's category of discourse does not involve a distinction beetween ‚linguistic' and ‚non-linguistic' elements of social life, nor does it entail a distinction beetween ‚ideas' and their ‚material' conditions. In this regard, it is worthwhile noting that their approach depends on the trope of catachresis. That is to say, he ‚creatively misapplies' the concept of discourse to encompass all dimensions of social reality and not just the usual practices of speaking, writing and communicating." (Howarth, 2004; 265)

Das Problem der Grenzziehung zwischen einem diskursiven und einem nicht-diskursiven Bereich kann innerhalb dieses Ansatzes nicht mehr entstehen, da nun alles in den Bereich des Diskurses fällt, was Bedeutung hat und relationale Beziehungen zu anderen Entitäten unterhält. Das Materielle wird vom Diskurs Laclau zufolge ebenso eingeschlossen wie das Ideelle – zu Effekten wie der Ausblendung der Erfahrung, der Materie oder des Ökonomischen kann es nicht mehr kommen, da der Diskurs all diese Bereiche als Elemente umschließt und zueinander in ein relationales Verhältnis setzt. Wie bei Butler sind politische Aus-

einandersetzungen innerhalb des Diskurses situiert, doch verfügt Laclau über einen wesentlich weiteren Diskursbegriff und läuft nicht Gefahr, sich in einem „Sprachkampf" (Butler, 1998; 64) zu verlieren.
Aus diesem Blickwinkel kann der Kritik, Butler blende durch Überbetonung des Diskurses viele Aspekte des sozialen Lebens aus, zwar Recht gegeben werden, ohne gleichzeitig zu folgern, es sei notwendig, die butlersche Analyse durch den Einbezug außerdiskursiver Ebenen zu ergänzen. Ganz im Gegenteil scheint der butlersche Begriff des Diskurses überbetont, da er zu eng gefasst ist und die Dichotomie von Sprache und Nicht-Sprache nur durch die Performativität und die Materialität des Signifikanten überwinden kann. Den Diskursbegriff wie Laclau katachrestisch für die soziale Realität im Ganzen zu verwenden, beseitigt dieses Problem, da das Diskursive nicht länger einen Ausschnitt des Sozialen bezeichnet, sondern die Art, es zu denken – als System von Differenzrelationen, die zueinander in Wechselverhältnissen stehen und dabei festen Gesetzmäßigkeiten folgen.

Gemeinsamkeiten

Was in der aufgeheizten Atmosphäre ihrer Auseinandersetzung in „Contigency, Hegemony, Universality" auf inhaltlicher Ebene zum Zerwürfnis führte, war die Frage nach dem Umgang mit dem Transzendentalismus. Doch bei näherer Betrachtung sind Butler und Laclau nicht weit voneinander entfernt. Ansätze aus dem Bereich der Dekonstruktion sehen sich der Schwierigkeit ausgesetzt, jede Letztbegründung zurückzuweisen und doch Aussagen treffen zu müssen, die ausreichend Gültigkeit beanspruchen, um die auf ihnen ruhende Theorie nicht im luftleeren Raum zu belassen. Aus diesem Dilemma heraus hat sich der Begriff des Quasi-Transzendentalismus entwickelt. Nach Laclau beschreibt er das Spannungsfeld zwischen einer rein transzendentalen Verhärtung und einem ausschließlich auf Kontingenz beharrenden Historizismus (Laclau, 1998; 259). Innerhalb dieses Feldes sind die Differenzen zwischen Butler und Laclau situiert, wobei Butler eher letzterem, Laclau mehr dem ersten Pol zuneigt. Die eigentliche Frage besteht darin, wie dem Wort „Quasi" eine Bedeutung verliehen werden kann, die über die einfache Bereitschaft hinausgeht, theoretische Erkenntnisse in ihrer Gültigkeit zu relativieren und ihre Offenheit für andere Ansätze zu bewahren – eine Bereitschaft, die schon immer kennzeichnend für produktives wissenschaftliches Arbeiten war und keines neuen Begriffs bedürfte.

Laclau hat hier eine vielversprechende Möglichkeit gefunden. Wie bereits angeklungen sind die zentralen Kategorien seiner Theorien ausgehend vom heideggerschen Begriff der ontologischen Differenz gedacht. Ontologisch ist, dass es Antagonismen, Dislokationen, Hegemonie, leere Signifikanten, Äquivalenzen, Differenzen und Subjekte als Mangel gibt; durch den ontologischen Status dieser Begriffe ist aber nicht definiert, welche konkrete Form sie in der sozialen Realität annehmen, da ihre ontische nicht aus ihrer ontologischen Dimension deduziert werden kann. Zwar wird den Schlüsselkategorien ein transzendentaler Status eingeräumt, doch geben sie nur die Bedingungen an, unter denen etwas sein kann, nicht jedoch, was es sein wird.

> „Die oft übersehene, aber tatsächlich entscheidende Differenz zwischen (Quasi-)Transzendentalismus und Determinismus besteht genau *in der Natur der Artikulation* zwischen dem transzendentalen Horizont und den Ereignissen, die vor seinem Hintergrund stattfinden, oder metaphysisch ausgedrückt: zwischen der universalen Form und dem partikularen Inhalt. In einer nicht-deterministischen Theorie wie der Laclauschen Diskurstheorie ist die Verbindung zwischen Form und Inhalt kontingent." (Marchart, 2000; 210)

Quasi-Transzendentalismus bedeutet für Laclau, den Begriffen, mit denen er operiert; transzendentalen Status zuzuschreiben, diese jedoch so zu entleeren, dass sie sich wie das Sein Heideggers niemals im Empirischen verwirklichen können. Empirisch betrachtet gibt es Antagonismen, aber niemals den Antagonismus, Dislokationen, niemals jedoch die Dislokation. Das „Quasi" vor dem Begriff des Transzendentalismus bringt damit ein theoriekonstitutives Paradox zum Ausdruck: Eine Theorie bedarf transzendentaler Kategorien, um sich nicht selbst ad absurdum zu führen, muss selbige aber von jedem konkreten Inhalt entleeren, um nicht in Essentialismus zurückzufallen.

Auf diese Weise entkommt Laclau dem Dilemma dekonstruktiver Theorien, setzt sich jedoch in den Augen Butlers dem Risiko aus, in der formalen Entleerung seiner zentralen Begriffe reale gesellschaftliche Ausschlüsse zu wiederholen. Dagegen lässt sich ein einfaches Gegenargument anführen. Wie geht Butler mit dem Gültigkeitsproblem dekonstruktiver Theoriearbeit um? Zusammenfassend lässt sich sagen, sie behandelt das Problem, indem sie es umgeht. An keiner Stelle ihres Werks setzt sie sich systematisch mit der präzisen epistemologischen Stellung ihrer Begrifflichkeiten auseinander. Allenfalls fallen im Verlauf ihrer Texte transzendental anmutende Äußerungen unvermittelt in die Argumentation. So schreibt sie bereits auf der ersten Seite von „Hass spricht", es ließe sich die Frage stellen, ob Menschen durch Sprache verletzbar sein könnten, wären sie nicht „in einem bestimmten Sinne ‚sprachliche Wesen'" (Butler, 1998; 9), spricht in „Das Ende der Geschlechterdifferenz" von einem „ontologischen Status" dieser Differenz (Butler, 1997b; 36) und bezieht sich seit ihren frühen Veröffentlichungen immer wieder auf den Grundsatz Spinozas, jedes Sein habe das Bestreben, in seinem Sein zu verharren (z.B. Butler, 2004d; 31). Auch wenn die Formulierungen an diesen Punkten häufig fragend und tastend sind, kommt ihnen für den Theorieaufbau doch zentrale Bedeutung zu. Desgleichen gilt für andere Thesen, die sich durch die Bücher Butlers ziehen: Das Geschlecht ist eine diskursive Konstruktion, sprachliche Äußerungen unterliegen der (nie identischen) Wiederholung, Identität kann nie zur Schließung führen, ein Mensch kann niemals gänzlich Rechenschaft von sich ablegen. Die Liste ließe sich erweitern. Würde Butlers Skepsis gegenüber Laclau gegen sie selbst gekehrt, müsste die Frage lauten, ob z.B. ein geschichtlicher Zeitpunkt denkbar wäre, zu dem Geschlechter nicht auf diskursive Konstruktionen zurückzuführen seien oder Menschen keine Sprachwesen mehr sind. Mit Blick auf ihren Umgang mit dem Historizismus fasst Laclau den daraus erwachsenden Widerspruch anschaulich zusammen:

> „[...] either she would have had to assert that historicity as such is a contingent historical construct – and therefore that there are societies which are not historical and, as a result, fully transcendentally determined (ergo Butler's whole project would become self-contradictory) – or she would have to provide some ontology of history as such, as a result of which the transcendental-structural dimension would have to be reintroduced into her analysis. In practice she does not refrain from doing the latter." (Laclau, 2000; 184)

Butler steht vor dem gleichen Problem wie Laclau, nur benennt sie es nicht deutlich und pflegt einen äußerst intransparenten Umgang mit ihm, was die Lektüre erschwert und, wie im ersten Teil dieser Arbeit bereits gezeigt, zu Missverständnissen ihrer Theorie führt. Die Differenz zwischen Butler und Laclau ist weniger fachlicher Natur als eine Frage des theoretischen Gestus, der sich im für dekonstruktivistische Texte so wichtigen Stil des Schreibens artikuliert. Indem Butler das Problem des Status ihrer Schlüsselkategorien durch Formulierungen in Frageform oder die Zurückweisung abschließender Festlegungen umgeht, führt sie ein Gleiten in ihre Begriffe ein, das einerseits die Notwendigkeit transzendentaler Begriffe verdeutlicht, andererseits auf die mit ihnen einhergehenden Probleme verweist und sich als ethische Form des Distanzhaltens interpretieren lässt. Im Gegensatz dazu weicht Laclau dem Problem nicht aus, sondern hebt es durch die ontologische Differenz hervor, ein Gestus demokratischen Schreibens, da er transparent ist, sich selbst zur Disposition stellt und für Widersprüche öffnet. Welche Form des Umgangs mit dem Problem des Transzendentalismus produktiver ist, sei dahingestellt – vor allem wird deutlich, wie wenig diese Frage geeignet ist, das Denken Butlers und Laclaus zu entzweien. Beide sind sich der Relevanz der Frage bewusst und beide machen transzendentale Aussagen – was sie unterscheidet, ist der Gestus, von dem diese Aussagen getragen werden.

Dass es fruchtbarer ist, nach Gemeinsamkeiten als nach Differenzen zu suchen, betonen auch Butler und Laclau selbst. Noch im zweiten Aufsatz von „Contingency, Hegemony, Universality“ schrieb Laclau, sich trotz aller Missverständnisse nicht des Gefühls erwehren zu können, er und Butler würden auf demselben Terrain kämpfen (Laclau, 2000; 195). Beide gehen davon aus, es gebe kein Wesen des Menschen, aus dem sich eine bestimmte Politik ableiten ließe (Laclau, 1990b; 245 / Butler, 1997; 15f.). Beide stimmen in der Notwendigkeit eines konstitutiven Außen für die Konstitution von Bedeutung überein (Butler/Laclau, 1998; 240, 242). Beide sind sich einig, kein partikularer Inhalt dürfe dauerhaft einen universellen Status einnehmen (Butler/Laclau, 1998; 249). Auch bezüglich des Subjektbegriffs besteht Konsens darüber, es sei notwenig, mit einem unabgeschlossenen Begriff des Subjektes zu denken, ob basierend auf der Kategorie des Mangels oder der konstitutiven Iteration jeder Identität (Butler/Laclau, 1998; 248). Nicht zuletzt sind sie sich einig, der Hegemoniebegriff könne mit Resignifikation (Laclau, 1998; 259 / Butler, 1998; 256), Performativität und Übersetzung verbunden werden (Laclau, 2000; 189, 193 / Butler, 2000b; 14). Aufgrund des Abbruchs ihres Austausches ist all dies niemals entfaltet worden, noch gibt es über Aufsätze hinausgehende Arbeiten, die sich des Themas angenommen hätten. Dass eine auf den zentralen Begrifflichkeiten der Hegemonietheorie von Laclau (und Mouffe) basierende Relektüre Butlers es ermöglicht, ihren Ansatz für die politische Theorie fruchtbar zu machen, soll auf den folgenden Seiten gezeigt werden.

Geschlechtsidentität und Antagonismus

Wie bereits deutlich geworden ist, besitzt das Außen sowohl für Butler als auch Laclau zentralen Stellenwert, da es den Bereich des Intelligiblen bzw. des Systems stützt. Die Frage ist, wie das Außen gedacht und durch was es vom Innen getrennt wird. Eine möglichst präzise Antwort zu finden, ist ausschlaggebend für das Verständnis dessen, was es bedeutet, wenn Butler schreibt, die heute hegemonialen Spielarten von Geschlechtsidentität gingen auf einen Ausschluss zurück, durch den viele Menschen in der Gesellschaft Gewalt erfahren würden.

Zur Rolle des Außen bei Butler

Butler zufolge wird die binär organisierte und heterosexuell strukturierte Matrix der Geschlechtsidentität durch diskursive Verfahren konstituiert, die das Subjekt entlang von Normen hervorbringen, denen es sich zu unterwerfen hat, um nicht seinen Subjektstatus zu verlieren. Dabei kommt es zur Erzeugung eines Gebiets der Ausschließung, in das all jene fallen, die von der Norm abweichen, damit aus der Matrix der Intelligibilität herausfallen und zu Menschen werden, die vielleicht noch als Lebewesen erkannt, aber nicht als Subjekte behandelt werden. Die Möglichkeit von Identität hängt für Butler demnach nicht nur von der performativen Kraft des Diskurses ab, sondern ebenso von den Ausschlüssen, die der Diskurs hervorbringt (Becker-Schmidt/Knapp, 2000; 86). Bereits an dieser Stelle drängt sich der Gedanke Laclaus auf, ein System von Differenzen könne sich nur durch einen Ausschluss stabilisieren, setze deswegen zwingend ein konstitutives Außen und einen fundierenden Antagonismus voraus.

Bei näherer Betrachtung der Rolle des Außen bei Butler konkretisiert sich diese Vermutung. Die „heterosexuelle Matrix“ besitzt ihr zufolge strengen Ausschlusscharakter, da sie einen gesellschaftlichen Bereich erzeugt, in dem Menschen nicht nur außerhalb der Norm stehen und gesellschaftlichen Sanktionen ausgesetzt sind, sondern in einem Raum existieren, der das Verworfene darstellt.

> „Das Verworfene [the abject] bezeichnet hier genau jene ‚nicht lebbaren‘ und ‚unbewohnbaren‘ Zonen des sozialen Lebens, die dennoch dicht bevölkert sind von denjenigen, die nicht den Status des Subjekts genießen, deren Leben im Zeichen des ‚nicht Lebbaren‘ jedoch benötigt wird, um den Bereich des Subjekts einzugrenzen. Diese Zone der Unbewohnbarkeit wird die definitorische Grenze für den Bereich des Subjekts abgeben [...].“ (Butler, 1997; 23)

Wie diese Passage deutlich macht, wird das Außen bei Butler auf sehr spezifische Weise gedacht. Es ist kein ein für alle Mal Ausgeschlossenes, das fürderhin ein Leben jenseits der Grenzen des Sozialen führt, ohne sich mit dem Bereich des kulturell Intelligiblen zu vermischen. Wäre die Ausschließung absolut, könnte der Prozess der Subjektivation nur noch als Prozess zunehmender Entleerung gedacht werden, währenddessen das Subjekt geformt werde, indem es alles nicht der Norm Entsprechende in ein Außen verbanne, um nicht mehr von ihm behelligt zu werden. Unter diesen Bedingungen gäbe es zwei gänzlich getrennte Bereiche des Innen und des Außen, von denen letzterer für den ersteren wie eine unsichtbare Mülltonne fungieren würde. Eine Veränderung der Identität oder ihre Bedrohung durch etwas außerhalb Gelegenes wäre nicht denkbar.

Bei dem von Butler beschriebenen Außen handelt es sich um ein konstitutives Außen, da es die Grenze des Subjekts markiert und dessen Identität stabilisiert. Insofern das Subjekt seine Identität nur herstellen kann, indem es sich fortwährend gegen das Außen abgrenzt, besitzt das Außen ständige Präsenz und droht das Innen zu subvertieren. Um zu wissen, wer es ist, ist das Subjekt zwingend auf etwas angewiesen, das es nicht ist. Da das

Ausgeschlossene die Grenzen des Intelligiblen markiert, kann es mit den durch diese Intelligibilität zur Verfügung stehenden Mitteln nur ungenügend benannt werden und wird von Butler entsprechend äußerst vage als das „Unmenschliche“ oder „menschlich Undenkbare“ bezeichnet (Butler, 1997; 30). Die Abgrenzung findet demnach nicht gegen etwas Konkretes, sondern gegen etwas nicht näher zu Beschreibendes, Verworfenes statt[32]. Auch wenn offen bleibt, wie das Verworfene zu denken ist, und Butler an diesem Punkt viele Missverständnisse heraufbeschwört, kann der Gedanke des konstitutiven Außen an einem einfachen linguistischen Beispiel veranschaulicht werden.

Jede Sprache grenzt ab, was zu ihr und nicht zur ihr gehört. Es gibt Wörter, grammatische Regeln, Konventionen der Betonung etc. und einen Ausschluss, in dem versammelt ist, was nicht zur Sprache gehört. Vielleicht ist es möglich, ein Grunzen oder Stöhnen als Ausdruck einer bestimmten Befindlichkeit zu verstehen, doch zählt es nicht im engeren Sinne zu einer bestimmten Sprache, etwa dem Englischen oder Französischen. Ebenso können Wörter nicht beliebig verbunden werden, um einen sinnvollen Satz entstehen zu lassen. Der Ausschluss ist auch hier konstitutiv. Gäbe es keinen Ausschluss, würde alles zur Sprache gehören und sie verlöre ihre Bedeutung. Wäre der Ausschluss absolut, könnte die Sprache sich nicht weiter entwickeln, da sie auf ein gegebenes Repertoire beschränkt und verdammt wäre, immer wieder dasselbe zu sagen.

Das konstitutive Außen, von dem Butler spricht, lässt sich aus dieser Perspektive am besten als Resultat einer einschließenden Ausschließung beschrieben. Gerade die Rolle des Außen ist es, so Butler, die von den Kritikern und Kritikerinnen der Dekonstruktion übersehen werde, wenn sie den Vorwurf des linguistischen Monismus ins Feld führten, denn das Außen komme zwar durch die Abgrenzungen des Diskurses zustande, sei jedoch nicht von ihm konstruiert (Butler, 1997; 30). Doch ist es deswegen kein Bereich der Ursprünglichkeit oder Unschuldigkeit – indem es aus dem Bereich des Diskurses herausfällt, gerät es in den Bereich der Nicht-Intelligibilität, wird zum Undenkbaren und existiert an den äußersten Rändern der Gesellschaft als das, wovon nicht gesprochen werden kann und seiner bedrohlichen Eigenschaft als konstitutives Außen wegen auch nicht gesprochen werden darf.

Es gibt auch eine positive Konsequenz der konstitutiven Dimension der Ausschließung. Wenn es sich um ein konstitutives Außen handelt, das immer in einem Verhältnis zum Diskurs steht, ist es offen für „veränderbare Zuschreibungen“ (Wachter, 2001; 66). Die von Butler ins Feld geführte Praxis der Resignifikation von Diskursen kann die Bereiche des Intelligiblen und des Nicht-Intelligiblen verschieben und auf diese Weise in die vom Diskurs hervorgebrachten Ausschlüsse regulierend eingreifen. Doch Butler macht hier gleich eine Einschränkung (die Laclau Recht gibt, wenn er behauptet, auch Butler würde in transzendentalen Kategorien argumentieren). Das Außen ist nicht nur insofern konstitutiv, als es die Bedeutung der Differenzen stützt, sondern auch, weil es unabhängig von der jeweiligen Situation oder dem konkreten Inhalt immer ein Außen geben muss, wenn es Bedeutung geben soll. Zwar ist es notwendig, das Außen immer wieder neu zu konfigurieren, einen politischen Prozess anzustoßen, in dem die „Gewalt des Ausschlusses“ ständig im Begriff ist, überwunden zu werden, doch muss die Ausschließung zugleich bewahrt werden, damit es nicht zur totalitären Fiktion möglicher Schließung kommt und seine Kraft erhalten bleibt, jedes Wahrheitsregime infrage zu stellen (Butler, 1997; 84). Das Ideal einer absoluten Einschließung wird von Butler explizit verworfen.

> „Jede randständige Position einzuschließen, so wie sie zu sprechen, sie einzubringen in einen vorhandenen Diskurs, wäre gleichbedeutend mit dem Anspruch, daß ein einzelner Diskurs nirgendwo auf seine Grenzen stößt, daß er alle Zeichen von Differenz sich unterordnen kann und will. Wenn für die Sprache der Politik Gewalt unverzichtbar ist, dann könnte dem Risiko dieser Verletzung eine weitere Verletzung folgen: in [sic] ihr fangen wir an, die Ausschlüsse, mittels derer wir operieren, endlos und ohne sie zu meistern, verfügbar zu machen – und doch niemals völlig über sie zu verfügen.“ (Butler, 1997; 85)

Mit dieser Passage ist viel gesagt: Jedes Differenzsystem geht auf einen Ausschluss zurück, der in letzter Konsequenz ein Akt der Gewalt ist; diese Konstitutionsbedingung von Differenzsystemen durch absolute Inklusion überwinden zu wollen, hebt nicht den Ausschluss auf, sondern verstärkt die Gewalt; die Konstitution des Systems durch den Akt des Ausschlusses ist die Politik.

Die „heterosexuelle Matrix“ erweist sich aus dieser Perspektive ganz im Sinne Laclaus als gegen ein konstitutives Außen abgegrenztes Differenzsystem – doch bleibt Butler bei diesem Schritt stehen und nimmt dadurch ein hohes Maß an Inkonkretion in Kauf. Sie hat bei der Formulierung ihrer Thesen von der gesellschaftlich etablierten, heterosexuell kodierten Zweigeschlechtlichkeit ausgeschlossene Minderheiten wie Lesben, Schwule, Bisexuelle, Transsexuelle, Intersexuelle oder durch diese für die Abweichung verfügbaren Begriffe nicht kategorisierbare Menschen vor Augen und schreibt über das konstitutive Außen der heterosexuellen Matrix, es sei „das Unaussprechliche, das Nichtmachbare, das Nichterzählbare“ (Butler, 1997; 259), was zu der Schlussfolgerung führe, außerhalb des Intelligiblen liege der Bereich des sozialen Todes (Müller, 2001; 254). An dieser Stelle stellt sich die Frage, ob die von Butler ins Feld geführten Abweichungen von der Heterosexualität Bestandteil des konstitutiven Außen sind oder nicht. Bei Homo-, Bi-, Trans-, oder Intersexualität kann nicht von Nicht-Intelligibilität gesprochen werden, da sie klar benannt werden können, in großen Teilen der Bevölkerung ein Wissen über ihre Existenz besteht und es in zahlreichen Staaten sogar Antidiskriminierungsgesetze gibt. Zu behaupten, schwul oder lesbisch zu sein bedeute noch heute in den westlichen Gesellschaften, in den Bereich des „Nichtmachbaren“ oder „Nichterzählbaren“ zu fallen, hieße Tove Soiland bezüglich ihrer Kritik Recht zu geben, Butler formuliere eine Theorie, die „eher den Papst gegenüber zu haben schein(e) als eine Gesellschaft des 21. Jahrhunderts“ (Soiland, 2003). Was heute das „Nichterzählbare“ sein könnte, das sich im konstitutiven Außen verbirgt, bleibt bei Butler unklar.

In ihren neueren Büchern versucht sie, den Begriff des Ausschlusses zu differenzieren. Dies deutet sich bereits zu Anfang des Buches „Hass spricht“ an, wenn Butler eine Unterscheidung zwischen der Anrede, die das Subjekt entweder in der Verwerfung situiere oder in den Bereich möglicher Anerkennung führe, und dem Akt der Anerkennung trifft, der in diesem Bereich zwar möglich, aber nicht zwingend ist (Butler, 1998; 14f.). Die Regulierungen, von denen Anerkennung strukturiert wird, sind für Butler also Teil umfassenderer „gesellschaftlicher Rituale der Anrufung“

(Butler, 1998; 44). Damit werden drei Formen des Subjektstatus unterschieden: ein verworfener, ein im Bereich möglicher Anerkennung situierter und ein wirklich anerkannter. Allerdings ist Butlers Verwendungsweise der Begriffe Anerkennung und Anrufung teilweise unklar, da sie (und dies auf einer Seite) sowohl explizit geschieden als auch synonym gebraucht werden und sie gar Formulierungen wie „Anruf der Anerkennung" verwendet (Butler, 1998; 44).

In einer ihrer jüngeren Veröffentlichungen findet sich ein neuer Versuch, den Begriff des Ausschlusses zu differenzieren.

> „To be called a copy, to be called unreal, is thus one way in which one can be oppressed. But consider that it is more fundamental than that. For to be oppressed means that you already exist as a subject of some kind [...]. But to be unreal is something else again. For to be oppressed one must first become intelligible. To find that one is fundamentally unintelligible (indeed, that the laws of culture and of language find one to be an impossibility) is to find one has not yet achieved access to the human." (Butler, 2004c; 218)

Butler macht hier einen expliziten Unterschied zwischen Unterdrückung und Irrealität. Im Bereich der Menschen, die sich durch eine entsprechend der Normen durchlaufene Subjektivation als Subjekte qualifiziert haben, gibt es Unterdrückung und natürlich ist selbige auch durch ein nicht geringes Maß an Leiden gekennzeichnet. In einem Unterdrückungsverhältnis wird das Gegenüber jedoch immerhin als Subjekt anerkannt, da auf es Bezug genommen und mit der Wirkmächtigkeit seiner Handlungen gerechnet wird. Irreal zu sein hingegen qualifiziert das Individuum nicht einmal dazu, unterdrückt zu werden, da es weder Subjekt noch überhaupt Teil des Menschlichen ist. Es wird eine ähnliche Dreiteilung vorgenommen wie in „Hass spricht": Die Nicht-Unterdrückten, die Unterdrückten und die Irrealen, jedoch ohne allen den Subjektstatus zuzusprechen, womit Butler an die Argumentation in ihren ersten Büchern anschließt und einen schärferen Ton anschlägt als in „Hass spricht". Butler zufolge bedeutet irreal zu sein für einen Menschen, zu sprechen, als gehöre er zum Menschlichen, doch immer wieder die Erfahrung zu machen, dass dies nicht der Fall ist, feststellen zu müssen, eine „hohle" Sprache zu sprechen, dass Anerkennung in unerreichbarer Ferne liegt, da ihre Normen nur bestimmte Formen des Menschlichen in den Fokus rücken (Butler, 2004c; 218). Kurz gesagt: Irreal sein bedeutet unsichtbar sein.

Der Ansatz, den Begriff des Ausschlusses zu differenzieren, könnte sicherlich ein höheres Maß an Klarheit in die butlersche Theorie einführen, jedoch nur, wenn sie entweder die Formen der Devianz, die sie bei der Formulierung ihrer Begriffe vor Augen hat, deutlicher benennen, oder eine Fassung des Ausschlussbegriffs vorlegen würde, die präzise genug wäre, um eine solch explizite Zuordnung überflüssig zu machen, da sie sich von selbst ergäbe – Butler unternimmt keines von beidem. Im Gegenteil steigert sie die Verwirrung, wenn sie in einem anderen ihrer neuen Aufsätze schreibt, das Ziel der internationalen Lesben- und Schwulenbewegung müsse darin bestehen, eine Neufassung der Realität und der Kategorie des Menschlichen in die Wege zu leiten, um der Ungerechtigkeit zu begegnen, als irreal bezeichnet zu werden und die Folie zu liefern, gegenüber der sich das Menschliche konstituiert (Butler, 2004d; 30). Auch hier stellt sich die Frage: Geht Butler ernsthaft davon aus, in den modernen westlichen Gesellschaften würden Schwule und Lesben als das Nicht-Menschliche behandelt oder sieht sie in ihnen lediglich eine Bewegung, die aufgrund ihrer Erfahrungen oder anderer Eigenschaften dazu prädestiniert ist, in Kämpfen um den Status des Menschlichen und den Zugang zu gesellschaftlicher Sichtbarkeit einen zentralen Platz einzunehmen?

Da Butler den Begriff des Ausschlusses nicht präzisiert und innerhalb ihres Diskursbegriffs keinen Mechanismus benennt, durch den der Ausschluss zustande kommt, sind Fragen wie diese vor dem Hintergrund ihrer Theorie kaum zu beantworten und führen zu einem Mangel an Konkretion, der es schwer macht, sie zu einer detaillierteren politischen Analyse heranzuziehen.

Die Grenze als Antagonismus

Laclau teilt mit Butler die Grundannahme, diskursive Systeme würden durch Ausschluss konstituiert, verfügt aber mit dem Begriff des Antagonismus sowohl über die Möglichkeit, ein genaueres Bild der Entstehung von Ausschlüssen zu gewinnen, als auch, politische Bewegungen präzise auf verschiedenen Stufen des Antagonismus' einzuordnen. Wie bereits dargelegt ist der Antagonismus bei Laclau von einer ontologischen Differenz strukturiert, die ihn einerseits auf der Ebene des Ontologischen, andererseits auf der des Ontischen situiert, wobei sich der Bereich des Ontischen weiter in den des Quasi-Ontologischen und des eigentlich Ontischen unterteilen lässt. Im Folgenden soll gezeigt werden, was Laclau unter einem Antagonismus versteht, um dann eine Betrachtung des Antagonismus auf seinen drei Ebenen vorzunehmen, um auf diesen die butlerschen Abweichungen von der heterosexuellen Matrix einzuordnen.

Der Argumentationsweg Laclaus (und Mouffes) wurde bereits dargelegt: Damit der Diskurs zu einer Fixierung seiner Differenzen kommen und Bedeutung hervorbringen kann, muss er einen Ausschluss vollziehen, durch den ein Außen entsteht, gegen das der Diskurs sich abgrenzen kann, von dem jedoch zugleich eine kontinuierliche Drohung ausgeht, die etablierte Fixierung der Differenzen durch einen Einbruch in den Diskurs zu subvertieren. Der Antagonismus ist klar gegen Verhältnisse wie den Widerspruch oder die Realopposition abgegrenzt, da er nicht von bereits existierenden Identitäten ausgeht, die anschließend gegeneinander gestellt werden, sondern die Konstitution der Identität erst durch den Antagonismus zustande kommt, zugleich jedoch von ihm blockiert und an Schließung gehindert wird.

Wenn mit Butler von einem Raum ausgegangen wird, der durch einen Bereich des Diskurses und einen des Ausschlusses strukturiert wird, charakterisiert der Antagonismus für Laclau die Grenze zwischen beiden Bereichen, insofern wirkliche Grenzen immer antagonistisch sind (Stäheli, 2001; 202). Der Antagonismus führt eine Ordnung in das Feld der Differenzen ein, indem er eine Scheidelinie zwischen dem Außen und dem Innen etabliert, und lässt sich als „Organisationsprinzip“ (Marchart, 1998b; 99) verstehen, durch das eine grundlegende Systematizität in den Diskurs gebracht wird. Ebenso wie für Butler ist auch für Laclau das Außen nur als konstitutives Außen zu denken.

> „In our conception of antagonism [...] we are faced with a ‚constitutive‘ outside. It is an ‚outside‘ which blocks the identity of the ‚inside‘ (and is, nonetheless, the prerequisite for its constitution at the same time).“ (Laclau, 1990c; 17)

Die Bedeutung des Antagonismus ist kaum zu überschätzen. Da der Antagonismus von Laclau nicht aus einer ihm zu Grunde liegenden Rationalität wie z.B. dem Klassenkampf oder aus einer teleologischen Entwicklung der Geschichte abgeleitet wird, sondern eine zwingende Notwendigkeit zur Konstitution von Differenzsystemen darstellt, muss er als radikale Negativität gedacht werden, radikal insofern, als er nicht überwunden, aufgehoben oder verdrängt werden kann (Laclau, 1990c; 20). Die von ihm ausgehende Blockade jeder Identität bringt damit eine nicht auszulöschende Kontingenz ins Spiel der Differenzen und hält sie davon ab, sich endgültig zu fixieren, gleichgültig wie festgefügt das Soziale erscheint. Da eine Identität für Laclau immer in Relation zu anderen Identitäten steht und deswegen nur in Differenzsystemen konstituiert werden kann, die wiederum nur auf der Grundlage antagonistischer Ausschlüsse möglich sind, ist der Antagonismus die Möglichkeitsbedingung von Identität. Was die Identität blockiert, ist somit zugleich das, was sie ermöglicht. Dadurch kommt eine im Sinne ihrer Irreduzibilität radikale Kontingenz ins Spiel, die jedes System von Differenzen mit einem Moment der Unentscheidbarkeit durchzieht, insofern jede Identität innerhalb des Systems von einem Mangel an Determination durchzogen ist, der es unmöglich macht, Entscheidungen in rein logischer Weise aus der Struktur zu deduzieren (Laclau, 1990c; 21). Wie später gezeigt wird, liegt hier der Ort des Subjekts, das auf den Plan tritt, um durch eine Entscheidung die Kluft der Unentscheidbarkeit zu überbrücken. Auch das System ist der Spannung von Möglichkeit und Unmöglichkeit ausgesetzt. Es wird durch das Außen ermöglicht und zugleich unterlaufen, da die Differenzrelationen des Systems sich alle auf das Außen beziehen und dadurch von einer äquivalentiellen Logik affiziert werden. Die Elemente des Systems sind in eine Äquivalenz- und eine Differenzdimension gespalten, was eine endgültige Fixierung der Differenzen und damit eine Schließung des Systems unmöglich macht. Identität und System geraten durch den Antagonismus in die Paradoxie, in ihren Möglichkeitsbedingungen zugleich ihre Unmöglichkeitsbedingungen zu finden. Da Laclau von einem ontologischen Status der Grundkategorien der Linguistik ausgeht und über einen Diskursbegriff verfügt, der sowohl linguistische Elemente als auch nicht-linguistische einschließt, spielen sich diese Überlegungen vor dem konkreten Hintergrund des Sozialen ab.

„[...] if we maintain the relational character of any identity and if, at the same time, we renounce the fixation of those identities in a system, then the social must be identified with the infinite play of differences, that is, with what in the strictest sense of the term we can call discourse [...].“ (Laclau, 1990d; 90)

Wie jedes Differenzsystem muss das Soziale sich durch ein Außen fixieren, da es ansonsten nur dem Spiel der Differenzen ausgesetzt wäre und in den Diskurs des Psychotikers zurückfiele. Und auch hier markiert das Außen die Möglichkeits-Unmöglichkeitsbedingung des Sozialen, da durch den Ausschluss zwar eine Fixierung der Differenzen bewerkstelligt wird, diese jedoch stets prekär ist, da das Außen in den Diskurs hereinzubrechen droht.

Das notwendige Phantasma der Ideologie

Der Mangel, von dem das Soziale durchzogen wird, bleibt nicht ohne Konsequenzen. Žižek zufolge bringt der Antagonismus als Gegenstück ein soziales Phantasma hervor, das den Mangel in der sozialen Struktur endgültig zu füllen verspricht und dadurch „deren konstitutiven Antagonismus mit der Fülle des Genießens maskiert“ (Žižek, 1998; 129). Wenn bereits das Soziale von einem Riss durchzogen ist, der nur phantasmatisch geschlossen werden kann, ist die Gesellschaft als einheitliches Objekt unmöglich und bedarf einer sie supplementierenden Ideologie, eines imaginären Szenarios, das eine Stütze bereitstellt, um mit der Leere besser umgehen zu können, sich jedoch allein aufgrund seiner strukturellen Unmöglichkeit niemals realisieren wird.

„And insofar as the social is impossible without some Fixation of meaning, without the discourse of closure, the ideological must be seen as constitutive of the social. The social only exists as constitutive of the social. The social only exists as the vain attempt to institute that impossible object: society.“ (Laclau, 1990d; 92)

Ein Gedanke Drybechs kann diesen zunächst überraschenden Schluss verdeutlichen. Dass ein System konstruiert ist, bedeutet, es kann nicht aus einer einfachen Referenz auf die „Realität“ hervorgehen, sondern nimmt (durch einen konstitutiven Ausschluss) eine „Realitätsreduktion“ vor, die es mit einem bestimmten von Macht und Wissen geleiteten „Lektüreprinzip" ausstattet (Drybech, 1998; 35). Das Ideologische ist genau dieses unentbehrliche „Lektüreprinzip", durch das es erst möglich wird, Bedeutungen zu bilden und sich in einer von Sinn erfüllten Welt zu bewegen. Das Ideologische wird dadurch zu einer überlebenswichtigen Komponente des Lebens. Gegenüber einer marxistischen Analyse, die das Ideologische als Verdeckung der eigentlichen Realität versteht, argumentiert Laclau aus gegensätzlicher Perspektive: Der eigentlich ideologische Akt besteht darin, die Existenz einer Ebene des Sozialen zu suggerieren, in der sich eine tiefere Wahrheit widerspiegelt und die nicht Ergebnis einer diskursiven Konstruktion ist. Ausgehend von diesem Begriff des Ideologischen als temporärer Fixierung von Bedeutung innerhalb eines Differenzsystems lässt sich das Soziale in Anlehnung an Husserl auch als Sedimentation fassen, womit ein Vergessen der Herkunft impliziert wird, in dessen Folge das Soziale nicht länger als Ergebnis politischer Kämpfe um Hegemonie erscheint, sondern als von Kontingenz und Historie unberührte Objektivität. Die von Husserl der Sedimentation entgegengestellte Reaktivierung bedeutet unter diesen Umständen nicht, zu einer ursprünglichen Situation zurückzukehren, sondern durch das Erscheinen neuer Antagonismen der kontingenten Natur der Objektivität gewahr zu werden. Wie der Sedimentation das Soziale entspricht der Reaktivierung das Politische (Laclau, 1990c; 34f.). Eine emanzipative Politik muss sich darum bemühen, nicht der Versuchung zu erliegen, das Soziale als Objektivität aufzufassen und stattdessen die Kontingenz sichtbar machen (Sumic, 2004; 185).

Geschlechtsidentität als Ideologie

Mit Butler besteht folgende Übereinstimmung: Diskurse bedürfen immer eines konstitutiven Außen, das die Identität der Differenzen und des Systems blockiert, wodurch ein Mangel entsteht, der verdrängt wird, indem der Diskurs ihn auf ideologische Weise schließt, was zunächst bedeutet, das Spiel der Differenzen durch die Verankerung von bestimmten Bedeutungen anzuhalten, im Zweifelsfall jedoch zu einer Verfestigung dieser Arretierung führt, die es nicht mehr erlaubt, zwischen der in letzter Instanz kontingenten „Realität" und reiner Faktizität zu unterscheiden. Da Geschlechtsidentität für Butler ein konstruiertes Differenzsystem ohne Original ist, ist es möglich, sie mit Laclau als spezifische Ausformung des Ideologischen zu fassen, das zwar notwendig ist, um innerhalb der sozialen Welt Bedeutungen zu schaffen, sich im Bereich der Geschlechter allerdings so stark verfestigt hat, dass es nicht mehr möglich ist, hinter ihm die Kontingenz zu erkennen. Doch deckt sich Laclaus Begriff des Ideologischen wirklich mit Butlers Analysen?

Da Butler Begriffe wie Natur aufgibt und auf der Konstruktion körperlicher Materialität beharrt, wurde insbesondere sie von dem konstruktivistischen Ansätzen entgegengebrachten Kritikpunkt getroffen, den geschlechtlichen Körper in eine „(ideologische) Fiktion" (Maihofer, 1994; 170) verwandelt zu haben. Eine solche Sicht macht vor allem den Fehler, mit einem sehr klassischen Begriff der Ideologie zu argumentieren: Ideologie bedeutet, eine bestimmte Absicht zu kaschieren, und impliziert Menschen, die sehr wohl darum wissen, welche Zwecke sich hinter diesem Täuschungsmanöver in „Wirklichkeit" verbergen. Fiktion bedeutet soviel wie eine Einbildung, ohne die ein Mensch nicht leben zu können glaubt, von der er jedoch sehr schnell bemerken würde, wie gut ohne sie auszukommen ist, sobald ihm entweder ein Akt der Aufklärung seinen Irrtum begreiflich machte oder eine Notlage ihn selbst zu dieser Einsicht zwänge. Hätte Maihofer mit ihrem Begriff der „ideologischen Fiktion" recht, würde dies bedeuten, Butler verstünde Ideologie als reines Hirngespinst, einst geschaffen und heute am Leben erhalten, um Menschen in die gewünschte Richtung zu lenken. Das Reich der Freiheit läge folglich in der Erkenntnis, mit dieser Fiktion ein Ende machen zu können, ohne daran zugrunde zu gehen. Butler meint hingegen etwas vollkommen anderes:

> „Den Körper als konstruierten Körper zu denken verlangt, die Bedeutung von Konstruktionen selbst neu zu denken. Und wenn bestimmte Konstruktionen anscheinend konstitutiv sind, das heißt, wenn sie dadurch gekennzeichnet sind, das zu sein, ‚ohne das' wir gar nicht denken können, können wir vielleicht deutlich machen, daß Körper nur unter den produktiven Zwängen bestimmter hochgradig geschlechtlich differenzierter regulierender Schemata auftreten, Bestand haben und leben." (Butler, 1997; 16)

Butlers Beschreibung entspricht Laclaus Begriff des Ideologischen. Insofern es keine unmittelbar zugängliche Wirklichkeit gibt, sondern selbige immer eine von einem bestimmten „Lektüreprinzip“ geleitete Konstruktion ist, muss es immer Konstruktionen geben, um leben zu können, auch im Bereich der Geschlechter. Ohne die moderne Konstruktion der Geschlechterdifferenz wäre heute kein Leben denkbar, insofern die ganze soziale Welt entlang dieser Differenz strukturiert ist – jenseits unserer Zeit mag die Organisation dieser Differenz zwar anders sein, doch wird sie ebenfalls durch eine Systematisierung von Differenzen entlang einer antagonistischen Grenze, die ein konstitutives Außen markiert, gebildet werden. Da außerhalb des Diskurses nichts außer dem psychotischen Gleiten der Signifikanten, das Entgleiten jeder Bedeutung (Evans, 2002; 243f.) liegt, ist die Frage nicht, ob Konstruktionen „ideologische Fiktionen“ sind (natürlich sind sie das, jedoch nur, insofern die Fiktion die Realität ist), sondern welche Ausschlüsse sie produzieren und wie mit ihnen umgegangen werden kann. Wenn die Ideologie der Zweigeschlechtlichkeit und Heterosexualität eine Schließung des Systems der Geschlechterdifferenzen suggeriert, indem sie ihre konstitutiven Ausschlüsse überspielt, Žižek zufolge also phantasmatisch strukturiert ist, so stellt sie die Bewegung der Differenzen still und weist gewalttätige Züge auf. Mit Laclau gesprochen läge die politische Aufgabe darin, in diesen sedimentierten Formen des Sozialen die Kontingenz spürbar zu machen, eine Reaktivierung in die Wege zu leiten und zu einer Verschiebung des Systems zu gelangen.

Erste Systematisierung

Der Begriff des Antagonismus bündelt Theorieelemente, die auch in Butlers Analysen vorhanden sind: Identität, System, Ausschluss, Außen, Diskurs. Jedoch werden sie von Laclau um ein theoretisches Zentrum gruppiert, das es erlaubt, ihren Zusammenhang zu denken, und zudem einen ersten Hinweis darauf gibt, was unter Politik zu verstehen sein könnte – die Reaktivierung der im sedimentierten Sozialen versteckten Kontingenz. Da es sich beim Antagonismus um die Schlüsselkategorie Laclaus handelt, sei er mit einem kleinen Schaubild verdeutlicht.

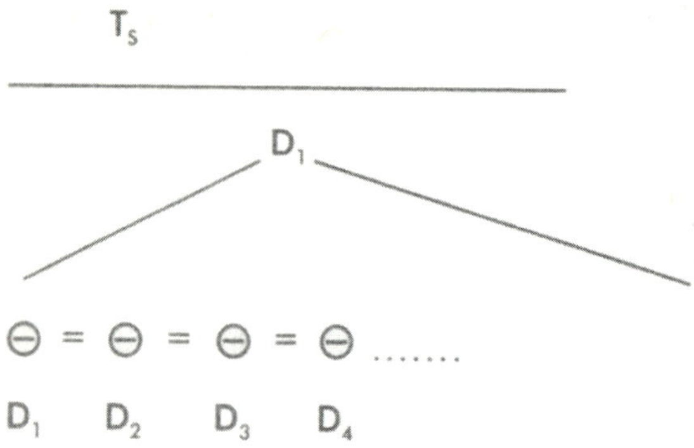

(Laclau, 2005; 130)

Anhand dieses Schaubildes zeigt sich abermals die Problematik der laclauschen Theorie, zwar mit der ontologischen Differenz zu argumentieren, diese aber nicht klar genug auf den Begriff des Antagonismus zu beziehen[33]. Da es sich bei der bis zu diesem Punkt entfalteten Analyse um die Frage dreht, wie Butlers „heterosexuelle Matrix“ als Bereich des Intelligiblen durch einen Antagonismus etabliert wird, ist es sinnvoll, eine quasi-ontologische Interpretation zu verfolgen. Die Konstitution der Geschlechtsidentität ließe sich aus diesem Blickwinkel mit Laclau wie folgt lesen: *Ts* ist das konstitutive Außen des Systems der Geschlechtsidentität. *D1*, *D2*, *D3* und *D4* sind die innerhalb des Systems der Differenzen zulässigen Formen der Geschlechtsidentität, die sich in ein differentielles und ein äquivalentielles Moment aufspalten, insofern sie sich zwar voneinander unterscheiden, sich jedoch in ihrem Bezug auf den leeren Signifikanten *D1* gleichen. *D1* wäre die bipolare, heterosexuelle Fassung der Geschlechtsidentität in ihrer Idealität, wie sie sich in einem bestimmten Glied der Differenzkette verkörpert. Was Butler als „naturalistisches Paradigma“ (Butler, 1991; 46) bezeichnet, die durch die Natur verbürgte Kontinuität von sex, gender und Begehren, die jede Abweichung in einen Fall von Widernatürlichkeit verwandelt, ließe sich mit Laclau als eine extreme Sedimentation des Antagonismus verstehen, die es fast unmöglich macht, die Kontingenz des Elements *D1* zu erkennen, ebenso wie die Instabilität der Differenz- und Äquivalenzketten und den Verlauf der Trennlinie des Antagonismus, dessen Ausschluss nicht notwendig an *Ts* gebunden ist.

Ontologische Differenz und Devianz

Wird Butler auf diese Weise mit Laclau gelesen, ist zwar eine gewisse Systematisierung möglich, da sich ihre Begriffe um den Antagonismus zu gruppieren beginnen, doch kann noch nicht entschieden werden, wie die von Butler benannten Ausschlüsse innerhalb des Antagonismus situiert sind. Hierzu bedarf es einer weiteren Auffächerung des Antagonismus. Auch wenn Laclau die meisten philosophischen Begriffe eher instrumentell benutzt, markiert sein Umgang mit der ontologischen Differenz Heideggers ein im strikten Sinne philosophisches Element seiner Theorie (Marchart, 2004; 56), das seit dem Aufsatz „Jenseits der Diskursanalyse" von Žižek (Žižek, 1998) auch auf den Antagonismus angewandt wird, von Laclau eher implizit, in der Rezeption teilweise auch explizit. Es lassen sich zwei Ebenen des Antagonismus unterscheiden, deren eine jene der innersystematischen Differenzen ist, und die andere jene der „Blockade des Spiels der Differenzen durch das Reale" (Marchart, 1998c; 13). Oder einfacher formuliert: Auf der ontischen Ebene finden die realpolitischen Auseinandersetzungen statt, die bei aller Differenz der in ihnen artikulierten Positionen sämtlich innerhalb des Raums der Intelligibilität situiert sind; auf ontologischer Ebene ist die Unmöglichkeit der Konstitution eines Differenzsystems ohne die Setzung einer antagonistischen Grenze zu verorten, durch die ein konstitutiver Ausschluss eingeführt wird, der das System stabilisiert. Als ontologisch kann folglich nur die Tatsache gelten, dass es einen Antagonismus gibt, ohne daraus Schlussfolgerungen ableiten zu können, wie er inhaltlich beschaffen ist oder mit welchen Mitteln er hergestellt wird. Das Ontologische bleibt vom Ontischen strikt getrennt.

Bei näherem Hinsehen ist es jedoch sinnvoll, innerhalb des Bereichs, den Marchart als ontisch bezeichnet, noch eine weitere Trennung vorzunehmen. Wenn der Antagonismus Voraussetzung von Bedeutung ist, muss zunächst durch einen grundlegenden Ausschluss ein Rahmen der Intelligibilität geschaffen werden. Erst dadurch entsteht ein Raum, innerhalb dessen gedacht, gesprochen und gehandelt werden kann und in dem sich abermals Antagonismen bilden, da zwar alle in diesem Raum ausgefochtenen Positionen auf ein Schema der Intelligibilität zurückgehen, dies jedoch nicht bedeutet, zwischen ihnen bestünde strikte

Übereinstimmung. Der durch einen „ursprünglichen“ Antagonismus hervorgebrachte Raum dessen, was zu einem bestimmten Zeitpunkt als intelligibel angesehen wird, ist zwar insofern ontisch, als er historisch variabel und damit kontingent ist, in seiner Wirkung jedoch ontologisch, insofern er den Ausgangspunkt jeder möglichen Sinnproduktion darstellt, weswegen es sinnvoll ist, ihn als quasi-ontologisch zu bezeichnen und so gegen den ontischen Raum täglicher Auseinandersetzungen abzugrenzen.

Übertragen auf Butlers Analyse wird somit eine weitere Systematisierung möglich. Dass es zur Bildung von Geschlechtsidentität immer eines Ausschlusses bedarf, ist eine ontologische und damit irreduzible Tatsache. Der Rahmen der Intelligibilität, von dem die Geschlechteridentitäten heute strukturiert werden – mit Butler gesprochen die „heterosexuelle Matrix“ – besitzt einen quasi-ontologischen Status, da jede heutige Reflexion der Geschlechtsidentität auf ihn Bezug nehmen muss, um verstanden zu werden, ob nun affirmativ oder kritisch. Auseinandersetzungen darüber, wie die innerhalb dieses Rahmens situierten Identitäten gedacht werden müssen, welchen Identitäten welche Rechte zukommen und wie ihr Verhältnis zueinander sein sollte, spielen sich innerhalb des durch den quasi-ontologischen Rahmen abgesteckten Bereichs des Ontischen ab.

Gayle Rubin gibt in ihrem Aufsatz „Sex denken: Anmerkungen zu einer radikalen Theorie der sexuellen Politik“ eine minutiöse Auflistung möglicher Abweichungen vom heterosexuellen, zweigeschlechtlichen Ideal, die in dieser Systematik für Butler zwar untypisch wäre, inhaltlich jedoch viele Gruppen benennt und einordnet, die ihr zufolge von Ausschließungen betroffen sind. Für Rubin ist die gesellschaftlich etablierte Form der Geschlechtsidentität durch die Ehe, Heterosexualität, Monogamie, Fruchtbarkeit und den Bezug zum eigenen Heim gekennzeichnet. Gesellschaftlich umstritten ist der Status von unverheirateten Paaren, promiskuitiven Heterosexuellen, Selbstbefriedigung, homosexuellen Langzeitbeziehungen und Lesben und Schwulen im Allgemeinen. Als verwerflich gelten Transvestiten, Transsexuelle, Fetischisten, Sadomasochisten, Prostituierte und Menschen, die Generationengrenzen überschreitende Beziehungen führen. Alle drei Gruppen sind durch Grenzen voneinander getrennt, deren Überschreitung zu einem fortschreitenden Verlust gesellschaftlicher Anerkennung führt (Rubin, 2003; 44).

Die an Butler zu stellende Frage ist, ob es sich bei all diesen Identitäten um das „Unaussprechliche, das Nichtmachbare, das Nichterzählbare" (Butler, 1997; 259) handelt, von dem sie schreibt, es sei einer „Irrealisierung" unterworfen (Butler, 2004c; 218), die es der Anerkennung so weit entrückt, dass es nicht einmal unterdrückt werden könne. Ausgehend von der soeben mit Laclau eingeführten Systematisierung des Antagonismusbegriffs besteht die Antwort in einem klaren Nein. Wie bereits weiter oben festgestellt wurde, können all diese Identitäten klar benannt werden und schon aus diesem Grund nicht zu einem jenseits aller Intelligibilität gelegenen Bereich der Nichterzählbarkeit gehören. Da Butler den Bereich des „Unaussprechlichen" dem lacanianischen Realen annähert (Butler, 1997; 261), das niemals direkt signifiziert wird, sondern sich allenfalls durch Fehlleistungen und Störungen des Sprechens bemerkbar machen kann, wäre es ein Fehler, die von Rubin so anschaulich aufgelisteten, von Butler immer wieder ins Feld geführten und damit so deutlich signifizierten Gruppen diesem Bereich zuzuordnen. Jede der benannten Identitäten zeichnet sich durch einen Rückbezug auf den durch die „heterosexuelle Matrix" abgesteckten Rahmen des Intelligiblen aus, da sie sich sowohl einem der beiden Geschlechter zuordnen lassen als auch einen mindestens in Zurückweisung gründenden Bezug zur Heterosexualität unterhalten. Jede der von Rubin eingeführten Abstufungen möglicher Abweichungen vom ehelichen, heterosexuellen, zweigeschlechtlichen Ideal lässt sich mit Laclau gedacht dem Ontischen zuordnen, abgesteckt mittels des durch die „heterosexuelle Matrix" etablierten quasi-ontologischen Antagonismus, der die Scheidelinie zwischen intelligiblen und nicht-intelligiblen Identitäten zieht. Zu sagen, die von Butler und Rubin benannten Abweichungen vom Ideal seien sämtlich auf der ontischen Ebene situiert, bedeutet nicht, zu behaupten, sie existierten mit allen anderen auf dieser Ebene befindlichen Identitäten in friedlicher Koexistenz. Innerhalb des ontischen Bereichs, selbst wenn er durch Sedimentation zum Sozialen wird, gibt es noch immer eine Vielfalt von Antagonismen, die im Zweifelsfall auch im Gegensatz zueinander stehen können (Laclau/Mouffe, 2000; 171). Innerhalb eines etablierten Differenzsystems herrscht kein Stillstand. Die der Norm entsprechenden Identitäten können zweifelsfrei im Widerspruch zu abweichenden Identitäten stehen und natürlich können diese

Widersprüche im Extremfall bis zu Gewalt führen, doch sind alle in einem gemeinsamen Bereich der Intelligibilität verortet und Teil des Ontischen.

Das Nichterzählbare, Nichtmachbare kann nicht vom Diskurs benannt werden, da die Benennung es in den Bereich des Intelligiblen integrieren würde. Oder mit Laclau: Die Grenzen eines Bezeichnungssystems können nicht bezeichnet werden, da die Grenzen sonst innerhalb des Systems liegen würden und nicht mehr die Grenzen des Systems sein könnten (Laclau, 1996c; 66). Das „Nichterzählbare" Butlers kann folglich nur jenseits des quasi-ontologischen Antagonismus situiert sein, durch den die „heterosexuelle Matrix" konstituiert wird. Diesen Bereich produziert der Diskurs aber nicht durch seine inhaltliche Ausrichtung, indem er z.B. bestimmte Menschen direkt benachteiligt, sondern durch seine Auslassungen (Butler, 2004; 34). An dieser Stelle wird es möglich, den doppelten Ausschlussbegriff Butlers (Butler, 2004c; 218) mit der ontologischen Differenz bei Laclau zu verbinden. Während der erste Pol ihres Ausschlussbegriffs, die Unterdrückung, durch Begriffe wie Kopie innerhalb des ontischen Bereichs des Antagonismus einzuordnen ist, muss der zweite Pol, die fundamentale, den Zutritt zum Menschlichen verwehrende Nicht-Intelligibilität, in der quasi-ontologischen Dimension des Antagonismus gesucht werden. Auf dieser Ebene wird festgelegt, was intelligibel ist – durch den Ausschluss dessen, was nicht intelligibel ist, nicht einmal erzählt werden kann. Nun ist jedoch die Frage zu beantworten, wie sich der Ausschluss bemerkbar macht.

Geschlechtsidentität und Dislokation

Mit Laclau gedacht wird das Außen durch die Setzung eines Antagonismus hervorgebracht, dessen konkrete Form das Resultat politischer Auseinandersetzungen ist. Lädt sich das Außen dadurch auch in hohem Maße politisch auf, bleibt doch zugleich eine Frage bestehen. Wenn die Setzung einer antagonistischen Grenze eine politische Handlung darstellt, ist damit nichts darüber ausgesagt, warum diese Grenze ihren politischen Charakter behalten sollte. Schließlich scheint es denkbar, den Raum des Intelligiblen gegen das Außen abzugrenzen und beide entlang der antagonistischen Trennlinie voneinander getrennt zu halten, wodurch der politische Charakter dieses Verhältnisses schließlich in Vergessenheit geriete und zu einer natürlichen Ordnung der Dinge würde, in der die „Wirklichkeit" nicht länger hinterfragbar wäre. Wenn das Außen ein fortwährendes Problem darstellt, muss es mit ihm etwas auf sich haben, das bislang noch nicht zur Sprache gekommen ist.

Die Rückkehr des Ausgeschlossenen

Das Außen ist für Butler und Laclau ein konstitutives Außen, das sich innerhalb des Differenzsystems bemerkbar macht, indem es dessen etabliertes Gefüge unterläuft, durcheinander bringt und im Zweifelsfall seine Neustrukturierung erzwingt. Wie gerade angeklungen macht sich an dieser Stelle ein epistemologisches Problem bemerkbar. Wenn ein Ausschluss konstitutiv ist, kann er nicht benannt werden. Über das Ausgeschlossene zu sprechen, stellt ein Paradox dar – allenfalls können seine Wirkungen beschrieben werden. Butler weiß sehr genau um dieses Problem, entsprechend wenig ist von ihr darüber zu erfahren, was eigentlich ausgeschlossen wird, und entsprechend vage sind ihre Formulierungen, wenn sie es unternimmt, sich doch einmal zu äußern. Sicher ist nur: Das Ausgeschlossene macht sich im Inneren des Diskurses durch Störungen bemerkbar.

> „Es handelt sich dabei um eine Zurückweisung, die die Valenz der ‚Verworfenheit' schafft und die deren Status für das Subjekt als bedrohliches Gespenst erstehen läßt" (Butler, 1997; 23)

Die Wirkungsweise des Ausschlusses wird an dieser Stelle metaphorisch einzufangen versucht. Das Gespenst ist ein Wesen aus dem Jenseits, das sich zwar ständig entzieht, aber in die Welt der Lebenden einbricht und Schrecken verbreitet. Das Gespenst hebt die Welt aus den Angeln und verbreitet in ihr eine Unsicherheit, von der die Menschen im Extremfall in den Wahnsinn getrieben werden. Dies hat Butler vor Augen, wenn sie schreibt, es gäbe eine konstitutive Instabilität der Begriffe (sie hat an dieser Stelle den Identitätsbegriff „Frauen" vor Augen), die darin liege, den Inhalt der Begriffe niemals vollkommen beschreiben zu können, und die ihre Wurzel im Ausschluss hätte. Jeder Begriff, jede Identität, jedes Raster der Intelligibilität wird, da sie alle auf Ausschlüssen beruhen, vom Ausschluss nicht nur stabilisiert, sondern auch destabilisiert. Das Außen kehrt stetig wieder, als Heimsuchung des Intelligiblen (Butler, 1997; 301).

Doch denkt Butler die Problematik des Ausschlusses nicht nur von der Struktur her, sondern auch aus der Sicht des Subjekts. Auf dieser Ebene entspricht der konstitutive Ausschluss dem Akt der „Verwerfung", durch den das Subjekt kulturell nicht lebbare Möglichkeiten von sich weist, das „Andere" aus sich ausschließt, um sich in den Bereich des Intelligiblen einzuschreiben (Bublitz, 2002; 69). Wie später zu sehen sein wird, ist dies keine von einem autonomen Subjekt nach Abwägung der Gegebenheiten getroffene Entscheidung, motiviert durch den Wunsch, an der Gesellschaft teilzuhaben, sondern mit Butler gedacht ein Akt der Unterwerfung unter die Gesetze des Diskurses, durch den das Subjekt und dessen Handlungsmacht erst zustande kommen, eine Ambivalenz, die Butler mit dem Begriff der Subjektivation einzufangen versucht (Butler, 2001; 7f.). Der Begriff der Verwerfung stammt von Jacques Lacan, der ihn einführte, um den Mechanismus psychotischen Geschehens zu bezeichnen. Im Gegensatz zur Verdrängung, bei der eine Vorstellung ins Unbewusste gestoßen und/oder dort festgehalten wird, besteht die Verwerfung in der „uranfänglichen" Zurückweisung einer Sache aus dem Bereich des Symbolischen (dem Bereich der Sprache und der Gesetze), die anschließend nicht im Unbewussten auftaucht, sondern im Realem wiederkehrt, dem Bereich des nicht zu Signifizierenden, nicht einmal zu Denkenden (Laplanche/Pontalis, 1973; 608f.). Butler bezieht sich zwar auf Freud, doch entspricht ihre Interpretation dieses bei Freud vielgestaltig und nicht trennscharf gebrauchten Begriffs ziemlich genau der Lacans, wenn sie schreibt, ein verdrängtes Begehren könne einstmals unabhängig von seinem Verbot existiert haben, ein verworfenes jedoch sei rigoros versperrt und markiere somit einen ursprünglichen Verlust, durch den das Subjekt hervorgebracht werde (Butler, 2001; 27). Doch es ist nicht nur diese Trennung, die Butler von Lacan übernimmt. Auch hier zieht sie die Gestalt des Gespenstes heran, von der das Subjekt heimgesucht und aufgescheucht wird. In einer kleinen Passage über die entwicklungspsychologische Genesis des Subjekts konkretisiert Butler diesen Begriff, wenn sie über das Verhältnis Erwachsener zu ihren ehemaligen Liebesobjekten wie

Eltern, Erzieher, Geschwister etc. schreibt. Zwar kann ohne diese Personen niemals ein Subjekt entstehen, doch muss die Abhängigkeit verleugnet werden, da sie einzugestehen bedeuten würde, die eigene Autonomie zu bestreiten, was zum Verlust des durch Autonomie gekennzeichneten Subjektstatus führen würde.

> „‚Einen solchen Menschen kann ich doch unmöglich geliebt haben!' Diese Äußerung räumt genau das ein, was sie verleugnet, indem sie das ‚Ich' an das Ausgeschlossene bindet, das in nichts als dieser entschlossenen Vorstellung gründet. Das ‚Ich' wird somit in seinen Grundlagen bedroht vom Gespenst der Wiederkehr dieser (unmöglichen) Liebe und bleibt dazu verurteilt, diese Liebe unbewußt zu wiederholen, den Skandal, diese Unmöglichkeit, immer wieder neu zu durchleben und von sich wegzuschieben, den Skandal, der das ‚Ich'-Gefühl bedroht." (Butler, 2001; 13-14)

Da Butler diesen Einbruch des Außen ins „Ich" nicht als einmaliges Vorkommnis im Leben eines Subjekts versteht, sondern von der „neurotischen Wiederholung" (Butler, 2001; 14) dieses Vorkommnisses spricht, entpuppt sich auch an dieser Stelle das Ausgeschlossene als das stetig Wiederkehrende, als Destabilisierung, die nie überwunden werden kann, da sie konstitutiv für das Subjekt ist. Durch die Verwerfung (die ebenfalls ständig wiederholt werden muss) wird das Subjekt vom Unsagbaren differenziert, das als Bedingung der Subjektbildung, als konstitutives Außen fungiert und durch die von der Verwerfung eingezogene „ursprüngliche Sperre" vom Sagbaren getrennt wird (Butler, 1998; 192). Die Sperre markiert eine ständige Bedrohung des Subjekts, da sie zwar für dessen Stabilität sorgt, aber zugleich gefährdet ist, sich aufzulösen, nicht nur aufgrund des Hereindrängens des Außen, sondern auch, weil das Subjekt durch die „neurotische Wiederholung" an seiner eigenen Auflösung arbeitet, ein Begehren, das vom Subjekt zwar gesperrt, nicht aber ausgelöscht werden kann (Butler, 2001; 14). Durch die Sperrfunktion, die das Subjekt gegenüber dem Unsagbaren einnimmt, werden seiner Reflexivität Grenzen gesetzt. Zwar kann es über alles reflektieren und alles aussprechen, was innerhalb des Bereichs des Intelligiblen liegt, doch ist der Bereich des Unsagbaren ihm nicht zugänglich, da es über diesen weder nachdenken noch sprechen kann, ohne sich als Subjekt selbst auszulöschen (Weinbach, 2001; 408). Versucht ein Subjekt, seine Geschichte zu erzählen, kommt es unweigerlich an einen Punkt, an dem die Erzählung ins Stocken gerät und es beginnt, Dinge zu erzählen, die es nicht wissen kann, da sie es ermöglichend vorhergingen. Die Fähigkeit eines Subjekts, Rechenschaft von sich selbst abzulegen, findet an dieser Stelle ihre Grenze und ist auf Improvisation angewiesen (Butler, 2003; 50)

Über die Wirkung des Außen auf den Diskurs und das Subjekt (verbunden durch die Subjektivation) lässt sich an diesem Punkt Folgendes sagen: Das Außen macht sich im Innen als Destabilisierung bemerkbar, die den Faktor der Kontingenz ins Spiel bringt und sich im Falle des Subjekts nicht nur in seiner nie zu überwindenden Unabgeschlossenheit zeigt, sondern auch in seiner Unfähigkeit, in referierender Form erschöpfend über sich Auskunft zu geben.

Lacan und das Reale

Das Außen, die Wiederkehr, die Sperre, das Stocken des Sprechens – all das weist deutlich auf Lacan hin. Butler räumt dies explizit ein, wenn sie fragt, wie ein „sozialer Gehalt dem Ort des ‚Realen' zugeschlagen" werde, um fortan von der „politischen Signifikation" ausgeschlossen zu sein (Butler, 1997; 261). Der Rekurs auf das lacanianische Reale erklärt, warum es so schwierig zu beantworten ist, was nach Butler das Ausgeschlossene ist und wie es sich bemerkbar macht. Die Dimension des Realen wird von Lacan mit Absicht geheimnisvoll gehalten, indem er im Vergleich zur Ordnung des Symbolischen und des Imaginären deutlich weniger über sie spricht und sie auf diese Weise in einen Ort der „radikalen Unbestimmtheit" verwandelt (Evans, 2002; 252). Butler übernimmt diese Unbestimmtheit, wenn sie vom Außen und seinen Wirkungen spricht, und gerät ebenso wie Lacan in die Schwierigkeit, nicht angeben zu können, ob das Reale sich der Erkenntnis gänzlich entzieht oder wenigstens zu einem Teil der Vernunft zugänglich ist (Evans, 2002; 252). Diese Probleme entspringen jedoch weniger einer Inkohärenz des Denken als theoretischer Strenge. Wenn das Reale weder dem Imaginären noch dem Symbolischen zugeordnet werden kann, lässt es sich nicht positiv bestimmen, da weder über es gesprochen noch es auch nur vorgestellt werden kann, womit die Schwierigkeit entsteht, es überhaupt thematisieren zu können. Doch hat Lacan trotz allem versucht, ihm Merkmale zuzuordnen. Ihm zufolge ist es das Unmögliche, das immer am selben Platz ist (Widmer, 1997; 24) und das Symbolische subvertiert, dem es nicht gelingt, es sich durch Symbolisierung anzueignen (Evans, 2002; 251). Wenn das Subjekt den Ort seiner Identität und Persistenz nach Butler im Diskurs, mit Lacan im Symbolischen findet, entspricht der Einbruch des undenkbaren Realen der traumatischen Erfahrung schlechthin, wodurch es zum „Angstobjekt par excellence" wird (Evans, 2002; 251).

Der Verweis auf Lacan trägt nicht dazu bei, Butlers Ausführungen zu verdeutlichen, doch hilft zu erklären, wo die mangelnde Konkretion ihrer Analyse herrührt. Allerdings folgt hier gleich das nächste Problem. Butler lehnt sich zwar in ihrer Beschreibung des Außen an Lacans Reales an, weist aber dessen Charakterisierung des Realen als das immer an seinem Platz Befindliche deutlich zurück. Ihre Argumentation in diesem Punkt ähnelt derjenigen, die sie Laclau mit Blick auf dessen Subjektbegriff entgegenhält. Butler fragt, ob die historische Unveränderlichkeit des lacanianischen Realen sexuelle und geschlechtliche Muster festschreibt, die zwar die Konstitution des Subjekts qua Verwerfung regulieren, aber nicht der Geschichte enthoben sind, sondern Veränderungen unterliegen und sozialen Transformationsbemühungen offen stehen (Butler, 1997; 261). Ihr zufolge ist es notwenig, den Ausschluss dynamischer zu denken, als die Kategorie des Realen es zulässt, und auf den politischen Charakter des Ausschlusses hinzuweisen. Aus dem Diktum Lacans, das, was im Symbolischen abgelehnt werde, erscheine im Realen wieder, und seiner Erklärung, diese Ablehnung sei als Verwerfung zu betrachten (Butler, 1997; 279), folgert Butler, das Verworfene müsse ein Signifikant sein, ein ehemaliges Element des Symbolischen, wodurch die Verwerfung als „Überwachen der Grenzen der Intelligibilität" lesbar wird (Butler, 1997; 280). Wenn das Ausgeschlossene sich als Signifikant erweist, der durch einen Mechanismus im Symbolischen ausgeschlossen wird, erodiert die Unveränderlichkeit des Realen.

> „Dies legt nahe, daß dasjenige, was den Bereich ausmacht, von dem das Subjekt niemals sprechen kann oder wissen kann, ohne aufzuhören, Subjekt zu sein, veränderlich bleibt, daß heißt ein Bereich bleibt, der von kontingenten Machtbeziehungen unterschiedlich strukturiert wird." (Butler, 1997; 280-281)

Butler übernimmt von Lacan die Idee des Wechselspiels von Symbolischem und Realem, verstärkt aber den Aspekt der Kontingenz, insofern sie nicht nur darauf beharrt, das Reale untergrabe die Fixierungen innerhalb des Symbolischen, sondern darüber hinaus das „immer am Platze sein" des Realen bestreitet, um dessen Genese aus kontingenten und damit revidierbaren Machtbeziehungen zu betonen. Zusammenfassend lässt sich mit Butler formulieren: Das Außen ist das vom Diskurs Ausgeschlossene. Es macht sich im Diskurs als traumatischer Einbruch des „Undenkbaren" bemerkbar. Zwar ist das Außen niemals endgültig bestimmt und offen für Neustrukturierung, doch kann über es, abgesehen von wenigen Andeutungen, nicht gesprochen werden, da es außerhalb des Symbolischen liegt.

Das Reale und die Dislokation

Die Dimension des Realen ist in der Theorie Laclaus ebenso präsent wie in der Butlers. Nur benennt Laclau den Einfluss Lacans auf sein Werk wesentlich deutlicher und ist angesichts der Möglichkeit, durch einen Rückbezug auf Lacan in die Falle einer versteckten Festschreibung eigentlich historischer Verhältnisse zu gehen, deutlich weniger skeptisch. Zwar war der Einfluss Lacans bereits in „Hegemonie und radikale Demokratie" spürbar, verstärkte sich jedoch durch die Rezeption der Hegemonietheorie von Laclau (und Mouffe) durch Žižek und dessen Versuche, eine stärkere Verbindung von Antagonismus und Realem zu schaffen (Laclau, 1990b; 185).

Laclau denkt den Einfluss des Realen diskurstheoretisch. Der Diskurs (gedacht als Differenzsystem, in dem sowohl linguistische als auch nicht-linguistische Elemente vorkommen) ist ihm zufolge nicht Ausdruck einer tiefer liegenden Objektivität, die er lediglich beschreibt, sondern das Mittel, um die Faktizität der Dinge in einen symbolischen Rahmen zu fügen, der sie mit Sinn und Bedeutung ausstattet. Der bei dieser Operation zutage tretende Mechanismus ist bereits bekannt. Der symbolische Rahmen ist ein System von Differenzen, das die zur Generierung von Bedeutung zwingend notwendige Fixierung seiner Elemente nur mittels der Einführung eines fundierenden Antagonismus bewerkstelligen kann, dessen Jenseits ein konstitutives Außen ist, von dem das System zugleich stabilisiert und destabilisiert wird. Dieses Außen entspricht in seiner Struktur dem Realen Lacans.

> „[...] if objectivity is discursive, if an object qua object constitutes itself as an object of discourse, in that case there will always be an ‚outside', an ungraspable margin that limits and distorts the ‚objective', and which is, precisely, the real." (Laclau, 1990e; 185)

Die Begriffe „Objektivität" und „Außen" stehen in Anführungszeichen. Objektivität ist Laclau zufolge ein Produkt von Diskursen und das als Außen gedacht Reale niemals ein wirkliches Außen. Wenn das Symbolische der Versuch ist, die stumme Faktizität der Dinge zu repräsentieren, kommt in den durch das Reale entstehenden Verzerrungen des Symbolischen dessen Grenze zum Ausdruck. Das Innere und das Äußere koexistieren nicht als zwei sauber geschiedene Bereiche, sondern kontaminieren sich wechselseitig (Laclau, 2000c).

Bereits an dieser Stelle ist deutlich: Das Reale ist in der Theorie Laclaus nicht nur ebenso präsent wie in der Butlers, es wird auch nahezu in gleicher Weise gedacht. Doch Laclau geht über Butler hinaus, da er es nicht bei einer Übernahme der lacanianischen Idee der Verzerrung als Artikulation des Realen im Diskurs bewenden lässt, sondern den Begriff der Dislokation einführt, um die durch das Reale abgesteckte Grenze des Diskurses zu bezeichnen (Glynos/Stavrakakis, 2004; 206). Der Begriff spricht für sich selbst: Die Dislokation wirft etwas aus der Bahn, verschiebt es von seinem angestammten Platz an einen anderen Ort, an dem es auch nicht sicher sein wird, da die Dislokation nicht zu meistern ist. Durch die Einführung des Begriffs der Dislokation wird es nicht nur einfacher, über die Wirkung des Ausschlusses auf das System zu sprechen; es eröffnen sich auch neue Möglichkeiten, sie zu denken, in verschiedene Kategorien einzuordnen und – wie sich später zeigen wird – es treten mit dem Begriff der Dislokation auch die positiven Dimensionen des Realen zutage. Doch zunächst soll die Stellung des Begriffs der Dislokation in der Theorie Laclaus genauer beschrieben werden.

Folgen der Dislokation

Die erste Konsequenz der Dislokation ist für Laclau das Erscheinen von Ereignissen (Laclau, 1990c; 42). Alain Badiou setzt das Ereignis der Überraschung dem Verlangen und dem Prekären gleich (Badiou, 1997; 28) und macht damit dessen engen Bezug zur Kontingenz deutlich. Das Ereignis ist etwas, das hereinbricht, nicht aber permanent gegeben ist; diese Kontingenz muss als plötzliche, nicht vorherzusehende Manifestation verstanden werden, die nicht aus der Struktur deduziert werden kann und folglich von außen herrührt. In diese Richtung denkt Jacques Ranciere weiter, wenn er schreibt, das Ereignis sei eine spezifische Figur des Realen (Ranciere, 1997; 131), und selbige als ein „Paar der Faktizität eines Schon-da-Seins und der Überraschung des Ereignisses" beschreibt (Ranciere, 1997; 142). Die sich durch Badiou und Ranciere eröffnende Interpretation des Ereignisbegriffs erlaubt es, Laclau besser zu verstehen. Da das Reale nicht symbolisierbar ist, können die von ihm ausgehenden Dislokationen weder vorhergesehen noch mit den innerhalb eines bestimmten Differenzsystems zur Verfügung stehenden Mitteln greifbar gemacht werden – es handelt sich um eine Erfahrung radikaler Kontingenz.

Eine weitere Konsequenz der Dislokation ist die Existenz von Möglichkeiten. Die Möglichkeit darf, wie Laclau in Abgrenzung von der aristotelischen Unterscheidung von Aktualität und Potenzialität mit dem Übergang von einem zum anderen deutlich macht, nicht als Entwicklung gedacht werden, da dies ihr einen teleologischen Charakter verleiht und somit den Möglichkeitscharakter nimmt. Die Struktur ist, wenn sie von Dislokationen erfasst wird, nicht mehr in der Lage, das Prinzip ihrer Veränderung aus sich selbst hervorzubringen, was multiple Wege der Transformation eröffnet, die von nichts determiniert sind. Doch grenzt sich Laclau nicht nur vom Strukturdeterminismus ab, sondern auch von der häufig mit poststrukturalistischen Ansätzen assoziierten Formel des „Anything goes"[34], indem er deutlich darauf hinweist, die Dislokation einer Struktur ermögliche zwar viel, aber eben nicht alles. Da Dislokationen aus einem strukturellen Mangel (die Struktur wird vom Außen blockiert und an ihrer Schließung gehindert) entstehen, bleiben sie immer auf die Struktur bezogen. Die Ausweitung der Möglichkeiten findet in einer strukturell determinierten Situation statt, was sowohl absolute Freiheit als auch absolute Unfreiheit verhindert und an ihre Stelle eine relative Strukturierung setzt, in der nicht alles möglich ist, das Mögliche jedoch aufgrund seines Ereignischarakters niemals vorhergesehen werden kann (Laclau, 1990c; 42-43).

Die letzte Konsequenz der Dislokation liegt in ihrer Verknüpfung mit der Freiheit. Laclau stellt die These auf, Freiheit sei eine Konsequenz von Dislokation (Critchley, 1998; 201), indem er sich zunächst gegen drei andere Konzeptualisierungen des Begriffs Freiheit abgrenzt. So kann Freiheit ihm zufolge nicht lediglich in der Totalität der Dinge liegen, noch auf irgendeine Form von Teleologie oder lediglich auf die Abwesenheit einer prädeterminierenden Instanz zurückgehen. Um seine Auffassung zu verdeutlichen, macht Laclau ein kleines Gedankenexperiment: Angenommen, die erste Variante, Freiheit zu erklären, wäre richtig und Freiheit könnte nur in der Totalität, nicht aber in den sie konstituierenden Teilen liegen, und weiter angenommen, diese Totalität werde strukturalistisch gelesen, so läge die Freiheit stets auf der Seite des Strukturganzen, niemals aber auf Seiten des Subjekts. Wenn das Subjekt durch die Struktur hervorgebracht wird, hat es keinerlei Handlungsmöglichkeiten, da sein Handeln vollkommen von der Struktur determiniert wird. Die Dislokation stellt die Überwindung des Dilemmas dar, entweder ein unfreies Subjekt annehmen oder den Diskursansatz fallen lassen zu müssen. Wenn die Struktur durch ein konstitutives Außen gestört wird, ist sie von einem Mangel an Schließung durchzogen, der sich auf das Subjekt überträgt. Wenn das Subjekt über Freiheit verfügt, so nicht, da es eine von der Struktur unabhängige Essenz hat, sondern da die Struktur das Subjekt niemals abschließend konstituieren kann. Die strukturelle Identität des Subjekts ist immer verfehlt – es ist ein Mangel an Sein, den es fortan durch (zum Scheitern verursachte) Identifikationen zu überwinden versucht (Laclau, 1990c; 43-44). Bereits in „Hegemonie und radikale Demokratie" hatten Laclau (und Mouffe) versucht, den klassischen Begriff des Subjekts durch die Einführung des Begriffs der Subjektposition zu überwinden (Žižek, 1998; 124f.), der das Subjekt als Element innerhalb eines Diskurses fasste, nicht aber als Ursprung sozialer Verhältnisse. Der Preis hierfür lag in einer gefährlichen Nähe zum Strukturdeterminismus, dem sie nur durch den Verweis entgehen konnten, die Subjektpositionen hätten am offenen Charakter des Diskurses teil und könnten deswegen niemals gänzlich fixiert werden (Laclau/Mouffe, 2000; 153). Wie die Handlungsmacht des Subjekts gedacht werden könnte, ging aus ihren damaligen Ausführungen nicht hervor. Durch die Annäherung Laclaus an den lacanianischen Begriff des Subjekts als Mangel (Stavrakakis, 1999; 16) gibt Laclau dem Subjekt seine Freiheit zurück und stattet es mit einem Handlungsvermögen aus, das sich in den Identifikationsakten manifestiert, durch die das Subjekt versucht, den Mangel zu schließen.

Es wird deutlich, dass Laclau im Gegensatz zu Butler systematisch Schlüsselbegriffe seiner Theorie mit den dislokatorischen Wirkungen des Außen verknüpft: Kontingenz, Freiheit, Handlungsmacht. Zwar finden sich diese Aspekte auch bei Butler, doch werden sie von ihr nicht systematisch aus dem Denken der Struktur hergeleitet und lassen sich aus diesem Grund mit ihren diskurstheoretischen Thesen nur unzureichend verbinden. Allerdings muss mit Butler die wichtige Frage gestellt werden, ob Laclau diesen Vorteil seiner Theorie nicht durch die unkritische Affirmation eines statischen Außen und der Fixierung von Ausschlüssen erkauft, die Butler Lacan hinsichtlich seines Begriffs des Realen unterstellt. Eine Betrachtung des bereits erwähnten Schlüsseltextes Laclaus „Was haben leere Signifikanten mit Politik zu tun" (Laclau, 1996c), lässt ernsthafte Zweifel aufkommen, ob Laclau sich in diesem Punkt der gleichen Kritik aussetzt wie Lacan.

Zwar bedient er sich des Begriffs des Realen, doch handelt es sich wie beim Diskursbegriff um eine „kreative Missapplikation" (Howarth, 2004; 265). Zunächst setzt Laclau das „Reale" mit den „Grenzen der Bezeichnung" gleich:

> „Wenn wir die Grenzen der Bezeichnung bezeichnen wollen – das Reale im Sinne Lacans, wenn man so will – , steht uns dafür kein direkter Weg offen. Die einzige Möglichkeit besteht in der Subversion des Bezeichnungsprozesses selbst." (Laclau, 1996c; 69)

Die Subversion des Bezeichnungsprozesses liegt, wie bereits gezeigt wurde, in der Relativierung der Differenzdimension der Elemente eines Systems durch deren Äquivalenzdimension, was zur Erosion der Fixierungen innerhalb des Systems führt und es mit einer Instabilität versieht, die letztlich zu seiner Verschiebung oder gar Transformation führen kann. Interessanter ist an dieser Stelle die Entstehung des Außen. Anders als bei Lacan ist der Bereich des Ausgeschlossenen für Laclau nicht präexistent, sondern wird durch die Konstruktion leerer Signifikanten innerhalb von Kämpfen um Hegemonie geschaffen, was ihm einen explizit historischen und reversiblen Charakter verleiht (Laclau, 1996c; 70f.). Butlers Kritik mag Lacan treffen, jedoch nicht Laclau, der von Lacans Realem zwar die Figur des als permanente Störung des Systems fungierenden konstitutiven Außen übernimmt, nicht jedoch den Ansatz, diesem Außen „spezifische soziale und sexuelle Positionen“ (Butler, 1997; 261) zuzuweisen.

Auf dem Weg zur Konkretion

Zwar wird durch die Einführung des Begriffs der Dislokation eine klare Benennung der Wirkung des Außen eingeführt, die es erlaubt, sie mit anderen Begriffen zu koppeln, was wiederum zu einer großen Systematizität der Theorie Laclaus führt, doch teilt er noch immer das Problem Butlers, nicht angeben zu können, wie sich dislokatorische Effekte über einen Verweis auf die Destabilisierung der Struktur hinaus beschreiben lassen[35]. Eine Antwort auf diese Frage eröffnet sich indes, wenn nach dem ontologischen Status der Dislokation gefragt wird. Lässt sich der Antagonismus auf drei Ebenen situieren – ontologisch, quasiontologisch, ontisch – muss dies auch bei der Dislokation möglich sein, da sie dem Antagonismus weder vorhergeht (Drybech, 1998; 34) noch ihm gegenüber sekundär ist (Marchart, 1998b; 103), sondern mit ihm gleichursprünglich ist, insofern der Antagonismus die Dislokation ebenso hervorbringt, wie die Dislokation den Antagonismus notwendig macht. Diese Vermutung bestätigt sich bei einer näheren Betrachtung der Texte Laclaus, die wie im Falle des Antagonismus ein eigentümliches Schwanken des epistemologischen Status des Begriffs der Dislokation enthüllt.

> „On the one hand, Laclau uses the category to draw attention to the ‚always already‘ dislocated character of all social identities [...]. On the other hand, the category is akin to events or experiences that make visible the contingency of social identities [...].“ (Howarth, 2004; 268)

Diese Unstimmigkeit ist Howarth zufolge leicht zu klären.

> „Laclau has to disambiguate and clarify what might be called the ontological (Dislocation 1) and historicist (Dislocation 2) dimensions of the category. To use Heideggerian terminology, Dislocation 1 captures something of our ‚being thrown' (Geworfenheit) into a world of signification (or discourse) over which we have little or no choosing, whereas Dislocation 2 is more like an ‚Event of Being' in which the contingency of this world is disclosed, and other options and choices become possible." (Howarth, 2004; 268)

Laclau räumt die ontologische Differenz im Begriff der Dislokation explizit ein und fügt hinzu, zwischen den beiden Ebenen der Differenz gäbe es eine enge Verbindung (Laclau, 2004; 323). Da Laclau nirgendwo eine Systematisierung vornimmt[36], wird an dieser Stelle die bereits für den Begriff des Antagonismus eingeführte Dreiteilung übernommen. Die Dislokation lässt sich damit auf drei Ebenen ansiedeln. Ontologisch ist die Tatsache, dass kein System von Differenzen existieren kann, ohne von Dislokationen heimgesucht zu werden. Der ontische Teil der ontologischen Differenz teilt sich in einen quasi-ontologischen und einen ontischen Bereich. Quasi-ontologisch ist die Dislokation, von der ein etablierter Rahmen der Intelligibilität heimgesucht wird, wenn etwas in ihn hereinbricht, das er mit seinen Mitteln nicht repräsentieren kann, ontisch die Dislokation, von der Elemente innerhalb dieses Rahmens untergraben werden, weil sie sich von anderen Elementen innerhalb dieses Rahmens abgrenzen. Dem Antagonismus auf ontologischer Ebene entspricht die Dislokation auf ontologischer Ebene, dem quasi-ontologischen die quasi-ontologische Dislokation, dem ontischen die ontische.

Ausgehend von dieser Unterteilung eröffnet sich ein Weg, Laclau und Butler zusammen zu lesen, um mehr über die Wirkungen des Außen zu erfahren. Butlers Theorie mangelt es an einer Systematisierung des Außen und seiner Wirkung, wodurch ihre Bezüge zur heutigen politischen und kulturellen Situation teilweise nicht ausreichend rückgekoppelt werden und es fragwürdig erscheint, wie sie zu lesen sind. Laclau hingegen setzt formalistisch an und agiert auf einem theoretischen Metalevel, der ihm zufolge zwar von politischen Erfahrungen in Lateinamerika und Europa hergeleitet ist (Laclau, 1990e; 179f. / Laclau, 1990b; 199), aber durch nur wenige Beispiele veranschaulicht wird, was es erschwert, Begriffe wie Dislokation oder Antagonismus mit konkreten politischen Inhalten zu füllen. Butler bietet einen mit Laclau verglichen hohen Grad an Kontextspezifität, Laclau gegenüber Butler eine höhere theoretische Geschlossenheit. Durch den ontologisch aufgefächerten Begriff der Dislokation ist es möglich, bei Butler konkrete Beispiele für die Auswirkungen von Dislokationen zu finden, die aufgrund mangelnder Systematisierung in ihrer Theorie untergehen oder als Einzelthesen gelesen werden müssten, und dadurch zugleich eine Konkretisierung der Theorie Laclaus vorzunehmen. Zwar ist auch Butler nicht imstande, das Paradox zu meistern, über etwas zu sprechen, das außerhalb des Raums des Sagbaren liegt, doch kann sie sehr anschauliche Beispiele dafür geben, auf welche Weise Dislokationen fühlbar werden und welche Konsequenzen diese haben.

Melancholie als ontische Dislokation

Die Thematik der Melancholie tauchte bereits früh im Werk Butlers auf (z.B. Butler, 1997; 322f.), wurde von ihr am eingehendsten aber in „Psyche der Macht“ (Butler, 2001) dargestellt. Aus freudianischer Sicht ist die Melancholie neben der normalen und der pathologischen die dritte Form der Trauer und zeichnet sich durch eine Identifikation mit dem verlorenen Objekt aus (Laplanche/Pontalis, 1973; 513). Butler stützt sich zwar auf Freud, ändert jedoch die Richtung seiner Gedanken, indem sie die hinter der Melancholie steckende unabgeschlossene Trauer betont und schlussfolgert, es gäbe Identifizierungen, die aus dieser Trauer resultieren und eine Inkorporation des verlorenen Objekts darstellten, durch die selbiges auf phantasmatische Weise bewahrt werde (Butler, 2001; 125f.). Bei Butler ist die Identifikation demnach nur der Weg, der zur Bewahrung des Objekts führt, nicht aber diese Bewahrung selbst.

Im nächsten Schritt überträgt sie diesen Gedanken auf die Struktur der Geschlechtsidentität als System von anatomischem Geschlecht, sozialem Geschlecht und Begehren. Die heute hegemoniale Heterosexualität fixiert die Geschlechtsidentität, indem die Identitäten „Mann“ und „Frau“ gegen den jeweils anderen Pol des Binarismus abgegrenzt werden, der als Identifikationsmöglichkeit verworfen und stattdessen zum Objekt des Begehrens wird (Butler, 1991; 45f.). Ganz im Sinne der laclauschen

These, eine Differenz könne Bedeutung nur erlangen, indem sie sich von einer anderen unterscheide, können die Pole der heterosexuellen Matrix („Mann" und „Frau") sich nur durch den Verweis auf ihr jeweils anderes konstituieren.

> „Was als Bedeutung (von Männlichkeit) positiviert erscheint, ist also tatsächlich ein Effekt von Bezügen, die selbst in dem, was gesagt wird, nicht anwesend sind." (Bublitz, 2002; 66)

In „Psyche der Macht" greift Butler diesen Faden wieder auf. Wenn Männlichkeit und Weiblichkeit innerhalb der heterosexuellen Matrix auch durch heterosexuelles Begehren gekennzeichnet sind, so gehen sie nicht – wie Freud ihr zufolge behauptet – auf das den Ödipuskomplex strukturierende Inzesttabu zurück, sondern finden ihren Ursprung in einem vorhergehenden Verbot der Homosexualität. Dieses Verbot führt seitens der Frau zu der Angst, keine richtige Frau zu sein, wenn sie Frauen begehrt, und „irgendwie monströs" zu erscheinen. Beim Mann führt es zu der Angst, als Frau zu gelten, kein „richtiger Mann" mehr zu sein, sobald er einen anderen Mann liebt. Der Mann wird heterosexuell und damit ein „richtiger Mann", indem er die Weiblichkeit verwirft. Für die Frau gilt dasselbe in spiegelverkehrter Richtung (Butler, 2001; 127f.). Die Verwerfung der Männlichkeit bzw. Weiblichkeit bedeutet also nicht nur, keine Frau bzw. kein Mann zu sein, sondern auch, nicht homosexuell sein zu wollen, da dies zu einer Verweiblichung bzw. Vermännlichung der unauflöslich mit dem Begehren verknüpften Geschlechtsidentität führen würde. Da die Verwerfung eine konstitutive, aber keineswegs absolute Ausschließung hervorbringt, ergibt sich jedoch ein Paradox:

> „Wenn ein Mann durch Verwerfung des Weiblichen heterosexuell wird, wo kann diese Verwerfung leben, wenn nicht in einer Identifizierung, die sein heterosexueller Werdegang abzuleugnen sucht? Das Verlangen nach dem Weiblichen ist in der Tat durch diese Verwerfung gekennzeichnet: Er will die Frau, die er niemals sein würde. Um keinen Preis würde er als diese Frau dastehen wollen, und deshalb will er sie. Sie ist seine verworfene Identifizierung [...]" (Butler, 2001; 129)

Die Identifikation mit einer eindeutigen Geschlechtsidentität entsteht auf der Basis eines zweifach ausgesprochenen „Nie": Die verlorene Liebe des gleichgeschlechtlichen Objekts hat es nie gegeben und damit wurde sie auch nie verloren (Butler, 2001; 132). Der Verlust darf nicht betrauert werden, da die Trauerarbeit die Existenz des Objekts einräumen und damit die durch seine Verwerfung konstituierte Geschlechtsidentität untergraben würde. Da Trauerarbeit nicht geleistet werden kann, ist eine endgültige Aufgabe des Objekts unmöglich, was zur Entstehung von Melancholie und Butler zufolge zur Inkorporation des Objekts führt. Die verworfene Homosexualität wird damit zu einer Voraussetzung des heterosexuellen Subjekts (Annuß, 1998; 88-89), da seine Identität nur durch die fortwährende Verwerfung des Objekts denkbar wird, das es nicht betrauern, niemals loswerden kann und von dem es fortwährend verfolgt wird (Butler, 2001; 130). In einer heterosexuellen Kultur, die durch ein durchgreifendes Verbot der Homosexualität abgesichert ist, führt diese Logik zur Entstehung einer „Kultur der Geschlechtermelancholie", in der Männlichkeit und Weiblichkeit „Spuren unbetrauerter und unbetrauerbarer Liebe" sind (Butler, 2001; 132).

Auch wenn Butler eingesteht, sie operiere der Einfachheit der Darstellung halber in ihrer Argumentation mit einem überzogenen Modell der Geschlechtsidentität (Butler, 2001; 128) und übertreibe die von ihr skizzierte Logik (Butler, 2001; 141), wird es ausgehend von ihrer Darlegung doch möglich, einen konkreteren Eindruck von dem zu gewinnen, was in ihrer Theorie als eine Wirkung des Außen und bei Laclau als Dislokation bezeichnet wird. Wenn Heterosexualität auf dem konstitutiven Ausschluss von Homosexualität beruht, selbiger sich dann jedoch als Melancholie bemerkbar macht, lässt sich das Symptombild der Melancholie als Dislokation des heute instituierten Modells geschlechtlicher Identität lesen. Die Melancholie ist nicht nur eine Form der Trauer, sondern geht auch Butler zufolge mit fortwährender Selbstzerknirschung (Butler, 2001; 132), Aggression (Butler, 2001; 133, 139), Selbstvorwürfen und Schuldgefühlen (Butler, 2001; 134) einher, Symptomen, die im Zweifelsfalle gar zum Selbstmord führen können (Butler, 2001; 139)[37]. Dass es sich bei der Melancholie und ihren Symptomen um eine ontische Dislokation handelt, liegt in ihrer Rückbindung an das binäre Geschlechtermodell begründet, durch die sie innerhalb des Rahmens heutiger Intelligibilität situiert wird.

Das Leben David Reimers als quasi-ontologische Dislokation

In ihrem Aufsatz „Jemandem gerecht werden" (Butler, 2001b) beschreibt Butler die Geschichte David Reimers (sie benutzt noch dessen früheres Pseudonym John/Joan), bei dem im Alter von acht Monaten eine Operation zur Korrektur einer Vorhautverengung vorgenommen wurde, während der infolge eines medizinischen Fehlers Reimers Penis zum Großteil verbrannt wurde. John Money, ein Sexologe der John Hopkins Universität, vertrat zu der Zeit offensiv die These, ein Kind könne auch in einem anderen als dem ihm bei der Geburt attestierten Geschlecht aufwachsen, sofern der hierzu notwendige chirurgische Eingriff rechtzeitig vorgenommen und es entsprechend sozialisiert werde. Die Eltern wandten sich an Money und willigten in dessen Vorschlag ein, David als Mädchen zu erziehen, ihm die Hoden zu entfernen und eine Operation zur Bildung einer Vagina vorzunehmen. Zu Letzterem kam es jedoch nicht, da sich von Money unerwartete Komplikationen einstellten. David zeigte weiterhin „typisch männliche" Verhaltensweisen wie die Vorliebe für bestimmtes Spielzeug oder das Bestreben, stehend zu urinieren. Im Alter von neun Jahren wurde ihm, wie er rückblickend berichtete, schließlich klar, kein Mädchen zu sein, und auf Moneys Versuch hin, mit ihm über die Möglichkeit zu sprechen, eine echte Vagina zu bekommen, lief er schreiend aus dem Zimmer. Der Fall wurde neu begutachtet – von Milton Diamond, einem Sexualforscher, der von der hormonellen Grundlage der Geschlechtsidentität überzeugt war und Moneys Thesen seit langem bekämpfte. Auf sein Bitten hin bekam David männliche Hormone, seine Brüste wurden entfernt und mit fünfzehn Jahren wurde ihm ein künstlicher Penis konstruiert (Butler, 2001b; 671-673). Fortan lebte Reimer als Mann, heiratete, ging einer Arbeit nach. Im Alter von achtunddreißig Jahren beging er schließlich Selbstmord. Auch wenn der Grund für diesen Selbstmord nicht kausal auf Davids Marsch durch die medizinischen Institutionen zurückgeführt werden kann, er gerade seinen Bruder verloren, viel Geld eingebüßt, keine Arbeit mehr hatte und von seiner Frau verlassen worden war, ist dennoch alles in seinem Leben, auch sein Tod, auf die eine oder andere Weise mit der Geschichte seiner Geschlechtsidentität verknüpft gewesen (Walker, 2004).

Was aber macht diesen Fall vor dem Hintergrund der Frage nach den Wirkungen von Dislokationen interessant?

Anders als die Melancholie, die das binäre Muster der Geschlechtsidentität nicht verlässt und damit innerhalb des Rahmens heutiger kultureller Intelligibilität liegt, kann der Fall David Reimers nicht innerhalb dieses Rahmens interpretiert werden. Die mit den Mitteln heutiger geschlechtlicher Intelligibilität beschreibbaren Abweichungen wie androgyn, bi-, trans-, oder homosexuell verweisen sämtlich auf die Differenz von Männlichkeit und Weiblichkeit und die Unterscheidung von Homo- und Heterosexualität (Bublitz, 2002; 66) und bieten deswegen keine Möglichkeit, die Biografie Reimers zu erhellen. Zwar hat die „Rückverwandlung" in einen Jungen gewisse Parallelen zur Transsexualität, insofern ein Wechsel vom einen zum anderen Geschlecht stattfindet, doch deckt sich das Reimers Handeln zu Grunde liegende Motiv nicht mit dem einer „herkömmlichen" Geschlechtsumwandlung. Das Unbehagen im eigenen Körper speist sich nicht aus dem Gefühl, im falschen Körper geboren worden zu sein, sondern aus dem Gefühl, im alten Körper ein besseres Leben führen zu können.

> „Doch um wieder der zu werden, der er ist, muss und will er sich der hormonellen und chirurgischen Behandlung unterwerfen. Er allegorisiert Transsexualität, um ein Gefühl von Natürlichkeit zu erreichen." (Butler, 2001; 677)

David Reimer ist ein Mensch, dessen Geschlechtsidentität nicht wirklich benannt werden kann, da ihm ohne Penis und später ohne Hoden ein wesentliches Zeichen zur Markierung seiner Geschlechtsidentität fehlt, er sich nicht in die ihm daraufhin zugewiesene Korrektur seiner biologischen und sozialen Geschlechtsidentität fügen will, zuletzt zwar ein künstliches Glied bekommt, aufgrund dessen mangelhaften Funktionierens jedoch nur eingeschränkt der „Norm seines Wahlgeschlechts" (Butler, 2001b; 673) entspricht. Sein Körper, an dem die medizinischen Techniken in ihrer ganzen Breite ansetzen, um auf künstliche Weise Natürlichkeit herzustellen (Butler, 2001b; 677), wird zum Bezugspunkt einer Erzählung, in der es weniger um ihn geht, als um die Frage, was als menschlich gilt (Butler, 2001; 676). Die verschiedenen um ihn herum konstruierten Diskurse, seien sie von Money, Diamond oder seinem Biographen John Colapinto, sprechen über ihn und versuchen seiner Existenz Ausdruck zu verleihen, sie sichtbar zu machen, doch gibt es etwas, das sich all diesen Versuchen entzieht.

> „Zwar wird mit erzählerischen Mitteln das Unvorstellbare immer wieder eingeholt, aber etwas bleibt aus der Erzählung ausgeschlossen, ein Widerstandmoment, das eine hartnäckige Unvorstellbarkeit anzeigt." (Butler, 2001b; 676)

Butler stellt sich im Verlauf ihres Aufsatzes die Frage, wie sie dem Menschen David Reimer gerecht werden könnte, und kommt zu dem Ergebnis, es sei zunächst notwendig, mit einer Entscheidung zu warten, sie aufzuschieben, da so viele bereits vorschnell geurteilt hätten. Nicht einmal auf die Frage, ob Reimer ein Subjekt sei, weiß sie zu antworten, will sie nicht antworten und entgegnet schlicht: „Wie sollen wir das wissen?" (Butler, 2001b; 683). Das Aussetzen des Urteils und die Unfähigkeit, Näheres über das Gegenüber auszusagen, markieren die quasiontologische Dislokation, die ein Mensch wie David Reimer in der heterosexuellen Matrix hervorruft. Innerhalb des von ihr bereitgestellten Horizonts der Intelligibilität, die sich aus Binarität, Heterosexualität und dem bereits geschilderten Spektrum möglicher Devianz zusammensetzt, ist die Sprache zum Scheitern verurteilt, wenn sie versucht, sich über Reimer zu äußern. Erst auf dieser Stufe der Dislokation wird – anders als bei einer ontisch gedachten – jenes Schweigen und Stottern spürbar, von dem Butler und Laclau angelehnt an das lacanianische Reale in ihren Ausführungen zur Wirkung des Außen sprechen, erst hier ist „das Unaussprechliche, das Nichtmachbare, das Nichterzählbare" erreicht (Butler, 1997; 259).

Ausgehend von diesem Punkt gibt es zwei Möglichkeiten: Entweder die Dislokation wird durch Techniken der Normalisierung (in Reimers Fall sind dies medizinische und psychologische) an den Rahmen der Intelligibilität angeglichen, aus dessen Außen sie hervorstößt, oder der in diesem Außen situierte Mensch versucht, sich die Sprache der Intelligibilität anzueignen, um sie in seinem Sinne zu adaptieren, was mit ihrer Verschiebung oder, wie Butler sagen würde, ihrer Resignifikation einhergeht. Reimer versucht die zweite Möglichkeit zu ergreifen, wenn er die Wichtigkeit des Penis für die Intelligibilität seiner Person zurückweist und stattdessen auf der Zentralität seines Ichs besteht, das nicht mit einer anatomischen Norm übereinstimmen müsse, um geliebt zu werden (Butler, 2001b; 683). Warum dieser Versuch in Reimers Fall zwar, wie Butler schreibt, die „Politik der Wahrheit" sprengte (Butler, 2001b; 683), dies aber nicht zu einer Verschiebung der Geschlechternormen führte, wird Gegenstand des nächsten Kapitels sein.

Geschlechterdifferenz als ontologische Dislokation

Wie bereits weiter oben gezeigt wurde, spielt die Materialität des Körpers in Butlers Theorie eine zentrale Rolle. Der Gedankengang lässt sich in Kürze wie folgt zusammenfassen: Wenn es eine irreduzible Materialität des Körpers gibt, die aber nur durch diskursive Techniken erfasst werden kann, ist jedes Sprechen über den Körper immer ein Provisorium, da ihm sein Referent zu einem Teil entgleitet und dadurch das Sprechen zu immer neuen Artikulationen genötigt wird. Als Beispiel kann hier das kurze Lacan-Zitat dienen, das Butler ihrem Nachwort zu Shoshona Felmans Buch „The Scandal of the Speaking Body" voranstellt: „A body is speech arising as such" (Butler, 2003b; 113). Abgesehen von aller Kritik, die der Inkonkretion dieser Aussage als auch ihrem nahezu mystischen Duktus entgegengebracht werden kann, lässt sich an ihr doch beispielhaft das Problem der sprachlichen Referenz auf den Körper verdeutlichen. Ist der Körper Sprache als solche, kann diese Sprache ohne Übersetzung nicht verstanden werden. Das Problem ist aus der Literatur bekannt: Ebenso wie die Übersetzung eines klassischen Werks immer auch anders hätte sein können und nicht selten nach einigen Jahren einer Überarbeitung oder Neufassung bedarf, die jederzeit das Schicksal ihrer Vorgänger teilen kann, erfordert auch die Sprache des Körpers eine Übersetzung, die niemals exakt ist und ständig überarbeitet werden muss, eine Arbeit, die nie ein Ende findet. Was aber kann dies für die Geschlechterdifferenz bedeuten? Zunächst räumt Butler die Existenz dieser Differenz unumwunden ein, wenn sie schreibt:

> „Die ‚Gegebenheit' der sexuellen Differenz ist nicht zu leugnen, und ich stimme zu, daß es kein ‚drittes Geschlecht' gibt, nach dem zu suchen oder zu streben wäre" (Butler, 2001; 155)

Es geht ihr nicht darum, die Differenz aus der Welt zu schaffen. Die Zurückweisung der Option, die Geschlechterkategorien zu erweitern, legt nahe, auch für Butler sei die Geschlechterdifferenz „irgendwie“ bipolar zu verstehen. Der Status dieses „irgendwie“ lässt sich durch eine stärkere Beleuchtung der durch die Anführungszeichen markierten Ambiguität der „Gegebenheit“ dieser Differenz erhellen. Wenn sich in der Geschlechterdifferenz Biologie und Kultur unauflösbar vermengen,

> „[...] wie sollen wir dann den ontologischen Status der Geschlechterdifferenz verstehen? Vielleicht ist es genau dies: daß Geschlechterdifferenz einen ontologischen Status einnimmt, der fortwährend schwierig zu bestimmen ist. Geschlechterdifferenz ist weder gänzlich gegeben noch gänzlich konstruiert, sondern beides zu Teilen.“ (Butler, 1997b; 35-36)

Die materielle Dimension der Geschlechtsidentität ist keine Fiktion oder reine Konstruktion, sondern besitzt eigenständige Existenz. Doch wird selbige erst verständlich, wenn kulturelle Lektürepraxen an ihr ansetzen und ihr eine bestimmte Bedeutung verleihen. Jede Auseinandersetzung darüber, was die Materialität der Geschlechtsidentität sein könnte, wird immer auf der Basis kultureller Lesemuster stattfinden, was zu der von Butler beschriebenen Schwierigkeit führt, zu unterscheiden, was materiell und was kulturell ist.

Die ontologische Dimension der Dislokation kann vor diesem Hintergrund mit Laclau leicht bestimmt werden. Wenn Geschlechterdifferenz und Geschlechtsidentität nur innerhalb diskursiver Systeme zu Sichtbarkeit und Intelligibilität gelangen können, jedes diskursive System aber durch einen konstitutiven Ausschluss konstituiert wird, der die Grenzen des Systems subvertiert, indem er Dislokationen hervorruft, kann kein wie auch immer geartetes gesellschaftliches Arrangement der Geschlechterdifferenz jemals zu einem Zustand der Harmonie führen, in dem das „Unbehagen der Geschlechter“ gelöst wäre. Die ontologische Dimension der Dislokation liegt mit Laclau betrachtet hinsichtlich der Geschlechtsidentität folglich in der Tatsache, dass es aufgrund der Strukturgesetze von Differenzsystemen auch immer eine Dislokation des Differenzsystems Geschlechtsidentität geben wird. Das butlersche Argument geht jedoch einen Schritt weiter. Zwar bildet die konstitutive Instabilität von Diskursen auch in ihrer Theorie ein wesentliches Element, da diese an die Wiederholung innerhalb offener Kontexte gebunden ist, doch stellt sie diesem strukturellen Argument die These zur Seite, der somatische Referent des Geschlechts verfüge über eine Eigendynamik, die darin bestehe, fortwährend neue Artikulationen im Diskurs anzuschieben, da dieser seinem sich entziehenden Referenten niemals gerecht werden könne. Die Instabilität diskursiver Strukturen wird bei Butler folglich durch das Drängen des diskursiv nicht einzuholenden Referenten verschärft. Dies legt die Vermutung nahe, bei den Diskursen, die für die Konstruktion der Geschlechtsidentität verantwortlich sind, handle es sich um Differenzsysteme, die sich im Vergleich zu anderen als besonders instabil erweisen, da sie mit einem somatischen Referenten und dessen Eigendynamik konfrontiert sind. Leider findet dieser Gedanke weder bei Butler noch bei Laclau Berücksichtigung und kann deshalb an dieser Stelle nicht weiter ausgeführt werden.

Systematisierung

Durch die Systematisierung des Begriffs der Dislokation auf dem von Laclau vorgezeichneten Weg über die ontologische Differenz lässt sich die Theorie Butlers wesentlich differenzierter lesen und es wird möglich, Antworten darauf zu finden, wie sich Dislokationen innerhalb der hegemonialen Fassung der Geschlechterdifferenz bemerkbar machen. Mit Butler und Laclau lassen sich Probleme, die aus der Stellung der Elemente innerhalb der heterosexuellen Matrix erwachsen, als ontische und solche, die aus dem konstitutiven Außen dieser Matrix herrühren, als quasi-ontologische Dislokationen bezeichnen. Dass jede Systematisierung der Geschlechterdifferenz von ihrem Außen gestört wird, entspricht der ontologischen Dimension der Dislokation und folgt mit Laclau gedacht zwingend aus den Strukturgesetzen von Differenzsystemen. Ausgehend von diesen Schlussfolgerungen muss das weiter oben gegebene Bild der Strukturierung der Geschlechterdifferenz ergänzt werden.

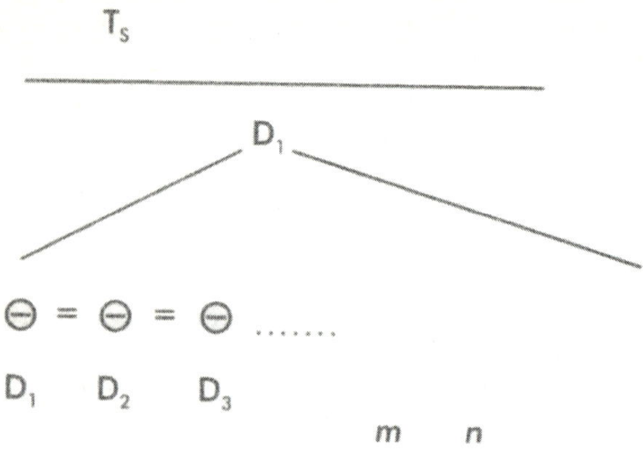

(Laclau, 2005; 148)

Das Schaubild erlaubt, die bisherigen Ausführungen zusammenzufassen. Bei den Elementen *m* und *n* handelt es sich um, wie Laclau es neuerdings formuliert, heterogene Elemente. Zwar hält der Begriff Heterogenität nicht viel Neues bereit, erlaubt an dieser Stelle jedoch eine interessante Lektüre des Schaubildes. Nach Laclau ist etwas heterogen, wenn es nicht nur zu bestimmten Differenzen innerhalb eines Raums der Repräsentation in einem externen Verhältnis steht, sondern zum Raum der Repräsentation als solchem (Laclau, 2005; 140). Da die Eigenschaften des Heterogenen deckungsgleich mit denen der Dislokation sind, präzisiert der Begriff, auf welchem ontologischen Niveau gedacht wird, und entspricht einer quasi-ontologischen Dislokation.

Die Buchstaben *m* und *n* werden von Laclau der Heterogenität bzw. der quasi-ontologischen Dislokation zugeordnet und markieren entsprechend all jene Abweichungen, die mit den Mitteln der heterosexuellen Matrix nicht verstanden werden können, wie etwa das Schicksal David Reimers. In antagonistischer Abgrenzung zu diesem Außen konstituiert sich die „heterosexuelle Matrix", bestehend aus den restlichen Elementen des Systems. Innerhalb des von ihr gestifteten Raums der Intelligibilität sind zwar alle Identitäten im Bereich des Denkbaren, jedoch nicht alle im Bereich der Norm. Die Norm konstituiert sich in Abgrenzung zu *Ts*, Formen der Abweichung, die sich innerhalb des binären Rahmens denken lassen. Die Differenzen *D1*, *D2* und *D3* entsprechen jenen Identitäten, die mit der Norm konform gehen und ihren idealtypischen Ausdruck im leeren Signifikanten *D1* an der Spitze des angedeuteten Dreiecks finden. Die in der Norm liegende Geschlechtsidentität wird demnach durch zwei antagonistische Grenzen festgeschrieben. Der Raum der Repräsentation erfordert den Ausschluss von *m* und *n* oder die Setzung eines quasi-ontologischen Antagonismus. Innerhalb dieses Raums der Repräsentation bedarf es wiederum des Ausschlusses bestimmter Differenzen, um eine positiv formulierbare Norm zu errichten, was der Setzung eines ontischen Antagonismus entspricht, durch den *Ts* aus der Norm ausgeschlossen wird. Diesen beiden Antagonismen entsprechen Dislokationen auf quasi-ontologischem und ontischem Niveau, da Antagonismen, wie bereits beschrieben, konstitutive, nicht aber absolute Ausschlüsse hervorbringen. Nun lässt sich Butlers Passage über die zwei verschiedenen Weisen des Ausschlusses besser verstehen. Ihre Unterscheidung zwischen *unterdrückt werden* und *irreal sein* (Butler, 2004d; 30) kann anhand des Schaubildes Laclaus wie folgt interpretiert werden: Irreal zu sein bedeutet in der Position der Elemente *m* oder *n* zu sein, keinen Zugang zum Raum der Intelligibilität zu besitzen und deswegen nicht einmal für Unterdrückung infrage zu kommen. Unterdrückt ist, wer sich in der Position der Differenz *Ts* befindet, die den anderen Elementen nur als Abgrenzungspunkt dient, von dem aus sie die für sich verbindlichen Normen setzen. Homosexuell zu sein bedeutet, außerhalb der Norm zu leben, doch immerhin von ihr affiziert zu werden, noch innerhalb des Raums der Repräsentation zu sein (Hark, 1999; 79). Innerhalb der binären Kategorien der heutigen Formalisierung der Geschlechterdifferenz nicht mehr lesbar zu sein hingegen heißt, keinen Kontakt mehr zur Norm zu unterhalten, es sei denn, jenen Bereich des Irrealen zu stiften, der die Konstitution eines Raums der Repräsentation ermöglicht, in dem die Norm sich erst entwickelt. Um es auf überspitzte Weise mit Foucault zu formulieren: Während der Raum der Repräsentation jener Bereich ist, in dem durch Techniken der Normalisierung Leben gemacht wird, ist jener außerhalb der Repräsentation ein Raum, in dem man sterben lässt (Foucault, 2001; 284).

Das Geschlecht und die Signifikanten

Der Schlüssel zu dem gerade eingeführten Schema ist die Differenz *D1*. Einerseits ist sie lediglich eine Differenz unter vielen, andererseits markiert sie als leerer Signifikant die Totalität des Systems (der Geschlechterdifferenz), indem sie die Grenzen des Systems absteckt und Ausrichtungspunkt der im System vorhandenen Differenzen ist, die sich allesamt auf sie beziehen und so neben ihrer Differenzrelation in ein Verhältnis der Äquivalenz treten. Durch sie wird sowohl das konstitutive Außen des Systems etabliert als auch jene Kohärenz in die innersystematischen Differenzen eingeführt, die es erlaubt, zwischen ihnen genügend Gemeinsamkeiten zu erkennen, um sie als Bestandteile ein und desselben Systems zu erkennen.

Die Leere der Geschlechterdifferenz

Bezüglich der Geschlechterdifferenz wurde mit Butler und Laclau bis zu diesem Punkt Folgendes dargestellt: Sie besitzt ontologischen Status und lässt sich durch keine Form der Dekonstruktion aus der Welt räumen. Die Besonderheit dieses ontologischen Status liegt jedoch darin, als eine unentwirrbare Mischung aus Natur und Kultur nicht erkannt werden zu können, was jeden Diskurs über die Geschlechterdifferenz anstelle einer nüchternen wissenschaftlichen Beschreibung in eine Narration verwandelt. Zu dieser Schwierigkeit kommt das Problem hinzu, dass mit Butler gedacht jeder Zugriff auf die Welt immer über die Sprache stattfindet. Über etwas zu sprechen bedeutet, es in Worte zu fassen, seine Strukturen denen der Sprache, der Diskurse und den sie steuernden Mechanismen anzupassen, wodurch ein unmittelbares Durchdringen des Referenten unmöglich und durch die Konstruktion ersetzt wird. Das Problem liegt in der mangelnden Fähigkeit des Diskurses, sich zu einer Totalität zu schließen, was zu einer Wiederkehr des konstitutiven Außen führt, das sich in Form von Dislokationen bemerkbar macht, die in Form von psychischen Problemen wie dem Symptomkomplex der Melancholie oder, wie im Falle David Reimers, dem Herausfallen aus jedem Rahmen des Intelligiblen bestehen können.

Die in der nicht zu behebenden Unkenntnis über ihr „wahres Wesen" liegende Leere der Geschlechterdifferenz wird bei Butler folglich auf zwei Ebenen begründet – einmal diskurstheoretisch und einmal aus der Unentwirrbarkeit von Natur und Kultur. Wenn sich die Geschlechterdifferenz als doppelte Leerstelle erweist, kann sie niemals erschöpfend dargestellt werden und ist ständigen Reorganisationen unterworfen. Die heute etablierte Fassung der Geschlechterdifferenz wird aus diesem Blickwinkel von Butler auch als eine Form der „heterosexuellen Hegemonie" (Butler, 1997; 17) bezeichnet, als eine spezifische, in letzter Instanz kontingente Form der Diskursivierung, die es geschafft hat, den Raum des Diskursiven zu hegemonisieren. Wenn die Geschlechtsidentität keinen wahren Kern hat, der ihren verschiedenen Performanzen als Original dienen könnte, sie immer schon eine Imitation ist (Butler, 1991; 203), dann lässt sich das Ideal, an dem diese Imitation sich orientiert, mit Laclau als leerer Signifikant (D1) verstehen, der die Grenzen des Systems der Geschlechterdifferenz fixiert und zwar „nach Maßgabe eines hegemonialen kulturellen Diskurses [...], der auf binäre Strukturen gegründet ist, die als Sprache der universellen, allgemeingültigen Vernunft erscheinen" (Butler, 1991; 27). Aus dieser Perspektive liegt die Leere der Geschlechterdifferenz nicht primär in der nie abschließend zu bestimmenden Identität der Subjekte, sondern im Ideal, das als leerer Signifikant den jeweils hegemonialen Diskurs verklammert, von dem die Geschlechterdifferenz reguliert wird. Damit lässt sich verstehen, was als Paradox von Konstruktionen erscheint: Einerseits sind sie vollkommen kontingent, andererseits ungeheuer träge, insofern sie Subjekte hervorbringen, deren Leben und Denken von ihnen bestimmt wird. Die von Andrea Maihofer gegenüber der durch den Konstruktionsbegriff implizierten Flüchtigkeit eingeklagte Berücksichtigung der „Existenzweise" (Maihofer, 1994, 1995) des Geschlechts, des Lebens in Konstruktionen, die tragend für das Selbstverständnis der Subjekte sind, kann mit Laclau als Sedimentation eines Differenzsystems gefasst werden. Die Betonung der Kontingenz von Konstruktionen gilt dann dem das System fixierenden leeren Signifikanten und verweist auf dessen Eigenschaft, prinzipiell austauschbar zu sein, der Verweis auf die „Existenzweise" gilt den innersystematischen Differenzen, die in einem stabilen Hegemonieverhältnis sedimentiert und zu Festigkeit gelangt sind.

Sein und Existenz der Geschlechterdifferenz

So weit wie möglich vereinfacht lautet Butlers Argument: Es gibt eine Geschlechterdifferenz, doch wir können nicht sagen, was sie ist. Um von dieser Unbestimmtheit zu einer Politisierung zu gelangen, sind weitere Schritte notwendig.

In einem gegen „Hegemonie und radikale Demokratie" (Laclau/Mouffe, 2000) gerichteten Artikel bezichtigte Norman Geras (Geras, 1987) Laclau und Mouffe, durch ihren diskurstheoretischen Ansatz die Existenz einer prädiskursiven Welt zu bestreiten und damit alles, über das nicht gesprochen, geschrieben oder gedacht werde, für nichtig zu erklären. In ihrer Antwort (Laclau/Mouffe, 1990) führen Laclau und Mouffe eine Unterscheidung zwischen der Existenz und dem Sein eines Dings ein. Das Argument ist so einfach wie reizvoll. Ob ein Stein ein Wurfprojektil, ein Hammer oder ein Kunstwerk ist, hängt davon ab, in welcher Relation er zu seiner Umgebung und den Menschen steht und erweist sich somit als an die Form seiner diskursiven Artikulation gebunden. Nicht so jedoch die bloße Existenz des Steins in seiner materiellen Faktizität, über die sich nichts sagen lässt, da sie der Erfahrung unzugänglich ist.

> „Now, in our interchange with the world, objects are never given to us as mere existential entities; they are always given to us within discursive articulations. Wood will be raw material or part of a manufactured product, or an object for contemplation in a forest, or an obstacle that prevents us from advancing [...]. And as a member of a certain community; I will never encounter the object in its naked existence – such a notion is a mere abstraction; rather, that existence will always be given as articulated within discursive totalities." (Laclau/Mouffe, 1990; 103-104)

Wie bereits dargestellt wurde, verfügen Laclau und Mouffe anders als Butler über einen Diskursbegriff, der neben linguistischen auch nicht-linguistische Elemente mit einschließt, seien dies Dinge, Handlungen, Subjekte oder anderes. Der Diskurs ist ein Ensemble von Entitäten, die zueinander in Differenzrelationen stehen und dadurch ihre Bedeutung konstituieren (Laclau/Mouffe, 1990; 100f. / Laclau, 1996). Da die Geschlechterdifferenz, wie Butler gezeigt hat, keine diskursive Fiktion ist, sondern ontologischen Status besitzt, existiert sie im Sinne Laclaus und Mouffes ebenso wie der Stein oder das Stück Holz.

Damit lässt sich sagen: Die Geschlechterdifferenz existiert, aber sie ist nicht. Damit sie auf die Ebene des Seins gelangen und für die Subjekte sichtbar werden kann, muss sie in ein diskursives Netz integriert werden. In welche Differenzrelationen sie eingespannt wird, ist entscheidend für die Frage, was sie auf der Ebene des Seins ist.

Wahrheit und Kontext

Wie Butler in all ihren Schriften gezeigt hat, besitzt die Geschlechterdifferenz nicht nur ein Sein im Sinne Laclaus, da sie in spezifische Diskurse eingespannt ist und dadurch zu einer jeweils spezifischen Form der Sichtbarkeit gelangt, sondern tritt in ihrer jeweiligen Fassung als natürliche Gegebenheit auf und beansprucht universale Gültigkeit. Laclau und Butler sind einer Meinung, wenn sie ausgehend von ihren diskurstheoretischen Ansätzen Wahrheit als kontextuell verstehen, und legen damit die Frage nahe, wie ein Kontext zustande kommt und was ihn fixiert (Butler/Laclau, 1998; 243-247). Butler konzentriert sich in ihrer Arbeit sehr stark auf die ständige Subversion der Grenzen eines Kontextes durch dessen konstitutives Außen, während Laclau dieses Moment zwar ebenfalls betont, sich jedoch stärker mit der Fixierung von Kontexten beschäftigt. Die Frage, wie sich die Grenzen eines Kontextes abstecken lassen, beantwortet er ausgehend von der Prämisse, jede Identität sei eine differentielle Identität. Der Begriff des Kontextes wird dadurch deckungsgleich zum Begriff des aus Differenzen zusammengesetzten Systems, mit dem Laclau in seinem Aufsatz „Was haben leere Signifikanten mit Politik zu tun?" (Laclau, 1996c) operiert. Die Argumentation sei noch einmal in komprimierter Form dargelegt.

Nach Laclau folgen aus der Prämisse, jede Identität sei eine differentielle Identität, zwei Konsequenzen. Erstens kann jede Identität nur aufgrund ihrer Differenz zu allen anderen Identitäten sein, was sie ist. Zweitens muss der Kontext geschlossen sein, damit das Bedeutung konstituierende Spiel der Differenzen nicht ins Uferlose führt und Bedeutung unmöglich wird – dies aber erfordert, die Grenzen des Kontextes zu definieren. Damit entsteht das Dilemma, die Grenzen eines Kontextes nicht auf positive Weise benennen zu können, da sie sonst Teil des Systems, nicht jedoch dessen Grenzen wären. Mit der Frage nach den

Grenzen eines Systems geht somit die Frage nach dem Jenseits bzw. Außen des Systems einher (Gasché, 2004; 24). Nach Laclau lässt sich eine wirkliche Grenze nur durch den Ausschluss einer radikalen Andersheit denken, durch die Einführung eines quasi-ontologischen Antagonismus, der reguliert, was benannt und nicht benannt werden kann. Dies hat ihm zufolge vier Konsequenzen: Erstens ist der Antagonismus konstitutiv für jede Identität, da er für die Errichtung des konstitutiven Außen sorgt. Zweitens werden die Identitäten innerhalb des Systems von einer Spaltung in Differenz und Äquivalenz durchzogen, insofern sie ihre Bedeutung zwar weiterhin dadurch erlangen, dass sie sich voneinander unterscheiden, jedoch alle auf das konstitutive Außen des Systems ausgerichtet und in diesem Punkt einander gleich sind. Da es fortwährend von Dislokationen aus seinem konstitutiven Außen gestört wird und zudem die Logik der Äquivalenz die Logik der Differenz subvertiert, indem sie ein Moment der Unentscheidbarkeit in sie einführt, kann sich das System drittens nie zu einer Totalität schließen, doch bleibt das Moment der Fülle und Universalität als abwesende Anwesenheit erhalten, als Streben, den Mangel im System zu schließen. Viertens folgt aus der Schwierigkeit, die Grenzen des Systems zu bezeichnen, obwohl dies formal gesehen unmöglich ist, dass eine partikulare Identität innerhalb des Systems diese Funktion übernimmt, indem sie zu einem leeren Signifikanten wird, der das System als System repräsentiert (Laclau, 1996d; 85f.). Punkt eins und drei sind bereits geläufig und betreffen die Voraussetzungen zur Konstitution von Differenzsystemen. Vor dem Hintergrund der Frage nach dem Status des leeren Signifikanten, seiner Verknüpfung mit Wahrheit und Universalität, sind die entscheidenden Punkte der zweite und der vierte.

Die Kette der Differenzen, aus denen sich das System zusammensetzt, ist durch ihren gemeinsamen Bezug auf den leeren Signifikanten zugleich eine Kette von Äquivalenzen – diese Ambiguität ist Laclau zufolge irreduzibel (Laclau, 1996f; 199). Bereits in „Hegemonie und radikale Demokratie" schrieben er und Mouffe, um äquivalent zu sein, müssten zwei Identitäten sich auch als verschieden erweisen, da ohne diese Verschiedenheit zwischen ihnen ein einfaches Identitätsverhältnis existieren würde (Laclau/Mouffe, 2000; 168). Umgekehrt lässt sich sagen, zwei Dinge müssen sich gleichen, damit sie sich unterscheiden können.

Würden die Identitäten in einem System nur noch in ihrer Äquivalenzdimension gedacht, gäbe es nichts mehr, was sie voneinander unterschiede und sie würden in einem Identitätsverhältnis zusammenfallen. Gäbe es nur noch Differenzen im System, wäre jede Möglichkeit von Bewegung zunichte gemacht, da die hierzu erforderliche Unentscheidbarkeit fehlen würde; zudem hätte ein solches System kein Außen und wäre eine logische Unmöglichkeit.

Insofern sich alle in einem System versammelten Glieder in ihrer Äquivalenzdimension gleichen, liegt Laclau zufolge in der Äquivalenzkette eines Systems das Moment der Universalität verborgen (Laclau, 1996d; 90). Damit ist jedoch noch nicht viel gewonnen. Damit die Universalität, die Totalität des Systems sichtbar wird, muss sie repräsentiert werden – genau dies ist die Funktion des leeren Signifikanten. Er ist zwar selbst nur eine Differenz innerhalb des Systems, übernimmt aber die Funktion, das in der Äquivalenzdimension gelegene Moment der Universalität und damit die Totalität des Systems zu inkarnieren. Wie bereits gezeigt wurde, hat dies für Laclau vor allem drei Konsequenzen. Erstens wird die Partikularität des Inhalts des Signifikanten, der die Funktion des leeren Signifikanten übernimmt, durch die Universalität subvertiert. Zweitens übernimmt er durch diese Ausdruckfunktion eine hegemoniale Rolle innerhalb des Systems. Drittens lässt sich diese Form der Logik nicht auf bestimmte historische Momente beschränken, sondern gilt für alle Gesellschaften – das Verhältnis zwischen dem Partikularen und dem Universellen kann nur als hegemoniales Verhältnis gedacht werden. Da die Rolle der Hegemonie im folgenden Kapitel ausführlich erörtert wird, reicht es an dieser Stelle, sie nicht als Dominanz oder gar Unterdrückung zu verstehen, sondern in ihrer auf Gramsci zurückgehenden Verwendung als Begriff für eine Form der „Macht, die in der Überzeugung der Menschen wurzelt" (Haug, 2004b; 3), also zwingend auf die Zustimmung der Zivilgesellschaft angewiesen ist, die sie zu erlangen versucht, indem sie die eigenen Überzeugungen als universell darstellt und abweichende Standpunkte desartikuliert (Bieling, 2002; 450f.).

Der Signifikant und das Imaginäre

Urs Stäheli schreibt, der leere Signifikant erzeuge eine „imaginäre Einheit" (Stäheli, 2001; 207), und ergänzt in einer Fußnote, der Begriff weise einen Bezug zur lacanianischen Trias von Symbolischem, Imaginärem und Realem auf. In diesem Verweis auf Lacan steckt ein Schlüssel zum Verständnis der Funktion des leeren Signifikanten. Wie bereits gezeigt wurde, ist jedes System von Differenzen stets von einem Mangel durchzogen, da es zur Setzung eines konstitutiven Außen gezwungen ist, von dem fortwährend Dislokationen ausgehen. Wenn Laclau schreibt, Fülle und (wirkliche) Universalität des Systems seien zwar unmöglich, blieben jedoch virulent in der „Anwesenheit ihrer Abwesenheit" (Laclau, 1996d; 87), meint er die Inversion des Mangels durch einen leeren Signifikanten, der die Totalität des Systems suggeriert (Glynos/Stavrakakis, 2004; 207-208). In diesem Punkt geht Laclaus Lacan-Rezeption deutlich über die von Butler hinaus, da er sich nicht nur auf die negativen Effekte des Realen, wie seine Eigenschaft nicht signifiziert werden zu können und stets als Störung des Diskurses wiederzukehren, beschränkt, sondern auch dessen positive Effekte mit einbezieht. Jedoch ist unklar, in welchem Verhältnis der leere Signifikant zu den in dieser Hinsicht differenzierteren Begriffen der lacanianischen Theorie stehen könnte. So findet bei Lacan eine Positivierung des Realen auf der Ebene des Symbolischen durch den Herrensignifikanten statt und auf der des Imaginären durch das Objekt klein *a*. Laclaus Unentschiedenheit, in welchem Verhältnis die Kategorie des leeren Signifikanten zu diesen beiden Begriffen steht, ist Glynos und Stavrakakis zufolge insofern folgenschwer, als das lacanianische Subjekt konstitutiv zwischen dem Herrensignifikanten und dem Objekt klein *a* gespalten ist (Glynos/Stavarakakis, 2004; 208).

Die Diagnose der Begriffsverwirrung ist insofern richtig, als Laclau die Begriffe Steppunkt, leerer Signifikant, Herrensignifikant und Objekt klein *a* zwar häufig verwendet, sie aber nicht klar gegeneinander abgrenzt. So antwortet er z.B. auf die Frage David Howarths, worin der Unterschied zwischen Steppunkten und leeren Signifikanten liege (Howarth, 2004; 268), obgleich beide den gleichen Referenten hätten, würden Steppunkte eher eine Anspielung auf die verbindende Funktion darstellen und leere Signifikanten in die Richtung universeller Signifikation weisen

(Laclau, 2004; 322). Wenn beide Terme dasselbe bezeichnen, aber Tendenzen in der Bedeutung deutlich machen sollen, ist es nicht verwunderlich, wenn sie an manchen Stellen durcheinandergehen und ihre Verwendungsweise missverständlich ist. Dasselbe gilt für den Begriff des Herrensignifikanten, der in Laclaus Arbeiten nur äußerst selten verwendet und obendrein noch dem Steppunkt (implizit also auch dem leeren Signifikanten) gleichgesetzt wird (Laclau, 2000c; 70-71). Und auch das Objekt klein *a* zieht sich schon länger durch die Schriften Laclaus (z.B. Laclau, 1996d; 87), wurde in „On populist reason" plötzlich zu einer zentralen Analysekategorie und ist hinsichtlich seiner Verbindung mit Steppunkten und leeren Signifikanten bis heute nur ungenügend aufgeschlüsselt worden (Laclau, 2005; 103, 111f.).

Die Frage besteht darin, wie mit dieser Begriffsverwirrung umgegangen werden muss. Eine Möglichkeit wäre, die Widersprüchlichkeit des Vokabulars aufzuzeigen und Laclaus Theorie entweder zu verwerfen oder essentieller Nachbesserungen bedürftig zu erklären, was im besten Falle zu einer höheren Konkretion der Begriffe führe. Eine andere Möglichkeit ist, sich abermals des pragmatischen Umgangs Laclaus mit Begriffen wie Diskurs oder ontologische Differenz zu erinnern und die lacanianischen Begriffe eher als Anspielungen denn als strengen Einsatz der lacanianischen Theorie zu verstehen. Auf diese Weise lässt sich der Begriff des leeren Signifikanten als von einer produktiven Polysemie durchzogen verstehen, die entsprechend den Ausführungen von Glynos und Stavrakakis einmal in die Richtung des Symbolischen und einmal in Richtung des Imaginären weist, dabei jedoch nur die Grundgedanken der bei Lacan mit ihnen verbundenen Theoretisierung übernimmt. In diese Richtung weist Laclau selbst, wenn er in einer recht unscheinbaren Passage auf Žižek zu sprechen kommt:

> „According to Žižek, the quilting point (the point de capon) whose name brings about the unity of a discursive formation – Lacan's object petit a – has no positive identity of its own [...]. It is not through a wealth of signifieds but, on the contrary, through the presence of a pure signifier that this quilting function is fulfilled." (Laclau, 2005; 103)

Nach Lacan sind Steppunkte Punkte innerhalb von Signifikantenketten, an denen der Signifikant das Gleiten der Bedeutung anhält und so die Möglichkeit fester Bedeutungen hervorbringt (Evans, 2002; 286-287). Das Objekt klein *a* ist der bei der Einführung des Symbolischen in das Reale übrigbleibende Rest, ein niemals zu erreichendes Objekt, das, gerade weil es sich immer entzieht, der Grund des Begehrens ist (Evans, 2002; 205-206). Die Parallele zu Laclaus Theorie ist mehr als deutlich. Jedes Differenzsystem erfordert Ausschluss und bedarf der Fixierung seiner Totalität (Steppunkt), es ist jedoch immer von einem Mangel durchzogen und bringt deswegen das Streben hervor, einen Zustand zu erreichen, in dem der Mangel geschlossen ist (Objekt klein *a*). Die zunächst als unzureichende Bestimmtheit erscheinende Polysemie des Begriffs des leeren Signifikanten lässt sich nun in folgender Weise auflösen: Auf der strukturellen Ebene fixiert er die Identitäten innerhalb eines Differenzsystems, indem er ihre Totalität repräsentiert, auf der Ebene des Imaginären ist mit ihm das Versprechen verbunden, den Mangel in der Struktur zugunsten einer Schließung des Systems zu überwinden und dem durch die Dislokation hervorgerufenen Leiden ein Ende zu setzen. Der leere Signifikant ist nicht das Objekt klein *a* selbst, sondern der Weg, es endlich zu erlangen, eine Inkarnation des Objekts, das verloren zu nennen eine Beschönigung ist, da schon die Behauptung seiner ehemaligen Existenz, die Vorstellung, es einst besessen zu haben, eine vom Begehren hervorgebrachte Wunschvorstellung ist (Stavrakakis, 1999; 48f.)[38]. Aus dieser Perspektive betrachtet beantwortet der Begriff zwei Fragen auf einmal: Was macht ein leerer Signifikant und warum beziehen sich Menschen überhaupt auf ihn?

Den Signifikanten ins Gleiten bringen

Wenn das Universelle durch den leeren Signifikanten ausgedrückt wird und selbiger durch die Bildung von Äquivalenzketten und deren hegemoniale Fixierung zustande kommt, so wird bereits deutlich, welch einer starken Verschiebung Laclau den Begriff des Universellen unterzieht. Es ist nicht länger eine transzendentale oder transzendente Kategorie, abgesichert durch die conditio humana, die Natur oder Gott, sondern Produkt sozialer und politischer Auseinandersetzungen. Das Universelle ist damit, wie Rodolphe Gasché mit Blick auf Laclau treffend formuliert, immer ein soziales Universelles (Gasché, 2004; 23).

An dieser Stelle wird der weite Diskursbegriff Laclaus (und Mouffes) besonders fruchtbar, insofern die soziale Ebene des Universellen nicht nur als gesellschaftliche Auseinandersetzung mittels Wort und Schrift zu verstehen ist. Als Soziales ist das Universelle Prozessen der Sedimentation unterworfen, die weit über die Etablierung bestimmter Sprach-, Denk- oder Wahrnehmungsgewohnheiten hinausgehen und sich z.B. in Praktiken und Institutionen niederschlagen. Damit kann wie bei Gramsci sogar der Staat als Niederschlag der hegemonialen Vernähung des Partikularen und Universellen durch leere Signifikanten verstanden werden (Laclau, 2005; 106-107).

Bevor nun von leeren zu gleitenden Signifikanten übergegangen wird, muss ein mögliches Missverständnis ausgeschlossen werden. Der leere Signifikant drückt die Äquivalenzen zwischen Identitäten eines Differenzsystems aus. Die naheliegende Weise, dies zu verstehen, ist, von präexistenten Gemeinsamkeiten der Glieder des Systems auszugehen, die anschließend von jener Identität innerhalb des Systems ausgedrückt werden, die ihrem idealtypischen Ausdruck am nächsten kommt. Übertragen auf die Geschlechterdifferenz würde dies bedeuten, das Ideal, von dem sie reguliert wird, sei zwar nur eine Differenz unter vielen, verkörpere aber etwas, das bereits zuvor als gemeinsame Eigenschaft in allen Differenzen des Systems lag. Diese Auffassung wäre ein Rückfall in genau jenen Essentialismus, den Butler und Laclau mit jeder ihrer Publikationen zu überwinden versuchen. Ganz im Gegenteil ist ein leerer Signifikant nur als performativer Signifikant zu denken.

> „[...] we are dealing not with a conceptual operation of finding an abstract common feature underlying all social grievances, but with a performative operation constituting the chain as such." (Laclau, 2005; 97)

Das soziale Moment des Universellen erfährt dadurch eine wesentliche Stärkung. Es geht nicht darum, durch gesellschaftliche Aushandlungsprozesse Gemeinsamkeiten zu finden, die als Grundlage gemeinsamen Handelns dienen können – es geht darum, diese zu erschaffen, indem innerhalb eines Kampfes um Hegemonie ein leerer Signifikant das Feld des Diskursiven zu hegemonisieren beginnt und schließlich zum Ausdruck seiner (imaginären) Totalität wird.

Wenn das Universelle von einer Partikularität inkarniert wird, die diesen Platz infolge von Kämpfen um Hegemonie übernimmt, ist das Verhältnis beider Begriffe in letzter Konsequenz kontingent (Devenny, 2004; 132). Wie durch die Verbindung von leerem Signifikanten und Universellem deutlich wird, ist für Laclau auch das Universelle ein leerer Ort, da es prinzipiell gesehen von jeder Partikularität ausgedrückt werden kann, sofern es ihr gelingt, den Diskurs zu hegemonisieren. Laclau schreibt über die Universalität:

> „Diese Dimension ist allerdings nur ein leerer Platz, der eine Reihe äquivalentieller Forderungen vereinheitlicht. Wir müssen die Natur dieses Platzes in Hinsicht sowohl auf seine Inhalte als auch auf seine Funktion bestimmen. Was den Inhalt betrifft, so besitzt er keinen eigenen, sondern nur das, was ihm durch eine vorübergehende Artikulation äquivalentieller Forderungen gegeben ist." (Laclau, 1996d; 91)

Damit lässt sich trotz der engen Verbindung zwischen Universalität und leerem Signifikanten der Unterschied zwischen beiden benennen, wenn auch nur in abstrakter Hinsicht, da das eine ohne das andere unmöglich ist. Während die Universalität in der politisch-historisch spezifischen Konstellation der Äquivalenzdimension der Identitäten innerhalb eines Differenzsystems zu suchen ist, stellt der leere Signifikant als Partikularität deren einzig möglichen Ausdruck dar. Der leere Signifikant ist demnach durch eine essentielle Spaltung gekennzeichnet, die mit Linda Zerelli als solche zwischen Funktion und Inhalt bezeichnet werden kann. Während es die Funktion des leeren Signifikanten ist, der Universalität Ausdruck zu verleihen, kann dies immer nur durch einen Inhalt geschehen, der partikular ist (Zerelli, 2004; 100).

An dieser Stelle ist abermals die ontologische Differenz von Bedeutung. Zwar können Universalität und Partikularität niemals ohne ihren jeweiligen Gegenpol existieren, weil dies entweder zu einem Implodieren des Systems in Identität oder der Beseitigung seines konstitutiven Außen führen würde. Doch bleiben sie als nie zu erreichende, doch notwendige Extreme erhalten. In dieser Hinsicht sind Universalität und Partikularität ontologische Dimensionen, die, um sie vom ontischen Spiel der Universalisierung und Partikularisierung, das den Bereich realer Politik kennzeichnet, besser abzuheben, auch als das Absolute und das Singuläre bezeichnet werden können (Marchart, 2004; 66). Das Universelle lässt sich als Horizont beschreiben (Zerelli, 2004; 96), im Sinne der Metapher verstanden als etwas ständig vor Augen Liegendes, für die Perspektive nicht zu Entbehrendes, aber niemals zu Erreichendes.

> „There is no universality, as we have seen, except through an equivalence beetween particularities, and such equivalences are always contingent and context-dependent. Any step beyond this limit would necessarily fall into a historical-teleology, with the result that universality, which should be considered as a horizon, would become a ground." (Laclau, 2000; 211)

Das Universelle zeichnet sich durch drei Aspekte aus. Erstens ist es immer Produkt sozialer Praktiken, zweitens drückt es keine bereits zuvor existierenden Gemeinsamkeiten aus, da diese erst durch die performative Kraft des leeren Signifikanten geschaffen werden, und drittens ist seine ontologische Dimension nur in Form eines sich entziehenden Horizonts spürbar. Daraus folgt die eigentliche Frage dieses Abschnitts: Wie leer ist der leere Signifikant?

Die Antwort ist insofern leicht, als ein wirklich leerer Signifikant, wie Laclau betont, ein Signifikant ohne Signifikat wäre, ein Laut, den jeder hören, aber niemand verstehen könnte (Laclau, 1996c; 65). Dass unverständliche Töne nicht in der Lage sind, Differenzsysteme zu verklammern und das Universelle zu inkarnieren, bedarf keines Nachweises. Was den leeren Signifikanten von anderen Signifikanten unterscheidet, kann mithin nur eine Tendenz zur Leere sein. Innerhalb des ontischen Bereichs, der die ontologischen Extrempunkte des wahren Universellen (das Absolute) und des wahren Partikularen (das Singuläre) niemals erreicht, werden alle Differenzen innerhalb des Systems von einer Spaltung zwischen Partikularität und Universalität gekennzeichnet. Zwar übernimmt der leere Signifikant die Funktion, das Universelle zu inkarnieren, doch ist er weiterhin eine partikulare Identität innerhalb des Differenzsystems. Die Repräsentationsfunktion wirkt zwar entleerend auf ihn, da seine Bedeutung allgemeiner wird und immer mehr Identitäten eine Einschreibefläche bietet, doch begrenzt seine Partikularität andererseits auch die Unbestimmtheit der Äquivalenzkette, indem er sie an die Reste seines partikularen Inhalts bindet (Laclau, 1996e;

215). Die Logik der Äquivalenz und der Differenz sind zugleich inkompatibel und konstitutiv aufeinander angewiesen – keine von beiden ist in der Lage, die andere zu eliminieren und alleine zu existieren (Laclau; 2005; 80). Zwar wird die partikulare Dimension des „leeren“ Signifikanten mit Ausweitung der Äquivalenzkette, deren Ausdruck er ist, zusehends entleert und damit die Dimension des Universellen verstärkt, jedoch verliert er seine Partikularität niemals ganz, was seine „Leere“ in eine Form von Unbestimmtheit verwandelt. Es findet eine Lockerung der Verbindung von Signifikant und Signifikat statt, wodurch es dem Signifikanten möglich wird, zu „gleiten“, verschiedene Bedeutungen anzunehmen, je nach dem, in welches hegemoniale Verhältnis er eingespannt wird. Die Entleerung des Signifikanten, die sich durch dessen Funktion, das Universelle zu repräsentieren, vollzieht, bringt demnach sein Gleiten hervor (Laclau 1996g; 184f.).

Wenn es eine Abstraktion ist, von leeren Signifikanten zu sprechen, da es sich immer nur um gleitende Signifikanten handelt, eröffnet sich eine neue Möglichkeit der Interpretation. Je stärker das Gleiten des Signifikanten, der das Differenzsystem verklammert und das Universelle repräsentiert, arretiert werden kann, desto stabiler wird das Differenzsystem sein und umgekehrt.

> „As we can see, the categories of ‚empty‘ and ‚floating‘ signifiers are structurally different. The first concerns the construction of a popular identity once the presence of a stable frontier is taken for granted; the second tries conceptually to apprehend the logic of the displacements of that frontier.“ (Laclau, 2005; 133)

Gerät ein Differenzsystem in die Krise, wird der gleitende Charakter des es verklammernden Signifikanten besonders spürbar. Plötzlich stehen verschiedene Auslegungen im Raum, was er bedeuten könnte, und jede von ihnen würde, sofern es ihr gelänge, Hegemonie zu erlangen, eine spezifische Reorganisation des Systems der Differenzen nach sich ziehen, entlang eines anderen fundierenden Antagonismus, mit anderen dislokatorischen Effekten – eine komplette Rekonstitution des Bereichs des Intelligiblen. Da der leere/gleitende Signifikant über seine strukturelle Totalisierungsfunktion hinaus die Schließung des Mangels in der Struktur verspricht und dadurch ein wichtiger Ort des Imaginären ist, verändert ein Wechsel in den Hegemonieverhältnissen auch die Gestalt des Imaginären.

Geschlechterdifferenz als gleitender Signifikant

Wenn die Geschlechterdifferenz Butler zufolge „schwierig zu bestimmen ist" und als „schwankende Grenze" verstanden werden muss, die „eine erneute Artikulation dieser Begriffe ohne jede Vorstellung von Endgültigkeit verlangt" (Butler, 1997b; 36), kann diesen recht vagen Äußerungen nun mit Laclau eine größere Konkretion entlockt werden. Die Geschlechterdifferenz wird in ihrer binären Strukturierung und heterosexuellen Ausrichtung seit längerem infrage gestellt. Die Queer-Forschung zählt heute in den USA zu einem der produktivsten Wissenschaftszweige (Kraß, 2003b; 18-19) und setzt die Denaturalisierung von Männlichkeit und Weiblichkeit, die Trennung von Geschlecht und Sexualität, die strikte Trennung zwischen Homo- und Heterosexualität und vieles mehr auf die Agenda. Die Fragen dieses Wissenschaftszweigs machen sich mittlerweile auch in Europa und anderen Ländern durch zahlreiche Publikationen, öffentliche Diskussionen und die Einrichtung entsprechender Studiengänge massiv bemerkbar. Auch die staatliche Politik zieht nach, indem sie Gesetze verabschiedet, die Homosexuellen mehr Rechte zugestehen, und politische Bildungsarbeit leistet. All dies ist ein Indiz, dass aus der Geschlechterdifferenz mittlerweile ein Begriff geworden ist, der von zahlreichen Kräften innerhalb der Gesellschaft mit neuem Inhalt zu füllen versucht wird. Mit Butler ließe sich sagen, das stumme „Unbehagen der Geschlechter" sei heute zur Frage nach dem Grund dieses Unbehagens geworden.

Wenn die Geschlechterdifferenz ein Differenzsystem ist, das durch einen leeren/gleitenden Signifikanten zusammengehalten wird, so ist heute die Dimension des Gleitens gegenüber derjenigen der Leere deutlich stärker geworden, was zu einer Instabilität des Systems führt und es für gesellschaftliche Auseinandersetzungen öffnet. Die beiden bis zu diesem Punkt eingeführten Schaubilder stellen demnach jeweils eine unzulässige Vereinfachung dar und müssen durch ein drittes ergänzt werden.

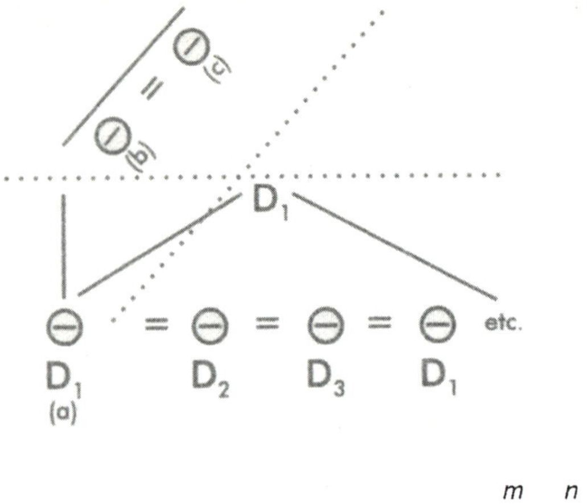

(Laclau, 2005; 131)

Da Laclau in seinem Buch „On Populist Reason“ (Laclau, 2005) die gleitenden Signifikanten vor der Heterogenität einführt, finden sich die Buchstaben *m* und *n* in seiner Version des Diagramms noch nicht und sind an dieser Stelle hinzugefügt worden. Die Bedeutung der Elemente des Diagramms ist so weit bekannt. *D2*, *D3* sind jene Differenzen, die der Norm von Binarität und Heterosexualität entsprechen. Was jenseits der waagerechten, gepunkteten Linie liegt, entspricht dieser Norm zwar nicht, unterhält zu ihr aber immerhin ein Verhältnis, da es innerhalb ihrer Begriffe als Abweichung beschrieben werden kann. *M* und *n* können innerhalb des Raums des Systems keinen Ausdruck finden und befinden sich außerhalb der durch es abgesteckten Intelligibilität im Jenseits des quasi-ontologischen Antagonismus. *D2* und *D3* unterscheiden sich zwar voneinander, gleichen sich jedoch in ihrem Bezug auf den Signifikanten *D1*, der das System fixiert. *D1* ist einerseits eine der Differenzen des Systems, stellt jedoch als leerer/gleitender Signifikant auch die idealtypische Ausformung der Geschlechterdifferenz dar. Während sich *D2* und *D3* an diesem Signifikanten orientieren, indem sie ihn als Einschreibefläche für z.B. Nachwuchs, Treue und Zufriedenheit benutzen, füllen die jenseits der waagerechten Linie situierten Differenzen ihn auf andere Weise und bringen ihn ins Gleiten. Das Schwanken der Geschlechterdifferenz bedeutet demnach das Gleiten der sie ehemals fest fixierenden Signifikanten, das durch die Umstrittenheit des diskursiven Raumes zustande kommt, innerhalb dessen der leere/gleitende Signifikant mit bestimmten Signifikaten verkoppelt wird.

Von der Resignifikation zur Hegemonie

Doch auch wenn die konventionelle Fassung der Geschlechterdifferenz heute nicht mehr die Festigkeit eines leeren Signifikanten besitzt und ins Gleiten geraten ist, nimmt sie noch immer die hegemoniale Position innerhalb des diskursiven Raums ein. Ein politischer Kampf, der darauf abzielt, ein anderes Modell der Geschlechterdifferenz durchzusetzen, eines, von dem weniger Ausschlüsse und Verletzungen hervorgebracht werden, wird darauf zielen, diese hegemoniale Position mit seinen anderen Inhalten zu besetzen. Doch was ist Hegemonie?

Die Struktur der Hegemonie

In seinem Aufsatz „ Von den Namen Gottes“ gibt Laclau eine Definition von Hegemonie:

> „Ich verstehe unter ‚Hegemonie‘ ein Verhältnis, in dem ein partikularer Inhalt in einem bestimmten Kontext die Funktion übernimmt, eine abwesende Fülle zu definieren.“ (Laclau, 1996e; 214)

In neueren Aufsätzen und Büchern verknüpft Laclau dieses Verhältnis zudem mit dem Begriff des leeren Signifikanten:

> „This operation of taking up, by a particularity, of an incommensurable universal signification is what I have called *hegemony*. And, given that this embodied totality or universality is, as we have seen, an impossible object, the hegemonic identity becomes something of the order of an empty signifier, it's own particularity embodying an unachievable fullness.“ (Laclau, 2005; 70-71)

Diese Definition ist enttäuschend, da sie den leeren Signifikanten mit dem Begriff der Hegemonie gleichsetzt und bezüglich letzterer nichts Neues hinzufügt. Doch geht der Begriff Hegemonie wesentlich weiter, als es an dieser Stelle zu vermuten wäre. Die Einnahme des Platzes des Universellen durch eine als leerer

Signifikant fungierende Partikularität markiert ohne Zweifel die Schlüsselstelle der laclauschen Hegemoniekonzeption, lässt jedoch vieles unbenannt, was sich an anderen Stellen seines Werkes findet und über die Theorie der leeren Signifikanten deutlich hinausgeht.

Mit dem Begriff Hegemonie versucht Laclau, einen Typus von Macht zu denken, in dem die Vorherrschaft bestimmter politischer Positionen nicht über Unterdrückung, Gewalt oder Ideologie im Sinne eines Betrugs an der Bevölkerung erreicht und aufrechterhalten wird, sondern von den Menschen getragen und, wenn auch nicht in allen Fällen für richtig, so doch immerhin als alternativlos erachtet wird. In diesem Sinne distanziert sich Laclau klar vom politikwissenschaftlichen „Mainstream", der Hegemonie mit Dominanz und Unterdrückung gleichsetzt (Howarth, 2004; 256), und schließt an die Konzeption Gramscis an.

Für Gramsci setzte sich politische Autorität einerseits aus Zwang und andererseits aus der Organisation eines Konsenses innerhalb der Bevölkerung zusammen (Smith, 1998; 162). Diese beiden Dimensionen politischer Autorität sind in seiner Theorie eng mit dem Begriff des integralen Staats verknüpft, der einerseits den Staat im klassischen Sinne, also dessen Institutionen und ihre administrativen und juristischen Aufgaben bezeichnet und andererseits die Zivilgesellschaft als Menge jener Praktiken und Verhältnisse, durch welche die Herrschaft des Staates in ein Zustimmungsverhältnis seitens der Bevölkerung gebettet wird. Der Staat wird von einem Ensemble aus Institutionen zu einer Konstellation der Kräfte der in ihn eingebundenen Akteure, die um Macht und Einfluss kämpfen. Zwang und Konsens sind jedoch nicht einerseits dem Staat und andererseits der Zivilbevölkerung zuzuordnen, da auch der Staat über konsensuale Elemente verfügt (z.B. freie Wahlen) und die Zivilgesellschaft nicht frei von Zwangselementen ist (z.B. Sanktionierung bestimmter Normverletzungen). Ausgehend vom Klassenbegriff setzt sich Hegemonie für Gramsci aus einem Zusammenspiel von Führen und Herrschen zusammen. Eine bestimmte Klasse ist führend gegenüber den mit ihr verbündeten Klassen und herrschend gegenüber den ihr feindlichen Klassen, wobei Führung den konsensualen und Herrschaft den Zwangscharakter der Hegemonie markiert. Da das konsensuale Element in den heutigen Gesellschaften nach Gramscis Überzeugung an Bedeutung gewinnt, muss die kulturelle und diskursive Absicherung der Hegemonie ein wesentlicher Punkt innerhalb der politischen Strategie sein. Instrumente hierzu sind Bildungsinstitutionen, Medien, Kulturbetriebe, Vereine und andere gesellschaftliche Organe. Weist eine Klasse genügend Bewusstsein ihrer selbst auf, ist sie von einem gewissen Grad an Homogenität geprägt, und gelingt es ihr zudem, sich der eben genannten zivilgesellschaftlichen Institutionen zu bemächtigen, wird sie zu einer hegemonialen Klasse, die in der Lage ist, den gesellschaftlichen Konsens zu reformulieren (Bieling, 2002; 448-456).

Laclau und Mouffe weisen den Klassenbezug der Theorie Gramscis als Rückfall in Essentialimus und Ökonomismus zurück und heben das bei Gramsci angelegte Verständnis der Hegemonie als Artikulation heterogener Elemente hervor (Laclau/Mouffe, 2000; 100-107). Zu diesem Zweck radikalisiert Laclau das Element der Kontingenz innerhalb der gramscianischen Theorie. Seine Argumentation vollzieht drei Schritte und lässt sich wie eine Konkretisierung der eingangs zitierten Kurzdefinition lesen. Ausgehend von seinen Überlegungen zum gleitenden Signifikanten versteht er Hegemonie als dessen Fixierung, wodurch die Elemente des Differenzsystems in eine feste Ordnung gebracht werden, die einen für alle Menschen verbindlichen Rahmen der Intelligibilität schafft. Das politische Moment im Feld des Sozialen wäre demnach die Auseinandersetzung verschiedener politischer Akteure, die versuchen, gleitende Signifikanten zu fixieren und das Soziale dadurch mit einer größer werdenden Anzahl ihrer politischen Standpunkte zu hegemonisieren. Allerdings ist dieser Ansatz Laclaus sehr begrenzt, da er aufgrund der ständigen Konkurrenz verschiedener politischer Ansätze die Unabschließbarkeit jedes hegemonialen Projektes auf empirischer Ebene zwar berücksichtigt, die theoretische Möglichkeit der Schließung jedoch beibehält. Der Gedanke, das Soziale ließe sich als Totalität verwirklichen, falls es einer politischen Kraft gelänge, ihre Vormachtstellung dauerhaft und konkurrenzlos zu festigen, bleibt erhalten.

Im zweiten Schritt fügt Laclau die Ambiguität jedes hegemonialen Projekts hinzu. Damit liegt die Unabschließbarkeit hegemonialer Kämpfe nicht mehr nur in der Pluralität der politischen Akteure begründet, sondern in deren eigener Zweideutigkeit. Doch auch diese Zweideutigkeit setzt das Ideal der Schließung nicht außer Kraft, da auch sie sich nur auf den Bereich des empirisch Möglichen bezieht. Gelänge es einer politischen Kraft, ihrer Mehrdeutigkeit Herr zu werden, könnte sie zumindest theoretisch das Soziale in eine Totalität verwandeln.

In einem dritten Schritt beschreibt Laclau die mangelnde Geschlossenheit des hegemonial konstituierten Sozialen nicht als Ergebnis der unausweichlichen Fehler auf dem Wege ihrer Realisierung, sondern als in der Struktur selbst begründet. Um seinen Gedanken zu veranschaulichen, führt Laclau, wie er schreibt, inspiriert vom späten Wittgenstein, ein aus jedem Intelligenztest und Rätselheft bekanntes Beispiel ad absurdum. Darum gebeten, die Zahlenreihe 1, 2, 3, 4 fortzusetzen, lautete die wahrscheinliche Antwort 5, 6, 7, 8, doch ließe sich ohne weiteres entgegnen, diese Antwort sei falsch, da die zu suchende Serie 1, 2, 3, 4; 9, 10, 11, 12; 17, 18, 19, 20 sei. Und auch damit sei die Regel noch nicht zwangsläufig richtig beschrieben, da sie schließlich auch nur für die Zahlenräume von 1 bis 20, 40 bis 60, 80 bis 100 etc. gelten könne. Das Spiel könne beliebig fortgesetzt werden – niemals werde es jemandem möglich sein, die Regel aus der Struktur der Zahlen selbst herauszulesen. Dass die „Fehler" beim Erraten der Regel nicht in der Unmöglichkeit begründet liegen, eine Regel im realen Leben erschöpfend darlegen zu können, ist deutlich. Das Beispiel weist ganz im Gegenteil auf die Unentscheidbarkeit der Regel hin, die immer wieder um neue Glieder ergänzt werden kann. Welche Regel eine Struktur in die Zahlenreihe einfügt, hängt davon ab, wer sich die Regel ausdenkt bzw. welche Regel die Struktur hegemonisiert. Hegemonie ist nicht die Realisierung einer zuvor existierenden Rationalität, sondern ein Akt der Konstruktion (Laclau, 1990c; 28f.). Insofern die Regel zwar die Möglichkeitsbedingung des Systems ist, nicht aber aus der inneren Logik des Systems deduziert werden kann und damit extern zum System ist, ist der sie festschreibende hegemoniale Akt radikal kontingent. Mit dieser radikalen Kontingenz geht auch eine radikale Unentscheidbarkeit einher (Marchart, 2004; 60), die jedes Handeln unmöglich machte, wenn nicht die Hegemonie eine Brücke zwischen ihr und der Entscheidung schlüge (Mouffe, 1996b; 4).

Konsens und Zwang

Durch diese Radikalisierung der Kontingenz wird das konsensuale Moment der Hegemonie deutlich gestärkt. Ein Diskurs kann niemals durch Gewalt dominiert werden, noch weniger ein leerer Signifikant, da beide über ihre Präsenz in der Öffentlichkeit hinaus der Zustimmung seitens der Menschen bedürften. Wenn ein Signifikant entleert und zur Verklammerung eines diskursiven Systems gemacht wird, ist dies eine Bewegung, die nicht erzwungen werden kann, da sie die aktive Teilnahme aller beteiligten Kräfte erfordert. Wenn eine despotische Macht ihre Herrschaft durch Unterdrückung der Meinungsfreiheit und Gleichschaltung der Presse sichert, kann dies natürlich einen Weg darstellen, die Bevölkerung in Schach zu halten und sich dauerhaft an der Spitze des Staates zu halten. Doch nach Laclau würde es sich nicht um Hegemonie handeln, da es keine Partikularität gäbe, die den Platz der Universalität einnähme. Die herrschende Elite würde nicht für einen leeren Signifikanten wie z.B. Freiheit oder Ordnung stehen und Konversionspunkt der gesellschaftlichen Kräfte sein, sondern selbige einfach durch Gewalt niederhalten und ihnen jedes eigenständige Engagement versagen. Da in einer derartigen Despotie die Diskurse nicht frei zirkulieren können, wäre jeder mögliche Widerstand gehemmt und nicht in der Lage – es sei denn durch eine Revolution – einen hegemonialen Diskurs zu konstruieren. In einer solchen Gesellschaft gibt es also weder einen leeren Signifikanten noch ein Universelles oder einen hegemonialen Diskurs.

Wenn Butlers Begriff der „Zwangsheterosexualität" (z.B. Butler, 1991; 41) als Zwang im Sinne eines primär durch Gewalt gestützten Verhältnisses verstanden wird, erweist er sich mit Laclau gelesen als inkompatibel mit ihrer Aussage, die Grenzen des Geschlechts würden nach Maßgabe eines „hegemonialen kulturellen Diskurses" festgelegt (Butler, 1991; 27). Dass die universelle Geltung der binär codierten und heterosexuell gerichteten Geschlechterdifferenz ein durch einen leeren Signifikanten fixiertes hegemoniales Verhältnis darstellt, ist nur durch eine auf Zustimmung basierende Hegemonisierung des Diskurses über die Geschlechterdifferenz möglich. Zwang im klassischen Sinne kommt natürlich vor, stellt jedoch eher die Ausnahme dar, weil es innerhalb eines Hegemonieverhältnisses für die meisten Menschen weder eine denk-, geschweige denn eine lebbare Alternative zu Binarität und (mit Einschränkungen) Heterosexualität gibt. Dies bedeutet nicht, die heutige Interpretation der Geschlechterdifferenzen sei die beste aller Möglichkeiten und von freudiger Zustimmung seitens aller Beteiligten getragen, sondern weist auf die Notwendigkeit hin, das den Konsens flankierende Moment des Zwangs komplexer zu denken.

In seinem Aufsatz über Richard Rorty greift Laclau sein Beispiel der Zahlenreihe wieder auf. Die Regel, von der die Zahlenreihe strukturiert wird, sieht er noch immer als ein hegemoniales Verhältnis, doch koppelt er den Hegemoniebegriff an dieser Stelle mit dem der Überzeugung, die ihm zufolge von Zwang nicht zu trennen ist (Laclau; 1996h; 164f.). Laclau veranschaulicht anhand dreier Beispiele, was seiner Meinung nach Überzeugung bedeuten kann. In der ersten Variante ist ein Mensch mit drei alternativen Handlungsmöglichkeiten konfrontiert, ohne zwischen diesen eine Wahl treffen zu können, die sich an einem objektiven Kriterium orientierte. Um eine der Möglichkeiten zu ergreifen, müssen die anderen beiden verworfen werden. Die zweite Variante greift eine alltägliche Situation auf. Person A möchte Person B davon überzeugen, ihre Meinung bezüglich eines bestimmten Gegenstand zu ändern, was bedeutet, sie zu veranlassen, ihre Überzeugung aufzugeben und durch eine andere zu ersetzen. Das dritte Beispiel beschreibt die Situation zweier Gruppen, die verschiedene Standpunkte vertreten und keine Einigkeit erzielen können, welcher von diesen Grundlage ihres Handelns werden soll. Wollen die beiden Gruppen sich nicht einfach damit begnügen, unterschiedlicher Meinung zu sein, sind sie gezwungen, sich zu einigen. Dies kann entweder durch Überzeugung im Sinne des zweiten Beispiels geschehen, durch ein von beiden Seiten akzeptiertes Verfahren oder durch die ultima ratio (Laclau, 1996; 160f.).

In allen Beispielen ist das Moment des Zwangs unverkennbar und liegt im jeweiligen Ausschluss der Alternativen. Für das Beispiel der Zahlenreihe bedeutet dies: Jedes Mal, wenn neue Elemente eingeführt werden, ist die bis dahin geltende Regel nicht mehr in der Lage, die Reihe zu hegemonisieren, und es eröffnen sich neue, widerstreitende Optionen, wie in die entstandene Unordnung wieder eine gewisse Kohärenz eingeführt werden kann. Die Frage, welche Regel zur hegemonialen wird, schließt die Frage ein, welche Regeln der Verwerfung anheim gegeben werden müssen, und genau diese Verwerfung markiert das Moment des Zwangs. Die für jede Entscheidung notwendige Desartikulation möglicher Alternativen war bereits Bestandteil der Theorie Gramscis (Bieling, 2002; 455-456) und nimmt auch bei Laclau einen zentralen Platz ein.

> „Laclau schließt damit an einen entscheidenden, in Gramsci aber oft überlesenen Aspekt von Hegemonie an: Es ist nicht so sehr die Durchsetzung der eigenen Ideologie mit all ihren Details, die den Erfolg eines hegemonialen Blocks ausmacht, als die Undenkbarmachung von Alternativen." (Marchart, 1998c; 14)

Hegemonie ist Überzeugung im Sinne einer Mischung aus Überzeugung im klassischen Sinne des Wortes und Zwang als Desartikulation von Alternativen, ein fragiles Zusammenspiel von Konsens- und Zwangselementen, das verschwindet, sobald einer der Pole die Überhand gewinnt. Aus hegemonietheoretischer Perspektive stellt Zwang keine Form der Gewalt dar, als bewege Person A Person B dazu, eine bestimmte Handlung auszuführen, indem sie ihr mit körperlichen Schmerzen oder Freiheitsentzug droht. Zwang bedeutet, durch die Entscheidung für eine bestimmte Form der Hegemonisierung eines diskursiven Raums bestimmte Formen des Denk- und Undenkbaren zu etablieren, deren Jenseits nur noch unter größten Schwierigkeiten oder gar nicht mehr gedacht werden kann. Vor dem Hintergrund der laclauschen Theorie gelesen impliziert Butlers Terminus der „Zwangsheterosexualität" damit kein Verhältnis, dessen Wahrung durch schlichte Gewalt aufrechterhalten wird, sondern die Tatsache, dass Binarität und Heterosexualität als hegemoniale Diskurse mit einer Reduktion des Denkbaren einhergehen, die es nahezu unmöglich machen, über Binarität und die in ihr möglichen Formen von heterosexueller Normerfüllung und nicht-heterosexueller Devianz hinauszudenken.

Resignifikation und Hegemonie

Abgesehen von individuellen Praktiken wie Drag oder Cross-Dressing liegt Butlers eigentliches politisches Projekt in der Resignifikation der Diskurse, von denen die Geschlechtsidentität hervorgebracht wird. Da der Begriff der Resignifikation bereits zu

Beginn dieser Arbeit dargestellt und ausführlich besprochen wurde, sei er an dieser Stelle lediglich nochmals in aller Kürze dargestellt. Den Begriff des Diskurses denkt Butler neben Foucault vor allem mit Austin und Derrida. Von Austin übernimmt sie den Begriff der Performativität (Austin, 2002), von Derrida den der Iterabilität (Derrida, 2001b, 2005) und verbindet sie zu der These, ein Diskurs oder eine Äußerung müssten sich ständig wiederholen und eine Tradition zitieren, um die von ihnen benannten Effekte hervorzubringen (Butler, 1997; 22). Die zu zitierende Tradition liegt nicht außerhalb der Sprache, sondern als „Geschichte und Gemeinschaft der Sprecher" (Butler, 1998; 75) in ihr selbst als Produkt früherer sprachlicher Äußerungen verborgen, die im Laufe der Zeit sedimentiert sind (Butler, 1993; 124). Das Problem performativer Äußerungen liegt nach Butler in ihrer mangelnden Kontrollierbarkeit. Da sich der Kontext von Äußerungen nicht fixieren lässt, können sich ihre Effekte stets auf eine Weise verkehren, die nicht in der Intention des sprechenden Subjekts liegt, und zudem gibt es keinen privilegierten Ort der Autorität über sprachliche Äußerungen, so dass sie jederzeit von ihrem Ursprungsort losgelöst und andernorts in veränderter Intention wiederholt werden können (Butler, 1998; 134). Resignifikation macht sich diese Instabilität der Sprache zunutze, indem sie bestimmte Worte in einer nicht der Tradition bzw. einer anderen Tradition als üblich entsprechenden Weise zitiert und dadurch ihren Sinn verschiebt. Das von Butler immer wieder als Beispiel angeführte Wort „queer" etwa hat sich ihr zufolge durch Resignifikation von einem Stigma in eine positive Selbstbeschreibung verwandelt (z.B. Butler, 1997; 307f.).

Butlers Strategie der Resignifikation haftet dabei jedoch ein Moment der Beliebigkeit an, das ihren gezielten politischen Einsatz wesentlich erschwert. Mit Blick auf Derrida beschreibt Butler dieses Problem mit aller Deutlichkeit.

> „Derrida scheint [...] den Bruch als notwendiges Strukturmerkmal jeder Äußerung und jeder kodierbaren schriftlichen Markierung einzusetzen und lähmt damit eine gesellschaftliche Analyse der wirkungsvollen Äußerung." (Butler, 1998; 213)

Dass die Verschiebbarkeit ein Merkmal jedes Zeichens ist, kann als wertvolle sprachphilosophische Einsicht betrachtet werden, hilft jedoch einer politischen Analyse nicht weiter, in der es darauf ankommt, genau bestimmen zu können, an welcher Stelle nach den für die Konstitution eines bestimmten Raums der Intelligibilität zentralen Signifikanten gesucht werden muss. Trotz dieser Kritik ist Butler nicht in der Lage, wirklich über Derrida hinauszugehen. Dies zeigt sich, wenn sie sich wenige Seiten später in Andeutungen über die potentielle Resignifikation von Begriffen wie „Freiheit", „Gerechtigkeit" oder „Gleichheit" verliert, die niemandes Eigentum seien und daher der Aneignung durch die von ihnen ausgeschlossenen Menschen offen stünden (Butler, 1998; 227). Butlers Theorie haftet etwas von der Unbestimmtheit an, die sie an Derrida kritisiert, und dies hemmt die von ihr zurecht angemahnte Analyse der in der Sprache sedimentierten Traditionen des Sprechens, durch die der Zwangscharakter von Identitätskategorien wie Geschlechtsidentität zustande kommt.

> „Wiewohl Butler in gewisser Hinsicht gerade an aktuellen politischen Auseinandersetzungen um unterschiedliche Lebensformen interessiert zu sein scheint, die sich in *bestimmten*, in sich identifizierbaren Verwendungsweisen kultureller Schlüsselbegriffe (und deren jeweiliger Durchsetzung) widerspiegeln, hat sie daraus bislang nicht – zumindest nicht explizit – die sprachphilosophische Konsequenz gezogen, die konstitutive Offenheit sprachlicher Bedeutung gegen Derrida nicht mehr auf jede einzelne Zeichenverwendung zu beziehen, sondern pragmatisch auf die Möglichkeit unterschiedlicher und gegebenenfalls neuer Verwendungs*weisen* von Wörtern." (Rebentisch, 1998; 58)

Was Juliane Rebentisch fordert, ist eine deutlichere Konzentration auf den „Gebrauch" der Sprache als „intersubjektiv geteilte Praxis der Zeichenverwendungen" (Rebentisch, 1998; 58). Ob Butler den Gebrauch der Sprache außer Acht lässt, kann bestritten werden, da sie in „Hass spricht", dem die Kritik gewidmet ist, besonderes Augenmerk auf die verletzenden Eigenschaften der Sprache legt, was einen entsprechenden Gebrauch der Sprache voraussetzt. Auch die intersubjektive Dimension der Zeichenverwendung ist bei Butler durch den Verweis auf die „Geschichte und Gemeinschaft der Sprecher" (Butler, 1998; 75) im gesellschaftlichen Maßstab angelegt. Doch ist Rebentischs Kritik trotzdem äußerst ergiebig, da ihr Schwerpunkt weniger auf dem Gebrauch und der intersubjektiven Dimension der Sprache im Allgemeinen liegt, sondern die Frage nach ihren je spezifischen Ausprägungen stellt. Die Auseinandersetzungen um verschiedene

Lebensformen machen sich an der Verwendungsweise bestimmter kultureller Schlüsselbegriffe fest, die in der Gemeinschaft der Sprecher durchgesetzt sind oder durchgesetzt werden sollen und dort – so ließe sich ergänzen – als feste oder im Umbruch befindliche Überzeugung existieren, was mit ihnen gemeint ist und wann sie angewandt werden dürfen. Um es mit Laclau zu reformulieren: Die verschiedenen Lebensformen sind um leere bzw. gleitende Signifikanten arrangiert, die den diskursiven Raum hegemonisieren bzw. ihn zu hegemonisieren versuchen. Soll die politische Strategie der Resignifikation mehr als einen „semiotischen Guerillakrieg" (Bublitz, 2002; 118) bedeuten, wird sie sich auf die leeren/gleitenden Signifikanten konzentrieren müssen, von denen die moderne Fassung der Geschlechterdifferenz fixiert wird. Butler und Laclau waren sich zu Anfang ihres Dialogs der Parallelen zwischen Hegemonie und Resignifikation deutlich bewusst.

> „Ich lese Laclau und Mouffe als politische Transkription von Derridas ‚Die Struktur, das Zeichen und das Spiel': Eine Struktur gewinnt ihren Status als Struktur, ihre Strukturalität, nur durch ihre wiederholte Neueinsetzung. Die Abhängigkeit dieser Struktur von ihrer Wiedereinsetzung bedeutet, daß die eigentliche Möglichkeit von Struktur von einer Wiederholung abhängt, die in keinem Sinne vollständig im vornherein determiniert ist, daß es – damit Struktur und im Ergebnis soziale Struktur möglich wird – an ihrer Basis zuerst eine kontingente Wiederholung geben muß." (Butler, 1998c; 254)

Laclau bestätigte diesen Gedanken explizit und ergänzte, Strukturen zeichneten sich nicht nur durch Wiederholung aus, sondern auch durch den damit einhergehenden Aspekt der Verschiebung (Laclau, 1998; 259). Ausgehend von ihrem gemeinsamen Bezug auf Derrida geht Butler in ihrem Aufsatz gar so weit, das Patriarchat als eine „hegemoniale" Machtform zu verstehen, deren wunder Punkt in ihrer konstitutiven Abhängigkeit von der Wiederholung zu suchen sei (Butler, 1998c; 256).

Doch hat Butler diese Erwägungen niemals mit dem Begriff des leeren Signifikanten verbunden, obwohl sich dies zur Vertiefung der von ihr angerissenen Gedanken anböte. Wenn eine Struktur wiederholt werden muss, um an Festigkeit zu gewinnen, und wenn eine Struktur nur durch einen leeren Signifikanten verklammert werden kann, so wird genau dieser Signifikant zentraler Einsatz der Wiederholung sein. Das Konzept der Iteration kann helfen, die Begriffe von Sedimentation und Reaktivierung auf stärkere Weise an soziale Praktiken zu binden (Howarth, 2004; 269). Unter Sedimentation versteht Laclau die Institutionalisierung einer Struktur und das Vergessen ihrer kontingenten Ursprünge; Reaktivierung hingegen bezeichnet den Vorgang der Repolitisierung einer sedimentierten Struktur, durch den ihre kontingenten Grundlagen wieder sichtbar werden (Hintz/Vorwallner, 2000; 19-20). Während die durch Sedimentation zustande gekommene „Objektivität" in Laclaus Verständnis das Soziale konstituiert, macht der Zustand, in dem Kontingenz, Unentscheidbarkeit und ihre konstitutive Verwobenheit in Machtverhältnisse deutlich spürbar sind, das Politische aus. Da das Politische nur vor dem Hintergrund des Sozialen erscheinen kann, ist die zwischen beiden existierende Grenze ständigen Replatzierungen ausgesetzt. Zudem sind das Politische und das Soziale wechselseitig voneinander abhängig, da keines von ihnen ohne das andere existieren könnte. Das Politische als alleinige Kraft wäre ein absoluter Wille, nicht mehr kontingent und damit auch nicht mehr politisch. Das Soziale kann nicht zur einzigen Logik werden, da es stets von Dislokationen subvertiert wird, die sich nur beseitigen ließen, indem das konstitutive Außen des Systems beseitigt würde, was jedoch eine logische Unmöglichkeit ist (Laclau, 1990c; 34-35). Durch Rückgriff auf Butlers Begriff der Iterabilität lässt sich die Sedimentation einer hegemonialen Ordnung und die von ihr durchgesetzte Undenkbarkeit von Alternativen sehr gut nachvollziehen.

> „Laclau argumentiert, eine Artikulation würde in dem Ausmaß hegemonial sein, zu dem sie als Horizont operieren würde. Da sie gänzlich kontingent ist, kann die Institutionalisierung einer bestimmten Artikulation nur durch die gewaltsame Unterdrückung von Alternativen erreicht werden. Habituelle Wiederholungen der hegemonialen Artikulation verdecken die Spuren dieser gewaltsamen Unterdrückung; mit der Zeit installieren die Wiederholungen die hegemoniale Artikulation als die einzig mögliche kohärente Formation. Die hegemoniale verliert graduell ihr Erscheinen als eine Artikulation unter vielen und beginnt als die Regel zu operieren, die eine ahistorische und apolitische Unterscheidung zwischen dem Intelligiblen und dem Nicht-Intelligiblen installiert [...]. Hegemonie hängt nicht von der Popularität ab, sie hängt von der Normalisierung der Idee ab, es gäbe keine Alternativen." (Smith, 1998b; 232)

Im Sinne von Butlers Derridalektüre bedeutet dies für die laclausche Theorie: Wird der das System verklammernde Signifikant stetig auf eine Weise wiederholt, die seine mangelnde kontextuelle Fixierung nicht aufhebt, aber im Griff hat und es schafft, zwar nicht dasselbe, doch immer das Gleiche zu sagen, so sedimentiert eine hegemoniale Ordnung bis zu einem Grad an Festigkeit, durch den sie als vollkommen natürlich und nicht hinterfragbar erscheint. Demgegenüber versucht eine resignifizierende Form der Reiteration, die Kontingenz eines leeren Signifikanten aufzuzeigen, indem sie ihn verschiebt bzw. ins Gleiten bringt und damit Störungen in die Äquivalenzdimension der innersystematischen Differenzen einführt, die deren sedimentierten Charakter reaktivieren und einer Neustrukturierung öffnen. Ersteres entspräche der Instituierung des Sozialen, Letzteres dem Politischen.

Da Hegemonie die Einnahme des leeren Platzes der Universalität durch einen partikularen Inhalt bedeutet, gibt es immer mehrere Inhalte, die diesen Platz einnehmen könnten und um ihn konkurrieren (Laclau, 1996g; 135), indem sie entweder versuchen, ein bestehendes Hegemonieverhältnis zu verändern oder offen um den Platz des Universellen zu konkurrieren, wie z.B. in Zeiten politischen Umbruchs. Widerstand bedeutet, diesen Widerstreit am Leben zu erhalten und gegenüber sedimentierten Formen politischer Herrschaft zu behaupten, indem dem Bestreben etablierter hegemonialer Ordnung, andere Möglichkeiten zu derealisieren, durch die Konstruktion alternativer Modelle begegnet wird (Smith, 1998; 159). Dies kann bedeuten, einen leeren Signifikanten durch einen anderen zu ersetzen, was zu einer Veränderung des kompletten Systems führt oder – wie durch den Einbezug der Resignifikation in das Denken der Hegemonie deutlich wird – seine Bedeutung zu verändern, indem er verschoben wird. Widerstand gegen das etablierte Modell der Geschlechterdifferenz oder, um es mit Maihofer zu formulieren, gegen das „Geschlecht als hegemoniale[n] Diskurs" (Maihofer, 1994b) bedeutet aus dieser Perspektive, die leeren und gleitenden Signifikanten auszumachen, durch welche die Geschlechterdifferenz als System fixiert wird, und diese entweder durch andere zu ersetzen oder in Richtung alternativer Bedeutungen zu verschieben.

Der „Underdog" spricht

In einer bereits zitierten Textpassage schreibt Butler, was sie politisch bewege, sei jener Moment, in dem ein individuelles oder kollektives Subjekt Anspruch auf ein lebenswertes Leben erhebt, ohne durch die existierende Norm für diese Forderung berechtigt zu sein oder sich auf eine bereits existierende Tradition berufen zu können (Butler, 2004c; 224). Das politische Szenario, das den Hintergrund ihres Denkens ausmacht, besteht nicht in der Frage, wann und wie eine bestimmte Machtinstanz sich entscheidet, bestimmte Normen oder Gesetze zu erweitern oder zu verändern, damit bislang ausgeschlossene Menschen in vollem Maße am gesellschaftlichen Leben teilhaben können. Vielmehr versucht sie mit der Resignifikation einen politischen Weg aufzuzeigen, den die Ausgeschlossenen von sich aus beschreiten können, der ihnen ein Mittel zur Organisation und eine Strategie anbietet, um ihre Forderungen unabhängig von den zuständigen Machtinstanzen bzw. gegen sie durchzusetzen. Dieses Bestreben deckt sich mit Laclaus Auffassung von radikaler Demokratie:

> „Democracy is only radical if it involves the effort to give a political voice to the underdog." (Laclau, 2004; 295)

Wie bei Butler steckt hinter dieser Äußerung der Anspruch Laclaus, mit seiner Hegemonietheorie politische Transformationen aus der Sicht derjenigen zu erklären, die bislang außerhalb der Gesellschaft standen und nun danach drängen, gehört zu werden, um nicht länger an den Rändern des gesellschaftlichen Lebens zu existieren. Wie Laclau diesen Prozess theoretisch beschreibt, ist bereits hinreichend geschildert worden: Eine politische Kraft stellt ihre partikularen Forderungen als universell dar und verwandelt sie in eine Einschreibefläche für Forderungen anderer politischer Gruppen, wodurch sie schließlich zu einem leeren Signifikanten werden, der eine neue Hegemonie fixiert. Doch was bedeutet das konkret?

In „On Populist Reason" versucht Laclau diese Bewegung vor dem Hintergrund der Frage nach den Konstitutionsbedingungen von Populismus (im deskriptiven Sinne als eine Bewegung des Volkes verstanden, nicht normativ im Sinne billigen Erfolgs bei der Masse) anhand der Begriffe „Populus" und „Plebs" zu verdeutlichen.

> „In order to have the ‚people' of populism, we need something more: we need a *plebs* who claims to be the only legitimate *populus* – that is, a partiality which wants to function as the totality of the community." (Laclau, 2005; 81)

Populus definiert Laclau als die Form der sozialen Relationen zum Zeitpunkt des Auftretens des Plebs (Laclau, 2005; 94). Der Populus ist niemals eine Totalität, da er sich nur durch einen Ausschluss konstituieren kann. Ist dieser im Falle eines sedimentierten Differenzsystems, das von einem etablierten, nicht hinterfragten, leeren Signifikanten fixiert wird, nicht zu spüren und somit der Mangel der Struktur nicht explizit präsent, ist in der von Laclau im Zitat geschilderten Situation das Gegenteil der Fall. Eine Minorität ist aufgetreten, bestreitet mit Nachdruck die Eigenschaft des Populus, eine Totalität zu sein, und behauptet, ihre Forderungen eröffneten den Weg zu einem Populus, der zu Recht als Totalität gelte und die abwesende Fülle der Gemeinschaft realisiere. Innerhalb des zuvor ungestörten Systems, das durch seine gesicherten Grenzen den Anschein erweckte, eine natürliche Ordnung der Dinge zu sein, taucht plötzlich etwas auf, das nicht dazu gezählt oder einfach integriert werden kann, und stört das Prinzip, nach dem die Zuordnung vorgenommen wird, wodurch das System in Gänze infrage gestellt wird. Genau dies ist nach Laclau der Anfangspunkt einer Volksbewegung (Laclau, 2005; 245).

Theoretisch gesehen fügt Laclaus Ausführung zum Verhältnis von Populus und Plebs seiner Theorie nichts Neues hinzu, doch weist sie einen Weg, wie sein und auch Butlers Denken des Politischen zu verstehen ist. Wenn das wichtigste Moment des Politischen für beide darin liegt, dass unterdrückte Menschen zu sprechen beginnen und Forderungen erheben, die in den Begriffen der etablierten Ordnung nicht zu legitimieren sind, wenn also mit Laclaus Worten der „underdog" plötzlich eine vernehmbare Stimme bekommt, so geschieht dies, indem die etablierte Ordnung ihrer Sprache enteignet und auf ihr bislang fremde Ziele gerichtet wird.

Um dies besser zu verstehen, lohnt es sich, noch einmal Butlers Analyse des Falls David Reimers zu betrachten. Da die binär und heterosexuell strukturierte Form der Geschlechterdifferenz heute die hegemoniale ist, zählt ein Mensch wie David Reimer zu den „Plebs", den Ausgeschlossenen dieser Ordnung, und kann in ihren Begriffen keine Intelligibilität erlangen. David Reimer wollte zwar ein Mann sein, wies aber den kausalen Zusammenhang zwischen dieser Subjektposition und dem Besitz eines „richtigen“ anatomischen Geschlechts zurück, wodurch er, wie Butler es formuliert, „als Laie eine Kritik am Phallus“ äußerte (Butler, 2001b; 681). Er erinnerte sich an John Money, der ihn drängte, sich endlich eine Vagina machen zu lassen und die Dringlichkeit seines Anliegens durch die Vorhersage unterstrich, falls Reimer die Operation nicht vornehmen ließe, müsse er viel Leid erdulden, da die Leute ihn verspotten, er allein sein und niemals jemanden finden würde, der ihn lieben könnte. Dieses Insistieren auf der Wichtigkeit eines einwandfreien anatomischen Geschlechts löste in Reimer den Verdacht aus, die Leute seien verhältnismäßig oberflächlich, wenn sie wirklich glaubten, dass allein dies für ihn von Bedeutung sei; als hinge die Gründung einer Familie oder eine produktive Lebensführung nur davon ab, wie jemand zwischen den Beinen beschaffen sei. Reimer wies es explizit zurück, auf diese Frage reduziert zu werden, da es ihn in seinen eigenen Augen zum Versager gestempelt hätte, nur nach diesem Kriterium beurteilt zu werden (Butler, 1997b; 681).

Ob Butler richtig liegt, wenn sie Reimers Aussagen als „Kritik am Phallus“ interpretiert, kann sicherlich bezweifelt werden, da dieser sich schließlich der operativen Konstruktion eines neuen Penis unterzog, was immerhin nahe legt, dass auch er dem „Phallus“ große Bedeutung beimaß. Doch ist die Frage, ob Butler David Reimer gerecht wird, hier nicht wichtig; die Geschichte wird an dieser Stelle nur noch einmal aufgegriffen, um als Beispiel für das Sprechen derjenigen zu fungieren, die Laclau klangvoll als „underdogs“ bezeichnet. An Reimers Sprechen sind Butler vor allem zwei Dinge wichtig: Erstens weist er es klar zurück, auf das von ihm verlorene/erworbene Körperteil (Penis) reduziert zu werden; zweitens trennt er hierzu zwischen der Person, die er ist, und dem Wert, der dem Status dieser Person auf Grundlage der Frage nach einem „richtigen“ Geschlecht zugemessen wird. Butler erblickt in Reimers Äußerung eine „geschickte und kritische Gegenrede zum Vorgehen der Norm“, da er es nicht bei der Artikulation dieser Trennung belässt, sondern aus der Lücke zwischen der das menschlich Intelligible verbürgenden Norm und dem Insistieren auf dem Sein seiner Person eine Neudefinition seines Werts als Mensch vornimmt (Butler, 1997b; 682). Reimer will sich zwar dem Zugriff einer Logik entziehen, die er als verletzend empfindet, deswegen aber nicht als deviante Existenz in den Bereich des Ausgeschlossenen gestoßen werden. Zu diesem Zweck versucht er Butler zufolge, sich „denen gegenüber unintelligibel zu machen, die seine Identität wissen und festnageln möchten" und appelliert hierzu an etwas, das „jenseits des Rahmens anerkannter Intelligibilität intelligibel ist" (Butler, 1997b; 683). Butler weist die nahe liegende Schlussfolgerung zurück, dieses Jenseits sei ein wie auch immer gearteter Kern, der unabhängig von allem anderen den Wert einer jeden Person verbürge, und weist statt dessen auf die ihrer Meinung nach von Reimer ausgesprochene Überzeugung hin, liebenswert zu sein. Ihr zufolge teile Reimer den anderen zwar mit, liebenswert zu sein, nenne dafür aber keinen Grund, der innerhalb des normativen Diskurses um das Geschlecht liege, und verweise darauf, sein Grund sei anderer Art, ohne ihn zu explizieren (Butler, 1997b; 683). Damit fügt David Reimer etwas Explosives in die Ordnung des Wissens ein.

> „Er teilt uns mit, dass er aus einem anderen Grunde, den sie nicht verstünden und den wir nicht erfahren, gegenwärtig und auch in Zukunft geliebt werde. [...] Er weist die Grenzen des Wissens nach und sprengt die Politik der Wahrheit, indem er seine ‚Entunterwerfung' (désubjugation) innerhalb der Seinsordnung dazu einsetzt, die Möglichkeit von Liebe jenseits des Zugriffs der Norm zu etablieren." (Butler, 2001b; 683)

Butlers Analyse erlaubt, ein Stück weit die Frage zu beantworten, wie das Sprechen der Ausgeschlossenen beschaffen sein könnte. Es ist ein von Ambiguität durchdrungenes Sprechen, da es die Inhalte der bestehenden Angebote intelligibler Existenz zwar zurückweist, nicht aber, was es bedeutet, intelligibel zu sein.

Doch Ambiguität alleine beschreibt diese Art Sprechen nicht ausreichend. Butlers Lektüre haftet etwas eigentümlich Sperriges an. Ihre Formulierung klingt nach einer geglückten Revolution. Jemand beharrt auf der Möglichkeit einer anderen Ordnung, weist die Beschränktheit des zu überwindenden Regimes nach, sprengt dessen Grenzen, befreit sich selbst und führt seine eigenen Spielregeln ein. Zwar resignifiziert David Reimer den Begriff des Geschlechts, indem er ihn dezentriert und zu einer Kategorie unter vielen macht, die Menschen in liebenswerte Wesen verwandeln, doch zieht dies keinen der von Butler benannten Effekte nach sich. Die „Politik der Wahrheit" wird nicht gesprengt, es entsteht kein neuer Ort für die Liebe und David Reimer wird durch sein Sprechen kein bisschen freier. Die moderne Geschlechterdifferenz, ihre binären Kategorien, ihre heterosexuelle Ausrichtung und ihre zentrale Stellung für die Identität bleiben intakt und wirken weiterhin auf David Reimer ein. Dies eingedenk verlieren seine Äußerungen den ihnen von Butler zugeschriebenen emanzipativen Charakter und verwandeln sich in eine Form verzweifelten Aufbegehrens, dessen Tragik darin liegt, angesichts der Solidität ihres Angriffsziels ohne Konsequenzen zu verhallen.

Hegemonietheoretisch ist dies leicht zu erklären. David Reimer hat mit seiner Kritik an der Rolle der Anatomie, ihrem determinierenden Charakter für die Geschlechtlichkeit und einer eindeutigen Geschlechtsidentität als Bedingung für den Zugang zum Intelligiblen sicherlich einige der leeren Signifikanten vor Augen, von denen die Geschlechterdifferenz fixiert wird, doch vermag es sein Sprechen nicht, die eigenen Standpunkte zu einer Einschreibefläche für andere politische Forderungen zu machen und ein hegemoniales Projekt ins Leben zu rufen. Nur unter dieser Bedingung jedoch würde sein Sprechen die „Politik der Wahrheit" sprengen, die selbst nichts anderes ist als eine sedimentierte hegemoniale Ordnung. Damit der „underdog" nicht nur spricht, sondern sein Sprechen auch Gewicht hat, muss sich seine resignifizierende Praxis von einem individuellen zu einem hegemonialen Unternehmen entwickeln.

Was bleibt von der Emanzipation?

Dass in dieser Arbeit nicht versucht wird, Emanzipation als Emanzipation von der Geschlechterdifferenz zu verstehen, dürfte bis zu diesem Punkt bereits hinreichend klar geworden sein. Doch welche Stellung können politische Kämpfe um eine Veränderung der Geschlechterkategorien in der Gesellschaft haben? Und wenn die Geschlechterdifferenz sich schon nicht aufheben lässt, kann sie dann wenigstens frei von Macht und Zwang sein?

Linda Zerelli analysiert die Theorie Laclaus in Hinblick auf ihre Konsequenzen für den Feminismus und kommt zu einer naheliegenden Frage:

> „What would it take for ‚women' to stand for the universal? That is the question feminism poses to Laclau. What would it take to think about women as an empty signifier? That is the question Laclau poses to feminism." (Zerelli, 2004; 102)

Interessant ist vor allem Zerellis Aussage, „Frauen" seien kein leerer Signifikant und die Frage des Feminismus müsse aus der Perspektive Laclaus darin bestehen, wie selbiges erreicht werden könne. Dem liegt eine sehr spezifische Auffassung zu Grunde, wie das Universelle und der leere Signifikant zu verstehen sind. Der Satz vor der zitierten Stelle unterstreicht diese Vermutung:

> „[...] the particularity that comes to incarnate the universal may indeed be politically determined and in that sense contingent – but it is not for all that entirely unpredictable, as Laclau well knows." (Zerelli, 2004; 102)

Diese Formulierung zusammen mit der ersten gelesen legt nahe, Zerelli hielte es für unwahrscheinlich, dass aus „Frauen" plötzlich ein leerer Signifikant werde. Anstelle von „Frauen", so lässt sich der Gedanke weiterführen, könnten demnach auch „Gerechtigkeit" oder „Freiheit" zu leeren Signifikanten werden und den Platz des Universellen einnehmen (sofern man behaupten würde, dies sei noch nicht der Fall). Damit ist deutlich, was Zerelli unter dem Universellen und dem es inkarnierenden leeren Signifikanten versteht: Ein Verhältnis, in dem die Gesellschaft als Ganze verklammert bzw. durch eine den Großteil der Bevölkerung umfassende politische Bewegung infrage gestellt wird. So scharfsichtig ihre sonstige Analyse ist, sitzt sie in diesem Punkt einer Fehlinterpretation auf. Bereits in „Hegemonie und radikale Demokratie" schrieben Laclau und Mouffe:

> „Bisher haben wir der Einfachheit halber vom Antagonismus im Singular gesprochen. Es ist jedoch klar, daß der Antagonismus nicht notwendigerweise an einer einzigen Stelle auftaucht: Jede Position in einem System von Differenzen kann, sofern sie ne-

giert wird, der Ort eines Antagonismus werden. [...] Je instabiler die gesellschaftlichen Verhältnisse, [...] desto mehr werden sich die Orte des Antagonismus vermehren. Diese Vermehrung erschwert die Konstruktion jeder Zentralität und infolgedessen die Errichtung einheitlicher Äquivalenzketten." (Laclau/Mouffe, 2000; 171)

Unter Berücksichtigung der neueren Schriften Laclaus müsste diese Formulierung ergänzt werden[39], doch ist die in diesem Fall relevante Tendenz auch so deutlich erkennbar. Keine Gesellschaft ist durch einen Antagonismus konstituiert, der gleichsam ihr Fundament ausmachen würde, sondern es gibt eine Vielzahl antagonistischer Verhältnisse, die sich verflechten und auch widersprechen können. Die Gesellschaft verläuft nicht entlang einer einzelnen Grenze, sie setzt sich aus einer Pluralität solcher Grenzen zusammen, durch die verschiedene Systeme konstituiert werden, innerhalb derer das soziale Leben der Subjekte situiert ist. Zerelli aber fragt nach der Möglichkeit einer Bewegung, die diese Pluralität unter dem Banner des leeren Signifikanten „Frauen" durch ein gemeinsames Ziel überwindet, wobei sie übersieht, wie wenig aktuell dieses Emanzipationsideal aus der Sicht Laclaus zumindest für die Industrienationen ist, in denen die politischen Kämpfe immer an mehreren Stellen des hoch komplex strukturierten Sozialen stattfinden (Laclau/Mouffe, 2000; 172). Wenn „partielle und prekäre Dichotomien konstitutiv für die soziale Struktur" sind, dann führt dies nicht zu einer Verabschiedung des Begriffs der Emanzipation, doch zu einer „Autonomisierung sozialer Kämpfe", die an verschiedensten Stellen des Sozialen ansetzen (Laclau, 1996h; 43).

Der leere Signifikant und die in ihm ausgedrückte Universalität müssen vor dem Hintergrund westlicher Sozialstrukturen anders gedacht werden. Wenn sich das Soziale aus „partiellen und prekären Dichotomien" zusammensetzt, bedeutet dies, es stellt eine Pluralität von Differenzsystemen dar, die auf jeweils verschiedenen konstitutiven Ausschlüssen basieren. Diese Systeme erschaffen Räume der Intelligibilität, deren Summe zwar die Gesamtheit dessen ausmacht, was in einer gegebenen Kultur zu einem bestimmten Zeitpunkt gedacht werden kann, ohne jenes Wissen aber auf einen einzigen Raum der Intelligibilität zurückführen zu können, der sich entlang einer einzigen antagonistischen Grenze konstituieren würde. Ebenso konstituiert jeder dieser Räume ein eigenes Universelles, verstanden als hegemoniale Relation zwischen einer Partikularität und dem leeren Platz des Universellen. Diese Räume sind zwar miteinander verbunden, doch bilden sie stets nur eine prekäre Form der Einheit, die sich aus den „widerstreitenden hegemonialen Praxen" (Hintz/Vorwallner, 2000; 17) der vielfältigen Kräfte ergibt und ständiger Reartikulation und Verschiebung ausgesetzt ist. Keine Gesellschaft wird von nur einem leeren Signifikanten fixiert, sondern immer von einer Artikulation verschiedener Signifikanten, die teils leer, teils gleitend sein können und in einem komplexen Spiel der Verzahnung begriffen sind. Die Ordnung der Geschlechterdifferenz ist einer von vielen Intelligibilitätsräumen, die Butler zufolge entlang des Strukturprinzips der „heterosexuellen Matrix" organisiert sind. Was Zerelli anmahnt, ist demnach in gewisser Weise bereits der Fall. Als einer ihrer beiden Pole, als historisch und kulturell spezifische Version jenes imaginären Originals, das sich immer wieder als Imitation entpuppt (Butler, 1991; 203), ist „Frau" einer der leeren Signifikanten, entlang derer die hegemoniale Fassung der Geschlechterdifferenz fixiert ist und sichert als solcher die universelle Geltung dieser Differenz. Die Dringlichkeit „Frau" (und natürlich auch „Mann") in einen leeren Signifikanten zu verwandeln, kann unter diesen Umständen zweierlei bedeuten: Erstens die jetzt etablierte Hegemonie der Begriffe infrage zu stellen, sie zu resignifizieren bzw. andere Signifikanten an ihre Stelle zu rücken; zweitens „Frau" zu einer Einschreibefläche für eine Pluralität von partikularen Kämpfen zu machen, die sich miteinander artikulieren, jedoch ohne die Gesellschaft als Ganze zu vereinen oder im Falle des Erfolgs komplett zu verändern, da Gesellschaft immer von mehr als einem leeren Signifikanten getragen wird.

Keine Macht für Niemand?

Die klassische Narration von der Emanzipation bestand in der Annahme einer Gesellschaft, die durch den fundamentalen Widerspruch von Kapital und Arbeit gespalten wird. Das Proletariat erobert die Macht, führt seine Diktatur ein, beseitigt die Kapitalistenklasse und hebt sich anschließend selbst als Klasse auf, womit die Zeit der klassenfreien Gesellschaft anbricht, in der jeder nach seinen Fähigkeiten und seinen Bedürfnissen leben kann. Dieses Utopia wird häufig mit der Vorstellung verbunden, es sei ein machtfreier Raum, in dem keiner den anderen unterdrücke und deswegen alle frei wären. Wenn der Gedanke aufgegeben wird, es wäre möglich, die Gesellschaft in einer groß angelegten Bewegung von Grund auf zu verändern, ist es noch immer vorstellbar, durch eine Vielzahl emanzipatorischer Projekte und Koalitionen einen gesellschaftlichen Zustand herbeizuführen, der frei von Macht und Zwang ist. Doch auch dies ist nach Laclau und Butler undenkbar. Beide stimmen überein, keine politische Ordnung oder Gesellschaft könne einen Raum absoluter Inklusivität erschaffen, und sehen den Ausschluss als irreduzibel an; Butler, weil sie einen Zustand vollkommener Inklusion als psychotisch versteht, Laclau, da er ihn für eine logische Unmöglichkeit hält (Butler/Laclau, 1998; 240, 242). Da weder Butler noch Laclau einen Ansatz verfolgen, der von einer wie auch immer gearteten natürlichen Ordnung der Dinge ausgeht, die ihre Ausschlüsse aus einem präsozialen Prinzip heraus von selbst setzen würde, geht jeder Ausschluss ihnen zufolge auf eine soziale Praxis zurück und ist unauflöslich an die Macht gebunden. Die Verschiebung eines sozialen Systems kann zur Etablierung eines neuen Systems führen, jedoch nicht zur Aufhebung der Macht, die als Voraussetzung von Bedeutung verstanden wird (Stäheli, 2001; 205).

> „The destruction of a system of power can only mean the construction of a different power." (Laclau/Zac, 1994; 27)

Wenn Ausschluss, Macht und Zwang konstitutive Komponenten des Politischen sind, kommt es zu einer Verschiebung der Fragerichtung emanzipativer Diskurse. Da es nicht länger um die Beseitigung dieser Dimensionen gehen kann, müssen Formen gefunden werden, wie sie auf eine mit Demokratie verträgliche Weise organisiert werden können (Laclau, 1996i; 161f.). Weder Butler noch Laclau unternehmen es, hierfür konkrete Vorschläge zu machen, etwa wie genau eine politische Institution beschaffen sein müsste, die in der Lage wäre, eine solche Politik umzusetzen. Auf der einen Seite lägen derart praktische demokratietheoretische Überlegungen nicht in dem Fokus ihrer Theorien, auf der anderen Seite verstießen sie gegen deren starke Betonung der Kontingenz. Von einer kontingenten Geschichte auszugehen bedeutet für beide, die konkrete Gestalt einer kommenden Organisation des Politischen der jeweiligen Zeit zu überlassen und es nicht in ein Korsett bereits existierender Annahmen zu zwängen.

Doch finden sich Hinweise auf den Grundgedanken, der Demokratie zu Grunde liegen sollte:

> „So it seems that the commitment to a conception of democracy which is futural, which remains unconstrained by teleology, and which is not commensurate with any of its ‚realizations' requires a different demand, one which defers realization permanently. Paradoxically – but significantly for the notion of hegemony [...] inaugurated by Laclau and Mouffe's *Hegemony and Socialist Strategy* – democracy is secured through its resistance to realization." (Butler, 2000c; 268)

Dass Ausschlüsse unvermeidlich für die Produktion von sinnhaften sozialen Zusammenhängen sind, sollte unter demokratischen Gesichtspunkten zur Instituierung der Offenheit des Systems der Differenzen führen, damit dessen Restrukturierung immer im Bereich des Möglichen liegt. Der Gedanke einer herrschaftsfreien Gesellschaft muss damit nicht verabschiedet, jedoch anders gedacht werden.

> „Wenn nur partikulare Akteure oder Konstellationen partikularer Akteure zu einem beliebigen Moment das Universelle aktualisieren können, dann hängt die Möglichkeit der Sichtbarmachung der einer post-dominierten Gesellschaft – d.h. einer Gesellschaft, die versucht, die eigentliche Form der Herrschaft zu überschreiten – inhärenten Form der Nicht-Schließung davon ab, die [sic] Asymmetrie zwischen dem Universellen und dem Partikularen zu Dauer zu verhelfen." (Laclau, 1996j; 63)

Hegemonie im demokratischen Sinne basiert demnach nicht nur auf der Doppelbewegung der Überzeugung, sondern auch auf dem permanent sichtbaren Eingeständnis ihrer kontingenten Grundlagen, was sie in eine dynamische Organisation von Macht verwandelt, die ihre Gestalt jederzeit ändern kann und eine Form der, wie Laclau es mit Trotzki formuliert, „permanenten Revolution" in ihre Institutionen einführt (Laclau, 2004; 295). In Herrschaft schlägt dieses Verhältnis um, sobald das „Spiel der Differenzen" (Butler/Laclau, 1998; 244) durch eine artifizielle Schließung und die mit ihr einhergehende Behauptung, die gegebene Form des politischen Arrangements drücke die Totalität der Gesellschaft aus, zum Stillstand gebracht und die Ausschlüsse zementiert werden. Eine demokratische Geschlechterpolitik wird nicht in der Lage sein, die Macht zu überwinden, kann jedoch, wenn sie sich der eben formulierten demokratischen Herausforderung stellt, durchaus die Strukturierung der Geschlechterdifferenz als Herrschaftsverhältnis hinter sich lassen. Doch was könnte ihr politischer Einsatz sein?

Ethik und Demokratie

In seinem bereits zitierten Aufsatz über die Theorie Laclaus stellte David Howarth fest, Laclau betone die ontologische Dimension seiner Analyse deutlich stärker als die ontische, was zu einer Paralysierung der Betrachtung konkreter Politik führe (Howarth, 2004; 267f.). Die Antwort Laclaus auf diese Kritik ist aufschlussreich.

> „Now, this is a charge to which I plead happily guilty, except that I do not see it as a criticism at all. I have located my theoretical intervention at the theoretical and philosophical level and it is at that level that it has to be judged." (Laclau, 2004; 321)

Darauf lässt sich kaum etwas entgegnen, da es natürlich die freie Entscheidung eines jeden Menschen sein sollte, in welchem Bereich der Theorie er oder sie ihre Tätigkeiten ansiedelt, und sicherlich hat Laclau ebenfalls Recht, wenn er darauf verweist, es sei nicht gerechtfertigt, eine Theorie anhand von Fragen zu bewerten, die zu beantworten nicht ihr Ziel sei. Doch ergibt sich damit ein wesentliches Problem.

Metatheoretische Probleme

Bei Laclaus Theorie handelt es sich um eine Metatheorie und als solche ist sie dem Risiko ausgesetzt, kein Kriterium zu bieten, anhand dessen entschieden werden kann, welche Politik wünschenswert ist und welche nicht. Wenn Hegemonie die kontingente Einnahme des Platzes des Universellen durch eine Partikularität ist, stellt sich die Frage, wie zwischen Partikularitäten hinsichtlich ihrer ethischen Implikationen unterschieden werden kann. Es ist durchaus möglich, sich ein Unrechtsregime vorzustellen, das nicht nur auf Unterdrückung und Gewalt, sondern auch auf der Zustimmung des größten Teils der Bevölkerung basiert und in theoretischer Hinsicht zurecht als Hegemonie beschrieben werden kann, obwohl es die Menschenrechte der Opposition mit Füßen tritt und vielleicht Pläne für die Annexion seiner Nachbarstaaten entwirft. Auch der Begriff des Antagonismus, im ontischen Sinne als Konfrontationslinie eines etablierten hegemonialen Regimes und einer politischen Gegenbewegung verstanden, ist eine primär deskriptive Kategorie und verbürgt in keiner Weise den fortschrittlichen Charakter der stattfindenden politischen Kämpfe (Mouffe, 1988; 96). Wenn sowohl die Hegemonie als auch der Widerstand von beliebigem Inhalt sein können, gerät die Theorie Laclaus in gefährliche Nähe eines Voluntarismus, in dem die Bedeutung des Politischen sich als abhängig von den Entscheidungen eines Subjekts erweist, das an keine Ethik oder Norm gebunden ist (Critchley, 2004; 116).[40] Laclaus Ausführungen sind zum größten Teil auf die strukturellen Aspekte von Hegemonie bezogen und lassen keine Bindung an bestimmte gesellschaftliche Gruppen und deren Ziele zu, wodurch seiner Theorie in ethisch-normativer Hinsicht etwas stark Beliebiges anhaftet. Doch finden sich Stellen, die seiner Metatheorie eine „Metaethik" (Laclau, 2004; 290) zur Seite stellen und versuchen, sie vor reinem Deskriptivismus zu bewahren. Die Analyse dieser Passagen ist entscheidend für die Frage, ob die möglichen Inhalte einer demokratischen Geschlechterpolitik sich aus der Hegemonietheorie entwickeln lassen oder an dieser Stelle ein Punkt erreicht ist, an dem die von Laclau ausgehende Relektüre Butlers in eine Sackgasse gerät.

Ethik und Normativität

Die Schwierigkeit antiessentialistischer Theorien wie der Laclaus oder auch Butlers liegt kurz gesagt darin, zwar ethische Prinzipien aufstellen zu müssen, um nicht in Beliebigkeit zu verfallen, dafür aber auf keinerlei Letztbegründung wie etwa die Natur oder das Wesen des Menschen zurückgreifen zu können. Gerade dieses Dilemma verbürgt für Laclau jedoch den ethischen Gehalt des politischen Handelns. Erst wenn theoretisch alles möglich ist, es eine Erfahrung der radikalen Kontingenz der partikularen Inhalte gibt, die zu einem bestimmten Zeitpunkt moralisch gültig sind, ist ihm zufolge die Möglichkeit einer „ethischen Überinvestition" geschaffen, die „ein höheres moralisches Bewußtsein ermöglicht" (Laclau, 1996e; 216). Es ist ein wenig wie das Gedankenspiel zur menschlichen Freiheit und ihrer Beziehung zum Guten. Erst wenn der Mensch vollkommen frei ist, kann er gut sein, da nur die Freiheit ihm ermöglicht, das Gute zu wählen und nicht durch ein höheres Gesetz zu diesem gezwungen zu werden.

Doch ist die Kontingenz nur theoretisch radikal, nicht aber praktisch betrachtet. Nicht jeder Inhalt ist zu jedem Zeitpunkt ein gleichberechtigter Kandidat für den Platz des Universellen (Laclau, 1996e; 217). Wenn sich das Universelle im leeren Signifikanten darstellt und dieser durch die Bildung von Äquivalenzketten zwischen Differenzen innerhalb eines Systems entsteht, ist die Frage, welcher Inhalt den Platz des Universellen besetzen kann, davon abhängig, welche Differenzen Eingang in die Äquivalenzketten finden. Das System erweist sich unter diesem Blickwinkel als Medium und Resultat der Konstruktion von Äquivalenzketten und auf diese Weise findet immer eine Verbindung mit den bereits existierenden Traditionen, Normen, Regeln und Werten statt (Drybech, 1998; 42). Kein hegemoniales Projekt findet im luftleeren Raum statt.

An dieser Stelle klingt implizit die von Laclau vollzogene Trennung zwischen dem Sozialen als Sedimentation und dem Politischen als dessen Reaktivierung an, die das tragende Element der wohl längsten Passage bildet, die er der Ethik bislang gewidmet hat. Laclau beginnt mit einer Zurückweisung der Unterscheidung zwischen deskriptiv und normativ, indem er feststellt, die Möglichkeitsbedingung der beschreibenden Dimension seiner Theorie liege in der Voraussetzung eines normativen Elements, durch das die Auswahl der in sie eingehenden Fakten gesteuert würde. So wie der Marxismus über keine Argumentationsstränge verfüge, die sich in gesonderter Weise der Ethik widmeten, da seine Analysen bereits durch eine normative Dimension unterlegt würden, so fielen auch in der Hegemonietheorie Inhalt und Ethik zusammen, wenn sie den Moment der Universalität der Gemeinschaft beschriebe.

Laclau präsentiert hier eine alternative Spielart der ontologischen Differenz, von der sein Werk strukturiert wird. Wichtig ist nicht die Differenz zwischen dem Deskriptiven und dem Normativen, sondern die kontingente Beziehung der ontologischen Dimension der Ethik zu der ontischen des Deskriptiven/Normativen (die zwei Begriffe fallen nun zusammen), in der sich die Partikularitäten finden, derer das Ethische bedarf, um sich zu inkarnieren. Das Ethische und das Normative werden durch einen ethischen Einsatz in einer hegemonialen Relation verklammert, die ständigen Reartikulationen unterworfen ist. Daraus zieht Laclau zwei Folgerungen: Nur solche Entscheidungen sind ethisch, die nicht auf der Grundlage des normativen Rahmens einer Gesellschaft vorhergesagt werden können, und jeder normative Rahmen ist die sedimentierte Form eines früheren ethischen Aktes. Folglich wird das Ethische die normative Ordnung zwar verändern, kann dies aber nicht auf beliebige Weise, da es immer eine Rückbindung zu ihr unterhält, und muss aufgrund seiner hegemonialen Dimension natürlich auch die Zustimmung der Bevölkerung haben (Laclau, 2000c; 79-83). Das Ethische und das Normative befinden sich in einem permanenten Wechselspiel.

> „This means that the communitarian normative background (which is a political and in no way a merely ethical operation) takes place through the limitations of the ethical by the normative and the subversion of the normative by the ethical." (Laclau, 2000c; 83)

Damit in einer Gemeinschaft das Ethische existieren kann, muss es leere Signifikanten geben, in denen es sich zeigen kann, und soll die Gemeinschaft demokratisch sein, ist es zwingend, den Spalt zwischen dem partikularen Charakter der normativen Ordnung und der Universalität des ethischen Einsatzes offenzuhalten (Laclau, 2000c; 84-86). Für Laclau bedeutet dies vor allem, das Ethische als radikal leer zu verstehen und es nicht mit einem bestimmten Inhalt gleichzusetzen.

Mark Devenny fasst die in den jüngeren Werken Laclaus enthaltene Auseinandersetzung mit dem Thema Ethik in drei Schritten zusammen. Erstens ist das Ethische der Moment der Universalität der Gemeinschaft, zweitens ist es eine hegemoniale Relation und drittens nur auf kontingente Weise mit der es inkarnierenden Partikularität verbunden (Devenny, 2004; 131-132). Die Zusammenfassung Devennys fügt der Theorie Laclaus nichts hinzu und veranschaulicht dadurch auf treffende Weise, dass Laclaus Äußerungen zur Ethik nicht mehr sind als die Übertragung seiner Hegemonietheorie vom Bereich des Politischen auf den der Ethik. Die Fülle der Gemeinschaft, Universalität und Partikularität, leere Signifikanten, Hegemonie – all das ist bereits bekannt, wird nun jedoch auf die Ethik bezogen und verwandelt sich dadurch in die implizite Behauptung, Hegemonie und Ethik seien ein und dasselbe. Das entspricht zwar der These Laclaus vom Zusammenfallen des Deskriptiven mit dem Normativen und kann es rechtfertigten, hinsichtlich seiner Theorie von einer „normativen Überdetermination" (Riha, 2004; 76) zu sprechen, führt jedoch zu einigen äußerst kritischen Konsequenzen. Wenn das Ethische jener Moment ist, in welchem sich die Fülle der Gemeinschaft mittels Inkarnation in einer Partikularität zeigt, so kann dies auf viele verschiedene Szenarien zutreffen und beschreibt z.B. ebenso den Augenblick, in dem eine Militärdiktatur durch eine zur Volksbewegung angewachsenen Gruppe aus dem Spektrum der Gefangenenbefreiung und durch deren Besetzung des Begriffs der Justiz infrage gestellt wird, wie auch jenen Augenblick, in welchem in Deutschland der Begeisterungstaumel angesichts des Beginns des ersten Weltkriegs einsetzte und der Begriff des Volkes von den kämpfenden Einheiten des Militärs besetzt wurde. Das Problem der Beliebigkeit im Verhältnis von Partikularität und Universalität wird somit von der Politik auf die Ethik verschoben, kommt seiner Lösung dadurch aber nicht näher.

Eine weitere schwerwiegende Frage stellt sich hinsichtlich des Verständnisses von Ethik. Da sie von Laclau in konstitutiver Weise mit Hegemonie verkoppelt wird, kann sie ohne die aktive Unterstützung durch einen großen Teil der Gesellschaft nicht existieren. Die politische Arbeit einer Untergrundbewegung, die Widerstand gegen ein Unrechtsregime leistet, es aufgrund von Repression und mangelnder logistischer Möglichkeiten jedoch nicht schafft, mehr als nur einen kleinen Kreis von Menschen zu erreichen, wäre nach dieser Definition kein ethischer Akt; ein politischer Schachzug des Regimes, der es vermag, die (letztlich imaginäre) Fülle der Gemeinschaft aufscheinen zu lassen, hingegen schon, was Laclaus Einlassungen zur Ethik schlicht ad absurdum führt. Das Problem ist vor allem Laclaus Bestreben, das Ethische leer zu halten und es zu einem Element aller Gesellschaften zu machen. Wie Simon Critchley schreibt, wird die Analyse dadurch von einer gewissen Banalität affiziert, da sich die schlichte Frage stellt, was der Sinn solch metaethischer Feststellungen sein soll. Diese Banalität kann nur umgangen werden, indem das Ethische mit der Demokratie verbunden wird, was zwar zu dessen normativer Aufladung führt, jedoch aus einem guten, von Critchley äußerst pragmatisch formulierten Grund.

> „However, if [...] the ethical is part and parcel of democratic societies alone, then it seems to me that one has admitted some specific normative content to the ethical. That is, one has consented to describing the ethical in some way or other and recommending a particular description over another. I would be inclined to say that democratic political forms are simply better than non-democratic ones: more inclusive, more just, or whatever." (Critchley, 2004; 121)

Bei Laclau ist das Ethische Bestandteil aller Gesellschaften, wird in demokratischen jedoch auf besondere Weise gepflegt, da sie den Spalt zwischen dem Partikularen und dem Universellen institutionalisieren und sich so die Offenheit für den Augenblick des Ethischen bewahren (Laclau, 2000c; 85). Diese These lässt sich als Versuch werten, auf die ethischen Vorzüge von Demokratien zu verweisen und gleichzeitig die Offenheit des Ethischen zu behaupten. Kann die These selbst nicht dazu beitragen, die Komplikationen des Ethikbegriffs Laclaus zu lösen, liegt ihr doch eine kleine analytische Unschärfe zu Grunde, die es erlaubt, Ethik und Demokratie wesentlich enger zu verknüpfen, als von Laclau selbst formuliert. Wenn er schreibt, das Ethische sei Bestandteil jeder Gesellschaft, ist dies seiner eigenen Logik zufolge genau betrachtet nicht ganz richtig.

Ein totalitäres Regime zeichnet sich nach Laclau durch die artifizielle Schließung seiner Elemente zu einer Totalität aus, die auf dem Wege einer Arretierung des Wechselspiels zwischen Partikularität und Universalität zustande kommt. Zwar kann auch in einem solchen Regime das Ethische aufscheinen, doch nur in Form einer Widerstandsbewegung, die sich gegen das System richtet und auf seine Neukonstitution drängt. Das ethische Moment kommt von Außen, aus dem Bereich der Dislokation, und ist nicht Bestandteil des durch das repressive Regime etablierten Differenzsystems Gesellschaft. Insofern eine Demokratie sich durch die Offenhaltung des Spalts zwischen Partikularem und Universellem auszeichnet, ist das Ethische für sie nicht der Einbruch eines nicht länger durch Ausschluss zu bändigenden Außen, sondern kommt ihm aus der eigenen Mitte heraus entgegen. Mit Laclau ließe sich die Trennung zwischen demokratischen und autoritären Systemen hinsichtlich ihres Verhältnisses zur Ethik wie folgt reformulieren: Das Ethische ist eine Möglichkeit jeder Gesellschaft, doch manifestiert es sich entweder als Einbruch des Außen in das System oder ist in Form eines offenen Entgegenkommens im Innern des Systems selbst situiert. Demnach kann das Ethische nur in Demokratien als Bestandteil der Gesellschaft beschrieben werden. Ob diese Kopplung wie von Critchley gefordert zu einer normativen Bestimmung des Ethischen führt, hängt davon ab, wie der Begriff der Demokratie verstanden wird.

Demokratie

In einer der wenigen Passagen, in denen Laclau sich um die Verbindung von Demokratie und Ethik bemüht, schreibt er:

> „It is only if a set of terms – ‚justice', ‚truth', ‚people', etc. – become the names of the ethical, only if they are not necessarily attached to any content but are always given reversible contents through collectively elaborated radical investments, that something like a democratic society becomes possible." (Laclau, 2004; 291)

Durch den ersten Teil des Satzes räumt Laclau ein, um Teil einer Demokratie zu sein, müsse das Ethische sich normativ aufladen, indem es mit bestimmten Begriffen gleichgesetzt werde, durch den zweiten Teil entzieht Laclau dieser Bestimmung ihren Gehalt, da er die Notwendigkeit der Leere dieser Begriffe anmahnt. Doch sollen – wie Laclau durch die Form der Aufzählung suggeriert – Begriffe wie Gerechtigkeit und Wahrheit sich voneinander unterscheiden, können sie nicht vollkommen leer sein, sondern müssen Spuren normativen Gehalts in sich tragen, die stark genug sind, um ein Zusammenfallen der Begriffe zu vermeiden, und schwach genug, um wechselnde Inhalte zu ermöglichen. Dieses Dilemma ließe sich als gezielte Formulierung einer Ambiguität verstehen, die sich aus dem Glauben an die Verknüpfung des Demokratischen mit bestimmten Ideen speist, zugleich um die im Zuge einer endgültigen Konkretisierung entstehenden Gefahren totalitärer Schließung weiß und selbiger durch eine Flexibilisierung der Begriffe entgegenzutreten versucht.

Jedoch ist dies eine äußerst freundliche Lesart, da es ebenso möglich wäre zu behaupten, Laclau nehme im zweiten Teil seines Satzes zurück, was er im ersten geltend mache, und fiele in das

Problem mangelnder Bestimmtheit zurück, das auch beim Hegemoniebegriff und der Ethik für Irritationen sorgt. Diese Irritation steigert sich wesentlich, wenn Laclau in „On populist reason" schreibt, das Wort „demokratisch" sei für ihn nicht an ein „demokratisches Regime" gebunden, betreffe nicht die Frage der Legitimität und werde von ihm lediglich deskriptiv gebraucht. Vom Begriff der Demokratie, so Laclau weiter, behalte er nur zwei Dinge bei: die Vorstellung eines „underdog", der Forderungen an das System stellt, die eine Äquivalenzrelation mit anderen Forderungen bilden, und den Rückgang dieser Forderungen auf einen Akt des Ausschlusses (Laclau, 2005; 125), wobei das oberste Ziel der Demokratie die Konstruktion einer Volksbewegung sein müsse (Laclau, 2005; 169). Da die Hegemonietheorie, wie bereits ausgeführt wurde, darauf abzielt, das Infragestellen sedimentierter Machtformen und die Etablierung neuer hegemonialer Verhältnisse durch bislang von der Gesellschaft Ausgeschlossene zu erklären, erscheint diese Erklärung Laclaus zunächst recht einsichtig. Demokratie wäre in seinen Augen dann weniger ein Gefüge von etablierten Institutionen als vielmehr jener Moment, da z.B. Recht, Partizipation oder Gleichheit von jenen erobert werden, die bislang keinen Anspruch auf sie hatten. Doch ergibt sich bereits hier eine Schwierigkeit, da es aus normativer Sicht nicht wünschenswert erscheint, wenn jeder „underdog" ungeachtet seiner politischen Identität jedwede Forderung an das System stellen kann und dadurch obendrein noch äquivalentielle Anziehung auf andere politische Kräfte ausübt. Es bedarf eines Kriteriums, das zu unterscheiden hilft, welche Differenzen in ein System Eingang finden dürfen, um es demokratisch nennen zu können. Laclau verweist darauf, eine Partikularität, die den Platz des Universellen eingenommen und so eine bestimmte Art von Hegemonie etabliert hätte, würde einen legitimen Anspruch auf diesen Platz besitzen (Laclau, 2005; 170). Doch bringt dies die Diskussion nicht voran, da es sehr wohl möglich ist, dass ein politisches System auf der Zustimmung seiner Mitbürger basiert, ohne deswegen demokratisch zu sein. Die expliziten Aussagen Laclaus zur Demokratie lassen berechtigte Zweifel aufkommen, ob es sich um mehr als eine weitere primär deskriptive Kategorie handelt, und sind ebenso unbestimmt wie seine Ausführungen zu Hegemonie und Ethik. Rodolphe Gasché bringt dies auf den Punkt:

„Even though Laclau´s radically secular position on universality excludes the assumption of any teleological essence of democracy which would be progressively attained, and even though his conception of democracy is a pragmatic one, the very notion of a radical democracy would seem to suggest some kind of norm. But then ‚radical' means here the absence of any ultimate telos, of any ‚good' content that once and for all would make democracy identical to itself." (Gasché, 2004; 29)

Doch vielleicht steckt in seiner Theorie etwas wie eine implizite Ethik, aus der sich Kriterien gewinnen lassen, in welche Richtung eine demokratische Politik steuern sollte?

Zur Politik des Politischen

Wie bereits ausgeführt beschreibt Laclau mit dem Begriff des Politischen jenen Augenblick, in welchem die Kontingenz hinter dem Sozialen sichtbar wird, sich neue Antagonismen bilden und es zur Reartikulation seiner sedimentierten Formen kommt (Laclau, 1990c; 35). Das Politische ist die das Soziale instituierende Macht und das Soziale erweist sich als geronnene Form des Politischen, die den Anschein von Natürlichkeit hervorbringt. Da ein Differenzsystem sich nach Laclau niemals endgültig schließen kann, insofern es immer auf einem Ausschluss basiert, der in Form von Dislokationen zurückkommt, ist das Politische eine irreduzible Größe, die auch durch eine monolithische Instituierung des Sozialen nicht zu vertreiben ist (Laclau, 2005; 154). Oliver Machart führt diesen Begriff des Politischen weiter, indem er ihm – angelehnt an Slavoy Žižek – die Politik entgegenstellt, die er als „Zurandekommen" mit dem Politischen definiert, als die Frage, wie mit dem nicht auszulöschenden Faktor von Antagonismus und Kontingenz im realen Leben umgegangen wird (Marchart, 1998b; 92). Eine Politik des Politischen besteht darin, die Struktur des Politischen (Antagonismus, Unentscheidbarkeit, Irreduzibilität) als Bezugspunkt zur Konzeption konkreter Politikformen heranzuziehen. Es gibt zwei Spielarten dieses Denkens: Zum einen ist es möglich zu behaupten, aus dem Politischen fließe ein ethischer Imperativ, der in Richtung bestimmter Politikformen weise, zum anderen kann diese Aussage deutlich eingeschränkt werden, indem das Verhältnis zwischen dem Politischen und der Politik als kontingent gefasst, aber eingeräumt wird, um demokratisch zu sein, müsse Politik der Struktur des Politischen entsprechen. Laclaus Theorie ist klar der zweiten Option zuzuordnen. Deutlich wird dies in einer Besprechung Derridas, der mit seinem Begriff der „kommenden Demokratie (démocratie à venir)“ aus der Unentscheidbarkeit des Politischen die Verpflichtung ableitet, eine permanente Öffnung auf das Andere hin zu etablieren. Laclau ist sich zwar nicht sicher, ob es Derrida selbst und/oder seine Anhänger und Anhängerinnen sind, die diesen Schritt vollziehen, jedoch steht für ihn die Illegitimität dieses Argumentationsschritts außer Frage, da seiner Ansicht nach aus der prinzipiellen Offenheit dem Ereignis gegenüber, der Möglichkeit, jederzeit von ihm erfasst werden zu können, kein wie auch immer gearteter ethischer Imperativ abgeleitet werden kann (Laclau, 1996k; 113, 117). Prinzipiell kann aus dem Politischen auch eine Politik folgen, die sich der Erfahrung des Anderen durch Abschottung oder Ausgrenzung verschließt.

Kann auch kein Imperativ aus dem Politischen abgeleitet werden, unterscheidet Laclau politische Herrschaftsformen doch dahingehend, wie sich ihre Struktur zu derjenigen des Politischen verhält. Ihm zufolge entspricht die Struktur der Demokratie dem Politischen, indem sie dessen konstitutiven Mangel an Schließung mitsamt der daraus folgenden Unentscheidbarkeit und dem permanenten Aufschimmern neuer Antagonismen übernimmt. Dies spiegelt sich in der folgenden Formulierung über die Demokratie wider:

> „Eine Abfolge finiter und partikularer Identitäten, die eine universale Aufgabe zu übernehmen versuchen, die über sie hinausgeht; die aber folglich nie in der Lage sind, die Distanz zwischen Aufgabe und Identität zu überdecken und die jederzeit durch alternative Gruppen ersetzt werden können. Unvollständigkeit und Vorläufigkeit gehören zur Essenz der Demokratie.“ (Laclau, 1996h; 41)

Das Schlimmste, was einer Demokratie nach dieser Formulierung passieren kann, ist die Schließung des Spalts zwischen der demokratischen Aufgabe und der sie einlösenden Identität, zu der es kommt, wenn die Fülle der Gemeinschaft nicht länger als niemals zu erreichendes, von fluktuierenden Akteuren und Projekten inkarniertes Gut betrachtet wird, sondern ihren unmittelbaren Ausdruck in einem bestimmten, jeder hegemonialen

Auseinandersetzung entzogenen Verhältnis des Partikularen zum Universellen finden soll. In diesem Moment verliert die Demokratie für Laclau entweder ihre Lebendigkeit und hört auf, politisch zu sein, verkrustet zum Sozialen, oder schlägt gar in Totalitarismus um. Zwar ist die durch das Politische bedingte Kontingenz ein Bestandteil jeder konkreten politischen Ordnung, doch unterscheiden sich demokratische Gesellschaften von anderen, da sie die Kontingenz ihrer Grundlagen sichtbar machen (Critchley, 2004; 115).

Wie Devenney ergänzt, besteht die Aufgabe eines radikalen Demokraten darin, über die Kontingenz einer jeden gesellschaftlichen Ordnung und ihrer jeweiligen Legitimation hinaus auch das (letztlich stets illegitime) Moment der Macht und Gewalt zu sehen, durch das ihre Aufrechterhaltung gewährleistet wird (Devenny, 2004; 137-138). Da jede politische Ordnung nach Laclau auf einem Ausschluss basiert und selbst ein demokratisches Utopia diesem Problem nicht entgehen kann, ist es insbesondere in einer Demokratie notwendig, stets den Preis vor Augen zu haben, den die Aufrechterhaltung politischer Systeme mit sich bringt.

Anschlüsse für die Geschlechterpolitik

Auch wenn Laclaus Ausführungen über Ethik, Demokratie und das Politische für sich betrachtet normative Defizite aufweisen, da sie kein Kriterium anbieten, um zwischen verschiedenen hegemonialen Projekten hinsichtlich ihrer politischen Wünschbarkeit zu unterscheiden, lässt sich aus ihrer Zusammenfassung doch immerhin ein Bild entwickeln, das als Orientierung dienen kann, um eine erste Antwort auf die Frage zu erhalten, von welchen Prinzipien eine demokratische Geschlechterpolitik sich leiten lassen sollte.

Über den Zusammenhang von Politik und Ethik lässt sich mit Laclau sagen: Rein logisch betrachtet ist jedes politische Projekt möglich, da die Struktur unentscheidbar und es deswegen nicht möglich ist, durch Deduktion Tendenzen für die Zukunft zu extrapolieren. Dies wird allerdings aufgrund der Rückgebundenheit des Politischen an das Soziale stark eingeschränkt. Hegemoniale Politik findet nicht in einem leeren Raum, sondern stets in einem Differenzsystem statt, das sowohl ihr Medium als auch ihr Ergebnis ist. Ist das dem Begriff der „Postmoderne“ so gerne von der Kritik attributierte „Anything goes“ damit auch verabschiedet, bedeutet dies allerdings nicht, hegemoniale politische Projekte könnten nichts anderes als demokratisch sein. Da immer auch undemokratische Optionen offenstehen und es weder eine transzendente noch eine transzendentale Macht gibt, die verbieten würde, sie zu ergreifen, ist die Frage der Demokratie letztlich eine der Entscheidung.

Das Besondere an demokratischen Regierungsformen ist ihre Eigenschaft, die Offenheit des Politischen zu übernehmen, indem sie die Spaltung von Partikularität und Universalität instituieren und dadurch eine Offenheit kultivieren, die es dem Ethischen als universelles Moment der Gesellschaft erlaubt, in unterschiedlichen, den gesellschaftlichen Auseinandersetzungen entsprechenden Weisen zu erscheinen. Unter Hinzuziehung der oben angeführten wohlwollenden Interpretation des Zitats über die Verkoppelung von Ethik und Demokratie lässt sich ergänzen, dass Demokratien stets um Begriffe wie z.B. Gerechtigkeit und Wahrheit herum konstruiert sind, wobei selbige sich durch eine wechselseitige Kontamination von Fülle und Leere auszeichnen, um einerseits nicht ineinander zu fallen und beliebig zu werden, andererseits aber jenes Gleiten der Bedeutung zu ermöglichen, das erforderlich ist, um den Platz des Universellen für wechselnde Partikularitäten offenzuhalten.

Diese Momente müssen insbesondere von einer demokratischen Geschlechterpolitik übernommen werden, da sie in höherem Maße als viele andere Politikfelder mit dem Problem der Unentscheidbarkeit und der Notwendigkeit konfrontiert ist, sich selbst ständigen Revisionen zu unterziehen. Wenn die Geschlechterdifferenz, wie gezeigt wurde, ontologisch und doch jedem epistemologischen Zusammenhang entzogen ist, so darf das sie codierende Differenzsystem niemals gänzlich geschlossen werden, da dies nicht nur jede politische Bewegung blockieren, sondern auch eine unmittelbare Gewalt gegen die Körper darstellen würde. Doch ist mit dieser Entscheidung für die Demokratie noch nicht viel erreicht, da noch zu entscheiden ist, was der politische Einsatz sein soll.

> „In other words, it is because we know that God is dead and Reason cannot take it’s place that we are forced to assume the immense responsibility of inventing and safeguarding the ethical ‚ground‘ of our actions.“ (Torfing, 1999; 278)

In einem Terrain der Unentscheidbarkeit werden politische Inhalte und Ziele nicht vorgefunden oder durch wissenschaftliche Forschung entdeckt, sondern sind Konstruktionen, die innerhalb von politischen Auseinandersetzungen entwickelt werden. Konnte Laclau helfen, die Prinzipien aufzustellen, von denen eine Geschlechterpolitik sich leiten lassen sollte, um demokratisch zu sein, so ist sein metatheoretischer Ansatz an dem Punkt am Ende, wo es darum geht, spezifische politische Ziele zu definieren. Butler ist hier um einiges deutlicher, da sie sich wie Laclau der Offenheit von Demokratien und der notwendigen Instituierung von Kontingenz verschrieben hat, aber über solche metaethischen Erwägungen deutlich hinausgeht, indem sie auf dem unentscheidbaren Terrain des Politischen mit aller Deutlichkeit für eine Politik der Anerkennung plädiert.

Anerkennung als Perspektive der Geschlechterpolitik

Es ist deutlich geworden, dass sich die moderne Fassung der Geschlechterdifferenz als Differenzsystem lesen lässt, das durch leere Signifikanten fixiert wird und die historisch spezifische Form eines Hegemonieverhältnisses darstellt. Damit ist der politische Charakter der Geschlechterdifferenz in den Vordergrund gerückt worden, und als politische Strategien zur Bedeutungsverschiebung der Geschlechterdifferenz ergaben sich die Replatzierung der sie stützenden leeren Signifikanten bzw. deren Resignifizierung innerhalb gegenhegemonialer Projekte, deren Ziel darin besteht, den Raum des Intelligiblen auszuweiten. Doch findet die Verschiebung der Geschlechterkategorien nicht um ihrer selbst Willen statt, sondern soll Menschen, die bislang ausgeschlossen waren, einen besseren Zugang zum gesellschaftlichen Leben eröffnen, an dem sie bis jetzt nur zum Teil bzw. überhaupt nicht teilnehmen konnten. Damit gibt es eine Mittel-Zweck-Relation zwischen der Verschiebung der Geschlechterkategorien und den durch sie verfolgten politischen Absichten. Jede demokratische Geschlechterpolitik wird mit aller Deutlichkeit benennen müssen, was ihr Ziel ist.

Anerkennung bei Butler

Das Thema Anerkennung ist ein weites Feld. Wahlweise angestoßen von der Hegelschen „Realphilosophie", in der die Anerkennung einen Abschnitt der Entwicklung des Geistes hin zu seiner Realisierung in Recht und Staat gewährleistet, oder von dem Szenario des Konflikts zwischen Herr und Knecht in der „Phänomenologie des Geistes" hat das Problem der Anerkennung über eine breite Rezeption in der Hegelforschung hinaus auch Beachtung in der modernen Philosophie, der Psychoanalyse, den cultural studies, dem Feminismus und den Queer-Studies gefunden und hat in letzter Zeit durch die Schriften Axel Honneths insbesondere in Deutschland erneute Popularität erlangt. Nicht nur ist die Literatur unüberschaubar, auch die mit dem Begriff der Anerkennung verbundenen Absichten sind vollkommen heterogen. Die folgenden Ausführungen besitzen den Charakter einer theoretischen Erkundung, die herauszufinden beabsichtigt, welche Perspektiven sich für eine Politik der Anerkennung mit Butler und Laclau ergeben. Wenn die Geschlechterdifferenz ein leerer Signifikant ist, der durch hegemoniale Kämpfe definiert und fixiert (im Moment binär und heterosexuell) wird, so stellt sich die Frage, ob es sich bei diesem Prozess um eine ärgerliche Begleiterscheinung der Unkenntnis des „wahren" Charakters der Geschlechterdifferenz, um einen Selbstzweck wie etwa die libidinöse Besetzung des Gleitens der Kategorien oder um ein Mittel in einer politischen Auseinandersetzung handelt, deren eigentliches Ziel in etwas anderem liegt.

Hegel als Inspiration

Um auf diese Frage zu antworten, ist es hilfreich, kurz über das Subjekt nachzudenken. Es ist möglich, eine grobe Trennung zwischen zwei Positionen vorzunehmen, von denen die eine die Annahme beinhaltet, das Subjekt ginge dem Kontakt zu anderen Subjekten voraus, und die andere, es könne nur durch die Begegnung mit dem Anderen zu einem Selbstverhältnis gelangen. Wie eine Formulierung aus der „Realphilosophie" verdeutlicht, ist die Philosophie Hegels (und mit ihr alle an seine Überlegungen zur Anerkennung anknüpfenden Theorien) klar der zweiten Schule zuzuordnen.

> „Der Mensch wird notwendig anerkannt und ist notwendig anerkennend. Diese Notwendigkeit ist seine eigene, nicht die unsres Denkens im Gegensatze gegen den Inhalt. Als Anerkennen ist er selbst die Bewegung und diese Bewegung hebt eben seinen Naturzustand auf: Er ist Anerkennen; das Natürliche ist nur, es ist nicht Geistiges." (Hegel, 1974; 227)

Eine Formulierung aus der „Phänomenologie des Geistes" zielt in die gleiche Richtung, verzichtet jedoch auf die Tendenz, aus der Bewegung der Anerkennung eine anthropologische Konstante zu machen.

> „Das Selbstbewußtsein ist *an* und *für sich*, indem und dadurch, daß es für ein Anderes an und für sich ist; d.h. es ist nur als ein Anerkanntes" (Hegel, 1986; 145)

Aus dem Blickwinkel einer gewissenhaften Hegelrezeption sind die Textstellen zu verschieden, um sie unkommentiert nebeneinanderzusetzen und eine Parallelität zwischen ihnen zu suggerieren, indem sie herangezogen werden, um für die intersubjektive Konstitution des Bewusstseins zu bürgen. Die Passage aus der „Realphilosophie" ist eine Vorwegnahme dessen, was zum Recht führen und den von den Familien im Naturzustand geführten „Kampf auf Leben und Tod" beenden wird; die Stelle aus der „Phänomenologie" markiert den Auftakt zur Beschreibung der Entwicklung, durch die das Bewusstsein zu sich selbst kommt und Selbstbewusstsein wird. Da es weder der Anspruch Butlers noch Ernesto Laclaus ist, eine textnahe Hegelauslegung zu betreiben, sondern dessen Theorie als Inspiration für die eigene Arbeit zu nutzen, kann an dieser Stelle jedoch von philologischen Fragen Abstand genommen werden, um anhand der zitierten Passagen auf das mit der Anerkennung verbundene Grundproblem aufmerksam zu machen.

Nach dem ersten Zitat sind „anerkannt werden" und „anerkennen" eine dem Menschen eigene Notwendigkeit, die ihn vom Naturzustand zur geistigen Existenz befördert. Das zweite Zitat weist in dieselbe Richtung: Um an und für sich zu sein, bedarf das Selbstbewusstsein nicht nur eines Anderen, sondern auch seiner Anerkennung. Doch für sich gelesen wirkt die zweite zitierte Formulierung weniger kategorisch als die erste, da sie eine Bedingung formuliert, die erfüllt sein muss, damit Selbstbewusstsein existieren kann, anders als im ersten Zitat aber nicht von der natürlichen Gegebenheit dieser Bedingung ausgeht. Dies wirft die Frage auf, was passiert, wenn ein Selbstbewusstsein keine Anerkennung erfährt. Wenn das Subjekt an Anerkennung gebunden, selbige aber keine Selbstverständlichkeit ist, wird das Subjekt zu einer prekären Existenzform, die sich ihrer selbst niemals ganz sicher sein kann.

Spinoza mit Hegel

Eben dies ist der Fokus Butlers, in deren Werk die Anerkennung seit „Gender trouble" eine zentrale Rolle spielt, auch wenn sie sich erst in ihren jüngeren Veröffentlichungen bemüht, den Begriff über eine vom Vertrauen in die Hegelkenntnisse ihrer Leser getragene Erwähnung hinaus theoretisch zu entfalten. In ihrem Aufsatz „Can the ‚Other' of philosophy speak?" (Butler, 2004e), der auch einen Rückblick auf ihre intellektuelle Entwicklung beinhaltet, hebt Butler die Wichtigkeit des spinozistischen Conatus hervor, demzufolge jedes Ding danach strebt, in seinem eigenen Sein zu verharren, und betont die Bindung dieses Strebens an das Begehren, in einer Welt zu leben, die das Verharren im eigenen Sein ebenso möglich macht wie das Zusammenfallen des Wertes des eigenen Seins mit dem Wert des Seins des Anderen. Ausgehend von dieser Lektüre Spinozas liest Butler Hegel und stellt mit dessen Theorie der Anerkennung fest, das Begehren sei immer das Begehren nach Anerkennung und Anerkennung sei Bedingung für ein kontinuierliches und lebenswertes Leben (Butler, 2004; 235-236). Butlers Lektüre Hegels stützt sich auf das Kapitel über Herrschaft und Knechtschaft in der „Phänomenologie des Geistes", verschiebt jedoch dessen Akzente.

> „Thus recognition begins with the insight that one is lost in the other, appropriated in and by an alterity that is and is not oneself. Recognition is motivated by the desire to find oneself reflected there, where the reflection is not a final expropriation. Indeed, consciousness seeks a retrieval of itself, a restoration to an earlier time, only to come to see that there is no return from alterity to a former self, but only a future transfiguration premised on the impossibility of any such return." (Butler, 2004e; 241)

In ihrer Auslegung übernimmt Butler zunächst die Struktur des von Hegel geschilderten Dilemmas. Ein Selbstbewusstsein trifft auf ein anderes Selbstbewusstsein und sieht sich durch dessen Präsenz aus seiner (de facto nie real gewesenen) Selbstübereinstimmung in die Entfremdung gerissen (Hegel, 1986; 146). Mit Sartre ließe sich diese Situation des Aus-sich-selbst-gerissen-Werdens mit dem Augenblick veranschaulichen, in dem ein Mensch, der sich bis zu diesem Zeitpunkt allein glaubte, vom Blick eines Anderen getroffen wird. Sobald der Beobachtete sich der Tatsache, angeblickt zu werden, gewahr wird, versucht er sich vorzustellen, wie sein Gegenüber ihn sehen, was es über ihn denken könnte, und wird in den Anderen hineingezogen wie in einen Strudel (Sartre, 1994c; 457-539). Bei Hegel hebt das im Anderen verlorene Selbstbewusstsein den Anderen durch dieses Verlieren auf, da es in ihm nur noch sich selbst erblickt, nicht aber den Anderen in seiner Selbstheit. Um diesen Zustand des

Selbstverlusts zu überwinden, muss das Selbstbewusstsein in sich selbst zurückkehren, doch ist dies nicht einfach, da es sich auf diesem Weg in zwei gefährlichen Problemen verfängt. Da es sich des Anderen noch nicht gewiss ist, kann es von ihm noch keine Anerkennung erwarten. Diese kann nur entstehen, wenn sich das eine Selbstbewusstsein mit dem anderen in einen „Kampf auf Leben und Tod" begibt, indem beide alles aufs Spiel setzen und so ihre Unabhängigkeit von aller Gegenständlichkeit beweisen. Doch wenn in diesem Kampf jemand stirbt, kann niemals Anerkennung erfolgen, weshalb sie zu der Einsicht gelangen, dass ihnen ihr Leben ebenso wichtig ist wie ihr Selbstbewusstsein (Hegel, 1986; 145-150). Auch den Anderen zu zwingen, in seinem Bewusstsein als Totalität zu existieren, stellt keine Lösung dar, da dies das andere Bewusstsein als Anderes aufheben und die Bewegung des Anerkennens genau in jenem Augenblick beenden würde, in dem sie sich verwirklicht (Hegel, 1974b; 325).

Bei Hegel besteht ein Ausweg aus dieser verfahrenen Situation, wenn das Selbstbewusstsein die Gefahren der Anerkennung meistert und in einer höheren Instanz wie der „Vernunft" in der „Phänomenologie" oder dem „Staat" in der „Realphilosophie" schließlich sich selbst erblickt und Teil eines größeren Ganzen wird. Butler übernimmt die Verlorenheit des (wie es bei ihr heißt) Subjekts im Anderen, ebenso das aus ihr resultierende Streben, sich im Anderen wiederzufinden, und schließt sich Hegel auch in der Feststellung an, die Rückkehr zu sich selbst könne nicht durch eine Enteignung des Anderen durch z.B. Mord oder Zwang geschehen. Doch distanziert sie sich von der Ansicht, die Anerkennung strebe ein Ziel an, da das Subjekt ihr zufolge immer nur auf seine ursprüngliche, nicht zu überwindende Entfremdung durch den Anderen stößt, niemals aber auf ein Mittel, um zu seinem immer schon verlorenen Selbst zurückzukehren.

Spinoza und Hegel mit Foucault

Doch Butler denkt den Begriff der Anerkennung nicht nur von Spinoza ausgehend mit Hegel, sondern auch mit der Theorie Michel Foucaults. Wenn Anerkennung den Menschen in „selbständiges Selbstbewusstsein" (Hegel, 1986; 149) verwandelt oder, wie Butler es formuliert, aus ihm ein Subjekt macht, so stellt sich mit Foucault die Frage, von welchen Normen dieser Prozess reguliert wird und wie ein Mensch beschaffen sein muss, um Anerkennung finden zu können.

> „To say that the desire to persist in one's own being depends on norms of recognition is to say that the basis of one's autonomy, one's persistence as an ‚I' through time, depends fundamentally on a social norm that exceeds that ‚I', that positions that ‚I' ecstatically, outside of itself in a world of complex and historically changing norms." (Butler, 2004d; 32)

Um die Anerkennungstheorie Butlers nicht als bloße Verschachtelung der Schlüsselelemente Spinozas, Hegels und Foucaults zu verstehen, ist es notwendig, ihren Zusammenhang mit der heterosexuellen Matrix zu beleuchten. Butler spricht mit Blick auf die Anerkennung häufig in sehr allgemeinen Kategorien wie dem „Menschlichen" oder, wie gerade zitiert, der Kontinuität des „Ich"[41] und wirft damit die Frage auf, ob sie sich in ihren neuen Veröffentlichungen von der Geschlechterthematik löst, um in allgemeinere Themengebiete wie Politik und Ethik vorzudringen. Zwar wäre es bei einem schlichten Blick auf die späteren Schwerpunkte Butlers (nach „Körper von Gewicht") möglich, dergleichen zu behaupten, doch würde dies bedeuten, zu übersehen, welche Verbindung zwischen ihren „alten" und „neuen" Themen besteht. Butler argumentiert zwar in späteren Veröffentlichungen mit der Kategorie des „Menschlichen" und interpretiert sie mit Foucault als historisch spezifische Macht-Wissen-Konstellation, doch versucht sie nicht, diese Kategorie in all ihren Aspekten aufzuschlüsseln, da ihr eigentliches Interesse einem anderen Thema gilt. Dies wird deutlich, wenn sie schreibt, ausgehend von der Lektüre Foucaults hätte sie begonnen, sich mit dem Verhältnis von Begehren und Anerkennung zu beschäftigen und das Problem zu bearbeiten, unter welchen Bedingungen ein bestimmtes Begehren Anerkennung finden kann (Butler, 2004e; 240). Zur Frage des Begehrens kommt jene der Geschlechtsidentität hinzu.

> „If part of what desire wants is to gain recognition, then gender, insofar as it is animated by desire, will want recognition as well. But if the schemes of recognition that are available to us are those that ‚undo' the person by conferring recognition, or ‚undo' the person by withholding recognition, then recognition becomes a site of power by which the human is differentially produced." (Butler, 2004f; 2)

Da Begehren und Geschlechtsidentität in einem wechselseitigen Konstitutionsverhältnis stehen, muss eine Anerkennung des Begehrens auch eine Anerkennung der Geschlechtsidentität sein. Nachdem Butler dies festgestellt hat, macht sie einen Sprung und erklärt, durch ihre Bindung an die Norm sei Anerkennung eine Seite der Macht und Teil der Produktion des Menschlichen, die sich durch die Selektion vollziehe, wer als menschlich und wer als unmenschlich gilt. Den hier angedeuteten Zusammenhang zwischen Geschlechtsidentität (verstanden als Trias von sex, gender und Begehren) und der Produktion des Menschlichen durch Anerkennung spricht Butler wenig später deutlich aus.

> „If I am a certain gender, will I still be regarded as part of the human? Will the ‚human' expand to include me in its reach? If I desire in certain ways, will I be able to live? Will there be a place for my life, and will it be recognizable to the others upon whom I depend for social existence?" (Butler, 2004f; 2-3)

Gender fungiert Butler zufolge als Vorbedingung für die Produktion und Behauptung des Menschlichen. Damit wird verständlich, was sie meint, wenn sie nach mehr als zehn Jahren auf ihr erstes Buch „Gender Trouble" zurückblickt und schreibt, es sei ihr bereits damals darum gegangen, sich eine Welt vorzustellen, in der all jene, die nicht den gängigen Normen der Geschlechtsidentität entsprechen, nicht nur ihr Dasein fristen, sondern auch soziale Anerkennung genießen könnten (Butler, 2004c; 207)[42]. Von hier aus eröffnet sich eine interessante Lesart Butlers. Wenn Subjekte durch Anerkennung produziert werden und dieser Prozess von kontingenten, komplex verschachtelten Normen reguliert wird, so ist ihr Werk als Bemühung lesbar, einen der vielen für diesen Prozess ausschlaggebenden Faktoren zu verstehen. Es geht ihr nicht darum, in einer umfassenden Genealogie zu zeigen, wie das Subjekt zu einem bestimmten Zeitpunkt hergestellt wird, sondern inwiefern die Geschlechtsidentität ein Bestandteil dieser Produktion ist. Wie bereits gezeigt ist die Anerkennung der Geschlechtsidentität kein optionales Moment, was Subjekte zuließe, deren Geschlechtsidentität in den Bereich des Nicht-Intelligiblen fiele, die aber aufgrund anderer Eigenschaften wie z.B. einer respektablen Arbeit gesellschaftliche Anerkennung erführen, sondern eine Bedingung, die erfüllt sein muss, um als Subjekt zu gelten. Die Anerkennung der Geschlechtsidentität fällt zwar nicht mit der Anerkennung als solcher zusammen, ist jedoch eine notwendige Bedingung für sie. Die Akzentverschiebung in Butlers Werk von Reflexionen über die Konstruktion der Geschlechterdifferenz hin zu ethischen und anerkennungstheoretischen Fragen lässt sich aus dieser Perspektive anders denn als Lösung von ihren alten Themen (Klaue, 2003), als Artikulation eines über Anpassung an den akademischen Konsens erkauften Ankommens in der akademischen Landschaft (Rödig, 2003) oder als sozialdemokratisch geprägte Affirmation realpolitischer Notwendigkeiten (Weber, 1998) interpretieren. Wenn für Butler Geschlechtsidentität und Anerkennung ein Paar bilden, handelt es sich bei der Entwicklung ihres Werks um eine Bewegung von einem Pol zum anderen. Was sich ändert, ist das Verhältnis von Vorder- und Hintergrund, die sich gegenseitig zu beleuchten beginnen und deswegen heute eine wesentlich differenziertere Interpretation Butlers erlauben als früher.

Für einen pragmatischen Ansatz

An diesem Punkt erhebt sich eine Frage. Ist Anerkennung wirklich das Mittel, durch das Subjekte gemacht werden, und ist es richtig, aus dieser Behauptung abzuleiten, der Einsatz politischer Kämpfe müsse heute in einem Streben nach Anerkennung liegen? Dies ist nicht unumstritten. Wie die Debatte zwischen Axel Honneth und Nancy Fraser gezeigt hat, gibt es gute Gründe, darauf zu beharren, dass in einer von sozialer Ungleichheit zerrissenen Welt sich nicht alles über Anerkennung lösen lasse und Umverteilung als politische Forderung nicht aus dem Blickfeld geraten dürfe (Fraser/Honneth, 2003).

Ein pragmatischer Ansatz kann helfen, sich an dieser Stelle weder in Details noch metatheoretischen Auseinandersetzungen über den Subjektsbegriff zu verlieren. Es ist Butler selbst, die diese Herangehensweise nahelegt, indem sie schreibt, Ziel der von ihr anvisierten Geschlechterpolitik sei nicht eine vollkommene Neukonzeption der Normen, von denen Anerkennung geregelt wird, und auch nicht die Erfindung eines Kaleidoskops neuer Möglichkeiten von Geschlechtsidentität, sondern jenen Menschen ein lebenswertes Leben zu ermöglichen, die bislang gezwungen sind, an den Rändern der Intelligibilität zu existieren.

> „The genders I have in mind have been in existence for a long time, but they have not been admitted into the terms that govern reality. So it is a question of developing within law, psychiatry, social, and literal theory a new legitimating lexicon for the gender complexity that we have been living for a long time. Because the norms governing reality have not admitted these forms to be real, we will, of necessity, call them ‚new'." (Butler, 2004d; 31)

An dieser Stelle tritt wieder das Problem Butlers zutage, über keine präzise Fassung des Ausschlusses zu verfügen, was ihren Begriff der Realität sehr verschwommen macht. Hinzu kommt die Unbestimmtheit der Formulierung, deren andeutendem Charakter nicht entnommen werden kann, von welchen Formen sexueller Devianz Butler eigentlich spricht. Mit Laclau ließe sich einwenden, Homosexuelle befänden sich im Bereich des Ontischen und damit innerhalb des Rahmens der Realität, wohingegen andere Formen der Abweichung jenseits des den Bereich des Ontischen konstituierenden quasi-ontologischen Antagonismus situiert und deswegen aus der Realität ausgeschlossen seien. Um Wege zu finden, die aufgrund ihrer Geschlechtsidentität im Abseits der Gesellschaft lebenden Menschen in den Bereich des Intelligiblen zu integrieren, müsste Butler deutlicher machen, was die Unterschiede und Gemeinsamkeiten derjenigen sind, die in ihren Augen von Exklusion betroffen oder gefährdet sind. Doch ist zu diesen Unschärfen des Butlerschen Ansatzes und der Möglichkeit, sie durch einen Rückgriff auf die Theorie Laclaus zu konkretisieren, weiter oben bereits alles gesagt worden.

An dieser Stelle geht es um einen pragmatischen Ansatz für eine Politik der Anerkennung. In einem Satz zusammengefasst besteht Butlers politisches Ziel darin, Menschen, die außerhalb der Intelligibilität existieren, in diesen Bereich zu integrieren. Bei aller Skepsis, die dem Begriff, seiner Theoretisierung oder seiner Stellung innerhalb politischer Strategien entgegengebracht werden kann, ist es nicht möglich, sich vorzustellen, wie dieses Ziel ohne die Anerkennung der von Butler benannten Geschlechtsidentitäten erreicht werden könnte. Dies gesteht sogar eine gegenüber Anerkennungstheorien so skeptische Autorin wie Fraser ein, wenn sie schreibt, es sei zwar nötig, die „distributive Dynamik der Auseinandersetzungen um die Sexualität zu berücksichtigen", der Schwerpunkt liege aber deutlich auf dem Problem der Anerkennung (Fraser, 2003, 39-41). Zumindest für jenen Bereich der

Geschlechterpolitik, der sich um die Integration exkludierter Geschlechtsidentitäten bemüht, ist Anerkennung notgedrungen das zentrale politische Ziel. Von Butlers Tendenz, Anerkennung zur Voraussetzung jedweder Subjektkonstitution und zum zentralen Einsatz heutiger politischer Kämpfe zu erklären, wird im Folgenden abgesehen, um ihre Analysen vor dem gerade formulierten pragmatischen Hintergrund zu lesen.

Liebe und soziale Anerkennung

Zwar zieht sich der Begriff der Anerkennung durch das komplette Werk Butlers, doch wird er nur an wenigen Stellen ihrer neueren Veröffentlichungen systematisch analysiert. Da es auch in der Literatur über Butler keinen Versuch gibt, die verschiedenen Aspekte ihres Anerkennungsbegriffs zu rekonstruieren, stützen sich die folgenden Ausführungen vor allem auf zwei Aufsätze aus dem Band „Undoing Gender" (Butler, 2004b), die sich explizit der Anerkennung widmen. Dabei wird deutlich, dass sich in den neuen Veröffentlichungen Butlers mit der Liebe und der sozialen Anerkennung zwei Ebenen von Anerkennung unterscheiden lassen. In beiden Bereichen versucht Butler Anerkennung nicht als Verhältnis zwischen zwei Polen, sondern als Triangulation zweier Pole und der Norm als drittem Pol, auf den die ersteren Bezug nehmen, zu denken.

Liebe als Anerkennung und das Problem der Dyade

In ihrem Aufsatz „Longing for recognition" (Butler, 2004g) widmet Butler sich der Anerkennungstheorie Jessica Benjamins. Um besser verstehen zu können, worum es in dieser Auseinandersetzung geht, werden zunächst in aller Kürze deren Grundgedanken dargestellt. Benjamin ist praktizierende Psychoanalytikerin und nähert sich dem Problem der Anerkennung, indem sie ihre eigene Disziplin mit Elementen aus der Philosophie ergänzt, wobei besonders Hegels Dilemma von Herr und Knecht eine zentrale Rolle spielt. Die Stellung dieses Themas erklärt sich aus dem von Benjamin gewählten psychoanalytischen Ansatz. Anders als intrapsychische Ansätze, die sich auf die Triebtheorie stützen, oder Ich-psychologische, die das Ich als Niederschlag aufgegebener Objektsbeziehungen betrachten, ist der Ansatz Benjamins durch eine intersubjektive Herangehensweise gekennzeichnet, der es um die „Differenzierung von Selbst und Anderem“ und das „Streben nach Anerkennung“ geht (Benjamin, 1993b; 152). Auch bei Benjamin ist die Anerkennung ein wichtiger Faktor zur Konstitution des Subjekts; allerdings verwendet sie, um dessen nichtidentischen Charakter und seine Fähigkeit, vielfältige Positionen einzunehmen, hervorzuheben, anstelle des Subjektbegriffs den Begriff des Selbst. Wie sie feststellt,

> „[...] konstituiert es sich reziprok in der Beziehung zum Anderen, ist abhängig von dessen Anerkennung, die es nicht bekommen kann, ohne negiert zu werden, und wird vom Anderen in einer Weise beeinflußt, durch die es sich verändert und nichtidentisch wird.“ (Benjamin, 2002; 103)

Wie weit die Abhängigkeit vom Anderen reicht, bleibt bei Benjamin offen, da sie zumindest in früheren Veröffentlichungen nahelegt, Anerkennung sei zwar wichtig für die Entwicklung der Fähigkeiten des Subjekts, nicht jedoch für dessen Existenz als solcher (vgl. z.B. Benjamin, 1993b; 147). Auf jeden Fall ist sie ein entscheidender Faktor für die Entwicklung des Subjekts zu einem reflektierenden, handelnden und auf seine Umwelt Bezug nehmenden Dasein.

Benjamins Ausführungen nehmen zum größten Teil konkrete Beziehungen in den Blick wie die zwischen Mutter und Kind, Mann und Frau, Liebesbeziehungen im Allgemeinen oder das Verhältnis von Analytiker und Analysant. Zur Herleitung ihres Ansatzes greift sie unter anderem auf das hegelsche Szenario von Herr und Knecht zurück, widmet sich diesem aber nicht in Form einer strengen philosophischen Analyse, sondern als Narration, die sie heranzieht, um zu veranschaulichen, was geschieht, wenn zwei Subjekte einander begegnen. Benjamin zufolge tritt bei Hegel im Augenblick dieser Begegnung mit Blick auf das Selbst der Widerspruch auf, nach absoluter Selbstständigkeit zu streben und gleichzeitig den Wunsch nach Anerkennung zu hegen. Zwar sei bei Hegel die Wechselseitigkeit der Anerkennung berücksichtigt, da er einräume, beide Seiten strebten nach der Anerkennung der jeweils anderen, doch ist diese Reziprozität ihrer Interpretation zufolge für die hegelschen Subjekte nicht spürbar. Da das Selbst kein „Bedürfnis nach dem Anderen schlechthin“ verspürt, bedeutet die Anerkennung des Anderen für es lediglich ein Mittel, um die von ihm angestrebte volle Selbstgewissheit zu erlangen, wodurch die Grundlage für ein von Herrschaft und Knechtschaft strukturiertes Verhältnis geschaffen wird. Das Problem, die im Falle eines Sieges über den Anderen erreichte Unabhängigkeit nur besitzen zu können, wenn der Andere sie anerkennt, und dadurch wieder in die Abhängigkeit vom Anderen zu verfallen, bleibt jedoch bestehen. Das Zusammenbrechen dieses Verhältnisses ist Benjamin zufolge bei Hegel eine zwangsläufige Entwicklung, da für diesen die Aufhebung zweier Pole in eine andere Form ein „Gesetz des Lebens“ sei. Gerade in dieser Selbstbezüglichkeit des von Hegel beschriebenen Selbst sieht Benjamin eine Parallele zu den Allmachtsvorstellungen des Ichs in der klassischen Ich-Psychologie, deren Prämissen sie mit ihrem intersubjektiven Ansatz überwinden möchte (Benjamin, 1988; 44-46). Dabei ist für sie vor allem die Frage ausschlaggebend, wie es möglich ist, von der Komplementarität zur Anerkennung zu gelangen.

> „In der komplementären Beziehungsstruktur werden die Allmachtsphantasien nicht aufgelöst, sondern zwischen den Partnern hin- und hergeschoben. Durch die Bewegung aus der Welt komplementärer Machtbeziehungen heraus in die Welt wechselseitiger Verständigung hinein wird ein wichtiger Schritt zum Abbau der Allmachtsvorstellungen getan [...].“ (Benjamin; 1993c; 53-54)

Eine Welt wechselseitiger Verständigung lässt sich nur durch gegenseitige Anerkennung erreichen. Um in diesen Bereich zu gelangen, darf – wie Benjamin mit Bataille formuliert – weder der Herr noch der Knecht seine Rolle gänzlich zu Ende spielen. Wenn der Knecht resignierend seine Niederlage anerkennt, verliert er die Fähigkeit, den Herrn anzuerkennen; negiert der Herr in Gänze die Subjektivität des Knechts, bleibt ihm nur noch die Isolation (Benjamin, 1988; 81). Anerkennung ist als eine Beziehung zum Anderen zwischen diesen beiden Polen situiert, die jenseits des Kreislaufs von assimilieren und assimiliert werden liegt (Benjamin, 2002; 104). Das bedeutet zunächst, die Differenz des Anderen und seine Eigenschaft, ein eigenständiger Teil der äußeren Welt zu sein, müssen gewahrt werden (Benjamin, 2002; 121). Anerkennung ist immer auch die Anerkennung eines Unterschieds, was Benjamin zufolge eine „dialektische Spannung zwischen Gleichheit und Differenz" in sich birgt, da Verschiedenheiten nur auf der Grundlage von Gemeinsamkeiten sichtbar werden und Gemeinsamkeit auf diese Weise Differenz vermittelt. Wenn die Beziehung der Anerkennung es vermag, diese Spannung zwischen Gleichheit und Differenz zu wahren, kann sie dem Zusammenbruch in die Komplementarität eines Herrschaftsverhältnisses entgehen (Benjamin, 1993d; 13-15). Nur indem ihm seine Äußerlichkeit gelassen wird, kann der Andere jemand sein, mit dem wirkliche Intersubjektivität möglich ist.

> „Die Differenz des Anderen muß äußerlich sein, darf nicht als zwingender Befehl empfunden werden, der Andere zu ‚werden', nicht durch ihre Assimilation in das Selbst abgewehrt werden. Genau hier liegt die Bedeutung eines Begriffs von Anerkennung, der sich nicht durch Identifikation, sondern durch direkte Konfrontation mit der Äußerlichkeit des Anderen vollzieht." (Benjamin, 2002; 121)

Der Weg zur Anerkennung führt, wie Benjamin in Anlehnung an Donald W. Winnicott betont, über einen Akt der Zerstörung. Der Andere (in Benjamins diesbezüglichen Ausführungen meistens die Mutter) wird durch einen Angriff negiert und nur wenn er diesen Angriff überlebt, sich weder rächt noch zurückzieht, erweist er sich als realer Anderer, zu dem eine Beziehung der Anerkennung etabliert werden kann (Benjamin, 1993c; 49-51). Erst dann entsteht zwischen beiden eine dritte Ebene, ein „Raum zwischen dem Selbst und dem Anderen" (Benjamin, 2002; 45), welcher die Voraussetzung für „symbolisches Handeln" ist und Verständigung ermöglicht.

Doch auch wenn es zwei Subjekten gelingt, sich gegenseitig anzuerkennen, ist dieser Zustand weder harmonisch noch endgültig. Vielmehr ist der Rückfall vom Aufrechterhalten der Spannung zwischen Gleichheit und Differenz in eine Subjekt-Objekt-Relation Benjamin zufolge ein „gewöhnlicher Tatbestand des psychischen Lebens", ein weder zu umgehendes noch durch Normen zu korrigierendes negatives Element, das zwar in positive Bahnen gelenkt, nicht aber umgangen werden kann (Benjamin, 1993c; 55-56). Vielmehr als ein Normalzustand, von dem Herrschaft und Unterwerfung pathologische Abweichungen darstellen würden, ist Anerkennung eine Möglichkeit, die sich aus dem Handeln der Subjekte ergibt, ein spannungsreiches und instabiles

Verhältnis, das immer wieder bearbeitet und neu erschaffen werden muss. Diese Möglichkeit besitzt nach Benjamin jedoch – und das ist ein optimistischer Zug ihrer Theorie – eine hartnäckige Form der Präsenz, insofern sie nur verschwindet, wenn einer der beiden Pole der Beziehung die Zerstörung durch den jeweils anderen nicht überlebt (Benjamin, 2002; 122).

In ihrem Aufsatz über Benjamin formuliert Butler drei Kritikpunkte. Der erste betrifft die Hegelauslegung. Hegel macht in seinen Ausführungen zum Herr- und Knechtverhältnis zwar deutlich, inwiefern beide aufeinander angewiesen sind, lässt aber offen, wie diese Angewiesenheit zu verstehen ist. Für Butler ist sie radikal, da das Selbst ihr zufolge nur als ek-statisches gedacht werden kann, als immer schon außer sich seiend, durchdrungen von der Andersheit des Anderen und ohne Möglichkeit, zu einem ursprünglichen Selbst zurückzukehren. Durch das Immer-schon-da-Sein der Beziehung zum Anderen existiert das Selbst niemals in Form reiner Selbstübereinstimmung, sondern ist stets etwas anderes als es selbst. Oder wie Butler zusammenfassend formuliert: Das Selbst ist die Beziehung zum Anderen[43]. Deswegen ist nach ihr die Bindung an den Anderen in Benjamins Hegellektüre zu schwach, da das Selbst zwar als ein nach Anerkennung strebendes Sein gedacht werde, nicht jedoch als immer schon außerhalb seiner selbst stehend (Butler, 2004g; 147-151).

Der zweite Kritikpunkt gilt dem Zustandekommen einer auf Anerkennung beruhenden Beziehung. Wie bereits deutlich gemacht wurde, ist Benjamin zufolge der Kontakt eines Selbst mit einem anderen ein Balanceakt zwischen dem Streben nach Allmacht und der Angewiesenheit auf Kontakt. Butler merkt an, der Weg zur Anerkennung sei bei Benjamin zu einfach, da sie die Zerstörung nur als Zwischenfall behandelt und das Scheitern einer wechselseitigen Beziehung zwar als möglich, nicht jedoch konstitutiv bestimmt[44]. Entsprechend vorsichtig ist Butler, wenn sie die aus der Anerkennung resultierende dritte Ebene betrachtet, die nach Benjamin einen Raum der Begegnung zwischen den Subjekten schafft, und plädiert für eine kritischere Herangehensweise (Butler, 2004g; 133-135).

Ausgehend von diesem Punkt wird der dritte und zentrale Einsatz der butlerschen Kritik erkennbar. Bei aller Sympathie für den Ansatz Benjamins legt Butler nahe, Benjamin gehe zu unkritisch an die Frage der Anerkennung heran, sobald selbige den Bereich der Geschlechter und der Liebe beträfe. Benjamin misst den Bestrebungen poststrukturalistischer Ansätze, die Geschlechterdifferenz und deren komplementäres Verhältnis infrage zu stellen, zwar Bedeutung bei, sieht sie jedoch dem Paradox ausgesetzt, die Kategorien „männlich" und „weiblich" zu verwerfen, ohne ihre Relevanz für die Strukturierung der alltäglichen Erfahrung bestreiten zu können (Benjamin, 2002; 57). Zwar versucht auch sie, Wege zu eröffnen, auf denen die Polarität der Geschlechtskategorien überwunden werden kann, denkt dabei aber an eine Relativierung der Eindeutigkeit von Männlichem und Weiblichem, ohne die Binarität als solche zu kritisieren (Benjamin, 1998; 81) Butler ist diesem theoretischen Zug gegenüber verhalten und suggeriert durch eine für ihre Schreibweise typische Reihung von Fragen, Benjamins Ansatz müsse durch eine stärkere Berücksichtigung von nicht der Norm entsprechender Geschlechtsidentitäten ergänzt werden. Die dritte Ebene ist nach Butler nicht eine aus gegenseitiger Anerkennung folgende intersubjektive Errungenschaft, sondern geht auf die Aus- und Einschließungen zurück, durch die ein dyadisches Verhältnis strukturiert wird (Butler, 2004g; 140).

Butler umreißt ihren Standpunkt, indem sie auch hier die Grundthesen verschiedener Autoren und Autorinnen kombiniert, woraus sich in diesem Fall die Reihe Hyppolite mit Lacan mit Lévi-Strauss mit Sedgwick ergibt. Ihr zufolge funktioniert dies wie folgt: Hyppolite führte die Formulierung „Begehren des Begehrens" ein, wodurch er auf die Eigenschaft des Begehrens hinweisen wollte, sich zum Objekt des Begehrens des Anderen zu machen. Lacan erweiterte diese Formulierung zu der Feststellung, das Begehren sei das Begehren des Anderen, woraus sich Butler zufolge ein „Kaleidoskop der Perspektiven" ergibt, von denen für sie vor allem eine besonders wichtig ist. Das Subjekt will vom Anderen gewollt werden und die Gestalt dieses Willens kommt durch eine Anpassung an den Willen des Anderen zustande. Die Formulierung Lacans wurde ihr zufolge durch Lévi-Strauss' Arbeiten über den Frauentausch angestoßen, deren zentrales Argument darin liegt, Männer verschiedener Stämme würden Frauen tauschen, um ein symbolisches Band miteinander zu knüpfen. Die Frauen werden – mit Lacan gedacht – begehrt, da sie vom Anderen begehrt werden. Eve Sedgwick fragte, wer in dieser Tauschrelation eigentlich wen begehre. Ihr zufolge steckte hinter dem offensichtlich heterosexuellen Begehren der Männer, die Frauen miteinander zu tauschen, die durch diesen Tausch herbeigeführte Etablierung eines homosozialen Bandes, wodurch die Heterosexualität zum Medium der Homosozialität wird. Ausgehend von dieser Einsicht Sedgwicks bereitet Butler ihr Argument vor (Butler, 2004g; 137-139).

> „I raise this issue because it seems to me that it is not possible to read the profound and perhaps inescapable ways that heterosexuality and homosexuality are defined through another." (Butler, 2004g, 139)

Butler verdeutlicht ihre These durch das Beispiel eines Mannes, der eifersüchtig ist, weil seine Frau ihn mit einem anderen Mann betrogen hat. Zunächst sieht es so aus, als wäre dieser Mann wütend und traurig, da er seine Frau verloren glaubt. Doch wird die Szene ausgehend von Lacans Diktum, das Begehren sei immer das Begehren des Anderen, betrachtet, ergibt sich Butler zufolge ein wesentlich komplexeres Bild. Das Verhalten des betrogenen Mannes kann einerseits bedeuten, er begehre das Begehren seiner Frau, was die relativ normale Reaktion eines Menschen wäre, der sexuell betrogen worden ist, und glaubt, der Partner habe kein Interesse mehr an ihm. Ebenso gut lässt sich das Begehren des Begehrens des Anderen aber auch als Wunsch lesen, das Vorrecht seiner Frau zu teilen, sich Männer als Geliebte zu nehmen. Dadurch verkompliziert sich die Situation ungemein. Wenn der betrogene Mann seine untreue Frau anklagt, so einerseits, da sie ihr Begehren auf jemand anderen gerichtet hat, doch wie Butler anmerkt, vielleicht ebenso, weil sie sich anders als er weigert, das anderen Männern entgegengebrachte Begehren zu unterdrücken. Die durch den Fehltritt der Frau heraufbeschworene Wut lässt sich aus dieser Perspektive auch als Äußerung einer Verwerfung (Homosexualität) lesen, die nicht eingestanden werden darf und deren Artikulationen durch Zornausbrüche zurückgedrängt werden muss (Butler, 2004g; 139). Dieses Beispiel ist keine Neuauflage der heute weit verbreiteten Auffassung, jeder heterosexuelle Mann sei auch ein bisschen schwul bzw. jede heterosexuelle Frau auch ein wenig lesbisch, da sie in ihren Konsequenzen weit über solche Allgemeinplätze hinaus weist. Benjamins Theorie kann zwar die Vermischung von hetero- und homosexuellem Begehren innerhalb des Beispiels erfassen, da sie einen Ansatz verfolgt, der die Entgegensetzung von Objekt- und Identifikationsliebe in der klassischen Psychoanalyse aufzuheben versucht (z.B. Benjamin, 2002; 90-93), doch scheitert sie nach Butler daran zu erklären, wie Heterosexualität zu einem Schauplatz von Homosexualität werden oder Homosexualität einen Weg für heterosexuelles Begehren darstellen kann. Wie Butler vermutet, führt die Übertragung der Dyade auf den Bereich von Geschlecht und Liebe zu der Gefahr, die Zwänge zu übersehen, derer es bedarf, um die Dyade als exklusive Beziehung zwischen zwei Menschen aufrechtzuerhalten. In Benjamins Behauptung, das Dritte würde aus der Dyade selbst entstehen, als Überleben von Zerstörung und Negation, liegt für Butler eine zu unkritische Herangehensweise an das Problem, was das dritte Element der Dyade sein könnte (Butler, 2004g; 139-140). Auch Johanna Meehan kritisiert die idealisierende Tendenz der Theorie Benjamins und führt sie auf eine Vermischung von normativer und empirischer Ebene zurück, die ihr zufolge im Übergang von den anerkennungstheoretischen Darlegungen zur Kritik an der Komplementarität von Männer- und Frauenrollen im gesellschaftlichen Leben lokalisiert ist.

> „She abandons her clearly normative claims about what we *ought* to adopt as the ideal of ego achievement, and moves, through an assessment of the empirical evidence, to the claim that ego development not only *ought* to proceed along a course of normative development, but that it does in fact do so. While moving from to ought is not necessarily problematic, Benjamin loses sight of the distinction between the normative and the empirical and in doing so fails to recognize the role that norms play in structuring and maintaining relations marked by mutual recognition." (Meehan, 1995b; 236)

Butler entwickelt die dritte Ebene aus dem Verhältnis von Homosexualität und Heterosexualität. In einer heterosexuellen dyadischen Liebesbeziehung steht das Dritte in enger Verbindung zu den Ausschlüssen, die eine solche Beziehung erfordert, und erscheint zunächst als „verbotenes Objekt des Begehrens" (Butler, 2004g; 140). Dieses Argument lässt sich als Übertragung des Butlerschen Ansatzes zur Erklärung von Geschlechtsidentität auf die intersubjektive Ebene von Liebesbeziehungen lesen. Zwar sind von Binarität, Heterosexualität und Treue abweichende Formen von Geschlecht und Sexualität in der Beziehung anwesend, strukturieren sie auf phantasmatischer Ebene, dürfen aber weder die Identität der beiden Liebenden verändern noch ihre Sexualität von kulturell etablierten Mustern abbringen, da dies ein Abgleiten in die Devianz nach sich ziehen würde. Wenn Formen geschlechtlicher Abweichung in der Beziehung als konstitutive Elemente vorhanden sind, dann in Form von Verdrängung und Verwerfung, sicher weggeschlossen in den Tiefen der Psyche und im Bereich des Nichtsprachlichen. Das Ausgeschlossene strukturiert die Beziehung jedoch zugleich, indem es ihren Intelligibilitätsbereich absteckt (was zählt als heterosexuelle Liebe?), das sie tragende Begehren konstituiert und in Form von unbewussten Phantasien als Dislokation spürbar wird. In diesem Sinne ist es, wie Butler formuliert, sowohl im Inneren als auch im Äußeren der Beziehung gegenwärtig und bildet den gemeinsamen Referenzpunkt der dyadischen Pole.

Ausgehend von diesem Punkt stellt Butler fest, hinsichtlich der Anerkennungsproblematik (in diesem Fall im Bereich der Liebe) sei es entscheidend, Fragen nach der Genese von Geschlechtsidentität aufzuwerfen.

> „It is important to ask these questions in this way if what we want to do is offer recognition, if we believe that recognition is a reciprocal process that moves selves beyond their incorporative and destructive dispositions toward an understanding of another self whose difference from us is ethically imperative to mark." (Butler, 2004g; 144)

Ohne eine kritische Betrachtung des heute hegemonialen Modells von Geschlechtsidentität drohen die Normen, von denen Anerkennung in Liebesbeziehungen reguliert wird, die Wahrnehmung des Anderen als Anderen und damit das zentrale Element von Anerkennung zu verhindern. Nach diesem vielversprechenden Auftakt werden Butlers Ausführungen leider recht verschwommen, verlieren sich in Anmerkungen über die Geschichte des Anderen, die richtige Interpretation Hegels und die Frage, ob Liebesbeziehungen überhaupt dyadisch sein sollten. Doch ist es möglich, den Kern des Arguments aus dem Zusammenhang zu erschließen. Wenn die Normen, von denen Liebesbeziehungen strukturiert werden, die Gefahr mit sich bringen, die Andersheit des Anderen zu verfehlen, und diese Normen durch den konstitutiven Ausschluss einer dritten Ebene bedingt sind, ermöglicht das Abrücken von der Dyade und das Einnehmen eines triangulären Standpunkts, die Andersheit des Anderen ins Blickfeld zu rücken. Wenn das Begehren das Begehren des Anderen ist (mit allen über Lacan zu Sedgwick hergeleiteten Konsequenzen) und wenn diese Formulierung eine Vielzahl von Lesemöglichkeiten eröffnet und dadurch die unüberschaubaren Verzweigungen des Begehrens einzufangen versucht, so kann kein Pol der Dyade den Anderen je ganz besitzen, weil die Pole immer von Verschiebungen bedroht sind (Butler, 2004g; 146). Erst durch diese Einsicht kann der Andere in seiner Andersheit wahrgenommen werden, die in einer Geschichte und einer Zukunft besteht, die auch er nicht besitzt und ihn zu einem Glied in einer „temporären Kette des Begehrens" macht, die manchmal die Form einer Dyade annimmt, jedoch auch viele andere Formen haben kann (Butler, 2004g; 151). Die heutigen Normen der Anerkennung verhindern die Wahrnehmung des Anderen als Anderen, indem sie die Geschichte und die Vielgestaltigkeit seines Begehrens verdecken und dadurch einen essentiellen Teil seines Selbst verfehlen. Hierfür lassen sich viele Beispiele anführen: Männer, die sich nicht mit den früheren Liebschaften ihrer Frauen auseinandersetzen wollen, um sich der Illusion hinzugeben, sie seien die einzigen, das Verdrängen homosexueller Neigungen des Partners, die Möglichkeit, in der Zukunft selbst sein Begehren zu verändern. In Liebesbeziehungen ist die Anerkennung der Andersheit des Anderen nur durch die Öffnung gegenüber der Geschichte und dem Begehren des Anderen möglich.

> „[...] is part of what it means to ‚recognize' the Other to recognize that he or she comes, of necessity, with a history which does not have oneself as its center? Is this not part of the humility necessary in all recognition, and part of the recognition that is involved in love?" (Butler, 2004g; 146)

Doch findet Anerkennung nicht nur in zwischenmenschlichen Beziehungen statt, sondern auch auf gesellschaftlicher Ebene.

Die Soziale Anerkennung und das Recht

Hat Butler ihre Sicht der Anerkennung in Liebesbeziehungen anhand ihrer Auseinandersetzung mit Benjamin verständlich dargelegt, liegen die von ihr angesprochenen anderen Formen der Anerkennung vergleichsweise im Dunkeln. Doch ist bei aufmerksamer Lektüre auch eine Sphäre sozialer Anerkennung auszumachen, die, primär als Recht gedacht, der Liebe zur Seite gestellt und mit ihr verknüpft wird. Diese Dimension entwickelt Butler anhand zweier Beispiele – den Tests, die in den USA durchlaufen werden müssen, um von den Krankenkassen eine Geschlechtsumwandlung bezahlt zu bekommen, und der Frage der Homo-Ehe. Auch hier ist die Anerkennung kein zwischen zwei Parteien stattfindendes Verhältnis, sondern durch eine dritte Ebene vermittelt, die regelt, was Geschlechtsidentität bedeutet und wie die Beziehungen zwischen den Geschlechtern beschaffen sein sollen.

Um in den USA eine Geschlechtsumwandlung bezahlt zu bekommen, muss bei der infrage kommenden Person eine „gender identity disorder" (GID) festgestellt werden. Die Geschlechtsidentität betreffende Abweichungen sind eine Unterkategorie des sehr viel breiter angelegten „Diagnostic and Statistical Manual of Mental Disorders" (DSM-IV), der sich auf psychische „Störungen" im Allgemeinen richtet. Die Diskussion um Sinn oder Unsinn der Diagnose verläuft Butler zufolge zwischen zwei Polen. Auf der einen Seite stehen diejenigen, die für ihre Beibehaltung plädieren, da sie Zugriff auf medizinische Technologien gewährt und dadurch auch nicht wohlhabenden Menschen Geschlechtsumwandlungen ermöglicht, auf der anderen jene, die in der Diagnose vor allem ein Mittel der Pathologisierung sehen, das Transsexualität in eine „Störung" verwandelt, anstatt sie als Ausübung persönlicher Autonomie zu verstehen (Butler, 2004h; 76). Um persönliche Autonomie ausüben zu können, sind die Betroffenen darauf angewiesen, sich einer rechtlichen Prozedur zu unterziehen, die von normativen Grundannahmen über Geschlechtsidentität geprägt ist. Das Beispiel der Transsexualität verdeutlicht, dass das Subjekt nicht nur auf einen anderen Menschen angewiesen ist, wie es das intersubjektiv gedachte Dilemma von Herr und Knecht nahelegt, sondern auch auf die Gesellschaft, deren Teil es ist. Niemand kann ohne die Unterstützung der Gesellschaft autonom werden, wie Butler formuliert (Butler, 2004h; 76). Diese Verflochtenheit des Subjekts mit der es umgebenden Gesellschaft ist mehr als ein Hinweis darauf, dass einige Dinge im Leben nicht alleine gemeistert werden können, da Butler sie wenig später anerkennungstheoretisch reformuliert.

> „If part of what the diagnosis offers is a form of social recognition, and if that is the form that social recognition takes, and if it is only through this kind of social recognition that third parties, including medical insurance, will be willing to pay for the medical and technological changes that are sometimes desired, is it really possible to do away with the diagnosis altogether?“ (Butler, 2004h; 100)

Die Abhängigkeit von der Gesellschaft ist für Butler die Angewiesenheit auf soziale Anerkennung. Dies spiegelt sich auch in der Frage der Homo-Ehe wider. Nach sozialer Anerkennung durch das Gesetz zu streben bedeutet für Butler, das binäre Feld von Legitimität und Illegitimität zu betreten und die eigene Existenz von der Kodifizierung des legitimen Bereichs abhängig zu machen[45]. Das wirft die Problematik des Ausschlusses auf. Anders als zu erwarten, sieht Butler den Ausschluss nicht durch das Juridische situiert, sondern versteht ihn als Bereich, der nicht in juridischen Begriffen gedacht werden kann. Dieser Bereich ist in den verfügbaren Begriffen der Intelligibilität nicht zu denken und kann deswegen weder legitim noch illegitim sein[46]. Dies hat Butler zufolge insofern gravierende politische Konsequenzen, als der vom juridischen ausgeschlossene Bereich nur ungenügend in politischen Begriffen repräsentiert werden kann und somit aus der Sphäre des Politischen herauszufallen droht, ebenso wie Politikformen, die an der Rändern der Intelligibilität arbeiten, Gefahr laufen, als unpolitisch angesehen zu werden. Im Zweifelsfall bedeutet politisches Arbeiten, insofern es für Butler in Fällen wie der Homo-Ehe auf die juridische Dichotomie von legitim und illegitim reduziert wird, den Ausschluss erneut einzusetzen, von dem dieses Feld konstituiert wird, ohne ihn selbst zum Thema machen zu können (Butler, 2004i; 105-107).

Im Falle der Homo-Ehe und der ihr zu Grunde liegenden Gesetze ist das Wirken der Norm als drittes Element zwischen dem Subjekt und der es anerkennenden Gesellschaft unübersehbar, insofern die Institution der Ehe von den Strukturen der Heterosexualität durchdrungen ist und noch immer mit verhältnismäßig klaren Vorstellungen einhergeht, wie verheiratete Menschen miteinander umzugehen haben (Treue, Dauer, Arbeitsteilung etc.). Doch auch im Falle der für Geschlechtsumwandlungen notwendigen Diagnose auf GID ist die Norm als dritte Ebene äußerst relevant.

Um eine GID-Diagnose zu erhalten, muss der Patient bzw. die Patientin Anzeichen einer starken und kontinuierlichen Identifikation mit dem anderen Geschlecht zeigen, die sich im Verlangen ausdrückt, dieses Geschlecht zu werden, oder in der Behauptung, es (eigentlich) zu sein. Ferner muss durch ein Leiden an der momentanen Geschlechtsidentität erkennbar ausgeschlossen sein, dass der Kandidat bzw. die Kandidatin lediglich versucht, mittels einer Umwandlung in den Genuss der Privilegien des anderen Geschlechts zu kommen (Butler, 2004b; 254). Die Diagnose versteht Geschlechtsidentität als äußerst stabiles Phänomen und setzt die Kategorien von „männlich" und „weiblich" und auch das Wissen um ihre Bedeutung voraus (Butler, 2004i; 81). Leidet ein Mensch an seiner Geschlechtsidentität, liegt dies der Diagnose zufolge daran, im „falschen" der beiden existierenden Geschlechter zu leben, woraus sich die therapeutische Maßnahme herleitet, durch entsprechende Eingriffe das „richtige" Geschlecht anzunehmen. Ob das Leiden der betreffenden Person mit den Gender-Normen zusammenhängen könnte und ob diese Normen veränderungsbedürftig sind, ist eine Frage, die durch die Diagnose nicht ins Blickfeld gerät (Butler, 2004i; 95). Doch setzt sie die Normen nicht nur wieder ein, sondern legt sie auch in stereotyper Weise aus. Eine Identifikation mit dem anderen Geschlecht wird bei Jungen an der Beschäftigung mit „femininen Aktivitäten" festgemacht, wie sie sich z.B. im Experimentieren mit weiblicher Kleidung zeigen; bei Mädchen zählen Diskussionen mit den Eltern, ein überwiegend aus Jungs bestehender Freundeskreis und die Verwechslung mit Jungen durch Außenstehende zu den Indikatoren. (Butler, 2004i; 95-98). Das Problem bei Homo-Ehe und Geschlechtsumwandlung ist das gleiche. Autonomie ist nur durch soziale Anerkennung der Gesellschaft möglich und diese ist an Normen geknüpft, die für viele Menschen bedeuten, sich einem Diskurs zu unterwerfen, der nicht der ihre ist, von dem sie pathologisiert und reguliert werden, um Freiheit und Handlungsmacht zu erlangen. Das Paradox der Subjektivation (Annuß, 1998; 86f.) spitzt sich in den von Butler geschilderten Fällen zu und wird von einer sublimen Ambiguität zu einem direkt spürbaren Widerspruch zwischen Freiheit und Unfreiheit, Autonomie und Unterwerfung.

Diagnose und Homo-Ehe haben aber noch etwas anderes gemeinsam. In beiden Fällen handelt es sich um rechtliche Anerkennung und selbige sieht Butler im Staat verortet. Das bereits für die Liebe konstitutive Diktum Lacans, das Begehren sei das Begehren des Anderen, verwandelt sich in diesem Fall zu einem Begehren des Begehrens des Staates, dessen Gesetze die hier fraglichen Anerkennungsbeziehungen regulieren (Butler, 2004i; 105). Die Verweigerung rechtlicher Anerkennung durch den Staat ist für Menschen, deren Geschlechtsidentität nicht den Gesetzen entspricht, sicherlich ein schwerwiegendes Problem, doch ist seine Konsequenz nicht zwangsläufig die eines Ausschlusses, der mit Derealisierung einhergeht. Zum einen gibt es mit der Liebe eine Sphäre der Anerkennung, deren Normen flexibler und weniger absolut sind als staatliche Gesetze, zum anderen ist das Recht, wie aus dem weiter oben angeführten Zitat hervorgeht, nur eine der verschiedenen Formen, die soziale Anerkennung annehmen kann. Dass der Entzug staatlicher Anerkennung zu einer gesellschaftlichen Derealisierung führt, hat die Monopolisierung der Wege, auf denen soziale Anerkennung zustande kommt, durch den Staat zur Voraussetzung.

> „The failure to secure state recognition for one's intimate arrangements can be experienced only as a form of derealization if the terms of state legitimation are those that maintain hegemonic control over the norms of recognition, in other words, if the state monopolizes the resources of recognition." (Butler, 2004i; 116)

Mit dem Wort „monopolisieren" wird zwar die freie Marktwirtschaft und damit Konkurrenz, Übernahme und Enteignung assoziiert, wodurch ein Hegemoniebegriff im Sinne schlichter Dominanz impliziert wird, doch kann „monopolisieren" mit Gramsci und Laclau auch als Zustand verstanden werden, in dem der Diskurs des Staates auf einer breiten Mehrheit der Gesellschaftsmitglieder beruht. Mit Laclau gesprochen hätte die Derealisierung bestimmter Personen durch die Verweigerung staatlicher Anerkennung ein vom Staat hegemonisiertes und von nicht infrage zu stellenden leeren Signifikanten fixiertes Differenzsystem zur Voraussetzung, das verbindlich regelt, was als Geschlechtsidentität zählt und was nicht. Unter diesen Umständen wäre ein Zustand denkbar, in dem der Staat sich zwar nicht jede Ressource sozialer Anerkennung einverleibt, durch seine hegemoniale Stellung jedoch die Begriffe zur Verfügung stellt, nach denen soziale

Anerkennung verteilt wird. Da jedes diskursive Feld ständigen Verschiebungen ausgesetzt und Hegemonie ein prekärer Zustand ist, wird ein solcher Zustand selten und zudem nicht von Dauer sein. So verweist Butler auf die Möglichkeit, die Ziele der Diagnose auf GID durch einen strategischen Gebrauch zu subvertieren (Butler, 2004h; 92-93), und schlägt mit Blick auf Verwandtschaftsbeziehungen vor, selbige nicht länger als präexistente Struktur, sondern als Praxis zu verstehen (Butler, 2004i; 123). Dem Gesetz stehen immer andere Formen sozialer Anerkennung gegenüber, die von alternativen Diskursen reguliert werden können. Soziale Anerkennung ist damit für Butler ein Feld, auf dem verschiedene gesellschaftliche Akteure darum konkurrieren, von welchen Normen und Gesetzen dieses Feld hegemonisiert wird und in dem der Ausschluss auf einer Ebene zumindest potentiell von einer anderen verhindert werden kann.

Die Rolle der Norm

Gegen die eben vorgestellte Unterteilung des Butlerschen Anerkennungsbegriffs in Liebe und soziale Anerkennung (von der ein Teil das Recht ist), ließe sich einwenden, mit der Dimension des Menschlichen finde sich noch eine weitere Sphäre der Anerkennung, deren Besonderheit darin bestünde, die anderen beiden zu vereinen. Dieser Einwand wäre durchaus richtig, da Butler den Begriff des Menschlichen wie bereits gezeigt häufig in Zusammenhang mit anerkennungstheoretischen Überlegungen verwendet und ihren Begriff der Liebe und der sozialen Anerkennung mit ihm verknüpft. Doch ist der Begriff des Menschlichen bei Butler kaum entwickelt und zudem in starkem Maße emphathisch aufgeladen. So wird der Begriff in ihrem Buch „Precarious Life“ beispielsweise häufig erwähnt, ohne definiert, präzisiert oder theoretisch hergeleitet zu werden. So geraten bei Butler die Feststellung, angesichts der politischen Weltlage sei für sie die Frage von zentraler Wichtigkeit, wer als menschlich zählt (Butler, 2004; 20), die Verknüpfung des Begriffs mit der Trauerproblematik (Butler, 2004; 33f.), die Befürchtung, Araber seien aus dem Begriff ausgeschlossen worden (Butler, 2004; 32) und die Behauptung, heute werde das Menschliche durch mediale Inszenierung verdeckt (Butler, 2004; 147f.), auf wenigen Seiten durcheinander. Dies stimmt für zukünftige Veröffentlichungen neugierig, erlaubt aber nicht, die dritte Anerkennungsebene des Menschlichen darzustellen oder zu analysieren, da es hierfür schlicht an Textmaterial mangelt.

Doch ebenso wie Butlers Ausführungen zu Liebe und sozialer Anerkennung verweisen auch diese Stellen auf die Norm als dritte Ebene der Anerkennung. In einer Passage über das Verhältnis von „Ich" und „Du" formuliert Butler diesen Umstand in sehr eindringlicher Form.

> „The ‚I' who cannot come into being without a ‚you' is also fundamentally dependent on a set of norms of recognition that originated neither with the ‚I' nor with the ‚you.' [sic] What is prematurely, or belatedly, called the ‚I' is, at the outset, enthralled, even it is to a violence, an abandonment, a mechanism; doubtless it seems better at that point to be enthralled with what is impoverished or abusive than not to be enthralled at all and so to lose the condition of one's being and becoming." (Butler, 2004; 45)

Für Anerkennung ist nicht nur die Existenz eines anderes Subjekts notwendig, sondern ebenso die Existenz einer Norm, von der die Anerkennung reguliert wird. Letztere steht dem Subjekt und seinem Gegenüber wiederum als etwas Drittes, Äußeres entgegen und stellt somit jene dritte Ebene dar, die Benjamin zufolge aus der Beziehung zweier Menschen entsteht, jedoch, wie Butler anmerkt, unauflöslich mit den Ausschlüssen verknüpft ist, auf denen diese Beziehungen basieren.

Die Norm

Die Norm ist ein Begriff, der sich seit den frühesten Veröffentlichungen durch die Schriften Butlers zieht und äußerst schwer zu definieren ist. In „Das Unbehagen der Geschlechter" wurde er umgangssprachlich im Sinne einer für alle Menschen geltenden und durch Sanktionen garantierten Regel verwendet und erfuhr in „Körper von Gewicht" und „Hass spricht" eine Weiterführung durch die Verbindung mit den Theorien Austins, Derridas und Bourdieus. Damit wurde deutlicher, welchen Platz die Norm in Butlers Theorie einnimmt, nicht aber, was die Norm eigentlich ist – eine Frage, die Butler erst in ihrem Aufsatz „Gender regulations“ (Butler, 2004j) zu klären versuchte. Zu den Metamorphosen, die der Begriff in Butlers Denken durchlaufen hat, kommen als weitere Schwierigkeit die Verschiebungen im Verhältnis zu anderen Begrifflichkeiten hinzu. Um sich einem Verständnis der Norm zu nähern, ist es sinnvoll, noch einmal kurz auf ihre strukturelle Position innerhalb der Butlerschen Theorie zurückzukommen und dann auf den Inhalt des Begriffs einzugehen.

In „Körper von Gewicht“ stellt Butler klar, sie würde Performativität als die Macht des Diskurses verstehen, jene Dinge hervorzubringen, die er zugleich reguliert, und fügt hinzu, diese Macht sei an Wiederholungen gebunden (Butler, 1997; 22). Der Diskurs kann Materialisierungen nicht aus eigener Kraft produzieren, sondern nur, insofern er Normen zitiert, die ihm Autorität verleihen (Butler, 1997; 36). Durch diesen Schritt versucht Butler eine Erklärung der Macht performativer Äußerungen zu geben, die im Gegensatz zu Austin oder Bourdieu nicht auf außersprachliche Verhältnisse zurückgeht (Krämer, 2001; 249), und zugleich Derridas Schlussfolgerung zu vermeiden, sie stamme aus einer allgemeinen Zitathaftigkeit der Sprache (Wachter, 2001; 75). Der Diskurs muss die Norm zitieren, um performative Effekte hervorbringen zu können, und die Norm muss zitiert werden, um weiterhin als Norm agieren zu können. Das Zitieren der Norm ist demnach zugleich ihre erneute Einsetzung.

> „Werden die normativen Vorgaben durch die Beharrlichkeit der reiterativen Geste von sozial etablierten Bedeutungskonfigurationen erzeugt, so können sie selbst keine genuine oder aus sich selbst erwachsene Größe darstellen – sie entstehen insofern ebenso durch den strukturellen Modus der Performativität und existieren nur in deren beständiger zitativer Wiedereinsetzung und durch diese.“ (Wachter, 2001; 77)

Ganz in diesem Sinne bezeichnet Butler die Normen auch als „Ketten ständiger Wiederholung“ (Butler, 1997; 259), die in performativen Äußerungen angeführt und durch die Selbstverständlichkeit ihres Wirkens unsichtbar gemacht würden. Die Normen werden dadurch zu diskursiven Knotenpunkten, die sich durch ständige Wiederholung verfestigt und in manchen Fällen den Anschein endgültiger Wahrheiten angenommen haben. Diese Wahrheiten ins Feld zu führen reicht bereits aus, um entsprechende Effekte zu erzielen. Ganz in diesem Sinne spricht Butler von einer „Erbschaft“ (Butler, 1998; 46) des Sprachgebrauchs und fragt, ob die performativen Äußerungen zu Grunde liegende Macht als über die Zeit angehäufte Macht verstanden werden könne (Butler, 1998; 75), um schließlich festzustellen, es gäbe eine „sedimentierte Geschichte der performativen Äußerungen“ (Butler, 1998; 224). Die Norm ist als sprachliche Sedimentation lesbar, als nur schwer wahrnehmbarer Bodensatz der Sprache, der sich durch die Geschichte hinweg bildet und zu Festigkeit und Autorität gelangt. Sie ist weder deckungsgleich mit der Sprache noch mit dem Diskurs, liegt aber auch nicht außerhalb von ihnen, da sie sich aus ihren Ablagerungen zusammensetzt. Die Performativitätstheorie ist ein Zusammenspiel der Begriffe Diskurs und Norm, das von Butler in einem fragilen Gleichgewicht gehalten wird, indem sie die beiden Begriffe zugleich voneinander trennt und in einer komplexen Interaktion miteinander verzahnt.

Die zentrale Stellung, die dem Diskurs in der Butlerrezeption beigemessen wird, entpuppt sich aus dieser Perspektive als wahr und falsch zugleich. So werfen beispielsweise Becker-Schmidt und Knapp Butler vor, sie konzentriere sich zu stark auf „Sprache, Sprechakte und Repräsentationen in der Sprache“ (Becker-Schmidt/Knapp, 2000; 90f.), unterlassen es dabei jedoch, die Stellung der Norm und ihren Unterschied zur Sprache zu hinterfragen, wodurch sich zwei Interpretationsmöglichkeiten eröffnen. Entweder verstehen sie den Begriff der Norm im alltagsprachlichen Sinn und eine weitere Explikation erübrigt sich, oder sie schlagen ihn stillschweigend der Sprache zu. Durch dieses Vorgehen wird die spezifische Stellung der Norm innerhalb der Butlerschen Theorie und damit ihre Differenz zum Diskurs verkannt.

Doch trifft der Einwand auch ein in Butlers Performativitätskonzept begründetes Problem. Wenn Butler Diskurs und Norm zu differenzieren versucht, indem sie die Norm als sedimentierte Form des Diskurses begreift, ohne zu verdeutlichen, inwiefern Sedimentation die Struktur von Diskursen verändert und in etwas Neues verwandelt, ist die Differenz zwischen beiden nur schwer zu begreifen. Allenfalls könnte sie in einerseits festen und andererseits dynamischen Strukturen liegen, was nahezu Merleau-Pontys Unterscheidung von gesprochener und sprechender Sprache (Merleau-Ponty, 1993; 34f.) entspräche – deren phänomenologische Stoßrichtung Butler aber sicherlich nicht vor Augen hat[47]. Darüber hinaus spricht Butler in ihren Veröffentlichungen bis einschließlich „Hass spricht" wesentlich häufiger vom Diskurs als von der Norm, die meist nur am Rande erwähnt oder ins Spiel gebracht wird, wenn es gilt, den Begriff der Performativität zu erklären.

Seit den unter dem Titel „Kritik der ethischen Gewalt" 2002 im Rahmen der „Adorno- Vorlesungen" in Frankfurt gehaltenen Vorträgen ist bei Butler jedoch eine Verschiebung im Verhältnis von Diskurs und Norm erkennbar. Was sich verändert, ist nicht die Relevanz des Diskurses oder der Norm innerhalb der butlerschen Performativitätstheorie, sondern die Sorgfalt, mit welcher Butler die beiden Begriffe entfaltet. Nachdem sie sich lange um eine Analyse des Diskursbegriffs bemüht hat, rückt jetzt die Definition der Norm ins Zentrum von Butlers Aufmerksamkeit. Im Zuge dieser Entwicklung hat Butler sich bemüht, nicht nur die strukturelle Position des Begriffs der Norm in ihrer Theorie, sondern auch dessen inhaltliche Dimension näher zu erläutern.

Butler stellt fest, die Norm sei weder einer Regel noch dem Gesetz gleichzusetzen, da Normen als „impliziter Standard der Normalisierung" innerhalb von sozialen Praktiken wirken würden. Als Norm schreibt Gender nicht nur vor, wie Maskulinität und Femininität gelebt werden müssen, sondern produziert und normalisiert sie in einem Zug (Butler, 2004j; 41-42). Butler versteht die Norm weniger als Ideal, dem Menschen zu entsprechen versuchen, um nicht aufzufallen oder in den Genuss gewisser Vorzüge zu kommen, denn als Form der „sozialen Macht", durch die ein Intelligibilitätsfeld geschaffen wird, das festlegt, wer als Subjekt zählt. Doch ist die Norm nicht in der Lage, das von ihr konstruierte Feld gänzlich zu kontrollieren, wodurch es von einem Mangel durchzogen wird, der eine selbstidentische Schließung der Geschlechtsidentitäten verhindert (Butler, 2004j; 42). Die Norm funktioniert als Maßinstrument, das zwar Spielräume für Abweichungen lässt, aber eine abstrakte Form von Gemeinsamkeit schafft, der die Subjekte sich, um überhaupt Subjekte zu sein, unterwerfen müssen (Butler, 2004j, 50). Als Maßinstrument kann die Norm potenziell alle menschlichen Verhaltensweisen auf sich beziehen und bewerten, ohne sich selbst in vollem Maße zu explizieren.

> „Im Hinblick auf die Subjekte funktioniert die Norm derart, daß sie – ‚imaginärer Punkt' – die Individuen an ihr ausrichtet. Die Norm selbst bleibt Leerstelle; sie lebt davon, daß sie im Kern ge-

> rade nicht definiert ist, daß eben die Grenze zwischen Normalen und Anormalem [sic] beliebig verschiebbar ist." (Hark, 1999; 78)

Da die Norm eine Leerstelle ist, kann niemand je ganz der Norm entsprechen, wodurch jedes Subjekt unabhängig von seinem Verhalten Objekt normalisierender Eingriffe wird, die auf eine Anpassung seines Verhaltens zielen, und niemals ein definitives Ziel erreichen, da die Norm ein solches nicht kennt. Insofern sie auf alles beziehbar ist und die zentrale Rolle bei der Produktion von Subjekten spielt, markiert die Norm, wie Butler mit Francois Ewald formuliert, die Verschiebung von einer juridisch zwingenden Macht hin zu einer Macht, die wie ein Mechanismus arbeitet und dadurch produktiv wird (Butler, 2004j; 49-50). Es ist nicht mehr notwendig, jede Abweichung durch die Heranziehung eines staatlichen Strafapparats zu unterbinden, da die Norm als von jedem Subjekt getragenes Maßinstrument durch ein bis zu gesellschaftlichem Ausschluss reichendes Kontinuum von Sanktionen für die ständige Angleichung all dessen sorgt, was als Abweichung erscheint. Während der juridische Bereich jedes Mal erneut auf den Plan gerufen und in Bewegung gesetzt werden muss, liegt das Mechanische der Norm gerade in ihrer Omnipräsenz und der Permanenz ihrer Aktivität.

Zwar ist es richtig, dass Butlers Akzent bei der Betrachtung der Norm auf ihrer Reproduktion und nicht auf ihrer spontanen Umformung durch die einzelnen Identifizierungsprozesse liegt (Giuliani, 1997; 123), doch sucht sie trotz allem nach einer Möglichkeit, Normen auf subversive Weise zu reformulieren. Das Butlersche Argument hat sich in diesem Punkt kaum geändert: Normen produzieren ihr eigenes Anwendungsfeld und beziehen aus diesem Feld zugleich ihre Macht. Insofern sie durch körperliche Praktiken wie z.B. geschlechtliche Performanzen zitiert werden, durch Zitationen jedoch immer Abweichungen vom Zitierten entstehen, kann dieses nicht-identitäre Moment ausgenutzt werden, um Normen von ihrem Kurs abzubringen, in Richtung anderer Bedeutungen zu verschieben und sie dadurch zu resignifizieren (Butler, 2004j; 52).

Mit der inhaltlichen Explikation der Norm wird auch ihre Stellung in der Gesellschaft präzisiert. Butler versteht sie als Ausgangspunkt für die Regulationen durch staatliche, juridische und gesellschaftliche Mechanismen, deren Funktionieren von den

Normen abhängt, nicht aber deckungsgleich mit ihnen ist, da zwischen beiden Ebenen lediglich ein Inkarnationsverhältnis besteht.

> „At first glance, the term ‚regulation' appears to suggest the institutionalization of the process by which persons are made regular. Indeed, to refer to regulation in the plural is already to acknowledge those concrete laws, rules, and policies, that constitute the legal instruments through which persons are made regular. But it would be a mistake, I believe, to understand all the ways in which gender is regulated in terms of those empirical legal instances because the norms that govern those regulations exceed the very instances in which they are embodied. On the other hand, it would be equally problematic to speak of the regulation of gender in the abstract, as if the empirical instances only exemplified an operation of power that takes place independently of those instances." (Butler, 2004j; 40)

Aufgrund ihrer Verknüpfung mit der Norm sind Regulationen stets normalisierend und setzen die Norm durch die Produktion eines normalisierten sozialen Feldes erneut ein (Butler, 2004j; 55). Normen inkarnieren sich in Regulationsapparaten, die in das Denken, Fühlen und Verhalten der Subjekte eingreifen und die vorgesehenen körperlichen Praktiken in ihnen verankern. Da Subjekte die Norm zitieren müssen, um Subjekte zu werden und zu bleiben, kontrollieren die Regulationsapparate auch die Spielarten dieser Zitationen und versuchen sie auf dem richtigen Kurs zu halten.

Der Argumentationsaufbau entspricht nahezu dem aus Butlers frühen Veröffentlichungen, doch ist insofern eine signifikante Veränderung feststellbar, als vom Diskurs keine Rede mehr ist, sondern – wenn auch nur durch Erwähnung – über die Betonung der Norm gesellschaftliche Institutionen und soziale Praktiken in den Vordergrund rücken. Zwar wäre es übertrieben, darin sofort eine Abkehr von der Diskurstheorie zu vermuten, doch spiegelt sich in dieser Herangehensweise unzweifelhaft das Bemühen Butlers wider, den verengten Fokus ihres linguistisch gefassten Diskursbegriffs zu erweitern, um eine größere Breite sozialer und politischer Phänomene berücksichtigen zu können. Wenn Butler noch immer von der Praxis des Zitierens spricht, diese aber nicht mehr im Diskurs, sondern in den Körperpraxen der Subjekte und implizit auch in den Regulationsverfahren situiert, überträgt sie linguistische Strukturen auf soziale Zusammenhänge und nähert sich dadurch der pragmatischen Verwendungsweise des Diskursbegriffs bei Laclau (vgl. z.B. Laclau/Mouffe, 1990; 100-103).

Die Norm fügt der Anerkennung ein drittes Element hinzu, das die Protagonisten der Anerkennungsbeziehung übersteigt, insofern sie durch die Norm mit einem Faktor konfrontiert werden, der von einer anderen Zeitlichkeit als sie und essentiell mit dem Zustandekommen ihrer Existenz verwoben ist (Butler, 2004; 45). Für die Liebe ist dieser Zusammenhang leicht zu verstehen, da in diesem Fall zwei konkrete Menschen ihnen vorhergehenden abstrakten Regeln gegenüberstehen, doch lässt sich die Aussage auch auf soziale Anerkennung übertragen. Die Norm findet sich zwar in Gesetzen, Werten und Erwartungen einer Gesellschaft wieder, ist jedoch Butler zufolge nie deckungsgleich mit den sie inkarnierenden gesellschaftlichen Institutionen und Regulationsapparaten. Die Veränderung eines Gesetzes oder der Umbau einer Institution verändert also nicht automatisch auch die hinter ihnen stehende Norm. Des Weiteren ist sie ein Maßinstrument, durch das Subjekte ins Sein gebracht und reguliert werden, dessen konkreter Inhalt jedoch nicht erschöpfend definiert werden kann. Was als drittes Element in jeder Anerkennungsbeziehung eine nicht zu überwindende Schlüsselrolle spielt und das entscheidende Moment im Subjektivationsprozess darstellt, sieht sich somit dem Paradox ausgesetzt, trotz seiner Omnipräsenz und kaum zu überschätzenden Relevanz eine, überspitzt formuliert, „unbekannte Größe" zu sein. Trotzdem müssen Normen fortwährend zitiert werden, da erst durch sie jener Rahmen der Intelligibilität abgesteckt wird, durch den Sinnvolles und Nicht-Sinnvolles zustande kommt (Hark, 1999; 78). Für die Frage der Anerkennung hat dies wichtige Konsequenzen. Anerkennungsbeziehungen sind um ein nicht zu transzendierendes Element arrangiert, das nur ungenügend definiert und damit in seinen Effekten nicht kontrolliert werden kann, was jede Situation der Anerkennung dem Risiko aussetzt, nicht nur – wie Benjamin es formulieren würde – einen Zusammenbruch in Komplementarität zu erleiden, sondern trotz gegenläufiger Absichten, Verletzungen und Gewaltverhältnisse zu reproduzieren, die eigentlich durch die Anerkennung des Anderen überwunden werden sollen, und dadurch die Andersheit des Anderen aus den Augen zu verlieren.

Die prekäre Andersheit des Anderen

Der Andere entzieht sich jedem Versuch, ihn endgültig erfassen oder verstehen zu wollen. Diese hartnäckige, nur um den Preis eines gewaltsamen Zugriffs zu überwindende Andersheit des Anderen hat für Butler mehrere Komponenten. Die Geschichte des Anderen ist eine dieser Dimensionen und wurde bereits im Teil über Butlers Reflexionen zur Liebe dargestellt. Hinzu kommen das Unbewusste, die Ausgesetztheit, das Angesicht des Anderen und eine Kehrseite der Norm, die bislang noch nicht thematisiert wurde. All diese Punkte laufen in der Feststellung zusammen, das Subjekt sei niemals in der Lage, wirklich Rechenschaft über sich abzulegen. Immer entgeht ihm ein Teil seiner selbst und stets findet es sich nur wieder, um sich im gleichen Moment anderswo zu verlieren. Wenn das Subjekt niemals eine kohärente Geschichte seiner selbst erzählen und auf die Frage „Wer bist du" (Butler, 2003; 42f.) nie erschöpfend antworten kann, so gerät die Anerkennung durch ein anderes Subjekt, das den Anspruch erhebt, sein Gegenüber vollständig zu erfassen, zu einer Form der Belehrung, wenn nicht gar zu einem gewaltsamen Akt der Assimilation. Anerkennung scheint für ihr Gelingen auf Zurückhaltung und Geduld angewiesen. Um Butlers normative Entfaltung der Anerkennungsbeziehung als unabschließbare Bewegung zu verstehen, ist es notwendig, die soeben genannten Aspekte der Andersheit des Anderen genauerer Betrachtung zu unterziehen.

Von den Gründen für das Sich-selbst-Entgehen des Subjekts erschließt sich Butlers Rekurs auf das Unbewusste am leichtesten. Mouffe fasst die Konsequenzen der Entdeckung des Unbewussten in prägnante Worte, wenn sie schreibt, die Psychoanalyse habe die Auffassung eines sich selbst transparenten Subjekts, auf dessen rationale Wesenheit all seine Handlungen in stringenter Weise zurückgeführt werden könnten, durch den Nachweis konterkariert, die Persönlichkeit sei in zwei Systeme gespalten, von denen eines „nicht bewußt ist und auch nicht bewußt werden kann", wodurch die Vorstellung von der „Selbstbeherrschung des Subjekts" verabschiedet würde (Mouffe, 2001; 11). In einer längeren Ausführung über die Übertragungsbeziehung vertieft Butler das mit dem Unbewussten einhergehende Moment mangelnder Selbstdurchsichtigkeit, wenn sie sich gegen die Feststellung verwahrt, Ziel der Psychoanalyse müsse sein, dem Analysanten eine kohärente Narration seiner Selbst zu ermöglichen.

> „Was bedeutet es aber, wenn die narrative Rekonstruktion eines Lebens nicht das Ziel der Psychoanalyse sein kann und der Grund dafür mit der Art und Weise zu tun hat, in der das Leben des Subjekts verfasst ist? Wenn ein Leben durch eine grundlegende Unterbrechung konstituiert wird, *wenn es sogar schon vor jeder Möglichkeit der Kontinuität unterbrochen* ist, dann muss auch die narrative Rekonstruktion einer Unterbrechung unterworfen sein, wenn sie dem Leben nahe kommen soll, das sie übermitteln will." (Butler, 2003; 66)

Was unterbrochen wurde, lässt sich nicht ungebrochen erzählen; worin aber liegt die Unterbrechung? Butler begründet ihre These mit einer Variante eines ihrer klassischen Argumente: Anstatt immer schon in der Sprache zu sein, muss das Subjekt durch die Benennung mit einem Namen in sie eingeführt werden, was ihm eine Integration in das gesellschaftliche Raum-Zeit-Gefüge, eine Position in Verwandtschaftsstrukturen und ein soziales Geschlecht verschafft, ihm also Intelligibilität verleiht, es handlungsfähig macht und zum Sprechen befähigt (Krämer, 2001; 245f.). Butler reformuliert diese These, wenn sie schreibt, die Fähigkeit, andere Menschen anzusprechen, setze voraus, vorher selbst angesprochen worden zu sein und dadurch Eingang „in die Struktur der Adressierung als Möglichkeit der Sprache" gefunden zu haben. In Anlehnung an Jean Laplanche beschreibt sie diese Adressierung durch den Anderen als Ursprung des Unbewussten, das als Schutzmechanismus ausgebildet wird, um mit der Überwältigung durch den Anderen zurechtzukommen. Da die Anrede durch den Anderen eine ursprüngliche Enteignung markiert, gehört das Unbewusste niemals nur dem Subjekt. Sogar wenn es der Analyse möglich wäre, dem Unbewussten all seine Geheimnisse zu entlocken, könnte der Analysant keine erschöpfende Geschichte von sich erzählen, da sein Unbewusstes auf den Einbruch des Anderen zurückgeht. Vereinfachend ließe sich sagen: So gut er sich selbst auch kennen mag, die Präsenz des Anderen wird ihm in seinem Selbst doch nie gehören und ihm stets entgehen (Butler, 2003; 68f.).

Ein weiteres Moment der Andersheit des Anderen ist, wie Butler mit Adriana Cavarero formuliert, die „Ausgesetztheit". Nach Cavarero fallen beim Menschen Sein und Erscheinen zusammen, was bedeutet, durch die Tatsache der leiblichen Existenz exponiert, den Anderen ausgesetzt zu sein. Ebenso ursprünglich wie die Ausgesetztheit ist das Mit-Erscheinen eines anderen Menschen, durch das sich eine „konstitutive Gemeinschaft des Existierenden" ankündigt. In dieser Gemeinschaft stellt sich die Frage des „Wer bist du?", die im Gegensatz zu der Frage „Was bist du?" auf die Singularität des Individuums zielt (Cavarero, 1997; 207-215). Die Ausführungen Cavareros gehen wesentlich weiter, beziehen Geburt, Mutterschaft und Liebe mit ein und spannen von dort den Bogen zum Patriarchat. Butler nimmt lediglich die eben genannten Schlüsselargumente auf und lässt sich von diesen in ihren eigenen Ausführungen inspirieren. Wichtig ist für sie vor allem die durch das Ausgesetztsein aufscheinende Singularität des Menschen (Butler, 2003; 45) – eine Singularität, die sich nicht erzählen lässt (Butler, 2003; 48), ohne jedoch die Menschen in aneinander vorbeitreibende, nur sporadischen Kontakt pflegende Inseln der Subjektivität zu verwandeln. Ganz im Gegenteil werden die Menschen durch das Ausgesetztsein unauflösbar aneinander gebunden.

> „Die Einzigartigkeit des Anderen ist mir ausgesetzt, aber meine ist auch ihm ausgesetzt, und das heißt nicht, dass wir gleich sind, es heißt nur, dass wir durch unsere Unterschiede, d.h. durch unsere Singularität, aneinander gebunden sind." (Butler, 2003; 47)

Durch den Anderen wird das Subjekt von einer unüberwindlichen Andersheit affiziert, die es ihm nicht ermöglicht, vollständig über sich selbst zu verfügen.

Das letzte Moment ist das „Angesicht" des Anderen. Wie Butler mit Lévinas ausführt, ist das Angesicht nicht das Gesicht des Anderen, sondern das Aufscheinen der Prekarität seiner Existenz, von der die stumme Aufforderung ausgeht, angesichts der Verletzlichkeit des Gegenübers das eigene Existenzrecht infrage zu stellen. Die sich zeigende Vulnerabilität des Anderen ist zugleich Verlockung, ihn zu ermorden, als auch Aufforderung, den Frieden zu wahren und das Gebot „Du sollst nicht töten!" zu befolgen. Das Sprechen des Angesichts ist kein menschliches Sprechen, sondern die Artikulation einer Stimme, die sich nicht selbst gehört, die nicht menschlich ist und zugleich von Verwundbarkeit, Agonie und dem göttlichen Verbot des Mordes spricht (Butler, 2004; 131-135). Die Ausführungen Lévinas sind hoch spekulativ und, wie Butler bemerkt, bezüglich ihrer ethischen Stoßrichtung fragwürdig, da sie dazu tendieren, das Recht auf Selbsterhaltung zu negieren. Was sie interessiert, ist die ihrer Lektüre zufolge bei Lévinas angelegte Verbindung des Angesichts mit dem Diskurs, insofern im Angesicht eine Adressierung durch den Anderen liegt, der nicht ausgewichen und deren Form nicht bestimmt werden kann (Butler, 2004; 139). Das Subjekt findet sich gegenüber dem Angesicht des Anderen radikal entfremdet und dezentriert und muss doch auf die von ihm ausgehende Aufforderung reagieren.

Auf den ersten Blick scheint Butler in allen Punkten zwischen der Andersheit des Anderen und einem Sich-Selbst-Entgleiten des Subjekts zu unterscheiden, da sie mit Blick auf Geschichte und Angesicht den Anderen als Mittelpunkt bestimmt, beim Unbewussten und dem Ausgesetztsein jedoch vom Subjekt spricht. Eine solche Interpretation würde jedoch die Wechselseitigkeit des Verhältnisses zwischen Subjekt und Anderem ausblenden, denn ebenso wie jedes Subjekt für andere Subjekte ein Anderer ist, ist auch jeder Andere für sich selbst ein Subjekt. Der springende Punkt dabei ist vor allem, wie Butler die Andersheit herleitet und welchen Stellenwert sie besitzt. Wie sie in ihrer Auseinandersetzung mit Benjamin verdeutlicht, versteht sie die hegelsche Geschichte von Herr und Knecht als Theorie eines radikal dezentrierten Subjekts.

> „In my view, Hegel has given us an ek-static notion of the self, one which is, of necessity, outside itself, not self-identical, differentiated from the start. It is the self over here who considers its reflection over there, but it is equally over there, reflected, and reflecting." (Butler, 2004g; 148)

Butler liest Hegels Ausführungen nicht als Geschichte eines Bewusstseins, das auf seinem Entwicklungsweg unter anderem mit einer Herausforderung durch den Anderen konfrontiert wird, sondern leistet eine sehr pointierte Lektüre, der zufolge die hegelsche Erkenntnis gerade darin besteht, Selbst und Anderes seien immer schon auf unauflösliche Weise verbunden. Dass es sich hierbei um mehr als eine Frage der richtigen Hegelinterpretation handelt, wird wenig später in einer knappen, aber äußerst relevanten Aussage deutlich.

„In a sense, the self ‚is' this relation to alterity." (Butler, 2004g; 150)

Genau in diesem Punkt laufen die Aspekte von Geschichte, Unbewusstem, Ausgesetztheit und Angesicht zusammen, da jeder von ihnen das Verhältnis zum Anderen zur Voraussetzung hat. Das Subjekt wird auf diesen Ebenen vom Anderen unterbrochen und aus der Selbstidentität geworfen, ebenso wie umgekehrt der Andere durch die Präsenz des Subjekts von sich selbst abgebracht wird. Das Sich-selbst-Entgehen des Subjekts und die Andersheit des Anderen erweisen sich aus diesem Blickwinkel als zwei Seiten eines Verhältnisses, das in der wechselseitigen Beziehung zwischen Subjekt und Anderem liegt.

Für die Anerkennung hat dies weitreichende Konsequenzen, da an diesem Punkt ein unauflösliches Dilemma entsteht. Wenn das Subjekt sich selbst entgeht und der Andere mit einer undurchschaubaren Andersheit affiziert ist, bedeutet anerkennen, aufgrund mangelnder Kenntnis seiner selbst ein Verhältnis zu einem Anderen einzugehen, der ebenfalls nicht erkannt werden kann.

An dieser Stelle kommt abermals die Norm ins Spiel. Nicht nur durchzieht sie die Geschichte, das Unbewusste, die Ausgesetztheit und das Angesicht des Anderen – sie geht vor allem mit einem Versprechen einher. Dieses Versprechen findet sich weder bei Butler noch bei ihren Interpreten und Interpretinnen, durchzieht deren Ausführungen jedoch als implizites Element. Wenn Normen ein Feld der Intelligibilität konstituieren, durch das festgelegt wird, wer als Subjekt zählt und welche Geschlechtsidentitäten konstitutiv für diesen Status sind (Butler, 2004j; 48), liegt ihre primäre Funktion zwar in der Grenzziehung gegenüber nicht-intelligiblen Identitäten (Hark, 1999; 79), doch geht mit ihr auch das Versprechen einher, die Andersheit des Anderen zu domestizieren und lesbar zu machen. Durch den universellen Charakter der Norm wird die Singularität der Andersheit durch ein Moment der Ersetzbarkeit affiziert, das die Subjekte einander angleicht und ihnen ermöglicht, im Anderen nicht nur auf Andersheit zu treffen, sondern auch auf ihnen Gleiches. Ohne diese Bewegung wäre Anerkennung unmöglich (Butler, 2003; 49), doch hat sie auch ihren Preis. Wenn die Anerkennung über universelle Normen vermittelt wird, unterliegt sie der Gefahr eines Umschlagens in ethische Gewalt, einer Gewalt, die zutage tritt, wenn allgemeingültige Regeln auf einen Kontext angewendet werden, der sich im Laufe der Zeit verändert hat und zur Kategorisierung andere Kriterien erfordern würde. Das Problem ist Butler zufolge weniger die Allgemeinheit der Normen, sondern eine Anwendung des Universalitätsgrundsatzes, die auf Transformation und kulturelle Differenz nicht zu reagieren vermag und unfähig ist, die jeweilige Form des Universellen von der selbstverständlichen Basis einer jeden gesellschaftlichen Auseinandersetzung in den Gegenstand der Auseinandersetzung zu verwandeln, damit ein neues oder flexibleres Universelles entstehen kann (Butler, 2003; 17-18). Eine auf monolithischen Normen fußende Anerkennungsbeziehung etabliert ein Gewaltverhältnis zum Anderen, das ihn unter eine ihm zuwiderlaufende Regel zwingt, die ihm Leiden zufügt, insofern sie ihn systematisch verkennt und seine Identität in ein zu eng geschnürtes Korsett presst.

Das Glücken der Anerkennung erweist sich als abhängig von Normen, die Raum für Bewegung und Vielfalt lassen und flexibel genug sind, um im Zweifelsfalle zur Disposition gestellt zu werden. Was so einfach klingt, entpuppt sich bei näherem Hinsehen als komplexes Dilemma. Ebenso wie Offenheit und Flexibilität ein kritisches Verhältnis gegenüber Normen voraussetzen, wird die dazu notwendige Distanz vom Bestreben untergraben, sich der Andersheit des Anderen zu nähern. In einer Passage Butlers über den foucaultschen Wahrheitsbegriff tritt dies deutlich zutage:

> „Insoweit wir die Wahrheit sagen, halten wir uns an ein Wahrheitskriterium, das wir als für uns bindend akzeptieren. Indem wir es als bindend akzeptieren, nehmen wir eben jene Rationalitätsform, innerhalb welcher wir leben, als primär und fraglos an. Die Wahrheit über sich sagen hat also einen Preis, und dieser Preis liegt in der Aussetzung eines kritischen Verhältnisses zu dem Wahrheitsregime, in dem wir leben." (Butler, 2003; 133)

Versprechen Normen die durch die Singularität der Andersheit des Anderen verursachte Distanz zu überwinden und einen Weg zu ihm zu ebnen, sind gerade sie es, die seine Singularität einebnen, seine Andersheit beseitigen und den Weg, der zu ihm führen sollte, an ihm vorbeizuführen drohen. Da Normen wie bereits gezeigt für die Subjektkonstitution unentbehrlich sind, können sie nicht einfach verworfen oder umgangen werden, was das Dilemma in einen Teufelskreis verwandelt, der für die Anerkennung eine ununterbrochene Herausforderung darstellt.

Anerkennung als unabschließbare Bewegung

Wenn das dritte Element jeder Anerkennungsbeziehung die Norm ist, die einerseits den Zugang zum Anderen in seiner Andersheit gewährleistet, insofern sie ihn als Gleichen erscheinen lässt, andererseits aber die Gefahr ethischer Gewalt in die Beziehung trägt, scheint es nur zwei Auswege zu geben: Entweder wird der Andere um seine Andersheit gebracht und dadurch zu einem potenziellen Adressaten von Anerkennung oder er verbleibt in seiner Andersheit und hat keine Möglichkeit mehr, anerkannt zu werden und Subjekt zu sein. Wenn Anerkennung als Ziel nicht aufgegeben werden und ihre Möglichkeitsbedingung nicht in einem an Selbstaufgabe grenzenden Konformismus münden soll, ist es notwendig, das Denken in der Struktur des Entweder-Oder zu verlassen und sich anderen Argumentationsfiguren zuzuwenden.

Ein Ansatz hierfür ist die Trope der Unmöglichkeit als Bedingung der Möglichkeit. Für Laclau strukturiert diese Wendung das Soziale, die Identität der Subjekte und kommt in den zentralen Kategorien politischer Analyse zum Vorschein (Laclau, 1990c; 36-39). Und auch bei Butler ist die Unmöglichkeit von Begriffen wie Geschlechtsidentität (Butler, 1991), Materie (Butler, 1997), Subjekt (Butler, 2001) oder Demokratie (Butler, 2000b) die Voraussetzung ihrer Möglichkeit. Was durch die Trope der Unmöglichkeit der Möglichkeit auf theoretischem Gebiet versucht wird, besteht darin, klassische Begriffe der Moderne, deren nur affirmativer Gebrauch zu hohen politischen Folgekosten in Form von gesellschaftlichen Ausschlüssen oder totalitären Tendenzen führt, einer fundamentalen Kritik auszusetzen, ohne sie anschließend aus dem politischen Diskurs zu verbannen, sondern auf eine Weise neu zu lesen, die erlaubt, sie in modifizierter Form weiter zu benutzen.

> „I would (..) add, in the spirit of more recent forms of affirmative deconstruction, that a concept can be put under erasure *and* played at the same time[...]. There is, however, a hope that the critical interrogation of the term will condition a more effective

use of it, especially considering the criticisms of its spurious formulations [...]." (Butler, 2000c; 264)

Der Begriff der affirmativen Dekonstruktion bringt das Bemühen zum Ausdruck, einerseits kritisch nach den Fundamenten zentraler Begriffe der heutigen sozio-politischen Realität zu fragen und andererseits ihren Geist zu bewahren, um die Doppelbewegung dieses Denkens in einer „kritischen Selbstreflexion der Moderne" (Münker/Roesler, 2000; XI) zusammenzuführen.

Die Unmöglichkeit der Möglichkeit und die affirmative Dekonstruktion bilden den Hintergrund von Butlers Auseinandersetzung mit der Anerkennung. Da Butler es bislang unterlassen hat, ihre Gedanken in geschlossener Form vorzulegen, finden sich ihre diesbezüglichen Ansätze passagenhaft in ihren Texten verstreut und besitzen stark fragmentarischen Charakter.

Butler situiert die Anerkennung in der Liebe und der sozialen Ebene. Mit der Anerkennung geht immer die Frage einher, woran man mit dem Anderen ist, woher er kommt, wohin er will, was seine Gründe und Ziele sind. Mit Cavarero gedacht stellt sich diese Frage in Liebesbeziehungen in Form des „Wer bist du?", die auf die Singularität des Gegenübers gerichtet ist, und auf der sozialen Ebene, insbesondere in ihrer rechtlichen Dimension, in Form des „Was bist du?", insofern hier allgemeine Merkmale und Maßstäbe angewandt werden, um Zugang zum Anderen zu bekommen. An dieser Stelle ließe sich argumentieren, die von Cavarero implizierte Trennung zwischen Liebesbeziehungen und gesellschaftlichen Beziehungen als zweier Bereiche, deren Unterscheidungsmerkmal in ihrer Fähigkeit bzw. Unfähigkeit zu suchen ist, die Singularität des Anderen erscheinen zu lassen, idealisiere die Liebe und vereinfache das Arbeiten gesellschaftlicher Institutionen. Ein solches Argument ist sicherlich eine valide Entgegnung, verfehlt jedoch den springenden Punkt in Cavareros Argumentation. Ihr zufolge ist auch die Frage „Wer bist du?" davon bedroht, die Singularität des Anderen zu verfehlen, da sich eine Antwort auf sie nur als Reihung denken lässt, die „Fähigkeiten, Eigenschaften, Vorzüge oder Fehler" aufzählt und durch die in diesen Kategorien angelegte Allgemeinheit lediglich zum Ausdruck bringt, „was" die fragliche Person ist (Cavarero, 1997; 212-215).

Ein kurzer Blick auf die Ausführungen Cavareros hilft, das Problem der Anerkennung bei Butler besser zu verstehen. Wie bereits gezeigt wurde, geht sie von einem triangulierten Verhältnis von Subjekt, seinem Gegenüber (das auch eine gesellschaftliche Institution sein kann) und der Norm aus, wodurch das gesellschaftliche Feld, die Frage nach dem „was" einer Person, bis in die intimsten Winkel jeder Zweierbeziehung vordringt. Ein ausschließlich dem Privaten vorbehaltener Bereich, aus dem die Gesellschaft ausgeschlossen ist, ein Bereich, in dem die Normen der Geschlechtsidentität nicht die Beziehungen zwischen den Menschen regulieren, ist nach Butler nicht denkbar. Die Frage „Wer bis du?" verknüpft sich stets mit der Frage „Was bist du?" und verwandelt die Beziehung der Anerkennung in einen prekären Balanceakt zwischen der Singularität des Anderen und seiner gesellschaftlichen Existenz. Anerkennen bedeutet sowohl nach dem „wer" als auch dem „was" einer Person zu fragen und schließt daher eine Form des sozialen Urteils mit ein.

Das damit verbundene Problem tauchte bereits in „Hass spricht" auf und lässt sich wie folgt auf den Punkt bringen: Wenn jede Anerkennungsbeziehung ein an Normen orientiertes, soziales Urteil mit einschließt, entscheidet dieses Urteil darüber, ob ein Mensch als Subjekt anerkannt oder in den Bereich des Verworfenen gedrängt wird.

> „Das Subjekt ‚existiert' nicht nur dank der Tatsache, daß es anerkannt wird, sondern dadurch, daß es im grundlegenderen Sinne *anerkennbar* ist. Die sprachlichen Bezeichnungen, die die Anerkennung ermöglichen, sind ihrerseits konventional, d.h. die Effekte und Instrumente eines gesellschaftlichen Rituals, die oftmals durch Ausschluß und Gewalt über die sprachlichen Bedingungen einer Überlebensfähigkeit der Subjekte entscheiden." (Butler, 1998; 15)

Das Vokabular dieser Passage ist noch sehr stark von Butlers linguistischem Ansatz geprägt und tendiert dazu, Anerkennung als Form der althusserschen Anrufung aufzufassen, doch ist die Stoßrichtung des Arguments klar erkennbar. Das jeder Anerkennung innewohnende Urteil birgt zwei Probleme in sich. Zum einen schaffen Urteile, die Anerkennung ermöglichen, durch Ausschluss einen Bereich des gesellschaftlich Verworfenen, in dem jene Menschen leben, denen aufgrund ihrer Existenzweise ein Leben als Subjekt nicht zugestanden wird, zum anderen stehen ihnen als konstitutive Kehrseite Urteile gegenüber, die als Verurteilung fungieren und für die Verteilung der Abweichler sorgen, die entweder in den Bereich des Verworfenen abgeschoben oder entsprechenden Regulations- und Normierungstechniken ausgesetzt werden, um sie in Menschen zu verwandeln, die berechtigterweise eine Anwärterschaft auf Anerkennung für sich reklamieren können.

Wenn in der Beziehung zum Anderen eine Spannung zwischen der Berücksichtigung seiner Singularität und seiner Universalität liegt, scheint es eine verführerische Schlussfolgerung zu sein, sich für eine der beiden Seiten zu entscheiden. Wie Seyla Benhabib gezeigt hat, führen jedoch beide in eine Sackgasse. Bei einseitiger Betonung des Standpunkts des „allgemeinen Anderen" (Universalität) führt selbiger sich selbst ad absurdum, da ohne Rekurrenz auf die Lage des jeweils einzelnen Menschen nicht festzustellen ist, inwiefern etwas Teil des Universellen sein kann. Wird nur auf den „konkreten Anderen" (Singularität) geachtet, droht der daraus abgeleitete Standpunkt in dem Moment in Rassismus, Sexismus und andere Formen der Diskriminierung zu kippen, wenn dessen individuelle Merkmale zu allgemeinen Beurteilungskriterien werden (Benhabib, 1989; 468-475)[48]. Zu der von Benjamin formulierten und von Butler geteilten Annahme, Anerkennung hänge vom Aufrechterhalten der Spannung zwischen „Negation und Anerkennung" ab (Benjamin, 2002; 122 / Butler, 2004g, 149), lässt sich aus dieser Perspektive die Notwendigkeit hinzufügen, eine Balance zwischen der allgemeinen und der konkreten Dimension des Anderen herstellen zu müssen, damit er weder unter eine ihm fremde Universalität subsumiert noch in die Einsamkeit des Solipsismus gestürzt wird.

Deswegen ist es für Butler in manchen Situationen notwendig, mit dem Urteilen auszusetzen, um den Anderen ins Blickfeld zu bekommen.

> „Es zeigt sich, dass uns eine ethische Reflexion über die Menschlichkeit des Anderen vielleicht letztlich nur über eine Erfahrung des Anderen unter Bedingungen des aufgeschobenen Urteils möglich wird, selbst wo diese Menschlichkeit sich gegen sich selbst gewendet hat." (Butler, 2003; 60)

Die Rede vom Aussetzen des Urteils verdeutlicht, dass Butlers Intention nicht darin liegt, sich des Urteils zu enthalten und vor der Verantwortung in ein wertfreies Jenseits zu flüchten. Ein aufgeschobenes Urteil verweist auf die Zukunft, in der es durchaus zu einer Beurteilung kommen kann, nimmt sich jedoch Zeit, um den Anderen erscheinen zu lassen, anstatt ihn im Jetzt an einer Norm zu messen, die zu seiner sofortigen Anerkennung oder Verwerfung führt. Die „Sphäre der Ethik", die „ethische Pflicht" erschöpft sich für Butler nicht darin, moralische Urteile zu fällen und argumentativ zu rechtfertigen, da das Urteilen selbst nur auf der Grundlage einer vorgängigen Beziehung mit dem Anderen gedacht werden kann (Butler, 2003; 60) – einer Beziehung, die jedes Subjekt immer schon unterhält, insofern es eine „Beziehung zum anderen" ist (Butler, 2004g; 149-151). Diese vorgängige Bindung zu vergessen führt nach Butler dazu, zu übersehen, was der Andere dem Subjekt in ethischer Hinsicht zeigen kann und auf welche „existierenden menschlichen Möglichkeiten" er aufmerksam macht, die eine Herausforderung für das Subjekt darstellen, das sie für gut oder schlecht zu befinden hat. Ohne diese durch den Aufschub erweiterte Reflexionssphäre erhöht sich das Risiko vorschneller Verurteilung, durch die sich eine Differenz zwischen dem Urteilenden und dem Beurteilten auftut. In der Verurteilung liegt für Butler das Bestreben, den Anderen aus dem Selbst zu verbannen, um durch die Externalisierung der eigenen Undurchsichtigkeit zu einer vordergründigen Form von Selbsttransparenz zu gelangen, die keine Anerkennung des Anderen mehr erlaubt, da Anerkennung immer bedeutet, sowohl die Begrenztheit des Anderen als auch die eigene anzuerkennen (Butler, 2003; 60-61).

Mit dem aufgeschobenen Urteil geht für Butler eine Form der Anerkennung einher, deren Möglichkeitsbedingung gerade darin besteht, sich niemals gänzlich zu realisieren. Auf die Frage „Wer bist du?" darf keine abschließende Antwort erwartet, das durch die Frage artikulierte Begehren nach Wissen niemals befriedigt werden, da es mit dieser Befriedigung verschwinden würde und es zur Abkehr vom Anderen käme. Anerkennung schließt das (durch Rekurrenz auf die Norm generierte) Wissen zwar mit ein, basiert aber ebenso auf der Einsicht in dessen Grenzen. Wie Butler in einer affirmativ interpretierenden Passage über Drucilla Cornell formuliert, muss Anerkennung als eine „Geste der Demut" verstanden werden, gerichtet an ein Gegenüber, das niemals vollständig gekannt noch gemeistert werden kann und seine „ethische Signifikanz" gerade aus diesem Widerstand bezieht (Butler, 1998b; 214). Wenn Anerkennen auch bedeutet, eine Grenze des Wissens über den Anderen anzuerkennen, fungiert sie als Schutz gegen die Zumutung des Anspruchs auf lückenlose Verständlichkeit und volle Repräsentation im Raster der Intelligibilität. Nur durch das Akzeptieren dieser Schranke ist es möglich, jene Distanz zum Anderen zu bewahren, die eine schlichte Assimilation seiner Andersheit verhindert und ihm gestattet, als Anderer zu erscheinen.

> „Das ethische Verhältnis ist genau ein Streben nach einem sozialen Gut, in dem volle Anerkennung verbürgt ist, aber es ist genau das Scheitern daran, diesen Status gegenseitiger Anerkennung je zu erreichen, was das ethische Verhältnis als ethisches garantiert. Ethisch zu sein heißt mit anderen Worten, in einem radikal unerreichbaren Verhältnis zum Anderen zu stehen, darin zu scheitern, den Anderen zu meistern, und das Scheitern dieses Meisterns durch das Markieren der Grenzen der Anerkennung zu kennzeichnen." (Butler, 1998b; 212-213)

Genau in dieser Bewegung liegt die Trope der Unmöglichkeit als Bedingung der Möglichkeit verborgen, die eingangs beleuchtet wurde. Anerkennung als nicht abzuschließende Bewegung zu verstehen bedeutet nicht, sich damit zufrieden zu geben, den Anderen niemals wirklich erfassen zu können und sich auf Grundlage dieser Erkenntnis in einem bequemen Provisorium einzurichten. Vielmehr ist die Bewegung von einem ethisch höchst anspruchsvollen Paradox durchzogen, da zugleich eine Einsicht in die Grenzen der Anerkennung gefordert wird, das Streben nach der Anerkennung des Anderen aber unvermindert aufrechterhalten werden soll. Das Ideal übertrifft jede seiner Realisierungen und bezieht seine Kraft aus der Nicht-Übereinstimmung mit der Realität, wodurch der Raum des Möglichen stets offengehalten wird (Butler, 2000; 162). Butler denkt die Anerkennung vor dem Hintergrund des lacanianischen Begehrens, dessen Besonderheit darin liegt, niemals befriedigt werden zu können (Butler, 2003; 57). Lacan unterscheidet zwischen Bedürfnissen, Ansprüchen und dem Begehren. Das Bedürfnis ist ein biologischer Instinkt, Ansprüche sind artikulierte Bedürfnisse und richten sich entweder auf das für den Körper Notwendige oder die Liebe des Anderen. Da der Andere zwar die Bedürfnisse biologischen Ursprungs bedienen, niemals aber absolute Liebe geben kann, entsteht ein nicht aufgehender Rest und dieser ist für Lacan das Begehren. Es erwächst aus dem Mangel und richtet sich auf das Objekt klein *a*, das immer schon verloren ist und seine Repräsentanz in anderen Objekten findet, die das Begehren zwar auf sich ziehen, es aber niemals stillen können, da sie nicht das „Wahre" sind. Das Begehren hat für Lacan deswegen den Charakter einer unendlichen metonymischen Reihung (Evans, 2002; 53-58). Im Unterschied zum Bedürfnis kann das Begehren niemals befriedigt werden, hört deswegen aber nicht auf, sich geltend zu machen, sondern durchzieht als treibende Kraft die psychische Landschaft des Subjekts, um sein Denken und Handeln anzustoßen. Die im Begehren liegende Spannung zwischen Unerfüllbarkeit und unentwegtem Drängen hält das Paradox der Anerkennung aufrecht, die Bewegung in Richtung des Anderen in ihrem gleichzeitigen Scheitern immer wieder von Neuem zu beginnen und weiterzuführen.

> „In der Tat tritt genau aus dieser Differenz, diesem Spalt, dieser Inkommensurabilität zwischen dem Realisierbaren und dem Idealen ein gewisses Streben hervor, das immer das Ideal zu realisieren versucht, es aber nie kann, das das Scheitern als die Gelegenheit wahrnimmt, die Anstrengung zu mobilisieren, sich dem Ideal immer und immer wieder – *unendlich* – anzunähern. Schließlich ist es in der Wertschätzung dieses unendlichen Strebens, wo die Wiedereinschreibung von Ethik stattfindet; das ethische Verhältnis wird nicht mehr als die Verkörperung des Ideals gegenseitiger Anerkennung verstanden, sondern als das unendliche Scheitern dieser Verkörperung und damit als das unendliche Streben, welches das Scheitern auf irgendeine Weise motiviert." (Butler, 1998b; 216)

Aus der Perspektive der hegelschen Realphilosophie lässt sich Butlers Reformulierung der Anerkennung als unabschließbare Bewegung auch als der Versuch lesen, die Anerkennung vor ihrer Selbstaufhebung und das Individuum vor seinem Aufgehen im Allgemeinen zu bewahren. Bei Hegel ist Anerkennung eine Durchgangsstation auf dem Weg der Entwicklung des Geistes, setzt bei den Auseinandersetzungen der einzelnen Familien im Naturzustand an, durchläuft einen Kampf auf Leben und Tod, die Schließung von Verträgen und den Bruch derselben und hebt sich schließlich in der Einrichtung des Rechts selbst auf (Hegel, 1974; 226-245). Das Gesetz unterscheidet sich vom Anerkanntsein, da es „das Selbst des Einzelnen in sich schließt“, der dem „Allgemeinen aufgeopfert“ wird (Hegel, 1974; 245). Dieses Aufgehen ist für Hegel kein Akt der Unterdrückung, da zum Recht im Laufe der Bewegung des Geistes auch Volk und Staat hinzukommen, um eine lebendige Einheit zu bilden. Das Individuum hat zwar Angst vor der Übermacht dieses Allgemeinen, weiß jedoch zugleich dessen Willen als seinen eigenen und an welcher Stelle von ihm uneingeschränkter Gehorsam gefordert wird, opfert der Staat sich zugleich für es auf, damit ihm zukommt, was das Seine ist (Göhler, 1991; 313). Doch ist es nicht ganz so einfach, wie es diese Zusammenfassung suggeriert, da Anerkennung bei Hegel auf der Ebene der Individuen zwar symmetrisch, auf jener zwischen Individuen und Staat aber asymmetrisch gedacht wird, worin keine Inkonsequenz des Gedankengangs liegt, sondern ein strukturierendes Prinzip der hegelschen Anerkennung in der Realphilosophie. Die Entwicklung der Anerkennung geht bei Hegel mit der Entwicklung einer übermächtigen Allgemeinheit einher, von der das Individuum erdrückt wird, ohne die Möglichkeit zu besitzen, auf das Allgemeine einzuwirken (Göhler, 1981; 227- 230). Hegel lässt also nicht nur die Anerkennung zugunsten von Recht, Volk und Staat verschwinden, er führt mit Letzteren auch Mächte ein, von denen der Einzelne in seiner Singularität beseitigt wird. Anerkennung als unabschließbare Bewegung wird aus dieser Perspektive auch als Verteidigungshaltung gegen jeden Versuch erkennbar, das Individuum in einem wie auch immer beschaffenen Institutionsgefüge oder Kollektiv verschwinden zu lassen, dessen abstrakt bleibende Universalität es nicht harmonisch integriert, sondern in seiner Besonderheit schlichtweg subsumiert. Zwar bleibt die Notwendigkeit bestehen, Anerkennungsbeziehung auf einer gesellschaftlichen Ebene zu kodieren, etwa durch Einschreibung in Gesetze, die dem Schutz des Individuums gelten, doch ebenso die Notwendigkeit, immer eine Rückbindung an den Einzelnen zu suchen und ihm gegenüber Offenheit zu bewahren.

Inklusion als Veruneindeutlichung

Butler schwankt zwischen einem Gebrauch des Anerkennungsbegriffs, der auf Fragen der Geschlechterpolitik beschränkt ist, und einer wesentlich weiter gefassten Anwendung, die ihn zur zwingenden Voraussetzung jeder Subjektwerdung und zum zentralen Einsatz politischer Kämpfe überhaupt erklärt. Deswegen sei an dieser Stelle an die zuvor formulierte Beschränkung erinnert, Anerkennung als Ziel von geschlechterpolitischen Kämpfen zu verstehen, die auf Fragen der Identität fokussiert sind. Der Kern des mit Butler und Laclau bislang entwickelten Arguments lässt sich wie folgt zusammenfassen: Geschlechtsidentität ist ein auf Ausschluss basierendes Differenzsystem, das von Dislokationen heimgesucht und destabilisiert wird. Die Ordnung dieses Differenzsystems wird von einer hegemonialen Norm gewährleistet, die regelt, welche Formen von Geschlechtsidentität Anerkennung finden, und auf welche Weise die disqualifizierten Identitäten auf die verschiedenen Bereiche des Ausschlusses verteilt werden (ontisch und quasi-ontologisch). Der Ausschluss geht auf der Ebene des Subjektes mit Verwerfung einher, was seine psychische Integrität beeinträchtigen kann, und auf gesellschaftlicher Ebene verweist er viele Menschen in Bereiche, in denen weder erfülltes Leben noch gleichberechtigte Beteiligung am sozialen Leben möglich ist. Eine auf Anerkennung zielende Geschlechterpolitik sollte deswegen an den Normen ansetzen, von denen Geschlechtsidentität und Anerkennung reguliert werden, und versuchen, ihnen eine gegen-hegemoniale Perspektive entgegenzusetzen. Wie diese gegen-hegemoniale Perspektive aussehen könnte, soll im Folgenden entfaltet werden.

Krise der Norm

Mit Butler lassen sich zwei Gründe ausmachen, weshalb Normen immer wieder in Krisen geraten, die ihre Reformulierung ermöglichen. Der erste ist bereits dargestellt worden und sei hier lediglich in Erinnerung gerufen. Normen und performative Äußerungen stehen in einem Wechselverhältnis, insofern performative Äußerungen durch Zitation der Normen jene Kraft erlangen, die sie benötigen, um die von ihnen benannten Effekte ins Leben zu rufen und Normen der Zitation durch performative Äußerungen bedürfen, um ihren hegemonialen Status zu wahren und nicht an Bedeutung zu verlieren. Resignifikatorische Praxen versuchen sich die Instabilität dieses Verhältnisses zunutze zu machen, indem sie Zitationen der Norm einführen, die geeignet sind, andere Effekte hervorzubringen oder die Norm selbst zu verschieben. Die Anerkennungsmöglichkeiten geschlechtlicher Identitäten zu verändern setzt demnach voraus, die Normen, von denen Anerkennung in diesem Bereich reguliert wird, durch subversive Praxen resignifikatorischer Zitation zu verschieben.

Dieses Argument wird von Butler bereits seit „Das Unbehagen der Geschlechter" vertreten und stellte lange Zeit ihren einzigen Vorschlag dar, um soziale und politische Verhältnisse zu verändern. Wie bereits ausgeführt verschiebt sich der Fokus der butlerschen Theorie zusehends vom zitierenden Diskurs auf die zitierte Norm und im Zuge dieser Bewegung erscheint in ihrem Schreiben noch eine andere Möglichkeit, wie Normen in die Krise geraten können.

> „Wenn ich bei einem immer wieder scheiternden Versuch, anzuerkennen und anerkannt zu werden, den normativen Horizont in Frage stelle, innerhalb dessen Anerkennung vollzogen wird, dann ist diese Infragestellung Teil des Begehrens nach Anerkennung, eines Begehrens, das keine Erfüllung finden kann und dessen Unstillbarkeit einen kritischen Punkt der Abwendung von verfügbaren Normen bildet." (Butler, 2003; 35)

Anerkennung ist für Butler wie bereits ausgeführt eine unabschließbare Bewegung, da der Anerkennung das lacanianische Begehren zu Grunde liegt, dessen wesentliche Eigenschaft darin besteht, nach Erfüllung zu streben, um den Mangel zu schließen, aus dem es hervorgeht, und daran aufgrund der Irreduzibilität dieses Mangels fortwährend zu scheitern, woraus ein immer enttäuschtes, doch unablässiges Streben nach Fülle hervorgeht (Widmer, 1997; 74-77). Wenn die Normen mit dem Versprechen einhergehen, die Andersheit des Anderen zu domestizieren und Anerkennung zu ermöglichen, so sind sie nach Butlers Äußerung zugleich immer auch der Enttäuschung ausgesetzt, dies nur auf mangelhafte Weise zu gewährleisten, da sie den Anderen entweder nicht gänzlich zu erfassen vermögen oder ihn als Anderen verschwinden lassen. Für Butler ergibt sich aus diesem Dilemma eine Distanz des Subjekts zu den Normen der Anerkennung und diese Distanz ermöglicht Kritik[49]. Auch wenn Butler sich an dieser Stelle den Vorwurf gefallen lassen muss, sich genau jener unkritischen Aneignung lacanianischer Begriffe zu bedienen, die sie kurz zuvor Laclau und Žižek zum Vorwurf machte (Butler/Laclau/Žižek, 2000), ist das Argument trotz allem herausfordernd: In seinem Begehren verfügt das Subjekts über ein widerständiges Moment, das es davor bewahrt, von der Norm determiniert zu werden, wodurch Kritik zu einem Akt wird, dessen Möglichkeit niemals beseitigt werden kann.

Aus der linguistischen wie der psychoanalytischen Perspektive erweisen sich die Normen, von denen die Anerkennung geschlechtlicher Identität reguliert wird, als instabil, da sie nicht in der Lage sind, ihre Effekte abschließend zu kontrollieren und dadurch unbeabsichtigten Verschiebungen und gezielten subversiven Praxen seitens der Subjekte ausgesetzt sind. Damit Instabilität zur Krise führt, muss jedoch noch etwas hinzukommen. Unmittelbar vor der soeben zitierten Textstelle formuliert Butler, um was es sich dabei handelt.

> „Manchmal geraten Normen, die die Anerkennung regeln, durch die Nichtanerkennbarkeit des Anderen in die Krise." (Butler, 2003; 35)

Da Anerkennung für Butler ein reziprokes Verhältnis ist, lässt sich der Satz auch anders herum lesen. Ebenso wie die Nichtanerkennbarkeit des Anderen ist auch die Unfähigkeit, für das eigene Selbst Anerkennung zu erlangen, ein Umstand, der geeignet ist, Normen in die Krise zu stürzen. Doch ist es mit Butler nicht möglich, genauer anzugeben, was eine Krise sein oder welche Konsequenzen sie haben könnte.

Wenn die Normen, von denen Geschlechtsidentität reguliert wird, sich mit Laclau als hegemoniale Verklammerung des Partikularen und Universellen durch als Einschreibefläche fungierende, leere Signifikanten fassen lassen, kann eine Krise nur im Wanken der etablierten hegemonialen Ordnung bestehen. Wie bereits geschildert grenzt sich nach Laclau (und Mouffe) jeder Diskurs gegen ein Außen ab, indem er sich um einen hegemonialen, leeren Signifikanten arrangiert, dessen Funktion darin besteht, den Diskurs zu verklammern und seine Grenzen zu bezeichnen. Jeder Diskurs ist deshalb einer Spannung zwischen Fixierung (leerer Signifikant) und Instabilität (Bedrohung durch das Außen) ausgesetzt, durch die ein Spalt entsteht, der Raum für Transformationen bietet (Stäheli, 2001; 199f.). Dass es sich hierbei um mehr als eine weitere Variante handelt, den stets provisorischen Charakter von Normen zu denken, zeigt sich vor allem in der durch diese Überlegungen eröffneten Möglichkeit, sowohl anzugeben, wie eine Krise entsteht, als auch darzulegen, was der Begriff bezeichnet.

Zur Verdeutlichung seines Hegemoniebegriffs führt Laclau, inspiriert von Ludwig Wittgenstein, das bereits beschriebene Beispiel der Zahlenreihe ein. Der Andere kann stets bezichtigt werden, die Regel nicht verstanden zu haben, indem der Regel etwas hinzugesetzt wird, von dem er nichts wissen kann. So lässt sich die Zahlenreihe 1, 2, 3, 4 wie gesagt nicht nur mit 5, 6, 7, 8 erweitern, sondern ebenso mit 9, 10, 11, 12 und sobald das Gegenüber nun meint, die Regel verstanden zu haben, und glaubt, mit 17, 18, 19, 20, 25, 26, 27, 28 sei die richtige Fortsetzung gefunden, ist es ohne weiteres möglich zu antworten, dies sei keineswegs der Fall, da nur die Zahlenräume von 1 bis 20, 40 bis 60, 80 bis 100 berücksichtigt werden dürften (Laclau, 1990c; 29f.). Die Regel ist ein klassisches Hegemonieverhältnis, da sie gegen ein Außen alternativer Optionen abgegrenzt ist, einen Rahmen der Intelligibilität etabliert und es der Zustimmung der überwiegenden Zahl aller am Spiel beteiligten Menschen bedarf, um festzulegen, welche Regel wann als verbindlich gilt. Die Wechsel der Regel kommen Laclau zufolge nicht zustande, da die Spieler plötzlich denken, eine bestimmte Variante sei einer anderen einfach vorzuziehen, sondern durch eine Krise innerhalb des Hegemonieverhältnisses.

> „Was [...] geschieht ist, daß neue Elemente das Bild betreten und die alte Regel nicht in der Lage ist, sie zu hegemonisieren – wenn zum Beispiel eine scheinbar chaotische Nummernserie eingeführt wird und die Herausforderung lautet, eine kohärente Regel zu finden, die mit dem neuen Zustand kompatibel ist. Sehr oft wird eine neue Regel akzeptiert, nicht weil sie an sich gemocht wird, sondern weil sie einfach eine Regel ist, weil sie ein Prinzip der Kohärenz und Intelligibilität in ein scheinbares Chaos einführt." (Laclau, 1996i; 167)

Eine hegemoniale Ordnung gerät ins Wanken, wenn neue, zuvor ausgeschlossene oder nicht einmal denkbare Differenzen aus dem Außen in das Innere eines Differenzsystems vorstoßen und den leeren Signifikanten seiner Fähigkeit berauben, die Äquivalenzdimension der Differenzen zu repräsentieren. Wenn die Normen, von denen geschlechtliche Identitäten reguliert werden, nach Butler in die Krise geraten können, wenn sie unfähig sind, die Anerkennung bestimmter Anderer zu gewährleisten[50], so kann aus hegemonietheoretischer Perspektive als Grund für diese Krise nur angenommen werden, in das Differenzsystem Geschlechtsidentität seien neue Möglichkeiten eingetreten, die der heterosexuell kodierten Binarität der Geschlechter die Möglichkeit nehmen, das System als leerer Signifikant zu verklammern[51]. Ob ein derartiger Zustand bereits eingetreten ist, kann im Rahmen dieser Arbeit nicht geklärt werden, doch lässt sich mit Sicherheit sagen, Butlers Theorie der Resignifikation ziele darauf ab, ihn herbeizuführen, um neue Möglichkeiten geschlechtlicher Identität zu eröffnen.

Doch haben Krisen nicht automatisch subversiven Charakter. Ebenso gut können instabile soziale Systeme auch in chaotische Zustände verfallen oder in ihrem Streben nach einer neuen Ordnung zu politischen Optionen greifen, die in moralisch ethischer Hinsicht äußerst fragwürdig sind. Damit die Normen der heutigen Geschlechtsidentität nicht nur in die Krise geraten, ist es notwendig, alternative Diskurse zu erfinden, die das Potenzial haben, Geschlechtsidentität auf – mit Butler gedacht – weniger ausschließende Weise zu regulieren, zu einer Einschreibefläche für andere Formen der Geschlechterpolitik zu werden, einen neuen Rahmen der Intelligibilität abzustecken und schrittweise zur (restrukturierten) Normalität zurückzukehren (Smith; 1998; 167). An dieser Stelle lässt sich durch einen augenzwinkernden Rekurs auf altbewährtes, linkes Vokabular die Frage erheben, ob es zu diesem Zweck einer Revolution bedarf oder ob die soeben formulierte Aufgabe auch auf dem Weg schrittweiser Reformen umgesetzt werden kann. Bei näherer Betrachtung erweist sich das eine als Kehrseite des anderen.

Reform oder Revolution?

Bei der Lektüre Butlers ist irgendwann ein Augenblick des Innehaltens erreicht, da sich mit aller Macht die Frage aufdrängt, worum es eigentlich geht – um die Abschaffung der Gender-Normen, ihre radikale Neuformulierung oder nur um ihre Erweiterung. Diese Unentschiedenheit zieht sich durch alle umfangreicheren Veröffentlichungen Butlers und ist bis heute nicht durch eine deutliche Stellungnahme geklärt worden.

> „Ein Verlust der Geschlechter-Normen [...] hätte den Effekt, die Geschlechterkonfigurationen zu vervielfältigen, die substantialistische Identität zu destabilisieren und die naturalisierten Erzählungen der Zwangsheterosexualität ihrer zentralen Protagonisten: ‚Mann' und ‚Frau' zu berauben." (Butler, 1991; 215)

Butler meint hier offensichtlich die Geschlechternormen in ihrer heutigen Gestalt, nicht aber in allgemeiner Hinsicht, sonst wäre der Satz schlichtweg sinnlos, da es ohne Normen keine soziale Bedeutung mehr geben kann. Doch bleibt die Äußerung nach wie vor in der Schwebe. Eine Vervielfältigung der geschlechtlichen Identitäten geht nicht notwendigerweise mit der Beseitigung der Kategorien von Mann und Frau als zentrale Positionen innerhalb der Geschlechterdifferenz einher, sondern kann ebenso gut darin bestehen, auch andere Optionen zu akzeptieren, die als Zwischenkategorien fungieren oder alternative Identitätsmöglichkeiten eröffnen. Soll eine Erweiterung auf die Beseitigung des binären Denkens hinauslaufen, so handelt es sich nicht um eine schlichte Erweiterung, sondern um die Erfindung vollkommen neuer Begriffe, von denen Geschlechterdifferenz strukturiert werden soll. Dass sich in Butlers Unentschiedenheit mehr als nur die mangelnde Konkretion eines Frühwerks widerspiegelt, zeigt eine Formulierung aus dem von Butler gemeinsam mit Laclau und Žižek im Jahr 2000 verfassten Band „Contingency, Hegemony, Universality" (Butler, Laclau, Žižek, 2000).

> „Indeed, the task will be not to assimilate the unspeakable into the domain of speakability in order to house it there, within the existing norms of dominance, but to shatter the confidence of dominance, to show how equivocal its claims to universality are, and from that equivocation, track the break-up of its regime, an

> opening towards alternative versions of universality [...].“ (Butler, 2000; 179)

Die Passage ist zwar allgemein formuliert, aber vor dem Hintergrund der universellen Gültigkeit von Gender-Normen geschrieben und lässt sich daher wie ein Zusatz zum zuvor zitierten Ausschnitt aus „Das Unbehagen der Geschlechter“ lesen. Gab es dort ein Schwanken bezüglich der Formulierung, scheint dieses nun auf den ersten Blick zugunsten größerer Klarheit beseitigt zu sein. Butler unterscheidet klar zwischen der Möglichkeit, den Bereich des – wie sie es nennt – Unsagbaren in den Bereich des Sagbaren zu integrieren, und jener, den Bereich des Sagbaren zu erschüttern, um ihn anschließend gänzlich neu zu konzipieren. Zudem positioniert sie sich innerhalb dieses binären Möglichkeitsraums klar auf Seiten der zweiten Option.

Diese Klarheit beseitigt Butler allerdings wieder. In ihrem Aufsatz „Besides Oneself“ (Butler, 2004d) schreibt sie, die Aufgabe lesbisch schwuler Politik liege in der Neukonstruktion von Realität, und bestätigt dadurch zunächst die Notwendigkeit radikaler Transformation. Auf die Frage, wie zwischen den zahlreichen Möglichkeiten geschlechtlicher Identität hinsichtlich der Legitimität ihres Anspruchs auf Anerkennung unterschieden werden könne, antwortet Butler eine Seite darauf allerdings, indem sie ihre Aussage implizit zurücknimmt und für eine Politik der Inklusion votiert. Die Passage wurde zwar weiter oben bereits zitiert, sei an dieser Stelle zur Verdeutlichung des Arguments aber noch einmal angeführt.

> „I would say that it is not a question merely of producing a new future for genders that do not yet exist. The genders I have in mind have been in existence for a long time, but they have not been admitted into the terms that govern reality. So it is a question of developing within law, psychiatry, social, and literal theory a new legitimating lexicon for the gender complexity that we have been living for a long time.” (Butler, 2004d; 31)

Was nicht in den Bereich des Intelligiblen fällt, soll durch eine Politik der Inklusion integriert werden, weshalb es notwendig ist, ein Vokabular zu erfinden, das der wirklichen Komplexität der heute existierenden geschlechtlichen Identitäten entspricht – diese Forderung ist sicherlich richtig, aber keineswegs radikal[52], da die bereits existierenden Geschlechterkategorien lediglich erweitert werden müssen, um sie in die Praxis umzusetzen.

Dieses Spiel ließe sich noch lange fortsetzen. Die Unentschiedenheit zwischen der Perspektive radikaler Transformation und der realpolitischen Forderung nach Erweiterung der gesellschaftlichen Inklusionsmechanismen durchzieht das komplette Werk Butlers und ermöglicht es ebenso, sie als Vertreterin revolutionärer Geschlechterpolitik darzustellen, wie auch ihre Theorie als Forderung nach allmählichen Reformen zu verstehen. Die Butler-Rezeption hilft in dieser Frage keinesfalls weiter. Wo die politische Spannung bemerkt wird, dient sie als Ansatzpunkt, um den angeblich wachsenden Konformismus Butlers zu beklagen (Weber, 1998), was einer Teilung ihres Werks in eine radikale Frühphase und ein eher reformorientiertes, späteres Schaffen gleichkommt, die nicht nur polemisch, sondern bei näherer Betrachtung schlichtweg falsch ist. Andernorts heißt es, Butler ginge es politisch um eine „Erweiterung des gesellschaftlich Anerkannten", die durch Pluralisierung und Inklusion geschaffen werden solle (Bublitz, 2002; 77), was einer Festlegung auf Inklusion entspricht, die alle Elemente ausblendet, die bei Butler über eine derartige Option hinausweisen. Nicht selten wird die bei Butler bestehende Ambiguität der politischen Perspektiven auch einfach durch die Wahl eines in seiner Unbestimmtheit dem ihren ähnlichen Schreibstils übernommen (Becker-Schmidt/Knapp, 2000; 87 / Weinbach, 2001; 417-420).

Jenseits des Bestrebens, eine politische Zuordnung des Butlerschen Denkens vorzunehmen, ist es möglich, sich der Zweideutigkeit ihrer politischen Forderungen auf anderem Wege zu nähern. Die Frage, ob die Normen der Anerkennung geschlechtlicher Identität zum Zweck der Transformation der heutigen Möglichkeiten von Geschlechtsidentität komplett neu strukturiert oder lediglich erweitert werden müssen, kann mit Butler als künstliche Dichotomie zurückgewiesen werden, wodurch sich eine strategische Herangehensweise eröffnet, die beide Optionen integrieren kann. Butlers primäres politisches Instrumentarium besteht in der Resignifikation von Diskursen durch die semantische Verschiebung ihrer Schlüsselbegriffe oder, wie Laclau sagen würde, der sie fixierenden leeren Signifikanten. Wie sie in ihrem paradigmatischen Beispiel für Resignifikation immer wieder betont, verwandelte sich der Begriff „queer" von einer Beleidigung, mit dem all jene bezeichnet wurden, die bezüglich ihrer Sexualität von den vorherrschenden binär und heterosexuell organisierten Geschlechterkategorien abwichen, zu einer positiven Selbstbeschreibung, die heute als Name für eine politische Bewegung und eigenständige Zweige der Wissenschaft fungiert (Butler, 1997; 307f.). Sicherlich ist es möglich, Butler der Übertreibung zu bezichtigen, doch kommt es an dieser Stelle nicht so sehr auf die Richtigkeit des Beispiels an als vielmehr darauf, was es über die in der Resignifikation gelegene Bewegung aussagt. So wie Butler die Veränderung des Begriffs „queer" schildert, hat er eine Verschiebung durchlaufen, an deren Ende eine gänzlich andere Bedeutung und Verwendungsweise steht als am Anfang. Resignifikation als subversive Instrumentalisierung der Wiederholungsstruktur von Sprache bleibt zwar zunächst der wiederholten Semantik verhaftet, besitzt aber die Fähigkeit, sich von ihr durch fortwährende Iteration schließlich zu befreien und einen neuen, bis zu diesem Zeitpunkt nicht existierenden Sinn zu etablieren. In der Kette der Wiederholungen gibt es einen Umschlagpunkt, an dem sich die aufkeimende neue Bedeutung von ihrer Verhaftung in der konventionellen Bedeutung löst und auf eine Neudefinition zu bewegt, deren endgültige Gestalt nicht deduziert werden kann, da sie das Resultat der resignifikatorischen Praxen der miteinander interagierenden politischen Gruppen ist[53]. Die Trennung zwischen einer radikalen und einer reformorientierten Variante ist aus dem Blickwinkel der Resignifikation betrachtet sinnlos, da sie beide vereint.

Dieser Ansatz findet sich auch bei Laclau. Von Slavoj Žižek mit dem Vorwurf konfrontiert, die Grundlagen der kapitalistischen Gesellschaft und potentielle Alternativen zum derzeitigen politisch-ökonomischen System aus den Augen zu verlieren, da er nur noch auf Veränderungen innerhalb des Systems zielen würde (Žižek, 2000; 223), antwortet Laclau mit einem Gegenargument, dessen Stoßrichtung die soeben mit Butler entfalteten Gedanken weiterzuführen erlaubt. Nachdem er die Dichotomie zwischen Kämpfen innerhalb des Systems und gegen das System zurückgewiesen hat, führt er seine eigene Fragestellung ein.

> „The crucial question is: How systematic is the system? [...] If [...] systematicity is seen as a hegemonic construction, historical change is conceivable as a displacement in the relations between

elements – some internal and some external to what the systems had been." (Laclau; 2000b; 293)

Wenn die moderne Variante der Geschlechterdifferenz als ein um hegemoniale Signifikanten herum strukturiertes System von Differenzen interpretiert wird, kann diese These Laclaus ermöglichen, zu verstehen, inwiefern reformorientierte und auf radikale Veränderung zielende, geschlechterpolitische Ansätze einander nicht ausschließen, sondern Bestandteile einer gemeinsamen Strategie sein können.

Das subversive Potential der Inklusion

In ihrem Aufsatz „Die VerUneindeutlichung der Geschlechter" unterscheidet Antge Engel zwischen zwei traditionellen geschlechterpolitischen Ansätzen und führt anschließend eine dritte Variante ein, in der sie eine Alternative zu deren jeweiligen Problemen sieht. Eine Strategie der Vervielfältigung z.B. entlang transgeschlechtlicher oder intersexueller Kategorien besitzt ihr zufolge zwar den Vorteil, Menschen, die in ihrer Differenz bislang nicht wahrgenommen, vielleicht gar ausgeschlossen wurden, öffentliche Beachtung zu verschaffen, lässt aber die Zwei-Geschlechter-Ordnung vollkommen unangefochten, indem sie „der Abweichung einen Ort zuweist" und deren kritisches Potential dadurch beseitigt. Des Weiteren bleibt die Ausschließungsproblematik bestehen, da Menschen, deren Identität sich in keines der bereitgestellten Raster der Abweichung fügt, immer noch gezwungen sind, entweder im gesellschaftlichen Abseits zu existieren oder sich einer der etablierten Geschlechterkategorien anzupassen (Engel, 2001; 358).

Eine Strategie der Auflösung von geschlechtlicher Identität ist für Engel ebenfalls zwiespältig. Zwar kann sie durch Eingriffe ins Recht die Verpflichtung beseitigen, Menschen mit eindeutigen Geschlechtszuweisungen zu markieren, doch wird die Relevanz der geschlechtlichen Identität für das Leben der Menschen durch diesen Eingriff nicht notwendigerweise verändert. Ganz abgesehen davon ist diese Strategie auch deswegen kritisch zu beurteilen, da die Geschlechtlichkeit der eigenen Existenz für viele Menschen eine identitätsstiftende und vor allem auch libidinöse Angelegenheit ist. Zudem würde eine derartige Auflösung der

Geschlechtsidentität (in wie vielen Kategorien auch immer gedacht) einen zentralen Begriff verschwinden lassen, ohne den fortdauernde Gewaltverhältnisse und Ausbeutungsstrukturen zwischen den Geschlechtern nicht länger sinnvoll thematisiert werden könnten (Engel, 2001; 358-359).

Diesen beiden Ansätzen stellt Engel eine Strategie der „VerUneindeutlichung" entgegen, die an der „hegemonialen Norm" ansetzt, von der die Geschlechterdifferenz binär und heterosexuell strukturiert wird und sich sowohl gegen die Normalisierung der Geschlechter als auch ihre Hierarchisierung wendet. Wie Engel weiter ausführt, muss VerUneindeutlichung heute vor allem auf die „Forderung nach Stabilität, Eindeutigkeit und Entsprechung von Geschlecht und Sexualität" zielen und neben den Selbstverhältnissen der Subjekte auch um eine Intervention bezüglich Institutionen, Gesetzen und strukturellen Herrschaftsverhältnissen bemüht sein (Engel, 2001; 357-360). Es bleibt zu fragen, was genau unter VerUneindeutlichung zu verstehen ist und wie sie erreicht werden soll. Für Engel liegt sie in einer Destabilisierung der Geschlechtsidentitäten „Mann" und „Frau" und kann am besten durch eine politische Strategie verwirklicht werden, die an den gesellschaftlichen Repräsentationen geschlechtlicher Identität ansetzt (Engel, 2001; 360-362)[54]. Ob dieser Ansatz politisch effizient ist, soll und kann an dieser Stelle nicht geklärt werden, doch erlaubt der Begriff der VerUneindeutlichung die Fortführung des soeben zitierten Gedankens Laclaus, die Transformation eines Differenzsystems sei aus hegemonietheoretischer Perspektive jenseits der Dichotomie von Kämpfen um Reformen oder Revolutionen aus den Bewegungen der Elemente eines Systems selbst erklärbar.

Wenn der leere Signifikant Geschlechterdifferenz heute von Bipolarität und Heterosexualität hegemonisiert wird, ist jede Identität, die auf diese beiden Terme bezogen werden kann, Teil des Differenzsystems Geschlechtsidentität. Sie unterscheiden sich voneinander, weichen vielleicht von der innersystematischen Norm ab, doch beziehen sich alle auf den das System verklammernden leeren Signifikanten. Neben der Differenzdimension weisen sie demnach eine Äquivalenzdimension auf, die sie in ihrer Verschiedenheit als Glieder ein und desselben Differenzsystems erkennbar werden lässt. Diese Spaltung in Äquivalenz und Differenz betrifft auch den hegemonialen leeren Signifikanten, insofern er eine Partikularität ist, die eine universelle Funktion erfüllt. Unbetroffen von dieser Spaltung sind nur jene Identitäten, die keinen Bezug zum leeren Signifikanten aufweisen und aus dem System herausfallen, um dessen konstitutives Außen zu bilden. Diese Überlegungen ebnen einen Weg zum Verständnis dessen, was VerUneindeutlichung bedeuten kann. Die Logik der Äquivalenz und die der Differenz existieren nicht in friedlicher Koexistenz, sondern subvertieren sich wechselseitig und bilden eine Spannung, von der das komplette Differenzsystem durchzogen wird (Laclau, 1996c; 67-68). Die Eindeutigkeit der Differenzen innerhalb des Systems wird von der ihnen allen gemeinsamen Eigenschaft untergraben, sich auf den das System totalisierenden leeren Signifikanten zu beziehen. Mit jeder neuen Differenz, die in die innersystematische Kette der Differenzen eintritt, wird die partikulare Dimension des leeren Signifikanten geschwächt, der eine Verklammerung nur noch leisten kann, indem er sich zusehends seiner differentiellen Bedeutung entledigt. Je weniger er aber bedeutet, desto geringer wird seine Fähigkeit, die Differenzen zu totalisieren, und desto instabiler wird die jeweilige hegemoniale Ordnung (Laclau, 1996c; 76-77). Dies kann geschehen, indem bislang außerhalb des Differenzsystems stehende Identitäten (quasi-ontologischer Ausschluss) integriert oder Formen der Abweichung, die zwar innerhalb dieses Systems liegen, dort aber keine Anerkennung genießen (ontischer Ausschluss), durch eine Erweiterung der sie regulierenden Norm aus dem sozialen Abseits befreit werden. Was den Anschein zweier verschiedener politischer Optionen erweckt, entpuppt sich bei näherem Hinsehen als eine politische Bewegung, in der sich reformorientierte Inklusionsstrategien und radikale Transformation verbinden. Ändert sich im Zuge innersystematischer Inklusion in die Norm die Stellung der Elemente innerhalb des Differenzsystems, ändert sich die Gestalt des leeren Signifikanten, wodurch auch der Bereich des Intelligiblen verschoben wird und bislang nicht sichtbare Identitäten in den Blick geraten. Rücken Identitäten aus dem konstitutiven Außen des Systems in sein Inneres vor, verbinden sie sich mit anderen Elementen zu einer neuen Ordnung der Differenzen, die der leere Signifikant nur durch einen Bedeutungswandel umgreifen kann, der die Anordnung der innersystematischen Differenzen umstrukturiert. Die Dynamik dieser Bewegung ähnelt jener der butlerschen Resignifikation. Je mehr

Elemente in das System aufgenommen werden (ob aus dem ontischen oder dem quasi-ontologischen Außen), desto instabiler wird der leere Signifikant und desto stärker muss er seine Bedeutung verändern, um das System weiterhin hegemonisieren zu können. Auf diesem Weg kann es zu zwei Situationen kommen. Entweder es entsteht eine Krise und ein anderer leerer Signifikant übernimmt die Funktion, das Universelle zu repräsentieren, oder die Verschiebungen des leeren Signifikanten lassen seine ursprüngliche Bedeutung verblassen und gehen in eine neue über.

Die Bedeutung dieser Überlegungen für eine subversive Geschlechterpolitik ist deutlich. Wenn Inklusionspolitik darauf abzielt, bislang nicht anerkannte bzw. unter den Bedingungen jetziger Intelligibilität nicht einmal anzuerkennende Geschlechtsidentitäten in die Gesellschaft zu integrieren, ist dies zweifellos kein politischer Akt, der mit der etablierten Ordnung der Geschlechter bricht, doch kann eine konsequent betriebene Politik der Anerkennung von Ansprüchen auf Identität dazu geeignet sein, die leeren Signifikanten, von denen die binäre und heterosexuell kodierte Version der Geschlechterdifferenz getragen wird, zu untergraben, indem ihr Bedeutungsspielraum erweitert wird.

Wenn die moderne Fassung der Geschlechterdifferenz eine Konstruktion darstellt, ohne die heute kein soziales Leben möglich ist (Butler, 1997; 16), deren politische Instituierung hinter ihrer sozial sedimentierten Form verschwindet (Laclau, 1990c; 33-36), und sie mittlerweile zu einer „Existenzweise" (Maihofer, 1995) geworden ist, sollte Inklusion nicht als Schaffung diverser Zwischen- und Nebenkategorien verstanden werden, sondern als Inklusion in die Terme, von denen die Geschlechterdifferenz heute strukturiert wird – Mann und Frau. Es geht nicht darum, neue Geschlechtsidentitäten zu erfinden und neben das hegemoniale binäre, heterosexuelle Ordnungsraster zu stellen, um dessen Leerstellen zu füllen, sondern um eine Erweiterung dessen, was heute als Mann und Frau verstanden wird. Eine einfache Überlegung kann diesen vielleicht konservativ erscheinenden Gedanken veranschaulichen. Zwar hat sich mittlerweile in vielen Ländern auf politischer und kultureller Ebene der Gedanke durchgesetzt, bei Schwulen, Lesben, Bisexuellen, Intersexuellen und Transsexuellen handle es sich um ganz normale Menschen mit einer klar definierbaren geschlechtlichen Identität. Doch zeichnet sich ihre Existenz dadurch aus, als Kopie oder irreal zu erscheinen (Butler,

2004c; 218); nicht weil sie, wie Butler suggeriert, zwangsläufig in den Außenbereichen der Gesellschaft leben oder an sozialer Unsichtbarkeit leiden (auch wenn dies teilweise sicherlich der Fall ist), sondern weil sie in der öffentlichen Wahrnehmung zumeist als Männer und Frauen gesehen werden, die ihre Rolle nur mangelhaft erfüllen. Die Reaktionen reichen von einem gutmütigen Lächeln über Angst bis zu Hass und jeder dieser Verhaltensweisen liegt die stillschweigende Annahme zu Grunde, im Anderen ein nicht wirklich männliches, ein nicht wirklich weibliches Gegenüber zu haben. Was es bedeutet, ein richtiger Mann oder eine richtige Frau zu sein, ist noch immer äußerst eng gefasst und lässt nur wenige Abweichungen von der Norm zu. Geändert hat sich der Umgang mit der Abweichung, der heute nicht mehr nur durch Sanktionen, sondern auch auf dem Wege der Toleranz begegnet wird. Doch lässt sich mit Engel zurecht die Frage erheben, ob diese Toleranz und die verschiedenen Varianten geschlechtlicher Devianz, auf die sie sich richtet, nicht in sehr effizienter Weise an einer Stärkung der heterosexuellen Zwei-Geschlechterordnung arbeitet, nicht nur weil sie der „Abweichung einen Ort zuweist" (Engel, 2001; 358), sondern diese im gleichen Zug auch kontrollierbar und sicher macht. Ein Beispiel für diese These sind z.B. deutsche Filmkomödien wie „Der Schuh des Manitu" oder „Traumschiff Surprise", deren Witzebene zu einem nicht unwesentlichen Teil daraus besteht, sich über das für „Männer" angeblich untypische Verhalten von „Schwulen" (das im Film in einer Reihung sämtlicher Klischees besteht, die schwulen Männern heute angedichtet werden) lustig zu machen. Dass diese beiden Filme zu den erfolgreichsten deutschen Filmen der letzten Zeit gehören, macht deutlich, wie schwule Männer in der Gesellschaft wahrgenommen werden. Auch wenn ihnen mit Toleranz begegnet wird, belegt das derartige Komödien flankierende Lachen eines ganz sicher – für die Rolle als Mann kommen Schwule nicht infrage.

Eine nicht auf Toleranz oder Minderheitsrechte fokussierte Politik der Inklusion sollte darauf zielen, die Normen der Anerkennung, von denen reguliert wird, welche geschlechtlichen Identitäten sich z.B. als Mann qualifizieren, derart zu erweitern, dass Schwule, Frau-zu-Mann-Transsexuelle, Intersexuelle, die sich für eine männliche Identität entschieden haben, und Menschen mit einer Geschichte wie David Reimer ebenso Spielarten dessen darstellen, was Männlichkeit bedeutet, wie ein heterosexueller Weißer, der mit dem Gedanken zu heiraten und eine Familie zu gründen liebäugelt. Vervielfältigung bedeutet hier nicht, zusätzliche Geschlechtsidentitäten zu erfinden, sondern den Raum der heute verfügbaren Identitäten Mann und Frau wesentlich weiter auszudehnen. Durch diese Ausdehnung kommt es zu dem von Laclau beschriebenen Effekt: Je mehr Differenzen sich für die vom leeren Signifikanten Geschlechtsidentität fixierte Äquivalenzkette qualifizieren, desto instabiler wird dieser leere Signifikant, da er sich zusehends entleeren und verändern muss, um seine Funktion zu erfüllen. Die Identitäten „Mann“ und „Frau“ werden dadurch in starkem Maße destabilisiert, da es nicht mehr möglich ist, sie so rigide wie heute mit einem wahren Kern und einer klar definierten Norm zu identifizieren. Wenn Männlichkeit sowohl bedeuten kann, eine Identität zu besitzen, in der sex, gender und Begehren in linearer Weise verbunden sind, als auch eine „Frau“ zu sein, die im Laufe ihres Lebens festgestellt hat, dass sie sich als Mann fühlt, auf eine Geschlechtsumwandlung aus medizinischen Gründen aber verzichtet, so ist die Identität Mann von einer „Uneindeutigkeit“ affiziert, die geeignet ist, schließlich auf eine Aufhebung der Zwei-Geschlechterordnung als solche hinauszulaufen. Eine hegemonietheoretische, auf Anerkennung zielende Perspektive der Vervielfältigung der Geschlechter, die mit den Kategorien „Mann“ und „Frau“ ansetzt, kann auf dem Wege einer Politik der VerUneindeutlichung zur Auflösung der bisherigen Geschlechterordnung beitragen, deren Resultat in einem Neuarrangement der Geschlechterdifferenz liegt, und stellt somit eine Integration aller drei von Engel benannten Möglichkeiten dar.

Anerkennung – ein spekulativer Ausblick

Der Begriff der Anerkennung ist zur Zeit insbesondere durch die Arbeiten Axel Honneths stark in die Öffentlichkeit gerückt und hat sich zu einem zentralen Thema der politischen Theorie entwickelt. Entsprechenden Ansätzen zufolge ist Anerkennung nicht nur Ziel partikularer Kämpfe um Identität, sondern das Prinzip, nach dem sich moderne Gesellschaften gliedern und durch dessen Analyse sich Aussagen über ihre Struktur treffen lassen. Wie aber ordnet sich Butler in diesen Trend ein und was ist von ihm zu halten?

Zweideutigkeit der Anerkennung bei Butler

Butlers Ausführungen über Anerkennung sind bislang vor dem Hintergrund einer geschlechterpolitischen Identitätspolitik gelesen worden und haben sich im Zuge dieser Betrachtung als fruchtbarer Denkweg erwiesen. Dass der Andere mit einer Geschichte kommt, ein ihm nicht verfügbares Unbewusstes besitzt, als leibliches Wesen gegenüber seinen Mitmenschen in singulärer Weise exponiert ist, ist unter einem identitätspolitischen Blickwinkel unmittelbar einsichtig[55]. Wenn die Näherung an den Anderen sich über eine Norm vollzieht, deren zentrale Elemente geschlechtliche Bipolarität und Heterosexualität sind, wird eine unkritische Affirmation dieser Norm die Anerkennung des Anderen, dessen Begehren und geschlechtliche Identität auf eine persönliche Geschichte zurückgehen, dessen Unbewusstes von dieser Geschichte konstituiert wurde und der nun als in einzigartiger Weise geschlechtlich verkörpertes Wesen in der Welt erscheint, immer an diesem Anderen vorbeiführen und ihn auf eine Subjektposition in der heterosexuellen Matrix reduzieren. Die Spannung zwischen dem Streben des Ichs nach Omnipotenz und Anerkennung des Anderen (Benjamin) und die Spannung zwischen der Singularität des Anderen und der Universalität der Norm (Butler) sind entscheidende Komponenten einer geschlechterdemokratischen Politik der Anerkennung und können nur aufrechterhalten werden, wenn Anerkennung als nicht endende, unabschließbare Bewegung verstanden wird. Soll der Bereich anzuerkennender geschlechtlicher Identitäten erweitert werden, müssen entsprechende politische Interventionen sich auf die Normen richten, von denen reguliert wird, was als Geschlechtsidentität gilt und was nicht.

Allerdings durchzieht die anerkennungstheoretischen Ausführungen Butlers eine gewisse Zweideutigkeit. So entwickelt sie ihre Thesen zu Liebe und sozialer Anerkennung, wie bereits geschildert wurde, anhand von Beispielen wie Homosexualität als ausgeschlossenem Element in heterosexuellen Zweierbeziehungen oder den Testverfahren, denen Menschen sich unterziehen müssen, um von den Krankenkassen eine Geschlechtsumwandlung bezahlt zu bekommen (Butler, 2004g, 2004h), und verbleibt damit klar im Bereich der sozialen Konstruktion von Geschlechtsidentität. Ihre Ausführungen in „Kritik der ethischen Gewalt“ (Butler, 2003) und „Precarious Life“ (Butler, 2004) sind hingegen von allgemeinpolitischem Charakter und werden mit dem Thema Geschlecht allenfalls am Rande verknüpft. Die Anerkennungstheorie Butlers weist also über den Bereich der Geschlechter hinaus und suggeriert an vielen Stellen, Anerkennung sei die politische Forderung der gegenwärtigen Stunde. Wie aber ist diese Behauptung zu bewerten? Angesichts der Flut von Literatur zum Thema Anerkennung, den zahlreichen verschiedenen Standpunkten und wissenschaftlichen Disziplinen, die beachtet werden müssten, ist eine auch nur halbwegs befriedigende Antwort unmöglich. Die nachfolgenden Ausführungen beanspruchen keine Vollständigkeit und erheben nicht den Anspruch, systematisch zu sein. Ihr Ziel besteht lediglich darin, in spekulativer Weise zwei Gedanken zu formulieren, die dafür sprechen könnten, Anerkennung zu einem zentralen Bestandteil heutiger politischer Strategien zu erklären.

Beschädigte Identität als Hindernis der Umverteilung

Die allgemeinpolitischen Theorien der Anerkennung gegenüber äußerst skeptische Theoretikerin Fraser räumt in ihrer Auseinandersetzung mit Honneth (Fraser/Honneth, 2003) zwar ein, politische Ansprüche auf Identität, wie sie von vielen Schwulen und Lesben gestellt würden, seien vor allem eine Frage der Anerkennung (Fraser, 2003; 40), hält jedoch eine Reduktion von Politik auf Anerkennung für fatal, da sie mit einer Ausblendung von Verteilungsfragen einher ginge (Fraser, 2003; 51-56). Ihrer Argumentation zufolge gerät eine einseitig auf Anerkennung fokussierte Politik in Gefahr, Ungerechtigkeiten in der Verteilung weder erfassen noch verbessern zu können, da ihr zu diesem Zweck jedes Instrumentarium fehlt. Wenn nach Butler und Laclau das vorrangige politische Ziel in der Integration ausgeschlossener Menschen in die Gesellschaft besteht, scheint eine einseitige Konzentration auf Anerkennungspolitik nicht geeignet, dieses Ziel zu erreichen, da insbesondere in kapitalistischen Gesellschaften viele Ausschlüsse ökonomisch vermittelt und keineswegs auf mangelnde Anerkennung reduzierbar sind. Fraser kritisiert aber nicht nur Ansätze, die einen Monismus der Anerkennung vertreten, sie ist auch skeptisch gegenüber der vorherrschenden Interpretation dieses Begriffs. In ihren Augen ist Anerkennung in den meisten theoretischen Modellen eine Frage der Selbstverwirklichung und wird im Falle ihres Ausbleibens mit beschädigter Identität und beeinträchtigter Subjektivität gleichgesetzt, wodurch sie im individuellen Bereich situiert ist und wenig gesellschaftspolitische Stoßkraft besitzt (Fraser, 2003; 43-46).

Dieses Argument verfehlt jedoch den springenden Punkt. Wenn mangelnde Anerkennung mit beschädigter Subjektivität einhergeht, hat dies unmittelbar gesellschaftspolitische Auswirkungen. Das politische Ziel der Theorie Frasers besteht in der Schaffung von gesellschaftlichen Strukturen, die es jedem Menschen ermöglichen, in gleicher Weise an der Gestaltung der Gesellschaft teilzuhaben oder – wie sie es formuliert – in der Verwirklichung „partizipatorischer Parität“ (Fraser, 2003; 54). Wenn Gerechtigkeit ihr zufolge immer zweidimensional als Zusammenspiel von Anerkennung und Verteilung gedacht werden muss, weist eine Theorie, der zufolge ein Mangel an Anerkennung mit einer Beschädigung von Identität einhergeht, nicht nur in den Bereich des Privaten, sondern stellt eine absolut zentrale Frage. Wie soll ein Mensch, dessen Identität beschädigt ist, Forderungen nach Umverteilung stellen? Wo soll er die hierzu notwendige psychische Stärke hernehmen und woher das unentbehrliche Selbstbewusstsein gegenüber dem Adressaten seiner Forderungen? Bevor ein Mensch aufsteht, um für sich ein Recht auf bestimmte gesellschaftliche Güter zu reklamieren, muss er zunächst davon überzeugt sein, diese auch zu verdienen – das aber setzt ein intaktes Verhältnis zu sich selbst voraus.

Kultur und Stellungskrieg

In seinem Aufsatz „Warum ich die Macht untersuche“ unterteilt Foucault drei Arten von politischen Kämpfen. Ihm zufolge richten sie sich entweder gegen Formen der ethnischen, sozialen oder religiösen Herrschaft, gegen ökonomische Ausbeutung oder gegen die herrschenden Subjektivierungsweisen. Der heute wichtigste dieser drei Kämpfe ist ihm zufolge der gegen die Subjektivierungsweisen gerichtete, auch wenn Herrschaft und Ausbeutung nicht verschwunden sind, sondern zugenommen haben (Foucault, 1994; 247). Für Foucault handelt es sich vor allem um ein geschichtliches Phänomen, das seine Erklärung in der zunehmenden Relevanz der christlichen Pastoralmacht und ihrer Verbindung mit der Entwicklung des modernen Staates findet. Zwar kann diese Behauptung aufgrund der spärlichen geschichtlichen Verweise Foucaults nicht überprüft werden, doch ist sie vor dem Hintergrund anerkennungstheoretischer Überlegungen äußerst reizvoll. Einfacher als eine geschichtliche Erklärung ist folgende Überlegung: Wenn die Globalisierung die Bedeutung der Kultur deutlich gesteigert hat, da heute nicht nur Kapital um den Globus zirkuliert, sondern vor allem auch Diskurse, und wenn daraus ein größeres Bewusstsein für die Differenz und ihre politische Komponente erwachsen ist (Fraser, 2003b; 243), steigert sich in ungemeinen Maße die Relevanz der Frage, wie Menschen heute zu Subjekten gemacht werden. Diese Entwicklung bringt noch eine andere mit sich. Bereits Gramsci stellte fest, aufgrund der zunehmenden Komplexität des staatlichen „Kommunikations-, Regulations-, und Machtgeflechts“ sei eine Veränderung der Gesellschaft durch eine klassische Revolution nach dem Muster des russischen Oktobers 1918 nicht mehr vorstellbar. An die Stelle dieses – wie er es nannte – „Bewegungskriegs“ sei der „Stellungskrieg“ getreten, der in zum Teil langwieriger politischer Arbeit an vielen Fronten zugleich geführt würde (Bieling, 2002; 449). Laclau und Mouffe lehnen sich an diese Unterscheidung Gramscis an, wenn sie zwischen hegemonialen Kämpfen in Industriegesellschaften und solchen in Schwellen- bzw. Entwicklungsländern unterscheiden. Während es in Letzteren häufig einen Antagonismus gäbe, der die Gesellschaft in ihrer Breite durchziehe und ein gemeinsames Feld der Auseinandersetzung für die gesamte Bevölkerung abstecke, sei dies in Ersteren nicht der Fall, da die Orte des Antagonismus hier zahlreicher seien, wodurch es zu einer Vervielfachung der demokratischen Kämpfe käme, die sich aufgrund ihrer Verschiedenheit in der Regel nicht zu einer gemeinsamen Front zusammenschlössen (Laclau/Mouffe, 2000; 172). Wird die Beobachtung Frasers mit derjenigen Laclaus und Mouffes zusammengefügt, ergibt sich ein interessantes Bild. Wenn politische Auseinandersetzungen heute an zahlreichen, vollkommen verschiedenen Fronten geführt werden, ist es unwahrscheinlich, in der Anerkennung einen Begriff gefunden zu haben, der in der Lage wäre, diese Zersplitterung aufzuheben und eine längst verlorene Einheit (wenn sie je bestand) wieder herzustellen. Wenn jedoch gleichzeitig die Auseinandersetzung darüber, wie Menschen zu Subjekten gemacht werden, an Relevanz gewinnt, da mit der Globalisierung eine Proliferation von Diskursen und Identitätsangeboten einhergeht, wird die Frage der Anerkennung in nicht wenigen dieser partikularen Kämpfe ein zentraler politischer Einsatz sein, da diese sich in ihrer Verschiedenheit zunehmend gegen Subjektivierungsweisen richten.

Die Frage des Subjekts

Die Geschlechterdifferenz ist ein von beständiger Instabilität geprägtes Verhältnis, dessen Fixierung Ergebnis von politischen Kämpfen um Hegemonie ist. Zentraler Ansatzpunkt dieser Auseinandersetzungen sind die Normen, von denen reguliert wird, welchen geschlechtlichen Identitäten Anerkennung zuteil wird und welche in den Bereich der Devianz verwiesen werden. Eine auf Anerkennung zielende demokratische Geschlechterpolitik mit dem Ziel, den Bereich des Intelligiblen zu erweitern, um bislang Ausgeschlossenen einen gleichberechtigten Zugang zur Gesellschaft zu ermöglichen, wird aus diesem Grund ein kritisches Verhältnis zu den Normen und einen sensiblen Umgang mit der Andersheit des Anderen unterhalten. Dessen ständiges Entgleiten muss ertragen und aus dem Scheitern der Anerkennung immer wieder der Antrieb bezogen werden, erneut die Frage „Wer bist du?" zu stellen, ohne auf eine abschließende Antwort zu hoffen.

Ist damit ein Ziel für Geschlechterpolitik formuliert, bleibt doch offen, wer diese Politik gestalten soll. Handelt es sich bei Butler und Laclau nicht um Vertreter des Poststrukturalismus und hatte selbiger nicht den Tod des Subjekts verkündet? Verwandeln Diskurstheorien wie die hier besprochenen das Subjekt nicht in ein reines Epiphänomen, das von den Bewegungen des Diskurses bald hierhin, bald dorthin gespült wird und keine Handlungsmacht besitzt, um zu entscheiden, was es von seiner Welt hält und wie es sie gestalten will? Wie im Folgenden deutlich werden wird, ist das Gegenteil der Fall, da sowohl Butler als auch Laclau in ihren Theorien von einem starken Subjekt mit weitreichender Handlungsmacht ausgehen.

Judith Butler: Das Subjekt als Überschuss

Die Arbeiten Judith Butlers beschäftigen sich auf den ersten Blick vordringlich mit Diskursen und Normen, kreisen dabei aber sämtlich um die Frage, wie Subjekte gemacht werden und welche Möglichkeiten es zum Widerstand gegen die herrschenden Subjektivierungsformen gibt. Subjekt zu sein, bedeutet für sie vor allem, intelligibel zu sein, einen Platz in der symbolischen Ordnung zu haben und dadurch handlungsfähig zu werden (Butler, 2001; 15-16). Außerhalb des intelligiblen Bereichs des Lebens zu stehen geht nicht mit physischer Vernichtung einher, verwehrt Menschen aber den Status des Subjekts und reduziert sie in extremen Fällen – um mit Agamben zu sprechen – auf nacktes Leben. Zwischen Menschen und Subjekten besteht also ein klarer Unterschied[56]. Die Frage nach dem Subjekt ist für Butler jene, wie Menschen zu Subjekten gemacht werden. Im Laufe der Entwicklung ihres Denkens hat Butler diese Frage mindestens auf drei verschiedene Weisen beantwortet. Bis einschließlich „Körper von Gewicht" (Butler, 1997) erklärte sie die Bildung von Subjekten vornehmlich als Resultat performativer Diskurse; in „Hass spricht" (Butler, 1998) und „Psyche der Macht" (Butler, 2001) argumentierte sie mit Althussers Begriff der Anrufung und in den darauf folgenden Veröffentlichungen steht die Anerkennung im Vordergrund (Butler, 2003/Butler, 2004/Butler, 2004b). Doch zieht sich durch alle Modelle ein zentraler Gedanke: Das Subjekt ist der Schnittpunkt von Unterwerfung und Autonomie.

Das Paradox der Subjektivation

Die klassische Vorstellung liegt für Butler in der Annahme eines Subjekts begründet, das mit einer Handlungsmacht ausgestattet ist, die sich in unveräußerlichen Eigenschaften wie „Willen, Freiheit und Intentionalität" spiegelt. Zwar kann dieses Subjekt Opfer von Zugriffen der Macht werden, die darauf zielen, es zu unterwerfen, doch ist die Macht ihm immer äußerlich und kann theoretisch in einem Akt der Emanzipation abgeschüttelt werden, um neuen Bindungen an die soziale Umwelt Platz zu machen (Butler, 1993; 127). Wie vor allem in Butlers Ausführungen zur Geschlechtsidentität deutlich wird, ist das Subjekt in ihren Augen aber das Produkt einer Macht, die durch Diskurse und Normen agiert und deren Produktivität bis in den Körper vordringt. Da Butler die Handlungsfähigkeit nicht aufgeben will, ist ihre zentrale Frage, wie das Subjekt trotz seiner radikalen Dezentrierung noch Träger von Autonomie sein kann.

Die Figur des Subjekts als Schnittpunkt von Unterwerfung und Autonomie übernimmt Butler von Foucault, rückt aber die Möglichkeit von Widerstand stärker ins Zentrum ihrer Überlegungen (Butler, 2001; 21). Der Grundgedanke beruht auf der Doppeldeutigkeit des Wortes Subjekt, das einerseits die Fähigkeit, eigenständig zu denken und zu handeln, und andererseits die Unterwerfung unter einen Souverän bezeichnet.

> „Das Wort *Subjekt* hat einen zweifachen Sinn: vermittels Kontrolle und Abhängigkeit jemandem unterworfen sein und durch Bewußtsein und Selbsterkenntnis seiner eigenen Identität verhaftet sein. Beide Bedeutungen unterstellen eine Form von Macht, die einen unterwirft und zu jemandes Subjekt macht." (Foucault, 1994; 246-247)

Durch den Bezug zur Unterwerfung wird die Frage des Subjekts mit der Frage nach der Macht verknüpft. Das Subjekt scheint auf den ersten Blick zwei Seiten zu haben: jene des Bewusstseins und der Selbsterkenntnis und eine von Kontrolle und Abhängigkeit geprägte. Es ist naheliegend zu behaupten, das Subjekt werde zwar unterworfen, verliere aber nie gänzlich seine Freiheit, da ein Teil von ihm immer der Unterwerfung entgehe und einen irreduziblen Kern der Freiheit bilde. Das aber hieße, die Radikalität der These zu verfehlen. Wie Foucault betont, sind sowohl die Abhängigkeit des Subjekts als auch seine Fähigkeit zur Selbsterkenntnis Ergebnis einer Unterwerfung durch die Macht. Was zunächst wie ein einfacher Widerspruch erscheint, löst sich bei näherer Betrachtung zugunsten eines konstitutiven Paradoxes auf. Wenn dem Subjekt ein gewisses Maß an Freiheit eigne, so nicht, da diese sein irreduzibles Wesen ausmache, sondern weil sie durch einen vorhergehenden Akt der Unterwerfung hervorgebracht wurde. Foucault bezeichnet dieses Verhältnis mit dem Wort „assujetissement", das die Ambivalenz zwischen Unterwerfung und Autonomie zum Ausdruck bringt – was von Butler in Ermangelung eines ähnlich doppeldeutigen Begriffs mit dem Neologismus „subjectivation" (im Deutschen Subjektivation) ins Englische übertragen wurde (Butler, 2001; 187). Wenn Subjektivation in der Erlangung von Autonomie darin besteht, sich der Macht zu unterwerfen, kann sie kein einmaliges Ereignis sein, das im Leben eines Menschen zu einem bestimmten Zeitpunkt auf den Tagesplan tritt, um ihn anschließend als Subjekt in die Freiheit zu entlassen. Vielmehr handelt es sich um einen Prozess, dessen Mechanismen auch nach gelungener Subjektwerdung noch auf das Subjekt einwirken, um es durch gezielte Regulationen innerhalb des Bereichs des Intelligiblen zu halten. Die Macht wird von Butler ihres Ansatzes entsprechend als Diskurs und Norm begriffen und durchdringt das Subjekt bis in die Tiefen, anstatt ihm nur in bestimmten Abschnitten seines Lebens in Form von Institutionen oder Autoritätspersonen entgegenzutreten. Der Zugriff der Subjektivation dauert das ganze Leben an.

Die Subjektivation weist durchaus Parallelen zum Begriff der Sozialisation auf, welcher den Prozess bezeichnet, während dessen ein Individuum durch die Übernahme von Normen, Rollenerwartungen, Fähigkeiten etc. in eine soziale Gruppe eingegliedert wird, sie internalisiert und schließlich zu einer sozialkulturellen Persönlichkeit findet. Sozialisation konzentriert sich auf die Kindheits- und Jugendphase, doch auch darüber hinaus ist der Mensch, sobald er in soziale Kontexte eintritt, in denen er vorher noch keine Rolle zu spielen hatte, genötigt, sich auf neue Prozesse der Sozialisation einzulassen (Klima, 1988; 707-708). Ebenso wie die Subjektivation dauert auch die Sozialisation von der Geburt bis zum Tod und ist durch ihre Bindung an die Normen und Regeln der Gesellschaft mit Sanktionen verbunden.

Erfinden Foucault und Butler nur ein neues Wort für ein altes Thema der Soziologie und Pädagogik? Der Unterschied zwischen Sozialisation und Subjektivation liegt in der Betrachtung des Subjekts. Im Falle der Sozialisation ist es bereits da und wird dann von Normen und Regeln beeinflusst, um es seinen Aufgaben in der Gesellschaft anzupassen. Zwar kann dies als Unterwerfung aufgefasst werden, doch auch wenn die Sozialisation unglücklich verläuft, bleibt das Subjekt bestehen. Genau dies ist bei der Subjektivation nicht der Fall. Vor der Unterwerfung gibt es nichts, von dem in intelligiblen Begriffen gesprochen werden könnte, und scheitert der Subjektivationsprozess, steht an seinem Ende eine der Intelligibilität entzogene Existenz, nicht aber ein Subjekt. Durch den Ansatz der Subjektivation wird vor allem der prekäre Status des Subjekts betont, der immer nur geliehen und nie ein für alle Mal erworben werden kann.

Wenn das Subjekt erst durch Unterwerfung hervorgebracht wird, ergibt sich ein Referenzproblem, da subjektivationstheoretische Überlegungen, wenn sie sich mit den Konstitutionsbedingungen des Subjekts beschäftigen, gezwungen sind, vorauszusetzen, was streng genommen noch gar nicht existiert.

> „Wenn diese Unterordnung das Subjekt ins Leben ruft, dann ist die Erzählung dieser Unterordnung nur durch die Ausbeutung der Grammatik für ihre fiktionalen Effekte möglich. Die Narration, die die Entstehung des Subjekts darzulegen versucht, setzt das grammatische ‚Subjekt' schon vor der Darlegung seiner Genese voraus. [...] Wenn es ein Subjekt erst als Konsequenz aus dieser Subjektivation gibt, dann erfordert die erzählende Erklärung dieses Sachverhalts, daß die Zeitstruktur der Erzählung nicht richtig sein kann, denn die Grammatik dieser Narration setzt voraus, daß es keine Subjektivation ohne ein Subjekt gibt, das diesen Prozess durchläuft." (Butler, 2001; 106)

Dieses Referenzproblem ist nicht zu lösen. Wenn das Subjekt eine „sprachliche Kategorie" innerhalb einer Struktur ist und vom Individuum besetzt werden muss, um Verständlichkeit und Handlungsfähigkeit zu gewinnen (Butler, 2001; 15), bringt das zeitliche Dilemma der Subjektivation ein weiteres mit sich. Zwar sind theoretisch Individuen denkbar, die nicht durch die sprachliche Kategorie Subjekt bezeichnet werden, doch kann über sie nichts gesagt werden, da sie sich dem Bereich des Intelligiblen vollkommen entziehen. Jede Reflexion über die Subjektivation steht damit vor der intellektuellen Herausforderung, sich auf das Werden von Individuen zu beziehen, ohne über entsprechende Begriffe zu verfügen.

Gespaltenheit des Subjekts

An dieser Stelle drängen sich zwei Interpretationen auf. Wenn das Subjekt aus einem Prozess der Subjektivation hervorgeht, der eine Verflechtung von Unterwerfung und Autonomie ist, scheint es von einer Spaltung durchzogen zu sein, zu deren Interpretation sich vor allem zwei Varianten anbieten.

Erstens könnte die Spaltung zeitlich gedacht werden, was auf die Annahme hinausliefe, in der Biographie von Subjekten gäbe es irgendwo einen Umschlagpunkt, an dem von der Unterwerfung ein Übergang zur Autonomie vollzogen würde. Der Erlangung des Subjektstatus ginge eine Zeit der Bearbeitung durch Normen und Diskurse voraus, die darauf zielen, das Individuum zu formen, damit es in den Begriffen der Intelligibilität lesbar wird, um es nach erfolgreichem Abschluss dieser Prozedur als selbstständig denkendes und handelndes Subjekt in die Welt zu entlassen. Auch in diesem Denkmodell wäre Unterwerfung die Bedingung von Freiheit, und der Zusammenhang zwischen beiden Begriffen könnte als komfortabel zu denkendes Sukzessionsverhältnis geschildert werden.

Zweitens könnte angenommen werden, die Spaltung verlaufe durch die Psyche des Subjekts und unterteile sie in einen freien und einen unfreien Bereich. Über einige Dinge hätte das Subjekt demnach keine Verfügungsgewalt, da sie ihm durch Unterwerfung auferlegt wurden, wohingegen es in anderen frei entscheiden könnte. Während z.B. die Geschlechtsidentität des Subjekts sich dem eigenen Zugriff entzieht, da sie bereits vor der Geburt in ihm verankert wurde, genießt es volle Freiheit bezüglich solcher Entscheidungen wie dem Ergreifen eines Berufs oder der Wahl eines bestimmtes Hobbys.

Allerdings erweisen sich beide Erklärungsvarianten nach kurzem Nachdenken als unbefriedigend. Ob als zeitliches oder psychisches Nebeneinander gedacht: Beide bleiben die Erklärung schuldig, wie Unterwerfung und Autonomie eine so innige Beziehung eingehen können, ohne sich wechselseitig zu durchdringen. Ein wenig überspitzt formuliert ist die erste Erklärung nicht mehr als eine Variante der sprichwörtlichen Behauptung, Menschen müssten zu ihrer Freiheit gezwungen werden, und mündet die zweite in einen Zustand der Persönlichkeitsspaltung, in dem Herr und Knecht in gegenseitigem Einvernehmen in einer Psyche koexistieren. Das zentrale Argument der Subjektivation liegt aber in der Wechselseitigkeit von Unterwerfung und Autonomie. Jede freie Entscheidung des Subjekts wird von seiner Unterwerfung und jede seiner Unterwerfungen durch die ihm eigene Autonomie geprägt, wodurch beide sich in entscheidendem Maße verändern.

> „Mit ‚Künsten der Existenz' befasst, ist dieses Subjekt sowohl gefertigt als auch fertigend, und die Grenze zwischen seinem Geformtsein und seinem Formen ist, falls überhaupt, nicht leicht zu ziehen. Denn ein Subjekt ist nicht geformt und beginnt dann unvermittelt, sich selbst zu formen. Im Gegenteil instituiert die Bildung des Subjekts eben jene Reflexivität, die ununterscheidbar die Bürde der Formation auf sich nimmt. Die ‚Ununterscheidbarkeit' dieser Grenze ist genau die Stelle, wo sich soziale Normen und ethische Forderungen kreuzen und wo beide im Kontext einer Selbst-Bildung hervorgebracht werden, die niemals ganz vom Selbst ausgeht." (Butler, 2002; 264)

Wie die Rede von den „Künsten der Existenz" bereits zeigt, spricht Butler über den zweiten Band von Foucaults „Sexualität und Wahrheit" und führt dessen Thesen weiter. Bezüglich der Möglichkeit, eine Grenze zu benennen, die zu bestimmen erlaubt, wo die Unterwerfung des Subjekts endet und seine Freiheit beginnt, wirkt Butler unentschlossen, da sie diese Möglichkeit zunächst als unwahrscheinlich, immerhin aber nicht als ausgeschlossen bezeichnet und dann durch fraglosen Bezug auf die „Ununterscheidbarkeit" verwirft[57]. Unter Einbezug der Ausführungen in „Psyche der Macht" (Butler, 2001) verschwindet Butlers Schwanken zugunsten einer Festlegung auf die zweite Option, da sie an keiner Stelle die Anstrengung unternimmt, zu klären, wie sich die beiden Teile des Subjekts voneinander trennen ließen, und dadurch deutlich suggeriert, hierbei würde es sich um ein zweckloses Unterfangen handeln.

Durch die „Ununterscheidbarkeit" verabschiedet Butler eine zeitliche oder psychische Erklärungsvariante der Spaltung und wendet sich dann einer anderen Erklärung zu. Die in der Subjektivation geschaffene Reflexivität des Subjekts nimmt die „Bürde der Formation" auf sich – diese Aussage ist kryptisch und alles andere als leicht zu verstehen. Den entscheidenden Hinweis gibt der nächste Satz. Die sozialen Normen stehen als universelle, von außen kommende Regeln für die Unterwerfung des Subjekts, die ethischen Forderungen für das freie Insistieren des Subjekts auf seinen Ansichten und beide kreuzen sich an einer nicht zu fixierenden Grenze, an welcher sie im Kontext der Subjektivation hervorgebracht werden. Wenn die Subjektivation sowohl die Unterwerfung durch die Normen als auch die Fähigkeit zu ethischen Forderungen hervorbringt, müssen beide Ebenen als gleichursprünglich betrachtet werden. Die Norm wird vom Subjekt immer auch hervorgebracht, da es sich die Norm in spezifischer Weise zu eigen macht, und die Freiheit geht immer auf eine individuelle Rückbindung an die Norm zurück. Zwischen Unterwerfung und Autonomie besteht kein wie auch immer geartetes kausales Verhältnis – was sie verbindet, ist ein Chiasmus[58]. Wenn sich Unterwerfung als Möglichkeitsbedingung von Freiheit erweist und die Freiheit sich auf die Bedingungen der Unterwerfung zurückwendet, hat dies tiefgreifende Konsequenzen für das Subjekt. Noch im Akt der Opposition und mit Inbrunst seine Freiheit proklamierend wird es immer in die Bedingungen seiner eigenen Unterwerfung verstrickt sein (Lorey, 1996; 157). Wenn das Subjekt sich durch Autonomie, Reflexion und Handlungsfähigkeit auszeichnet und danach strebt, sich diese Eigenschaften zu bewahren, bedeutet dies zugleich, eine intensive Bindung an die Modalitäten der eigenen Unterwerfung zu unterhalten. Diskurstheoretisch ist dies einfach zu erklären. Da das Subjekt durch seine Einschreibung in einen Rahmen der Intelligibilität entsteht, der von Normen und Diskursen abgesteckt wird, ist es in seinem Bestehen fundamental von diesem Rahmen abhängig. Ihn zu kritisieren und die von ihm gespendete Handlungsfähigkeit gegen ihn zu kehren, heißt immer auch, sich als Subjekt aufs Spiel zu setzen und an der gefährlichen Grenze der Nicht-Intelligibilität zu agieren (Butler, 2002; 265). Um die Bindung an die eigene Unterwerfung stärker zu betonen, stellt Butler der diskurstheoretischen Version dieses Arguments eine psychoanalytische zur Seite.

> „Foucaults Postulat von der Subjektivation als Unterordnung und Bildung des Subjekts in einem gewinnt eine spezifische psychoanalytische Valenz, wenn wir daran denken, daß kein Subjekt ohne leidenschaftliche Verhaftung an jene entsteht, von denen es in fundamentaler Weise abhängig ist [...]“ (Butler, 2001; 12)

Den Bedingungen der eigenen Unterwerfung verhaftet zu sein, zählt für Butler zu den „heimtückischsten“ Effekten der Macht überhaupt (Butler, 2001; 12), da sie im Zweifelsfall darauf hinauslaufen kann, an Verhältnisse gefesselt zu bleiben, die den Status des Subjekts garantieren, jedoch intensives Leiden mit sich bringen[59]. Die Frage der Geschlechtsidentität zeigt dies sehr deutlich. Unsicherheiten bezüglich des eigenen Geschlechts rufen nicht selten Ängste hervor, die sich bis zu Gewaltausbrüchen steigern können und verweisen dadurch auf ein den Gender-Normen Verhaftetsein, dessen Leidenschaftlichkeit sich aus ihrem subjektkonstitutiven Status speist. Wenn kein „richtiger Mann“ oder keine „richtige Frau“ zu sein bedeutet, von anderen nicht als vollwertiges Subjekts anerkannt zu werden, ist es naheliegend, sich den Normen noch stärker zu unterwerfen und zu hoffen, daraufhin zum Subjekt gemacht zu werden. Doch die leidenschaftlichen Bindungen zeitigen für Butler noch eine weitere Konsequenz. Wenn das Subjekt aus der Unterwerfung hervorgeht, kann es sich über seine Abhängigkeit niemals wirklich Rechenschaft ablegen, da es sich dadurch selbst negieren würde. Es ist immer gezwungen, teilweise die Bedingungen seiner eigenen Entstehung zu leugnen. Wenn es wie in der klassisch emanzipativen Narration daran ginge, in einem großen Akt der Reflexion die eigene Geschichte und ihre Verwobenheit mit der sozialen Umwelt zu durchschauen, würde darauf nicht die Befreiung aus selbstverschuldeter Unmündigkeit folgen, sondern der Zusammenbruch seines Subjektstatus. Das Subjekt fungiert somit auch als Barre gegen das durch die Verleugnung Ausgeschlossene und wirkt dem Begehren nach Selbstauflösung entgegen. Über die Bedingungen der eigenen Unterwerfung weder erschöpfend reflektieren noch sich von ihnen in beliebiger Weise distanzieren zu können, bedeutet für das Subjekt vor allem, immer nur über eine bedingte Freiheit zu verfügen. Dies heißt aber keineswegs, die Tage der Emanzipation seien gezählt.

Handlungsmacht als Überschuss

Butler wurde häufig zum Vorwurf gemacht, trotz aller gegenteiliger Behauptungen liefe ihre Theorie auf die Annahme eines Subjekts hinaus, das seine Hervorbringung durch die Norm passiv erleide und dadurch zum reinen Rohstoff einer von außen wirkenden Macht herabgestuft würde (vgl. z.B. Giuliani, 1997; 122). Ist diese Interpretation nach einem Blick auf die starke Betonung von Begriffen wie Norm, Diskurs und Performativität im Denken Butlers verständlich und kritisiert eine in ihren Texten durchaus reale Asymmetrie, verkennt sie doch die eigentliche Komplexität der Subjektivation. Wie Butler in einer Passage über die körperlichen Aspekte dieses Prozesses verdeutlicht, muss das Subjekt weniger als Einschreibefläche gedacht werden denn als Durchgangsstation von Diskursen.

> „Power happens to this body, but this body is also the occasion in which something unpredictable [...] happens to power; it is one site of its redirection, profusion and transvaluation." (Butler, 2002b; 15)

Und wenig später schlussfolgert sie:

„These are not two bodies – one subjected another productive – for the body is also the movement, the passage, between subjection and productivity.“ (Butler, 2002b; 15)

Wenn Subjektivation ein chiastisches Verhältnis von Unterwerfung und Autonomie darstellt und das Subjekt den Übergang zwischen beiden Momenten darstellt, durch den jede Bewegung der Macht gebrochen und umgelenkt wird, kann von einer einseitigen Konstitution durch Normen nicht länger gesprochen werden[60]. Wie bereits im Anerkennungsteil beschrieben wurde, ist das Subjekt zugleich singulär und allgemein. Dies kann nun auf den Prozess der Subjektivation zurückgeführt werden. Jede Brechung der Norm ist infolge ihrer Adaption durch das Subjekt individuell, ebenso wie die Verankerung des Subjekts in einem Intelligibilitätsfeld seine Individualität mit einem Moment der Allgemeinheit affiziert. Das Subjekt konstituiert sich und wird konstituiert durch allgemeine und individuelle Praktiken (Lorey, 1996; 151-152), wodurch in der Spannung zwischen Unterwerfung und Autonomie zugleich eine Spannung von Allgemeinheit und Singularität liegt.

Ohne dieses Moment der Singularität läsen sich die Analysen Butlers wie die Zukunftsvisionen Aldous Huxleys. Die Möglichkeit des Widerstands sieht Butler ausgehend von Foucault genau da verortet, wo durch die Proliferation der Macht auf ihrem Weg durch das Subjekt ein Moment der Unvorhersehbarkeit auf den Plan tritt, das nicht domestiziert werden kann. In dieser nicht abschließend zu regulierenden Singularität liegt die Handlungsfähigkeit des Subjekts verborgen, verstanden als Fähigkeit, sich kritisch gegen jene Bedingungen zu stellen, von denen es konstituiert wurde. Die Macht bringt die Handlungsfähigkeit als einen nicht zu kontrollierenden, von ihr nicht intendierten Überschuss hervor, da die Subjektivation „über die Normalisierungsziele hinausgeht.“ (Butler, 2001; 89)

„Die Handlungsfähigkeit übersteigt die sie ermöglichende Macht. Man könnte sagen, die Zwecke der Macht sind nicht immer die der Handlungsfähigkeit. Soweit letztere von ersteren abweichen, ist Handlungsfähigkeit die Annahme eines von der Macht *unbeabsichtigten* Zweckes, eines Zweckes, der sich nicht logisch oder geschichtlich hätte herleiten lassen, der in einer Kontingenz- oder Umkehrbeziehung zur ihn ermöglichenden Macht wirkt, zu der er aber nichtsdestoweniger gehört." (Butler, 2001; 20)

Die Handlungsfähigkeit gleicht in diesem Zitat einem der Macht widerfahrenen Unglück, insofern die Macht bestrebt ist, eine vollständige Regulation und Kontrolle des von ihr geschaffenen Subjekts zu entfalten, am Ende dieses Konstitutionsprozesses aber mit dem Entgleiten ihres eigenen Produktes konfrontiert wird. Die Handlungsfähigkeit des Subjekts ist zwar immer in die sie ermöglichenden Machtbeziehungen verwickelt, zugleich aber auch jenes Element, das dem Zugriff der Macht immer teilweise entgeht, da es sich ihr gegenüber kontingent verhält (Annuß; 1998; 88). Nun stellt sich die Frage, in welchem Bereich diese Fähigkeit zu eigenständigem Handeln ihr Betätigungsfeld findet.

An dieser Stelle taucht wieder das klassische Argument Butlers auf. Normen und Diskurse sind keine monolithischen Gebilde, sondern instabil, da sie ihre performative Kraft nur behalten können, wenn sie wiederholt werden. Aufgrund der Unabschließbarkeit ihrer Kontexte gleicht keine Wiederholung exakt dem zu Wiederholendem und geht mit einer Verschiebung einher, die zu grundlegenden Bedeutungsveränderungen führen kann. Wenn das Subjekt von der Macht geformt und diese Macht über Normen und Diskurse ausgeübt wird, bedeutet die leidenschaftliche Verhaftung mit der Macht für das Subjekt den Zwang zur Wiederholung. Indem es zitiert, arbeitet es an seiner eigenen Unterwerfung, fügt aber zugleich Resignifikationen in die wiederholten Normen und Diskurse ein. Diese Auffassung verleitet zu der Aussage, Widerstand verstünde sich für Butler von selbst, da das Scheitern abschließender Bedeutungsproduktion für sie ein Effekt der Strukturen der Sprache sei (Rebentisch, 1998; 52). Doch verkennt diese Kritik, dass Butler hier lediglich das Subjekt als Agent der Wiederholung und der mit ihr einhergehenden Verschiebungen einsetzt, was mit Handlungsmacht, geschweige denn mit Widerstand in keiner Weise gleichzusetzen ist. Bliebe die Analyse an diesem Punkt stehen, würde sich die Subordination des Subjektes noch vertiefen, da es nicht mehr nur den es konstituierenden Normen und Diskursen unterworfen wäre, sondern auch ihren Bedeutungsverschiebungen.

Von Handlungsmacht im Sinne der Ausübung von Freiheit kann erst gesprochen werden, wenn der singuläre und autonome Teil des Subjekts sich auf die Instabilität seiner eigenen Konstitutionsbedingungen zurückbezieht und sie zum Ansatzpunkt intervenierender Praktiken macht. Um den entscheidenden Punkt der Theorie der Subjektivation nicht zu verfehlen, ist es notwendig, zwischen der Handlungsmacht des Subjekts als kontingentem Überschuss der Macht und der Instabilität von über Zitationen aufrechterhaltenen Normen und Diskursen zu unterscheiden. Letzteres ist der Ort, an dem das Subjekt eingreift, nicht aber der Eingriff selbst. Damit ist über die vom Subjekt verfolgte Richtung seines Handelns allerdings noch nichts gesagt. Wenn es in Strukturen der Wiederholung eingreift, kann sein Ziel auch darin liegen, diese zu bestätigen und fester in ihrer Bedeutung zu verankern. So wiederholt ein Mann, der Angst hat, homosexuell zu sein und deswegen in den Augen seiner Mitmenschen als feminin zu gelten, wenn er sich zu einer möglichst männlich erscheinenden Form von Kleidung, ruppigen Umgangsformen und einer angeberischen Form von Promiskuität entschließt, zweifellos die Gender-Normen, versucht aber, sie durch diese Wiederholung in möglichst getreuer Ausführung aufs Neue einzusetzen und auf diesem Wege Herr seiner Angst zu werden. Zur Subversion wird Handlungsmacht erst, wenn sie mit dem Ziel in die Iterationsstruktur von Normen und Diskursen eingreift, selbige von deren hegemonialer Bedeutung abzubringen und ihnen neuen Sinn zu verleihen. Ob diese Subversion progressiven oder reaktionären Charakter hat, ist eine Frage danach, welcher politischen Strömung sie zuzuordnen ist.

Wie bereits ausgeführt, bleibt die Freiheit des Subjekts immer von der sie ermöglichenden Unterwerfung bedingt, was die Frage aufwirft, wie groß der Spielraum dieser Freiheit ist. Butler hüllt sich diesbezüglich in Schweigen, doch zieht sich ein Argument durch ihre Veröffentlichungen, das hilfreiche Rückschlüsse erlaubt. An dieser Stelle seien die letzten Sätze von „Hass spricht" zitiert, in denen Butler über die Risiken des Widerstands gegen verletzende sprachliche Äußerungen schreibt.

> „Bei einer solchen neuen Anwendung werden Worte ohne vorgängige Autorisierung ausgesprochen und setzen damit die Sicherheit des sprachlichen Lebens aufs Spiel, das Gefühl des eigenen Platzes in der Sprache, das Gefühl, daß die Worte tun,

was man sagt. Aber dieses Risiko besteht bereits in der verletzenden Sprache, die das sprachliche Überleben ihres Adressaten in Frage stellt. [...] ein Risiko, das als Antwort darauf eingegangen wird, daß man Risiken ausgesetzt wird, eine Wiederholung in der Sprache, die einen Wandel erzwingt." (Butler, 1998; 230)

Das Potential der Unterwerfung wird von Butler demjenigen des Widerstands gleichgesetzt, da beide in der Lage sind, das Subjekt um seine Einschreibung in die Ordnung der Sprache, seinen Status als Subjekt zu bringen. Dies bedeutet nicht, die regulierende Macht und der Widerstand befänden sich in einem Gleichgewicht der Kräfte, doch ebenso gut, wie das Subjekt durch Unterwerfung zerstört werden kann, ist es ihm möglich, seinen Widerstand bis zur Selbstzerstörung zu betreiben. Die Handlungsmacht des Subjekts besteht demnach nicht nur darin, die Normen zu wiederholen und sie währenddessen leicht zu variieren, sondern reicht bis in Gebiete jenseits der etablierten Intelligibilität. Entgegen der vorherrschenden Butlerrezeption ist das Subjekt in ihrer Theorie keineswegs von Ohnmacht geschlagen,sondern in der Lage, sich weit von der Macht zu distanzieren, um im Extremfall gar die Bedingungen seiner eigenen Existenz zu negieren.

Ernesto Laclau: Das Subjekt als Mangel

Wie bereits zu Anfang des zweiten Teils dieser Arbeit angesprochen, lässt sich das Werk Laclaus in drei Phasen unterteilen, deren erste noch stark auf der Voraussetzung sozialer Klassen basiert, deren zweite ihren deutlichsten Ausdruck in „Hegemonie und radikale Demokratie" (Laclau/Mouffe, 2000) findet und deren dritte sich durch eine von Lacan geprägte Rekonfiguration der dort entfalteten Thesen auszeichnet (Howarth, 2004; 258f.). Der in dieser Arbeit vertretene Ansatz stützt sich auf den zweiten, vor allem aber dritten Teil des laclauschen Schaffens und damit auf einen Zeitraum, in dem sich die Konzeption des Subjekts wesentlich veränderte. Diese Transformation kann als die Befreiung des Subjekts aus den es fesselnden Strukturen verstanden werden – eine Transformation, aus der ein äußerst starkes Subjekt hervorgeht, das wie bei Butler in der Lage ist, Protagonist radikaler gesellschaftlicher Veränderung zu sein.

Die Rolle des Mangels

In „Hegemonie und radikale Demokratie" (Laclau/Mouffe, 2000) vertraten Ernesto Laclau und Chantal Mouffe einen sehr strukturalistisch geprägten Begriff vom Subjekt als Subjektposition innerhalb eines Diskurses.

> „Wann immer wir in diesem Text die Kategorie des ‚Subjekts' verwenden, werden wir dies im Sinne von ‚Subjektpositionen' innerhalb einer diskursiven Struktur tun. Subjekte können demnach nicht der Ursprung sozialer Verhältnisse sein, nicht einmal in jenem beschränkten Sinn, daß sie mit Fähigkeiten ausgestattet sind, die eine Erfahrung ermöglichen –, weil jede ‚Erfahrung' von präzisen diskursiven Bedingungen ihrer Möglichkeit abhängt." (Laclau/Mouffe, 2000; 153)

Ähnlich wie bei Butler bedeutet auch hier die Verbindung von Handlungsfähigkeit und Erfahrung mit dem Begriff des Diskurses nicht, sie seien inexistent, sondern nimmt ihnen lediglich ihren Ursprungscharakter. Zumal weisen Laclau und Mouffe darauf hin, die Subjektpositionen hätten an der Offenheit des (niemals zu schließenden) Diskurses teil (Laclau/Mouffe, 2000; 153) und seien deswegen wie alle diskursiven Elemente von Vieldeutigkeit, Unvollständigkeit und Polysemie durchzogen (Laclau/Mouffe, 2000; 161). Doch hielt sich diese Erklärungsvariante nicht lange. Dass Laclau in seinen folgenden Arbeiten Abstand von diesem Konzept nahm, ist vor allem auf drei Gründe zurückzuführen. Der erste ist epistemologischer Natur. Wenn eine Subjektposition ein besonderer Ort in der (unabgeschlossenen) Totalität eines Differenzsystems ist, kann diese Totalität nur einem absoluten Subjekt erscheinen, das sie von außen betrachtet – das klassische Subjekt wird auf der einen Seite beseitigt, um auf der anderen wieder zu erscheinen (Laclau, 1996j; 46). Zweitens ist nicht ersichtlich, wie das Subjekt als Position innerhalb eines Diskurses in der Lage sein soll, Entscheidungen zu treffen und ihnen Handlungen folgen zu lassen, die über einen im äußersten Maße beschränkten politischen Spielraum hinausgelangen (Stäheli, 2001; 208). Und wenn drittens die Unabgeschlossenheit jeder Subjektposition nur durch einen von außen einwirkenden Antagonismus zustande kommt, suggeriert dies, das Subjekt könne durch die Überwindung des Antagonismus zu einer vollständigen Schließung seiner Identität finden (Žižek, 1998; 125-126).

Žižeks Kritik war der ausschlaggebende Faktor für die von Laclau in der nachfolgenden Zeit an der Konzeption des Subjekts vorgenommenen Änderungen. Auch wenn die Begriffe in seinem Aufsatz nicht explizit genannt werden, argumentiert er vor dem Hintergrund des lacanianischen Subjekts und dessen Strukturiertheit durch den Mangel. Was er dabei im Blick hat, lässt sich anhand einer alltäglichen Erfahrung veranschaulichen. Ein Mensch, der sich an der Entfaltung seiner Identität durch eine äußere Macht gehindert sieht, geht nicht selten davon aus, sobald selbige überwunden sei, könne er endlich zur vollen Entfaltung seiner Person gelangen. Ist das Hindernis erst einmal beseitigt, stellt sich neben Freude und verbesserten Lebensumständen aber auch eine gewisse Katerstimmung ein. Zwar geht es dem fraglichen Menschen besser, vielleicht sogar viel besser, doch irgendetwas fehlt noch immer, um das Gefühl zu erlangen, wirklich erfüllt zu sein. Das äußere Hindernis erweist sich bei genauem Hinsehen nicht nur als kritisierenswertes Unrecht, sondern auch als Fläche, auf die das Gefühl, permanent von einer gewissen Abwesenheit heimgesucht zu werden, projiziert wurde. Wie Žižek mit einer hegelianischen Wendung schreibt, wird in diesem Augenblick das Gefühl, Opfer eines Verlustes zu sein, verloren, ein „Verlust des Verlustes“ erlitten. Diese Bewegung liegt für ihn in der paradoxen Natur des Subjekts begründet, das in seiner Realisierung immer blockiert ist und ohne diese Barrung schlicht zur Substanz würde (Žižek, 1998; 126-129).

Die Abkehr vom Konzept der Subjektposition zugunsten eines an Lacan orientierten Subjektbegriffs begann bei Laclau in „New Reflections on The Revolution of Our Time“ (Laclau, 1990c) und fand ihren detailliertesten Ausdruck in dem gemeinsam mit Lilian Zac veröffentlichten Aufsatz „Minding the Gap“ (Laclau/Zac, 1994).

> „If agents were to have an always already defined location in the social structure, the problem of their identity, considered in a radical way, would not arise – or, at most, would be seen as a matter of people *discovering* or *recognizing* their own identity, not of *constructing* it. Problems of social dislocation would thus be seen in terms of the contradictory locations of the social agents, not

> in terms of a radical lack threatening the very identity of those agents." (Laclau, 1994b; 2)

Wenn die Annahme von Subjektpositionen dem Subjekt einen Platz in der Struktur zuweist, der es mit einer festgelegten Identität versieht, die es lediglich erkennen kann, schafft ein als Mangel gedachtes Subjekt Laclau zufolge wieder Platz für die Konstruktion der Identität durch das Subjekt und gibt ihm auf diesem Wege seine Handlungsfähigkeit zurück. Doch was bedeutet es, vom Subjekt als Mangel zu sprechen?

Laclau übernimmt explizit das lacanianische Diktum, das Subjekt sei das Subjekt des Signifkanten (Laclau, 1990f; 96) und verweist damit auf Lacans Begriff der symbolischen Ordnung. Nach Lacan (in Anlehnung an Lévi Strauss) enthält die symbolische Ordnung kulturelle Gesetze, die Verwandtschafts- und Tauschbeziehungen regeln und ist, da die grundlegende Form des Tausches in Kommunikation besteht, primär eine linguistische Dimension (Evans, 2002; 298-301)[61]. Seinen Platz in der symbolischen Ordnung einzunehmen ist für das Subjekt eine zwiespältige Angelegenheit. Zwar verschafft sie ihm die unentbehrliche symbolische Repräsentanz, doch entfremdet sie es auch, da sie ihm als äußerliche Macht ihre Gesetze (kulturelle und sprachliche) auferlegt[62]. Zumal das Subjekt um den Preis seiner Entfremdung keine vollkommen stabile Repräsentation erlangt, da den Signifikanten der symbolischen Ordnung immer etwas entgeht, das sie nicht darstellen können (Laclau/Zac, 1994; 31-32). Bei Lacan handelt es sich bei diesem immer fehlenden Moment um die Singularität des Subjekts, die in einem so allgemeinen Medium wie dem von Gesetzen und Sprache strukturierten Symbolischen keinen Ausdruck finden kann.

> „This is then the paradoxical role of the signifier: on the one hand, and due to the ‚universality' and ‚objectivity' of language, the signifier offers to the subject an almost ‚immortal', stable representation, only this representation is uncapable of representing, for the same reasons, the singularity of the subject [...]. The subject is petrified and alienated exactly in the place where it seeks the birth of itself." (Stavrakakis, 1999; 28)

Laclau unterlässt es, das im Symbolischen fehlende Element so deutlich zu benennen wie Lacan, was aber keine Schwäche seiner Theorie, sondern eine ihrer Stärken offenbart. Dem Symbolischen Lacans entspricht bei Laclau der Diskurs als System von Differenzen. Da sich ihm zufolge jedes Differenzsystem durch einen Ausschluss konstituiert, der in Form von Dislokationen die Kohärenz des Systems subvertiert, ist der Mangel für ihn vor allem ein Mangel an Schließung (Laclau, 1996c; 65-70). Wenn das Subjekt durch den Diskurs hervorgebracht, dieser aber von einem Mangel strukturiert wird, muss selbiger auch zu einem wesentlichen Merkmal des Subjekts werden. Laclau vermeidet die anthropologischen Züge des lacanianischen Denkens[63], indem er den Mangel strukturell herleitet, anstatt ihn konkret zu benennen, wodurch er nicht zuletzt dem von Butler erhobenen Vorwurf entgeht, ein Bezug auf das lacanianische Subjekt fiele in unkritische Annahmen über die Geschlechterdifferenz zurück (Butler, 2000; 137-143). Entscheidend ist, was aus dem Mangel im Subjekt folgt. Nach Laclau gibt sich das Subjekt nicht damit zufrieden, vom Mangel heimgesucht zu werden, sondern versucht ihn zu beseitigen und verwandelt sich dadurch in ein Streben nach Sein (Laclau/Zac, 1994; 35).

Die Rolle der Identifikation

Das aus dem Mangel resultierende Streben nach Fülle vollzieht sich Laclau zufolge durch Identifikationsakte. Laclau lehnt sich eng an die psychoanalytische Fassung des Identifikationsbegriffes an, der in der freudianischen Schule den Vorgang bezeichnet, durch den ein Subjekt sich konstituiert, indem es die Eigenschaften eines Objektes assimiliert und sich nach dessen Vorbild umwandelt (Laplanche/Pontalis, 1973; 219-223). Ähnlich wie bei Butler kann damit auch bei Laclau zwischen der Handlungsfähigkeit des Subjekts und seinem Handlungsfeld unterschieden werden. Liegt die Handlungsfähigkeit in der strukturellen Unabgeschlossenheit des Subjekts, in seinem Mangel an Sein, durch den ein Streben nach Fülle entsteht, findet die Handlung schließlich ihren Ort in wechselnden Akten der Identifikation mit externen Objekten.

> „I have a failed structural identity. This means that the subject is partially self-determined. However, as this selfdetermination is not the expression of what the subject *already* is but the result of

> its lack of being instead, self-determination can only proceed through processes of *identification.*“ (Laclau, 1990c; 44)

Wie bei Butler ist das Subjekt auch bei Laclau vom Widerspruch geprägt, zwar vom Diskurs geformt, aber aufgrund der Offenheit des Diskurses niemals determiniert zu sein – es ist weder vollkommen frei noch unfrei. Da Laclau und Mouffe wie bereits dargelegt über einen Diskursbegriff verfügen, der sowohl linguistische als auch nichtlinguistische Elemente mit einbezieht und sich auf den relationalen Charakter sozio-politischer Verhältnisse im Ganzen erstreckt (Laclau/Mouffe, 1990; 100-103), ließe sich das Maß der Handlungsfreiheit in ihrer Theorie alltagsprachlich auch durch die Aussage umreißen, der Mensch sei zwar immer von den ihn umgebenden Lebensumständen geprägt, besitze aber die Möglichkeit, sich zu distanzieren, um sie zu überdenken und ihnen im Zweifelsfall Widerstand entgegenzusetzen. Der Diskursbegriff Laclaus erweist sich in diesem Zusammenhang als äußerst produktives Analyseinstrument, da er erlaubt, die Erkenntnisse von Sprach- und Diskurstheorie zu nutzen, ohne das Subjekt anschließend durch abstrakte Überlegungen aus der Falle sprachlicher Strukturen befreien zu müssen.

Die Handlungsfähigkeit des Subjekts zu bestimmen bereitet mit Laclau kaum Schwierigkeiten. Doch liegt die eigentliche Stoßrichtung der Kategorien Mangel und Identifikation weniger darin, eine Begründung für das Handlungsvermögen der Subjekts anzugeben, als darin, herauszuarbeiten, wodurch selbige sich auszeichnet und inwiefern sie dazu beiträgt, den Kampf um Hegemonie voranzutreiben. Anders als der psychoanalytische Gebrauch des Begriffs Identifikation suggeriert, weist ein politischer Gebrauch des Begriffs nicht in den Bereich privater Vorlieben und Abneigungen. Objekte der Identifikation sind aus Laclaus Perspektive weder Personen noch Dinge aus dem unmittelbaren Lebensumfeld des Subjekts, sondern im Sozialen existierende diskursive Konstruktionen wie z.B. Geschlecht, Nationalität, Hautfarbe oder auch die Zugehörigkeit zu bestimmten Ideologien (Stavrakakis, 1999; 36). Dadurch lädt sich die Frage der Identifikation mit politischer Bedeutung auf. Um deren volle Reichweite zu erkennen, ist es notwendig, noch einen Schritt weiterzudenken. Ist das Subjekt Mangel und zielt sein Streben darauf, selbigen durch Akte der Identifikation zu beheben, arbeitet es an seiner Selbstabschaffung. Sobald ihm eine vollständige Identifikation gelänge, würde es sich, wie Žižek formuliert, von einem Subjekt in Substanz verwandeln (Žižek, 1998; 129) und wäre einem Stein ähnlicher als einem Menschen. Um überhaupt existieren zu können, muss die Identifikation daher einem konstitutiven Scheitern ausgesetzt sein. Der Grund hierfür ist nach allem bislang Ausgeführten leicht anzugeben. Sogar wenn die Identifikationsleistung gelingen und eine nahtlose Bindung an das Objekt etabliert würde, änderte dies nichts am Mangel des Objekts, der durch dessen Einbindung in ein diskursives Differenzsystem entsteht, das durch Ausschluss konstituiert und stets von Dislokationen an Schließung gehindert wird. Der Mangel liegt sowohl auf der Seite des Subjekts als auch auf derjenigen des Objekts und kann daher niemals geschlossen werden. An die Stelle einer einmaligen Identifikation tritt aufgrund des stetigen Scheiterns jedes identifikatorischen Akts eine nicht abzuschließende Bewegung des Identifizierens, die sich in wechselnden Identifikationen und deren Objekten widerspiegelt. Der Kampf um Hegemonie wird vom Subjekt immer wieder aufs Neue angeschoben, da es in seinem Streben nach voller Identität niemals durch die diskursiven Identitätspositionen irgendeines hegemonialen Diskurses stillgelegt werden kann, die sich immer als vom gleichen Mangel strukturiert erweisen wie das Subjekt selbst. In diesem Sinne haben Laclau und Zac auf die Frage Lacoue-Labarthes, warum die Frage der Identifikation nicht die zentrale Frage der Politik sei, geantwortet, diese läge nicht in der Identifikation, sondern in der Identifikation und deren Scheitern (Laclau/Zac, 1994; 35)[64].

Auch dies lässt sich treffend durch ein Beispiel aus dem Bereich der Geschlechtsidentität illustrieren. Jedes Subjekt identifiziert sich mit einer bestimmten Spielart von Geschlecht, sei sie im Bereich des Intelligiblen oder an dessen Rändern situiert. Doch ist die Biografie jedes Menschen von Brüchen in dieser Identifikation durchzogen, da immer wieder neu interpretiert wird, wie die jeweilige Geschlechtskategorie zu leben ist und was sie bedeuten kann. Mit jeder Identifikation geht nicht nur das Wissen um alternative Möglichkeiten einher, sondern auch die Frage, wie gut das eigene Geschlecht verkörpert wird, wie gelungen die Identifikationsleistung ist, was zu einem Gefühl der Unsicherheit führt, das vielleicht verdrängt, niemals aber durch eine abschließende Identifikation gänzlich beseitigt werden kann.

Mit dem Mangel des Subjekts geht auf Seiten des Objekts eine Spaltung einher. Da das Subjekt bestrebt ist, seinen Mangel durch Identifikationsprozesse zu überwinden, werden die Objekte seines Begehrens von einer Doppeldeutigkeit erfasst, die darin liegt, einerseits ihres jeweiligen Inhalts wegen ergriffen zu werden, andererseits aber aufgrund des mit ihnen einhergehenden Versprechens, Träger der vom Subjekt ersehnten Fülle zu sein.

> „Let us suppose, for example, that in the context of extreme social disorganisation the identities of the social agents are subverted, and that this anomic situation leads to the identification of those agents with a certain political discourse [...]. The contents of that discourse will appear necessarily split as a result of the identificatory act. For, on the one hand, these contents will be a set of proposals for social organisation; but, on the other, as they will appear as the symmetrically opposed alternative to the possibility of ‚nothingness', they would incarnate the very possibility of *a* social organisation – that is, the principle of social organisation as such." (Laclau/Zac, 1994; 14)

Diese Ambivalenz ist das Gegenstück zur Spaltung des leeren Signifikanten in Partikularität (Inhalt) und Universalität (Funktion) und verdeutlicht, warum sich Subjekte überhaupt in Kämpfen um Hegemonie engagieren. Wenn sie durch ihre Einschreibung in Diskurse hervorgebracht werden, sind sie wegen deren Unabschließbarkeit zwar immer vom Mangel affiziert, doch bedeutet dies nicht, vollkommen identitätslos zu sein. Wenn eine etablierte hegemoniale Ordnung in die Krise gerät, verstärkt sich das Gefühl des Mangels jedoch, da die eigene Identität ins Wanken gerät. Das Engagement in Kämpfen um Hegemonie wird unter diesen Umständen, wie Laclau formuliert, nicht nur von der Begeisterung für die Inhalte eines neuen hegemonialen Projektes getragen, sondern auch von der Aussicht, überhaupt zu einer stabilen Identität und Ordnung zurückzufinden. So wird auch die Zwei-Geschlechterordnung von den meisten Menschen nicht aus der Überzeugung heraus aufrechterhalten, es handle sich dabei um die beste aller denkbaren Varianten der Geschlechterdifferenz, sondern vor allem deshalb, weil sie stabile und sichere Kategorien der Identität zur Verfügung stellt, die in der Lage sind, das Versprechen von Fülle zu tragen.

Zur Rolle der Entscheidung

Bis zu diesem Punkt sind zwei Fragen geklärt: Was ist das Subjekt (Mangel) und worin besteht seine Handlungsfähigkeit (Identifikation und das aus ihr folgende Engagement). Doch können das Subjekt und dessen Freiheit auch Teil einer sedimentierten politischen Ordnung sein, die sich durch einen hohen Grad an ideologischer Schließung des Mangels auszeichnet und wo die Identifikation darin besteht, gedankenlos im Raum des hegemonialen Intelligibilitätsrahmens zu verharren. Wenn das Subjekt aus Mangel und Identifikation besteht, nimmt es seinen Platz als Subjekt nur dort ein, wo beide Dimensionen mit aller Deutlichkeit an die Oberfläche treten. Die dritte Frage bezüglich des Subjekts muss daher die nach dem Augenblick und dem Ort seines Erscheinens sein.

Für Laclau ist jede Struktur von Dislokationen und somit von einem nicht zu überwindenden Mangel an Schließung durchzogen. Damit steht jedes soziale Handeln vor einem einfachen, doch ungemein folgenschweren Problem. Da die Struktur nicht geschlossen ist, korrespondiert dem Mangel in der Struktur eine Dimension der Unentscheidbarkeit, die von einer Entscheidung überbrückt werden muss. Entscheidungen auf der Grundlage von unentscheidbaren Strukturen zu treffen ist aber eine äußerst prekäre Angelegenheit.

> „Because the structure is undecidable, because there is no possibility of algorithmic closure, the decision cannot be *ultimately* grounded in anything external to itself." (Laclau, 1996l; 52)

Zwar ist es unverzichtbar, Entscheidungen zu treffen, aber es gibt keine Grundlage, auf der dies wirklich möglich wäre. Diese Formulierung ist natürlich überspitzt, weist aber auf die Stoßrichtung der Argumentation hin. Wie bereits zu Beginn dieser Arbeit herausgearbeitet wurde, gehören Butler und Laclau zu einer theoretischen Strömung, die aufgrund der ihr eigenen Zurückweisung jeder Art von Letztbegründung auch als Post-Foundationalismus bezeichnet wird (Marchart, 1996; 11-13). Wenn es außer dem Mangel im Subjekt und in der Struktur und der daraus resultierenden Unentscheidbarkeit nichts gibt, worauf eine Entscheidung letztinstanzlich fußen kann, liegt dies in der Ablehnung jeder theoretischen Spielart der „Determination in letzter Instanz" begründet, wie sie noch heute marxistische Ansätze durchzieht, aber auch in Theoretisierungen des Politischen auszumachen ist, die z.B. auf apriorischen Annahmen über fiktive Naturzustände oder das Wesen des Menschen gründen. Dadurch kommt zu der Unmöglichkeit, aus einer dislozierten Struktur definitive Entscheidungen abzuleiten, hinzu, dass die Unentscheidbarkeit durch Rekurs auf eine außerhalb der Struktur liegende Instanz nicht zu überwinden ist.

Damit ist zwar der Gedanke verabschiedet, Rationalität, Vernunft und Konsens könnten den Weg zur besten aller möglichen Optionen weisen, doch nicht die Notwendigkeit widerlegt, innerhalb der sozialen und politischen Welt Entscheidungen zu treffen. Laclau antwortet auf dieses Dilemma, indem er mit Derrida feststellt, in Ermangelung einer Regel, von der die Entscheidung sich leiten lassen könne, müsse sie in sich selbst verankert sein und ihre eigene Singularität auf sich nehmen (Laclau, 1996l; 53). Doch distanziert er sich von dem in seinen Augen für die politische Theorie wenig fruchtbaren Gestus der Dekonstruktion Derridas, es bei der Feststellung von Unentscheidbarkeit und der Singularität von Entscheidungen bewenden zu lassen. Die Lösung liegt für ihn darin, die Frage nach dem Subjekt zu stellen.

> „This moment of decision as something left to itself and unable to provide its grounds through any system of rules transcending itself, is the moment of the subject." (Laclau, 1996l; 54-55)

Die Antwort Laclaus ist auf den ersten Blick unbefriedigend, da sie für die Entscheidung in einem Raum der Unentscheidbarkeit lediglich den Begriff des Subjekts einsetzt, ohne Kriterien anzugeben, wie mit der Unentscheidbarkeit umgegangen werden soll. Außerdem besteht eine gefährliche Nähe zum Voluntarismus, da dem Subjekt als von der Struktur indeterminierte Entscheidung prinzipiell jede Möglichkeit offen ist. Und nicht zuletzt erhebt sich die Frage, warum Laclau so viel Mühe darauf verwendet, durch eine politische Reformulierung der lacanianischen Theorie einen Begriff des Subjekts auszuarbeiten, der auf Mangel und Identifikation beruht, wenn er im nächsten Zug dazu übergeht, lakonisch festzustellen, das Subjekt sei die Entscheidung in einem Raum der Unentscheidbarkeit.

Bei genauerem Hinsehen eröffnet sich eine andere Interpretation. Wie Laclau in seiner Formulierung verdeutlicht, ist die Entscheidung nicht selbst das Subjekt, sondern nur dessen Augenblick. Es handelt sich demnach weniger um eine Definition als um eine raum-zeitliche Bestimmung des Auftretens des Subjekts.

In der Theorie Laclaus gab es zwar einen Wechsel vom Konzept der Subjektpositionen zum Begriff des Subjekts als Mangel, doch anstatt sich gegenseitig auszuschließen, ergänzen beide einander (Stäheli, 2001; 209). Wie Chantal Mouffe betont hat, besitzt ein Subjekt immer eine Vielzahl von Subjektpositionen, da es von verschiedenen Diskursen wie z.B. Geschlecht, Hautfarbe, Klasse oder Nationalität konstituiert wird (Mouffe, 1988; 89-90). Wenn einige der subjektkonstitutiven Diskurse sich durch stabile Hegemonieverhältnisse auszeichnen und andere durch Krisen und Umbrüche gekennzeichnet sind (eine Situation, in der alle auf das Subjekt einwirkenden Diskurse vollkommen stabil sind, ist höchst unwahrscheinlich), ist der Grad der sie durchziehenden Unentscheidbarkeit unterschiedlich hoch, da sie in differenziertem Maße von Dislokationen betroffen werden. Während einige Diskurse die Imagination von Schließung aufrechterhalten können, tritt in anderen der Mangel in der Struktur deutlich zutage. Dieser Unterschied spiegelt sich im Subjekt.

> „All subject *position* is the effect of a structural determination (or of a rule, which amounts to the same) – there is nothing which is a substantial consciousness constituted outside the structure. [...] As a structure is, however, constitutively undecidable, decisions are required that the structure (being either a legal code, or an institutional configuration, or family roles, etc.) does not predetermine – this is the moment of the emergence of the *subject* as different from *subject positions*." (Laclau, 1996l; 57)

Wenn das Subjekt durch eine Vielzahl von Diskursen konstituiert wird, deren Grad an Stabilität von Fall zu Fall variiert, ist es in einigen Aspekten seines Lebens auf eine Subjektposition festgelegt und in anderen gezwungen, als Subjekt aufzutreten, um durch das Treffen von Entscheidungen die Unentscheidbarkeit instabiler Hegemonieverhältnisse zu transzendieren. Das Subjekt ist zugleich Subjektposition und Subjekt, und die Ebenen seiner Existenz zeichnen sich durch ein Wechselspiel zwischen diesen Dimensionen aus. Der Augenblick des Subjekts ist demnach jener Augenblick, in dem einer der es konstituierenden Diskurse nicht mehr von einem stabilen Hegemonieverhältnis reguliert wird, und sein Ort liegt in der daraus resultierenden Instabilität der Struktur.

Erst zu diesem Zeitpunkt und an diesem Platz erscheint sein Mangel und führt zur Entscheidung für die Identifikation mit anderen hegemonialen Projekten, von denen das Versprechen der Schließung ausgeht.

Infolge des Spannungsverhältnisses zwischen der Subjektposition und dem Moment des Subjekts wird auch das Subjekt vom Wechselspiel zwischen Sedimentierung (Subjektposition) und Reaktivierung (Moment des Subjekts) durchzogen, wodurch der bei einem flüchtigen Blick auf den Begriff der Entscheidung entstehende Verdacht, Laclaus Reflexionen würden im Voluntarismus münden, sich als nichtig erweist. Entscheidungen finden vor dem Hintergrund sedimentierter Strukturen statt, die ihren Radius limitieren und ihrer zunächst unendlich scheinenden Freiheit auch in normativer Hinsicht Grenzen ziehen (Laclau, 2000c; 83).

Wie bereits dargelegt wurde, arbeitet das Subjekt durch die Identifikation mit einer hegemonialen Ordnung und deren Versprechen der Schließung streng genommen an seiner Selbstaufhebung.

> „[...] freedom exists because society does not achieve constitution as a structural objective order; but any social action tends towards the constitution of that impossible object, and thus towards the elimination of the conditions of liberty itself." (Laclau, 1990c; 44)

Unter Berücksichtigung der Trennung von Subjektposition und Moment des Subjekts kann diese Formulierung ergänzt werden. Zwar kann das Subjekt sich niemals vollkommen in der Struktur aufheben, doch sehr wohl den Augenblick seines Subjektseins beseitigen, indem es sich durch Akte der Identifikation in stabile Subjektpositionen einschreibt, in denen Dislokation und Mangel einem hohen Maß an struktureller und vor allem imaginärer Schließung unterliegen. Dies spiegelt sich in der politischen Dimension des Subjekts. Wenn das Politische der durch Antagonismus und Dislokation geschaffene Raum des „Offenen, Unabgeschlossenen, Unentscheidbaren" (Marchart, 1998b; 101) ist[65] und das Subjekt in diesem Raum als Entscheidung auftritt, ist es genau genommen immer ein politisches Subjekt.

„ ‚Politics‘ is an ontological category: There is politics because there is subversion and dislocation of the social. This means that *any* subject is, by definition, political..“ (Laclau, 1990c; 61)

Ein unpolitisches Subjekt gibt es für Laclau nicht. Doch kann es nach seiner Entscheidung durch die Identifikation mit einem hegemonialen Projekt, dem eine stabile Fixierung seiner Differenzen gelungen ist, zu einem Platz in der sedimentierten Ordnung des Sozialen werden, die ihm den politischen Charakter entzieht und es mit Trägheit erfüllt. Ob die Geschlechterdifferenz eine politische Differenz ist, hängt nicht nur davon ab, ob sie von Dislokationen betroffen sind, sondern auch davon, ob die geschlechtlichen Subjekte bereit sind, die Kontingenz ihres Subjektseins auf sich zu nehmen, anstatt die Flucht in vorschnelle Identifikationen anzutreten.

Chiasmus: Überschuss als Mangel und Mangel als Überschuss

Hinsichtlich der Subjektbegriffe Butlers und Laclaus liegen die Möglichkeiten wechselseitiger Ergänzung nahezu auf der Hand. Da Butler bis heute darauf besteht, in der lacanianischen Theorie seien sexistische Grundannahmen verborgen, die aus ihrer Sicht schlichtweg inakzeptabel sind, und Laclaus Subjektkonzeption große Nähe zu Lacan aufweist, scheint das Bestreben, beide Ansätze zu verzahnen, trotz ihrer Gemeinsamkeiten ein riskantes Unterfangen. Dieser Einwand lässt sich jedoch leicht entkräften.

Das Symbolische als Sedimentation

Im Laufe dieser Arbeit wurde bereits darauf verwiesen, Laclau stütze sich in seiner Konzeptualisierung des Subjekts als Mangel zwar auf Lacan, übernehme aber nicht dessen starre Fassung des Symbolischen als Ordnung, in der Butler zufolge Inzestverbot, Verwandtschaftsbeziehungen und damit letztlich Geschlechterbinarität und Heterosexualität festgeschrieben sind. Um dies nachzuweisen, ist es nicht notwendig, ausgehend von Lacan, eine Gegenargumentation zu Butler anzutreten (vgl. z.B. Žižek, 1999b; 45-53), denn Laclau kommt nicht einmal in die Nähe dieses Vorwurfs. Wie gezeigt arbeitet er anstelle des Symbolischen mit einem Begriff des Diskurses, der einerseits zum Sozialen sedimentiert und andererseits von politischen Reaktivierungen aufgebrochen wird. Das Symbolische Lacans wird von Laclau dadurch in die Ordnung des Diskurses verlegt und entspricht dessen sedimentierter Dimension, wodurch die Möglichkeit entsteht, es zu politisieren und seine Hegemonie zugunsten anderer Projekte zu brechen. Dies ist eine Herangehensweise an das Symbolische, die sich mit derjenigen Butlers deckt.

> „Meiner Ansicht nach ist die Unterscheidung zwischen symbolischem und sozialem Gesetz letzten Endes nicht haltbar; ich glaube, das Symbolische selbst ist nicht nur die Ablagerung gesellschaftlicher Praktiken, sondern radikale Veränderungen in den Verwandtschaftsverhältnissen verlangen eine Neuformulierung der strukturalistischen Voraussetzungen der Psychoanalyse und damit der zeitgenössischen Sexual- und Geschlechtertheorie." (Butler, 2001c; 40)

Was Butler an dieser Stelle beschreibt, ist aus Sicht Laclaus ein Zustand von Dislokation, der zu einer Unentscheidbarkeit innerhalb der Struktur führt, die durch Schaffung einer neuen hegemonialen Ordnung überwunden werden muss. Vor dem Abbruch ihrer Diskussion (Butler/Laclau/Žižek, 2000) sah Butler auch die Gemeinsamkeiten bezüglich des Begriffs des Subjekts als wesentlich größer an, als es in ihren späteren Veröffentlichungen der Fall war, und erklärte die zwischen ihr und Laclau bestehenden Differenzen zu einem „Unterschied in der Betonung" (Butler, 1998c; 248).

Diesen Standpunkt vertrat auch Marchart, fügte aber hinzu, der Unterschied liege weniger in der Betonung als in der Benennung. Wie er zurecht ausführt, kann diese Differenz im Zurückschrecken Butlers vor dem Formalismus und Laclaus Bereitschaft zur Verwendung quasi-transzendentaler Kategorien gesehen werden (Marchart, 2000; 223), doch ist es aus der dann entstehenden Perspektive schwer, Gemeinsamkeiten zu benennen, da ihr Fokus auf dem Argument liegt, Butlers Formulierungen seien unnötig vorsichtig, weswegen sie ihre Nähe zu Laclau verkenne. Dennoch kann Marcharts Idee, den Unterschied zwischen Butler und Laclau nicht in der Betonung, sondern in der Benennung zu sehen, den Weg zu einer Verzahnung der beiden Ansätze ebnen, wenn die Differenz der Benennung in den Begriffen Mangel und Überschuss gesucht wird, was die chiastische Verbindung beider Subjektbegriffe erlaubt.

Überschuss als Mangel

In aller Kürze ließe sich das Argument Butlers wie folgt resümieren: Das Subjekt wird in einem zugleich von Unterwerfung und Autonomisierung strukturierten Prozess der Subjektivation hervorgebracht, wodurch als nie zu kontrollierender Überschuss die Fähigkeit des Subjekts entsteht, sich als reflexives auf die Bedingungen seiner Konstitution zurückzubeziehen und sie auf subversive Weise zu verschieben. Oder noch einfacher: Wenn die Subjektivation dem Subjekt eine relative Freiheit verleiht, liegt deren Eigenschaft, ein Überschuss zu sein, in der Möglichkeit, sich gegen die Bedingungen der Subjektivation zu kehren. Da das Subjekt in einen diskursiven Kreislauf eingespannt ist, in dem es sowohl geformt als auch formend tätig ist, und dieser Zirkel auf Wiederholungen basiert, wird als dem Überschuss korrespondierende Dimension der Mangel sichtbar.

> „Die Bedingungen der Macht müssen ständig wiederholt werden, um fortzubestehen, und das Subjekt ist der Ort dieser Wiederholung, einer Wiederholung, die niemals bloß mechanischer Art ist." (Butler, 2001; 20)

Wenn das Subjekt Agent der Wiederholung des Diskurses ist, ergibt sich ein wechselseitiges Abhängigkeitsverhältnis, da das Subjekt auf den Diskurs angewiesen ist, um Subjekt zu sein und der Diskurs auf das Subjekt, um seine performative Kraft zu behalten. Wie bereits erwähnt, ist daraus nicht die Schlussfolgerung zu ziehen, das Subjekt forme sich selbst mittels diskursiver Mittel, die es nach eigenem Ermessen gebraucht, da der Diskurs die Zeitlichkeit des Subjekts übersteigt und ihm gegenüber immer eine Dimension der Äußerlichkeit bewahrt (Krämer, 2001; 251-253). Der springende Punkt ist ein anderer. Um die Macht zu Argumentationszwecken stark zu personifizieren, liegt ihr Ziel darin, das Subjekt zu Wiederholungen des Diskurses zu zwingen, die es zwar mit Reflexivität und Freiheit versehen, ihm aber zugleich als Feld der Betätigung dieser Eigenschaften nur jene Bereiche zuweisen, die in der Intention der Machtstrategien liegen.

Die Wiederholung der Geschlechternormen würde idealtypisch darauf hinauslaufen, Binarität und Heterosexualität immer wieder aufs Neue einzusetzen und den Zirkel der Wiederholung ohne Abweichungen am Laufen zu halten. In diesem Fall wäre die Subjektkonstitution vollständig, da sie ein in allen Eigenschaften fest strukturiertes Subjekt hervorgebracht hätte, das einen fixierten Ort in der Struktur des Diskurses hätte, den es in mechanischen Wiederholungen immer wieder aufs Neue bestätigen würde, um ganz und gar Frau oder Mann zu sein. Dieses Subjekt wäre aber lediglich eine monolithische Subjektposition und damit kein Subjekt mehr. Ausgehend von diesem Gedanken erschließt sich die Dimension des Mangels bei Butler. Das Subjekt genießt ein gewisses Maß an Freiheit, da der Diskurs es nicht abschließend determinieren kann. Die ihm als Überschuss zukommende Reflexivität und Handlungsmacht ist auf Seiten des Diskurses mit Laclau formuliert ein Mangel an Schließung, da dem Diskurs diese Dimension des Subjekts immer entgeht und er eine Leerstelle hinterlässt, durch die er von Instabilität heimgesucht wird. Die unwillkürlichen Abweichungen des Diskurses und dessen gezielte Subversion werden möglich, da das Subjekt dem Diskurs nicht in voller Weise eingeschrieben und seine Wiederholungen und Performanzen nicht determiniert (wenn auch immer in den Diskurs verstrickt) sind. Mit Laclau lässt sich formulieren, wo Wiederholungen durch den Bezug auf stabile leere Signifikanten reguliert werden, ist das Subjekt zu einer Position innerhalb des Diskurses sedimentiert, wohingegen Wiederholungen, die von krisenhaften Hegemonieverhältnissen gelenkt werden, der Augenblick des Subjekts sind, das sich in Verschiebungen und gezielten Resignifikationen zeigt.

Der Mangel als Überschuss

Auch das Argument Laclaus sei noch einmal kurz genannt: Diskurse konstituieren sich durch einen Antagonismus, der von Dislokationen erschüttert wird, die zu einem Mangel an Schließung in der diskursiven Struktur führen, durch die das Subjekt als Subjekt des Mangels hervorgebracht wird, das die Unentscheidbarkeit der Struktur durch Identifikationen überbrückt, deren Ziel in einer Schließung der Disruption seiner Identität besteht, wobei Ort und Augenblick des Subjekts in der Entscheidung als nie vollständig aus der Struktur herzuleitendem Akt gelegen sind. Die in Hinblick auf das Subjekt relevante Frage muss demnach lauten, wie es zu Situationen kommen kann, in denen Mangel und Unentscheidbarkeit nicht nur theoretische, sondern deutlich spürbare Größen sind. Wie bereits gezeigt wurde, ist dies auf zwei Weisen denkbar. Entweder finden Elemente aus dem konstitutiven Außen Eingang in den Diskurs, indem sie, wie Butler sagen würde, ohne vorherige Legitimation in dessen Begriffen sprechen, und stören dadurch die vom leeren Signifikanten geleistete Verklammerung der Differenzelemente. Oder es kommt zu Verschiebungen der Elemente im durch den quasi-ontologischen Antagonismus abgesteckten Raum des Intelligiblen, da zwar intelligible, doch trotz allem deviante Identitäten ihre Integration in die bestehende Norm reklamieren und dadurch deren Restrukturierung erzwingen. Ersteres wäre z.B. der Fall, wenn Menschen, die den etablierten Begriffen der Geschlechtsidentität entgehen, da weder die normativen Identitäts- noch die existierenden Abweichungskategorien auf sie anwendbar sind, für sich beanspruchen, in den Rahmen der Intelligibilität integriert zu werden. Letzteres entspräche einer Situation, in der z.B. Schwule, Lesben oder Transsexuelle fordern, nicht länger als deviante Formen von Männlichkeit oder Weiblichkeit gewertet zu werden, sondern eine gleichberechtigte Spielart dessen zu verkörpern, was es bedeuten kann, Mann oder Frau zu sein.

Die Unentscheidbarkeit der Struktur wird demnach fühlbar, wenn neue Elemente zu einer fixierten Ordnung von Differenzen hinzutreten. Da jedes Differenzsystem von Dislokationen durchzogen ist, handelt es sich hierbei nicht um einen Zustand, der nur zeitweilig eintritt, sondern es existieren immer Risse und Brüche, von denen die Trennlinie des Antagonismus perforiert und durchlässig für das Eintreten neuer Elemente gemacht wird, wodurch die Möglichkeit einer Krise der Hegemonie durch den Einbruch des Ausgeschlossenen permanent gegeben ist. Jedes System von Differenzen sieht sich mit einem aus dem Außen (sowohl ontisch als auch quasi-ontologisch gedacht) herrührenden Überschuss konfrontiert, der seine Bedeutungen destabilisiert und Schließung unmöglich macht. Laclau bezeichnet dies mit dem Begriff der Überdetermination.

> „[...] on the one hand, the objective content has its own principles of rationality and of differentiation: on the other, these principles are constantly interrupted and subverted. This logic of the ‚subversion of the rationality of the determinate' is what we have called overdetermination – and it is crucial for understanding the formation of political identities." (Laclau/Zac, 1994; 16-17)

Abhängig vom Grad der Fixiertheit eines Diskurses ist das Moment der Überdetermination stärker oder schwächer, weicht aber nie einer endgültigen Eindeutigkeit, die zu vollständiger Sedimentation führen würde und nicht wieder reaktiviert werden könnte. Wenn aber jedes Element immer von einem Überschuss der Bedeutung durchzogen ist, kann die Bedeutung niemals endgültig bestimmt werden. Dem Mangel in der Struktur und im Subjekt korrespondiert demnach ein Überschuss, der den Diskurs an Schließung hindert, ohne von ihm je integriert werden zu können.

Das Subjekt als Mangel und Überschuss

Wie sich mit Butler und Laclau zeigen lässt, ist das Subjekt weder Überschuss noch Mangel, sondern beides zugleich. Das Subjekt bei Laclau ist ebenso Überschuss, wie es bei Butler Mangel ist, wodurch beide Ebenen des Subjekts sich in einer chiastischen Verflechtung wechselseitig bedingen. Der Unterschied in der Betonung bei Butler und Laclau öffnet den Weg zu einer Verzahnung ihrer Ansätze, in der sie sich gegenseitig stützen und einer den Hintergrund des anderen bildet. So kann z.B. mit Butlers Begriff der Subjektivation beantwortet werden, was es bedeutet, in den Diskurs eingeschrieben zu werden, und Laclau erlaubt eine Antwort darauf, wie die Spaltung des Subjekts in Universalität und Partikularität gedacht werden kann. An dieser Stelle ist der zentrale Punkt jedoch die Verbindung von Mangel und Überschuss im Subjekt und deren Auswirkungen auf die Frage nach der heutigen Relevanz des Subjekts.

Die Zeit des Subjekts

Natürlich kann die Relevanz des Subjekts nicht quantifiziert werden, doch eröffnet sich immerhin die Möglichkeit eines wohlbegründeten spekulativen Ausblicks. Wie gezeigt wurde, ist das Subjekt in enger Weise mit dem Erscheinen von Dislokationen in der Struktur des Sozialen verbunden, oder, um es mit Butler zu sagen, mit deren Unfähigkeit, ihre subjektkonstitutiven Effekte zu kontrollieren. Verstärkt sich die Instabilität des Diskurses durch ein zunehmendes Hereinbrechen des konstitutiven Außen, hat dies für Laclau vor allem drei Konsequenzen. Es erhöht sich nicht nur die Achtsamkeit gegenüber der Historizität, sondern vor allem kommt es zu einer Pluralisierung der Machtzentren und einer höheren Relevanz des Subjekts (Laclau, 1990c; 39). Die heutige politische Lage befindet sich ihm zufolge in einem Stadium des „desorganisierten Kapitalismus", der sich durch eine Internationalisierung des Kapitals auszeichnet, die zum Machtverlust der Nationalstaaten und der Bildung von Staatenbünden wie etwa der Europäischen Union führt (Laclau, 58-59). Diese These ist nicht überraschend und wird von breiten Teilen der etablierten Politikwissenschaft geteilt, auch wenn meistens nicht von Kapitalismus, sondern von Globalisierung gesprochen wird. Wesentlich interessanter als die These selbst sind die Schlussfolgerungen, die Laclau aus ihr ableitet.

> „The novelty of the present situation, then, lies in the fact that the nodal point around which the intelligibility of the social is articulated does not now tend to be displaced from one instance to another in society, but to dissolve. The plurality of dislocations generates a plurality of centres of relative power, and the expansion of all social logic thus takes place on a terrain that is increasingly dominated by elements external to it. Accordingly, articulation is constitutive of all social practice. But in that case, to the very extent that dislocations increasingly dominate the terrain of an absent structural determination, the problem of *who* articulates comes to occupy a more central position." (Laclau, 1990c; 59)

Die Gesellschaft ist wesentlich komplexer geworden. Wie Laclau schreibt, sind die Zeiten, in denen es möglich war, das Soziale um einen leeren Signifikanten herum zu arrangieren, endgültig verloren und einer Fragmentierung gewichen, die sich durch eine

Vielzahl gesellschaftlicher Ebenen auszeichnet, deren Bedeutungen ständig durch ihnen äußerliche Elemente gestört werden, die nur durch die Lancierung neuer hegemonialer Projekte wieder zu einer provisorischen Ordnung zusammengefügt werden können. Da es nicht möglich ist, die hierzu notwendigen Entscheidungen aus Strukturen herzuleiten, ist der entscheidende Faktor in dieser Situation die Existenz eines Subjekts, das die Unentscheidbarkeit der Situation auf sich nimmt und sich zu einer bestimmten Form des Handelns entscheidet (Laclau, 2005; 230). Der Spielraum dieses Handelns hat sich im Zuge der die Gesellschaft durchziehenden Dislokationen und der Proliferation der Machtpunkte deutlich erweitert, da das Subjekt von den Strukturen weniger determiniert ist als früher und der Mangel eine deutlich spürbare Größe geworden ist.

Was Laclau verabschiedet, ist das Bild einer Gesellschaft, die von einem zentralen Widerspruch zerrissen wird, um den sich sämtliche Praktiken der Subjekte gruppieren. Die Zeiten, in denen von Haupt- und Nebenwidersprüchen gesprochen werden konnte, sind endgültig vorbei, da heute eine Vielzahl von Brüchen und Rissen die Gesellschaft durchzieht, entlang derer sich unterschiedlichste politische Projekte situieren. Dies spiegelt sich nicht zuletzt im kulturellen Faktor und der Frage der Identität wider. Laclau veranschaulicht dies anhand eines klassisch verteilungspolitischen Beispiels. Wie er betont, macht es wenig Sinn, zwischen dem Klassenkampf und dem Kampf um Anerkennung zu unterscheiden, da aus der Stellung der Subjekte innerhalb der Produktionsbedingungen noch kein Klassenantagonismus erwachse. Der in dieser Frage ausschlaggebende Faktor ist die Art und Weise, wie die Identität der betreffenden Arbeiter konstruiert wird, was auf vielen Ebenen, nicht nur der des Kapitals, geschieht. In einer gegen Žižek gerichteten Formulierung schreibt Laclau:

> „So my answer to Žižek's dichotomy between class struggle and identity politics is that class struggle is just one species of identity politics, and one which is becoming less and less important in the world in which we live." (Laclau; 2000; 203)

Auch eine auf den ersten Blick so determinierte Identität wie die des Arbeiters ist in zunehmendem Maße von der Fragmentierung der Gesellschaft betroffen und einer Pluralität von verschiedenen Machtzentren ausgesetzt. Doch ist diese Entwicklung nicht nur in der Internationalisierung des Kapitals und der Transformation nationalstaatlicher Macht zu suchen. Mit ihrer Mahnung, eine wichtige politische Aufgabe der heutigen Zeit liege darin, Formen des Hörens und Sehens zu etablieren, die es erlauben, das Menschliche zur Geltung zu bringen, weist Butler auf die ungeheure Vervielfältigung der Diskurse im Rahmen der Globalisierung und ihre konstitutive Rolle bei der Bildung von Subjekten hin (Butler, 2004; 147). Sogar einer der Identitätspolitik gegenüber so skeptische Autorin wie Nancy Fraser zufolge

> „[...] hat der Kapitalismus der Globalisierung die Bedeutung der Kultur immens gesteigert, indem er den grenzüberschreitenden Fluß nicht nur des Kapitals enorm beschleunigt hat, sondern auch den von Bildern, Zeichen und Menschen. Daraus resultiert ein intensiviertes Bewußtsein für die ‚Differenz' und ein stärkerer Hang dazu, diese als politisch zu begreifen." (Fraser, 2003b; 243)

Die weitreichende Bedeutung dieser Aussage erschließt sich bei der einfachen Überlegung, wie stark das mediale Angebot und die Kommunikation sich allein in den letzten zwanzig Jahren erweitert haben. Die Anzahl der heute zirkulierenden Diskurse ist unüberschaubar, ebenso wie die Orte, an denen die Subjekte mit ihnen konfrontiert werden. Wenn das Subjekt im Zuge der verstärkten Dislokation des Sozialen mehr ins Zentrum rückt, seine Identität an einer Vielzahl verschiedener Orte gebildet wird und die hierfür konstitutiven Diskurse immer zahlreicher und divergenter werden, sind Identitätskategorien heute von großer Instabilität geprägt. Dies kann zu Paralyse führen, sie aber auch zum Ort hegemonialer Kämpfe machen, in denen ihre Bedeutung neu ausgehandelt wird.

Zwischen diesen beiden Optionen steht heute die Geschlechterdifferenz in ihrer binären und heterosexuellen Variante. Was es bedeutet, ein Mann oder eine Frau zu sein, ist gegenwärtig, zumindest in den westlichen Ländern, nicht mehr selbstverständlich und auch die Heterosexualität hat ihren Ausschließlichkeitsstatus verloren. Zwar ist die Hegemonie der klassischen Geschlechterdifferenz nicht in einer ernsthaften Krise begriffen, doch sind ihre Ausschlussmechanismen durchlässiger geworden und können die geschlechtlichen Identitäten nicht mehr mit der gleichen

Sicherheit regulieren wie zuvor. Die aus diesem Zustand einer nur noch relativen Stabilität entspringenden gesellschaftlichen Effekte sind widersprüchlich.

Zum einen kann eine deutliche Verschärfung von Binarität und Heterosexualität insbesondere im Bereich der Jugendkultur wahrgenommen werden. So zeichnet sich z.B. die Rap- und Hip-Hop-Kultur durch Bilder von Männern und Frauen aus, die nicht nur bildschön, reich und stark sind, sondern vor allem potent auf der einen und verfügbar auf der anderen Seite. Wenn ein Musiksender mit einer überwiegend aus Teenagern und jungen Erwachsenen bestehenden Zuschauerklientel wie VIVA ein „Tits and Ass"-Wochenende (Name einer 48-stündigen Sondersendung) veranstaltet, ist das nicht mehr als die in zeitgemäße Kleidung verpackte Reaktualisierung von Geschlechternormen, die der Feminismus vielleicht nicht überwunden, immerhin aber nachhaltig infrage gestellt hat. Die zunehmende Bedeutung dieser überzeichneten klassischen Geschlechterideale zeigt sich nicht zuletzt in der Zunahme von Essstörungen und psychischen Erkrankungen, die zwar primär bei Mädchen auftreten, sich mittlerweile aber auch bei Jungen bemerkbar machen. Das Ideal Geschlechtsidentität ist in vielen Bereichen der Musik- und Filmkultur in einem Maße unerreichbar geworden, das zumindest potentiell zu einer Infragestellung der gültigen Normen führen könnte, deren „Imitationsstruktur" (Butler, 1993; 202) hier mindestens nahezu ebenso deutlich zutage tritt wie in der Travestie.

Zum anderen kann (bei allen notwendigen Einschränkungen) heute von einer anderen Weise des Umgangs mit der Devianz gesprochen werden. Sie bekommt zwar noch immer einen Ort zugewiesen, doch ist sie nicht mehr das „Unaussprechliche, das Nichtmachbare, das Nichterzählbare" (Butler, 1997; 259), von dem eine dunkle Gefahr ausgeht, um deretwillen es aus der Welt geschafft werden muss. Schwule, Lesben, Transsexuelle, Transvestiten oder Intersexuelle gelten noch immer als nicht „richtig" den Kategorien Mann und Frau zugehörig, sind Heterosexuellen rechtlich nicht in allen Belangen gleichgestellt und werden nicht selten Opfer von Diskriminierung. Doch stehen ihnen auch Wege offen, an der Gesellschaft teilzuhaben und sich einen selbstbestimmten Lebensweg zu erschließen (was bei Transsexuellen und Intersexuellen noch immer mit großen Problemen verbunden sein kann, aber immerhin nicht mehr ausgeschlossen ist). Da diese Gruppen mittlerweile aus dem Bereich des Ausgeschlossenen in den Bereich des Intelligiblen vorgedrungen und als relativ tolerierte Form der Abweichung sichtbar geworden sind, weisen sie auf die Möglichkeit hin, Geschlechterdifferenz jenseits ihrer heutigen Variante zu verstehen. Darin liegt nichts Subversives, doch wird ein Spielraum erkennbar, in welchem sich künftige Auseinandersetzungen bezüglich der Frage der geschlechtlichen Identität abspielen könnten.

Ob es aufgrund der großen Kluft, durch welche die Geschlechterdifferenz heute von einer definitiven Fixierung getrennt ist, zu neuen hegemonialen Projekten kommt, die versuchen, sie auf neue, offenere Weise zu rearrangieren, ist eine Frage, die auch aus diskurstheoretischer Perspektive in den Händen des Subjekts liegt. Denn wie bereits ein Student während der Unruhen 1968 in Paris an eines der schwarzen Bretter der Sorbonne schrieb: „Die Strukturen gehen nicht auf die Straße." (Eribon, 1999; 298)

Anstatt eines Schlussworts: Offene Fragen

Im Laufe der Arbeit wurden Wege aufgezeigt, wie sich die Ansätze Butlers und Laclaus verbinden lassen, um zu einer hegemonietheoretischen Erklärung der sozialen Konstruktion von Geschlechtern zu gelangen, die Anerkennung als politisches Ziel gesellschaftlicher Auseinandersetzungen um geschlechtliche Identitäten erkennbar zu machen und den Begriff eines Subjekts zu erarbeiten, dessen Eigenschaften mit den Prämissen der Diskurstheorie vereinbar sind und das stark genug ist, um verändernd in die Gesellschaft einzugreifen. Da viele Fragen ausgeklammert werden mussten, damit die Arbeit sich nicht in Exkursen verliert und den Rahmen sprengt, seien an dieser Stelle die wesentlichen von ihnen kurz benannt.

Die somatische Dimension der Dislokation

Das zentrale Argument des ersten Teil der Arbeit war folgendes: Die Butlers Theorie entgegengebrachte Kritik der Entkörperung des geschlechtlichen Subjekts verkennt die Tatsache, dass Butler den Körper als Referenten, nicht als Signifikat oder Signifikanten versteht und zudem mit einer Eigendynamik ausstattet, die jede diskursive Fixierung des Begriffs Geschlecht subvertiert und instabil macht. Nicht nur ist die Geschlechterdifferenz eine „schwankende Grenze“ (Butler, 1997b; 36), die schwer zu fixieren ist, vielmehr stellt sich jede Fixierung schließlich als ungenügend heraus und bringt aufgrund der sich jedem diskursiven Zugriff entziehenden somatischen Dimension des Geschlechts früher oder später ein Leiden an den Konstruktionen hervor, dem durch neue gesellschaftliche Aushandlungen der Kategorie Geschlecht entsprochen werden muss.

Als Frage bleibt zurück, wie dieses Drängen des körperlichen Referenten theoretisch zu verstehen ist. Bis auf die wenigen Ausführungen Butlers über die materielle Dimension des Sprechens bleibt es innerhalb von Butlers Theorie weitgehend eine bloße Behauptung, die ihre Stärke allenfalls daraus beziehen kann, in verschwiegener Form auf alltägliche Erfahrungen zu verweisen, die Menschen im Laufe ihres Lebens machen, und aus diesen eine gewisse Form der Selbstevidenz zu beziehen. Einerseits ist es nicht möglich, von Konstruktionen zu sprechen, die der „Geschlechterdifferenz" entsprechen. Der Grund dafür liegt in dem Dilemma, mittels des Diskurses niemals auf den geschlechtlichen Körper „an sich" zugreifen zu können, der sich immer schon als Konstruktion herausstellt und – wie die Arbeiten Dudens, Honeggers oder Laqueurs erwiesen haben (Maihofer, 1995; 21-40) – geschichtlichen Veränderungen unterliegt. Andererseits suggeriert Butlers Argumentation doch, es bestünde die Möglichkeit, zwischen Diskursen zu unterscheiden, die mehr oder weniger großes Leiden hervorbringen. Butler begegnet dem Referenzproblem, indem sie das Geschlecht als unbekannte Größe versteht, die in diskursiven Kategorien fixiert wird, und indem sie für Konstruktionen plädiert, die so offen und flexibel wie möglich sind. Die Argumentation ist durchaus folgerichtig: Wenn es nicht möglich ist, anzugeben, was das Geschlecht ist, sind offene Begriffe am besten geeignet, ihm einen so wenig wie möglich exkludierenden Ausdruck zu verleihen.

Um über die Allgemeinheit dieser These hinaus zu gelangen, wäre es notwendig, den geschlechtlichen Körper phänomenologisch genauer zu analysieren, um besser angeben zu können, worin sein Drängen liegt und wie es sich innerhalb der gesellschaftlichen Kategorien geltend macht. Zudem müsste ausgearbeitet werden, wie sich soziale Konstruktionen verkörpern und warum es während dieses Prozesses zu Brüchen kommt, die dazu führen, dass sich viele Menschen in ihrem geschlechtlichen Körper unwohl fühlen – nicht nur, da sie das Gefühl haben, im „falschen" Geschlecht geboren zu sein, sondern auch, weil ihre Spielart als Mann oder Frau zu leben, zwar dem ähnlich ist, was sie sein wollen, sich aber immer wieder als nicht passend, verfehlt und ungenügend herausstellt. Nur durch die Analyse der Interaktionen von somatischer Basis und diskursiver Konstruktion könnte das Leiden an der Geschlechterdifferenz konkreter bestimmt werden.

Damit erhebt sich jedoch sofort ein Problem. Soll die zentrale Einsicht Judith Butlers, es sei nicht möglich, Natur und Kultur analytisch als zwei verschiedene Dinge zu behandeln, da Natur immer nur kulturell gelesen werden könnte, nicht fallen gelassen werden, stellt sich die Frage, ob eine Analyse des Wechselverhältnisses von somatischer Basis und diskursiver Konstruktion überhaupt denkbar ist. Eine phänomenologische Herangehensweise, die für sich beansprucht, den „Körper“ zu erfassen, disqualifiziert sich unter diesem Blickwinkel sofort, da sich ihr universeller Geltungsanspruch aus diskurstheoretischer Perspektive den Vorwurf gefallen lassen muss, kulturelle Konstruktionen und die sie ermöglichenden Ausschlüsse zu naturalisieren. Der eine Weg besteht in einer „weichen“ Variante phänomenologischer Beschreibung, die sich des Konstruktionscharakters des Körpers bewusst ist, zugleich jedoch auf der Trägheit von Konstruktionen beharrt und sich zum Ziel setzt, zu analysieren, ob und wie die heute existierenden Formen körperlichen Selbstbezugs im Widerspruch zu den modernen diskursiven Kategorien stehen, von denen dieser Selbstbezug reguliert wird.

Fixierung der Geschlechterdifferenz durch leere Signifikanten

Wie die Interpretation Judith Butlers entlang der Schlüsselbegriffe Laclaus ergeben hat, ist es möglich, die Geschlechterdifferenz und mit ihr die heute existierenden geschlechtlichen Identitäten als durch leere Signifikanten fixierte Kategorien zu verstehen. Eine historisch-politisch kontingente Spielart dessen, was es bedeuten kann, ein Geschlecht zu haben, wird durch ihre Verwandlung in einen leeren Signifikanten zu einem hegemonialen Verhältnis, das andere Möglichkeiten geschlechtlicher Verkörperung undenkbar macht und dadurch zum Ausdruck von Universalität und Natürlichkeit wird. Die Frage ist zunächst, ob es zur Fixierung der heutigen Version der Geschlechterdifferenz nur eines leeren Signifikanten bedarf oder ob sie eine Vielzahl von verschachtelten Diskursen voraussetzt, die durch eine Pluralität von Signifikanten verklammert werden, von denen einige ihre Hegemonie unumstritten zu behaupten wissen, während andere sich in der Krise befinden, da sie nicht mehr in der Lage sind, eine verbindliche Regel zur Ordnung neu hinzugekommener Diskurselemente zu stiften. Da Laclau und Mouffe bereits in „Hegemonie und radikale Demokratie“ auf die Vielschichtigkeit der zur Konstruktion der Kategorie Geschlecht notwendigen Mechanismen hinwiesen (Laclau / Mouffe; 2000; 155f.), kann die Antwort nur zugunsten der zweiten Variante ausfallen. Bei der im zweiten Teil dieser Arbeit ausgearbeiteten Argumentation handelt es sich entsprechend um eine analytische Vereinfachung, die durch eine komplexere Analyse ergänzt werden muss.

Dazu ist es notwendig, das Zusammenspiel solcher Faktoren wie Geschlecht, Hautfarbe und Klasse mit einzubeziehen und zu bestimmen, wie sie sich wechselseitig bedingen. Zwar ist der Ansatz Laclaus für ein solches Unterfangen prädestiniert, da er über einen weiten Diskursbegriff verfügt, der explizit darauf angelegt ist, die Relationen von Elementen und ihre wechselseitige Überdetermination zu denken, doch bleibt fraglich, wie eine solch komplexe Analyse geleistet werden soll. Unter der Voraussetzung, dass die Geschlechterdifferenz durch leere Signifikanten fixiert wird, bietet sich eine diskursanalytische Vorgehensweise an. Die Frage lautet, von welchen Signifikanten die Leistung der Fixierung heute erbracht wird und auf welchen gesellschaftlichen Ebenen die dazu notwendigen hegemonialen Diskurse situiert sind. Dadurch könnte es möglich werden, Schwachstellen zu bestimmen, die durch instabile Hegemonieverhältnisse zustande kommen und Ansatzpunkte bieten, um durch gezielte Interventionen die Bedeutung des Begriffs Geschlecht zu verschieben.

Die Rolle der Anerkennung

Die meisten Fragen erheben sich bezüglich der Anerkennung. Die These Judith Butlers besteht, wie gezeigt wurde, darin, das Subjekt zeichne sich durch einen ursprünglichen Bezug zum Anderen aus (Butler, 2004h; 150), weshalb es in existentieller Weise auf dessen Anerkennung angewiesen sei. Diese These gewinnt durch ihren Bezug zu Hegel theoretisches Gewicht und durch die Vielzahl alltäglicher Beispiele, die sich zu ihrer Begründung anführen ließen, unmittelbare Einsichtigkeit. Trotz allem ist sie im Grunde nicht mehr als eine Behauptung. Dass Menschen, um zu leben, den Kontakt zu anderen Menschen brauchen, bzw. ihn, um alleine leben zu können, zumindest einmal gebraucht haben, ist nichts, was zu beweisen notwendig wäre. Soll Anerkennung mehr bedeuten als Kontakt zum Anderen, muss sie deutlich von Allgemeinplätzen geschieden und klar ausgearbeitet werden, um welchen Typus intersubjektiver Beziehung es sich handelt. Butler bietet zwar an keiner Stelle eine klare Definition an, macht aber deutlich, inwiefern es sich bei der Anerkennung um ein über Normen vermitteltes Verhältnis der Bestätigung handelt. Eine bestimmte Geschlechtsidentität für sich in Anspruch zu nehmen reicht noch nicht aus, um diese Identität auch „sein" zu können, da es hierzu der Anerkennung der Anderen bedarf, die mit dem Subjekt übereinstimmen, es auf die von ihm reklamierte Weise zu behandeln und als das wahrzunehmen, was zu sein es für sich geltend macht. Der Entzug von Anerkennung würde das Subjekt also in eine Person verwandeln, die nicht als das gesehen wird, als was sie gesehen werden möchte, und immer wieder in Situationen gerät, in denen sie auf eine Existenz festlegt wird, die ihr der eigenen Ansicht nach nicht entspricht. Dass dies zu großem Leid, zum Gefühl, nicht verstanden zu werden, zu psychischer Erkrankung, Gewalt und letztlich auch zum Selbstmord führen kann, ist offensichtlich, doch ist diese Einsicht noch immer zu allgemein, um angeben zu können, was das Besondere an der Anerkennung ist.

Eine entwicklungspsychologische Ausarbeitung des Begriffs, wie sie Jessica Benjamin durchführt (Benjamin, 1993c; 44-52 / Benjamin, 2004; 44-50), ist sicherlich geeignet, die Rolle der Anerkennung zu präzisieren und anzugeben, was mit Menschen im Fall vorenthaltener Anerkennung passiert. Wegen ihrer Konzentration auf die kindliche Entwicklung ist sie für die von Butler verfolgten Fragestellungen jedoch nur von eingeschränktem Wert. Butler schreibt über Menschen im Erwachsenenalter, die von der Norm abweichen und deswegen von Sanktionen getroffen werden, die im Entzug von Anerkennung bestehen. Entsprechend wäre es notwendig, die psychologischen Folgekosten dieses Entzugs zu erarbeiten und zu zeigen, welche gesellschaftlichen Konsequenzen sie haben.

Ebenfalls unklar bleibt, welche politische Rolle Anerkennung besitzt. Wie aus vielen Randbemerkungen Butlers deutlich wird, ist Anerkennung für sie nicht nur das Ziel queerer Identitätspolitik, sondern Gegenstand allgemeiner gesellschaftlicher Auseinandersetzungen, wodurch sie sich den Überlegungen Axel Honneths annähert, für den die Anerkennung das zentrale Organisationsprinzip moderner westlicher Gesellschaften ist. Hinsichtlich dessen gilt es zwei Fragen zu klären: Wie nahe steht Butler Ansätzen wie dem von Honneth und was ist von diesen Ansätzen zu halten? Die erste Frage kann auf der Grundlage der Veröffentlichungen Butlers nicht geklärt werden, da die einzige Theorie der Anerkennung, mit der sie sich neben derjenigen Hegels je beschäftigt hat, die von Jessica Benjamin ist, deren Argumentation vor allem auf der Psychoanalyse, nicht aber auf der politischen Theorie basiert. Die zweite Frage führt, wie bereits ausgeführt wurde, mitten in die Diskussion über Anerkennung und Umverteilung und damit in eine lange währende Debatte, die noch immer nicht ageschlossen wurde und mit dem Argument, Umverteilung sei nichts anderes als Anerkennung, sicherlich nicht einfach beigelegt werden kann.

Subjektivation

Der auch durch Laclau beschriebene, von Butler aber systematisch entfaltete Prozess, durch den ein potentielles Subjekt dem Diskurs eingeschrieben und dadurch zu einem wirklichen Subjekt wird, wurde im letzten Teil der Arbeit als zugleich von Unterwerfung und Autonomisierung strukturierte Bewegung der Subjektivation beschrieben. Ist das Dilemma, innerhalb einer subjektivationstheoretischen Analyse ein Subjekt voraussetzen zu müssen, das noch gar nicht existiert, sondern erst geschaffen wird, relativ leicht durch eine Beschreibung dieses Referenzproblems zu lösen, stellt sich ein anderes – von Butler nicht benanntes – Problem als sehr viel schwerwiegender heraus. Die These, das Subjekt ginge aus der Unterwerfung hervor, impliziert zwangsläufig die Vorstellung eines kausalen Verhältnisses, in dem auf die Unterwerfung die Selbstständigkeit folgt, wodurch die Analyse absurd zu werden droht. Entweder scheint es, als werde die Unterwerfung zu einem bestimmten Zeitpunkt überwunden oder als strukturiere sie auch später noch die Handlungen des Subjekts und nehme ihm die Freiheit. Außerdem drängt sich die Frage auf, an welcher Stelle der Punkt liegt, an dem Unterwerfung zu Freiheit wird – eine Frage, die suggeriert, es sei möglich, auf sie durch die Benennung eines konkreten Zeitraums in der psychischen Entwicklung zu antworten. Dem wurde im Abschnitt über das Subjekt durch die Betonung der Gleichursprünglichkeit von Unterwerfung und Autonomie zu begegnen versucht, was in theoretischer Hinsicht zur Klärung führt, jedoch nicht das Problem beseitigt, durch den Aufbau der Argumentation auch weiterhin beide Begriffe zu trennen und damit im Bereich einer kausalen Erklärungsweise zu verbleiben. Demgegenüber wäre zu zeigen, wie jede Handlung des Subjekts zugleich die Bedingungen seiner eigenen Unterwerfung reproduziert und selbige dabei doch in einer Weise verändert, die aus ihnen nicht deduziert werden kann. Der Gedanke der Kausalität ist mit dem nicht minder irreführenden der Spaltung verknüpft. Als aus der Unterwerfung hervorgegangen scheint das Subjekt in einen freien und einen unfreien Teil seiner selbst zu zerfallen und von innerlicher Zerrissenheit heimgesucht zu werden. Doch wird es nicht von einer imaginären Grenze zerschnitten, sondern das Subjekt ist immer frei, insofern es unterworfen, und unterworfen, insofern es frei ist, wodurch keinerlei Möglichkeit besteht, eine Inventarisierung seiner Autonomie und Unterwerfung zu leisten, da beide sich bis zur Unkenntlichkeit durchdringen. Bei den beschriebenen Fehlinterpretationen handelt es sich um mehr als bloße Missverständnisse, da sie sich als Punkte erweisen, an denen die Analyse mangels besserer Begrifflichkeiten ins Stocken gerät. Die Frage besteht darin, ob und wie es möglich wäre, einen Weg zu finden, über Subjektivation zu sprechen, der nicht immer wieder in die Sackgasse der Dichotomie von Unterwerfung und Autonomie führt und eine detailliertere Analyse erlaubt, wie Menschen zu Subjekten gemacht werden.

Als vordringliche Fragen bleiben demnach die somatische Dimension der Körpers in ihrem Verhältnis zur Konstruktion, die Stellung der leeren Signifikanten, durch welche die Geschlechterdifferenz fixiert wird, die subjekt- und gesellschaftspolitischen Dimensionen der Anerkennung und die Subjektbildung zurück. Um zu einer genaueren Bestimmung dessen zu gelangen, was es heute bedeutet, ein geschlechtliches Subjekt zu sein, und wie es möglich ist, in die dafür verantwortlichen diskursiven Mechanismen einzugreifen, ist es unumgänglich, in diesen Punkten zu neuen Antworten zu gelangen. Ob dies möglich ist, wird die Zukunft zeigen.

Anmerkungen

Die politische Dimension des Geschlechts

1 Für eine genauere Darstellung der Sex-Gender Trennung und deren theoretischer Entwicklung vgl. Becker Schmidt/Knapp, 2000.

2 Es ist also möglich, einen Körper zu haben, der weder Einheit noch Sinnhaftigkeit für sich reklamieren kann. Was sich in solch einem Körper manifestiert, ist das Nicht-Intelligible, zu dem es vielleicht einen sinnlichen Zugang gibt, das jedoch nicht systematisiert, versprachlicht oder in eine symbolische Ordnung gebracht werden kann. Gerade diese Diffusität des Nicht-Intelligiblen, seine Eigenschaft, die Grenzen rationaler Epistemologie zu subvertieren, ist es, die seinen für viele Menschen bedrohlichen Charakter ausmacht.

3 Die Trennung zwischen Individuum und Subjekt wird von Butler nicht auf diese Weise vorgenommen. Wenn Butler davon spricht, dass der Subjektstatus verloren geht, ist der Begriff des Subjekts nicht gleichbedeutend mit solchen wie Mensch, Person oder Individuum, sondern bezeichnet die Fähigkeit, als anerkannter Mensch freie Entscheidungen zu treffen. Es ist also durchaus möglich, Individuum und dennoch nicht Subjekt sein. Ignoriert man die Butlersche Bedeutung des Begriffs Subjekts, kommt es zu voreiligen Interpretationen, denen zufolge Butler sexuell und geschlechtlich deviante Menschen unausgesetzt vom Tod bedroht sieht. Eben solche Schlussfolgerungen sind es jedoch, die ihr zu Unrecht den Vorwurf einbringen, noch nicht in der heutigen Zeit angekommen zu sein und zu schreiben, als würde sie sich gegen den Papst persönlich wenden (vgl. z.B. Soiland, 2003)

4 Diese Instabilität der Grenzen hat, wie sich bei den folgenden Ausführungen zu Butlers Diskursbegriff zeigen wird, ihre Ursache nicht nur in der Heimsuchung durch das Außen, sondern auch in strukturellen Eigenschaften der Sprache und des Diskurses.

5 Die Thematik der Melancholie zieht sich durch das komplette Werk Judith Butlers, wurde von ihr jedoch erst in „Psyche der Macht" gesondert behandelt.

6 Am Schluss seiner Vorlesung über die Sprachakte sagt Austin:
„Ich habe die allgemeine Theorie absichtlich nicht in einen Streit mit philosophischen Problemen verwickelt (von denen einige so kompliziert sind, dass sie ihre Berühmtheit fast verdienen); fassen Sie das nicht so auf, als sähe ich sie nicht. Natürlich wird das alles reichlich langweilig und trocken sein, wenn man zuhören und es verdauen muss. Allerdings nicht entfernt so langweilig, wie es auszudenken und hinzuschreiben! Richtig Spaß macht es erst, wenn wir es auf die Philosophie anwenden." (Austin, 2002; 183)

Es ist in gewissem Sinne richtig zu sagen, Butler würde genau dies unternehmen, wenn sie Austin auf den philosophischen Begriff der Materie anwendet, indem sie fragt, inwiefern dieser erst durch performative Sprachakte ins Leben gerufen wird.

7 Wie verbunden sich Butler der Theorie Derridas fühlt, zeigt vor allem ihr Nachruf auf ihn (Butler, 2005)

8 Butler unterscheidet mit Austin zwischen perlokutionären und illokutionären Äußerungen. Unterscheidungskriterium ist der Zeitpunkt, zu dem sich der Effekt der Äußerungen einstellt – im ersten Fall erst später, im zweiten Fall gleichzeitig mit dem Sprechen. Für diese Unterscheidung vgl. Butler, 1998; 67f. / Für die Behandlung dieser beiden Formen des Performativs vgl. Austin, 2002; 112f.

9 Dafür ist nicht einmal der Rahmen eines öffentlichen Auftritts notwendig. Alltagspraktiken wie das Cross-Dressing zeitigen die gleichen Effekte, indem sie auf den Geschlechternormen basierende Wahrnehmungserwartungen durcheinander bringen.

10 Aufgrund dieser These ist Butler in die Nähe Baudrillards gerückt worden, da angeblich eine Nähe zwischen ihrer Auffassung einer Imitation ohne zugrunde liegendes Original und dem Begriff des Simulakrums bestünde. (Wagner, 1998; 139f.) Was diese Interpretation vergisst, ist die Tatsache, dass der Begriff des Simulakrums als eine ehemalige Simulation, die ihren Bezug zur Realität verloren hat, noch immer – wenn auch retrospektiv – auf einen festen Referenzpunkt verweist. (Baudrillard, 1978; 7f.)

11 Die Diskussion über das Verhältnis von Anerkennung und Umverteilung hat Nancy Fraser auch mit Axel Honneth geführt, den sie ebenfalls einer einseitigen Favorisierung der Anerkennung beschuldigte.

12 Der Vorwurf richtet sich vor allem gegen Foucault. Da in dem betreffenden Abschnitt jedoch auch von Butlers Foucault-Rezeption die Rede ist und Alcoff Butler in diesem Punkt nicht von Foucault abgrenzt, wirft sie ihr mindestens implizit einen zu unkritischen Umgang mit dessen Theorie vor.

13 Annuß rezensiert die englischen Ausgaben mit den Titeln „Excitable Speech“ und „The Psychic Life of Power“.

14 Abgesehen von ihrer Tätigkeit als politische Journalisten in der Zeitschrift „Le Temps Moderne“ reagierten Sartre und Merleau-Ponty mit ihren Büchern teilweise direkt auf die Ereignisse der Zeit. So etwa Merleau-Ponty, wenn er die Schauprozesse in der Sowjetunion analysierte (Merleau-Ponty, 1966b) oder das Scheitern des Sozialismus aus einer der marxschen Theorie selbst inhärenten Asymmetrie zwischen subjektiven und objektiven Faktoren erklärte (Merleau-Ponty, 1968). Auch Sartre versuchte, durch theoretische Schriften in politische Auseinandersetzungen einzugreifen – z.B. indem er entlang der Kategorien seiner Existenzphilosophie die Rolle jüdischer Bürger in der Gesellschaft und die Funktion des Antisemitismus analysierte (Sartre, 1994b) oder die marxistische Dialektik einer Relektüre unterzog, um

die Subjektivität neu zu beleben (Sartre, 1980). Sogar die Freundschaft zwischen Sartre und Merleau-Ponty zerbrach an einer politischen Frage (die Konsequenzen des Koreakrieges), nicht etwa an einer philosophischen oder privaten (Sartre, 1988b). Für eine Darstellung dieser Freundschaft, der Geschichte der „Le Temps Moderne" und der für die Entwicklung der französischen Existenzphilosophie ausschlaggebenden Ereignisse vgl. Cohen-Solal, 1988.

15 Darauf hat Butler auch schon in „Körper von Gewicht" aufmerksam gemacht, wo sie sich sowohl vom radikalen Konstruktivismus distanziert (Butler, 1997; 27f.), als auch von Interpretationen, die ihr eine Eliminierung der materiellen Körperlichkeit unterstellen (Butler, 1997; 9f./ 33 / v.a.: 103f.).

16 Butler verknüpft hier einen leibphänomenologischen Ansatz mit einem psychoanalytischen. Dies mag auf den ersten Blick verwundern, ist allerdings bereits mehrfach unternommen worden. So zum Beispiel von Pontalis und Frostholm, die beide versuchen, den Leibbegriff von Merleau-Ponty mit dem Unbewussten zu verknüpfen (Pontalis, 1968b / Frostholm, 1978), oder auch Hans Dieter Gondek, der zwar nicht ganz soweit geht, jedoch immerhin Berührungspunkte zwischen dem Begriff des „Fleisches" bei Merleau-Ponty und der Freudschen Analyse feststellt (Gondek, 2000).

17 An dieser Stelle deutet sich bereits eine zweigliedrige Fassung des Ausschlussbegriffs an, die für die Auseinandersetzung mit der Theorie Ernesto Laclaus eine wichtige Rollen spielen wird. Butlers Theorie lässt es nur in mangelhafter Weise zu, dies theoretisch zu erfassen, obwohl sie an einigen Stellen Anspielungen in diese Richtung enthält.

18 Mit Zuschauern sind hier nicht nur Menschen gemeint, die eine Drag-Vorstellung auf der Bühne sehen, sondern jeder und jede, die Zeugen einer Inszenierung von Geschlecht innerhalb einer Drag-Praxis werden, sei dies bei öffentlichen Demonstrationen oder auch nur durch die Begegnung mit einer Cross-Dresserin oder einem Cross-Dresser im öffentlichen Raum.

19 Als eine Illustration kann z.B. der Sänger Marilyn Manson dienen. Zwar spielt er bei Auftritten, in Musikvideos und auf den Covern seiner CDs bewusst mit seiner geschlechtlichen Identität, die er bald durch künstliche Hinzufügung von Brüsten als feminin, dann durch Retuschierung seiner Genitalien als androgyn stilisiert – und dies in der Absicht zu schocken, nicht, um sich lustig zu machen. Doch ist er integraler Bestandteil der Musikindustrie, auf einem großen Label, regelmäßiger Gast eines so konservativen Senders wie MTV und hat eine beachtliche Fangemeinde. Seine Berühmtheit verdankt er nicht der mit Butler als subversiv zu bezeichnenden Inszenierung geschlechtlicher Identität, sondern schlicht der Tatsache, in den Augen seiner Zuhörer ein Identitätsangebot zu offerieren, dessen Attraktion darin besteht, schick zu sein. Um sex und gender geht es dabei nicht, geschweige denn im Zusammenhang mit Politik.

20 Die Theorie der Hegemonie ist nicht nur von Laclau entwickelt worden, sondern auch durch gemeinsame Publikationen mit Chantal Mouffe. Mouffe war vor allem an der Verfassung von „Hegemonie und radikale Demokratie“ (Laclau/Mouffe, 2000) beteiligt, widmet sich seitdem aber im Wesentlichen der Demokratietheorie. Jedem Schreiben über die Theorie Laclaus erwächst daraus die Schwierigkeit, die Rolle Mouffes für die Entstehung dieser Theorie entweder durch die alleinige Nennung Laclaus auszuklammern oder durch die gleichzeitige Nennung mit Laclau überzubetonen. Deswegen wird im Folgenden (auch wenn dies an einzelnen Stellen zu grammatikalischen Problemen führt, da im Singular geschrieben wird, wo eigentlich der Plural zur Anwendung kommen müsste) Mouffe in Klammern gesetzt, wenn es um Theorieelemente geht, an deren Konzeption sie nicht im gleichen Maße wie Laclau beteiligt ist. Gemeinsam werden die Namen nur genannt, wenn es um von ihnen zusammen verfasste Schriften geht. Ansonsten wird nur von Laclau gesprochen.

Das Geschlecht als Hegemonieverhältnis

21 Bei diesem Erscheinungsjahr handelt es sich um den Zeitpunkt der Veröffentlichung der englischen Erstausgabe. Eine deutsche Übersetzung ist 1991 erstmals vom Wiener Verlag Passagen herausgegeben und im Jahr 2000 neu aufgelegt worden.

22 Bei dieser Jahreszahl handelt es sich um die deutsche Erstveröffentlichung des Aufsatzes im Rahmen eines Sammelbandes über Ernesto Laclau (Marchart, 1998). Erstmals erschien der Aufsatz als Appendix des Buches „New Reflections on The Revolution of Our Time“ (Laclau, 1990) unter dem Titel „Beyond Discourse-Analysis“ (Žižek, 1990).

23 Diese Diskussion war nicht selten von jener starken Polemik und dem „typischen Empören“ klassischer Marxisten geprägt, die einen Angriff auf „die reine Lehre“ denunzieren. Eine gute Zusammenfassung dieser Kritik mitsamt einer detaillierten Antwort findet sich in dem bereits zitierten Aufsatz Laclaus und Mouffes mit dem vielsagenden Titel „Post-Marxism without Apologies“ (Laclau / Mouffe, 1990).

24 Entsprechend der im ersten Teil der vorliegenden Arbeit formulierten Besonderheiten der Struktur poststrukturalistischer Texte lässt sich demnach auch von Laclau sagen, dass seine Theorie in der Weise ihres Aufbaus zeigt, was sie inhaltlich beschreibt – die Bewegung einer Struktur ohne klar fixiertes Zentrum, die sich verschiebt und so immer neue Konstellationen zulässt. Zweifellos ergibt sich daraus eine gewisse Schwierigkeit der systematischen Darstellung – aufgewogen jedoch durch eine entsprechende Reichhaltigkeit verschiedener Interpretations- und Weiterentwicklungsmöglichkeiten.

25 Ein gutes Beispiel dafür ist eine kleine Passage aus dem Aufsatz „New reflections on the revolutions of our time". Dort wird in einer längeren Textpassage der Begriff des Antagonismus anhand des Verhältnisses von Produktionsbedingungen und der Identität der Arbeiter erläutert, zwei Pole, die sich sehr gut beschreiben lassen und auch vom Text selbst klar benannt werden. Ein paar Seiten weiter ist dann die Rede vom Antagonismus als einem Verhältnis zu einem als reine Verneinung verstandenen konstitutiven Außen, das nicht auf eine beiden Polen zu Grunde liegende Rationalität zurückgeführt werden kann (Laclau, 1990c; 9, 17).

26 Zum Verständnis der Begriffe „Barre" und „symbolische Ordnung" bei Lacan ist das von Dylan Evans verfasste Wörterbuch der lacanianischen Psychoanalyse zu empfehlen (Evans, 2002; 49f. / 298f.).

27 Der Subjektbegriff wird zu einem späteren Zeitpunkt dieser Arbeit, insbesondere in Kapitel fünf, näher behandelt. Deswegen werden an diesem Punkt nur die Begriffe eingeführt.

28 Ein einfaches Beispiel kann helfen, diesen zunächst verwirrenden Gedanken zu verstehen. Man stelle sich eine Sprache ohne Grenzen vor. Jedes Wort wäre zulässig, jederzeit könnten neue, vielleicht gar fantasierte hinzukommen. Es gäbe keine Regeln, wie die Worte miteinander verbunden werden müssen, kein Kriterium zur Entscheidung, welche Situation welches Sprechen erforderlich macht. Die Konsequenz wäre der Verlust jedes Sinns, der durch Sprache ausgedrückt werden kann, und an die Stelle der Verständigung würde ein psychotisches Monologisieren treten, das kein Verständnis der Menschen untereinander möglich machte. Deswegen beruht die Sprache auf einem zwar stark veränderlichen, zu einem gegebenen Zeitpunkt jedoch recht klar fixierten Bestand von Wörtern, einer Reihe von Regeln, die ihre Verknüpfung steuern, und einem Ensemble von Konventionen, die festlegen, wann wie gesprochen werden muss, um bestimmte Ziele zu erreichen – beispielsweise eine Frage zu stellen. Dies entspricht einer Grenzziehung, durch die der Bereich der Sprache von einem Außen getrennt wird.

29 Bei diesem Buch handelt es sich um einen Trialog. Am Anfang formulieren Butler, Laclau und Žižek jeweils einen Fragekatalog, der die Richtung der Diskussion vorgibt. Darauf folgen von jedem jeweils drei Essays, die wechselseitig Bezug aufeinander nehmen und versuchen, Gemeinsamkeiten und Differenzen in Hinblick auf die zuvor formulierten Fragen herauszuarbeiten.

30 Dieses Argument Butlers ist schwer zu widerlegen. Die Begriffe Logik, Grammatik und Diskursformation kommen bei Laclau nur selten vor und werden, wenn überhaupt, weniger in analytischem als in metaphorischem Sinn gebraucht. Deswegen hat Butler leichtes Spiel, ihre mangelnde analytische Schärfe zu kritisieren. Laclaus Verhalten ist unverständlich, da er sich große Mühe gibt, analytische Trenn-

schärfe dort zu etablieren, wo sie in seinem Werk nie zu finden war, zudem bei Kategorien, die in seinen Theorie eine Nebenrolle spielen.

31 Dies sind vor allem die Regeln der Äquivalenz und der Differenz, die entscheidend für das Zustandekommen von sozialen Bewegungen oder auch staatlichen Ordnungen sind. Die für Laclau so wichtigen Begriffe des Antagonismus und der Hegemonie gehen auf diese Bewegungen der Elemente in einem Differenzsystem zurück. All dies soll hier jedoch nicht dargestellt, sondern erst im Folgenden erläutert werden, wenn Butler mit Laclau gelesen wird.

32 Wie Laclau zeigt auch Butler deutliche Parallelen zu Lacans Denken des Realen. Nach Lacan ist das Reale das, was vom Symbolischen ausgeschlossen wird, mit seinen Mitteln nicht benannt werden kann, jedoch fortwährend wiederkehrt als etwas Unbeschreibliches, von dem eine tiefe Bedrohung ausgeht (Evans, 2002; 250). Insbesondere Butler übernimmt in jenen Passagen, in denen sie das Außen mit solch andeutenden Begriffen wie „das Unmenschliche" bezeichnet, Lacans Tendenz, aus dem Realen eine kaum zu fassende, geheimnisvolle Instanz zu machen. Würde ihre Kritik an Laclau gegen sie selbst gekehrt, müsste sie sich bezüglich ihrer Lacan-Rezeption die Frage gefallen lassen, ob ihre implizite Bezugnahme auf das Reale nicht auch die Implikationen dieses Begriffs heraufbeschwört – namentlich das Inzesttabu. Laclau ist hier wesentlich pragmatischer. Er übernimmt die Struktur und das Funktionieren des Realen und überträgt sie auf seine Theorie, ohne sich Erwägungen darüber hinzugeben, wie es inhaltlich gefüllt sein könnte.

33 So weist der leere Signifikant D1, insofern er die nicht innerhalb der Differenzrelationen zu bezeichnenden Grenzen des Systems durch die Aufhebung eben dieser Differenzen signifiziert, zwar auf einen quasi-ontologischen Antagonismus hin, durch den ein System der Intelligibilität etabliert wird, doch steht dem entgegen, dass Laclau sein Schaubild auf die politische Situation während des russischen Zarismus bezieht, die sich ihm zufolge durch starke Unterdrückung und die Spaltung der Gesellschaft in zwei Lager auszeichnete. Dass in dieser Situation ein Lager das konstitutive Außen des anderen war, kann nicht gesagt werden, da beide klar benannt werden konnten und sich innerhalb eines gemeinsamen Rahmens der Intelligibilität befanden. Der Antagonismus-Begriff schwankt hier also zwischen der quasiontologischen und der ontischen Dimension.

34 Dass „Anything goes" mit poststrukturalistischen Texten gleichgesetzt wird, ist eine Folge der in Deutschland zum Teil noch immer bestehenden Ablehnung dieses Denkens. Poststrukturalismus wird gleichgesetzt mit Postmodernismus und dieser wiederum mit einer Attitüde der Regellosigkeit und Freiheit assoziiert, die alle Traditionen von sich abgestreift hat und macht, was ihr gefällt. Doch schon eine auch nur oberflächliche Beschäftigung mit dem, was zusammenfassend „Poststrukturalismus" genannt wird, zeigt nicht nur, wie prob-

lematisch bereits der subsumierende Charakter dieses Begriffes ist, wenn er auf die mit ihm verknüpften Autoren und Autorinnen angewandt wird (Münker/Roesler, 2000; IX), sondern auch, dass seine Gleichsetzung mit dem Begriff der Postmoderne allenfalls durch Lyotards Buch „Das postmoderne Wissen" (Im Original: La Condition Postmoderne) zu rechtfertigen ist. Ebenso wenig, wie Lyotards Werk repräsentativ für den Poststrukturalismus ist, findet sich in ihm eine Affirmation des „Anything goes"-Gedankens. Die mit dem Vorwurf des „Anything goes" operierende Kritik verzerrt demnach nicht nur die inhaltliche Stoßrichtung der von ihr behandelten Texte, sondern geht auch auf mangelnde Sachkenntnis zurück.

35 In seinem Buch „On Populist Reason" setzt Laclau den Begriff der Heterogenität an die Stelle des Begriffs der Dislokation. Beschreibt die Dislokation eher einen Effekt, so versucht die Heterogenität zu erfassen, was Träger dieses Effekts sein und wie es gedacht werden könnte. Doch stellt sich bei näherer Betrachtung heraus, dass Laclau im Wesentlichen lediglich einen Begriff durch einen anderen ersetzt. Bei der Heterogenität handelt es sich um eine Entität, die mit den Gliedern eines Differenzsystems inkompatibel ist und deswegen nicht in selbiges integriert werden kann. Damit bildet sie das Außen des Raums der Repräsentation, der durch dieses System instituiert wird. Der Ausschluss der Heterogenität ist jedoch niemals absolut, da es sich wie das Reale im Feld der Repräsentation durch Brüche und Verzerrungen niederschlägt, die von diesem niemals kontrolliert werden können (Laclau, 2005; 139f.). Mit diesem Begriff kann das Problem, wie Dislokationen vorgestellt werden können, also ebenfalls nicht bewältigt werden.

36 Auch wenn der Begriff der Heterogenität, wie gezeigt wurde, dem der Dislokation nichts Neues hinzufügt, lässt er sich doch als Niederschlag des Bemühens lesen, die von Howarth angemahnte Begriffsklärung vorzunehmen und einen eigenen Begriff für das aus dem Rahmen der Repräsentation Ausgeschlossene zu finden. Allerdings teilt auch dieser Begriff die Verschwommenheit der Dislokation. So schreibt Laclau einmal, die Dislokation könne nicht als Differenz betrachtet werden, da sie aus dem Rahmen der Repräsentation ausgeschlossen sei, so dass sie mit den anderen Elementen nichts gemeinsam hätte, was jedoch notwenig sei, um von einer Differenz zu sprechen (Laclau, 2005; 140). Im weiteren Textverlauf wird die Heterogenität dann jedoch plötzlich als andere Form der Differenz bezeichnet (Laclau, 2005; 200), was impliziert, es bestünde zumindest die Möglichkeit der Vergleichbarkeit mit anderen Elementen. Dies zwingt zu der Schlussfolgerung, dass die Heterogenität Teil des Raums der Repräsentation ist. Die ontologische Differenz strukturiert damit auch den Begriff der Heterogenität und wie bei der Dislokation wird diese Differenz nicht systematisiert.

[37] Wie Butler in einer Randbemerkung verdeutlicht, ist Melancholie nicht ausschließlich mit der Heterosexualität verknüpft, sondern wird hervorgerufen durch „starre Formen der Geschlechtszugehörigkeit und der sexuellen Identifizierung, gleich ob hetero- oder homosexuell“. Ihr Argument zielt auf die Festigkeit und Abgeschlossenheit von Identitäten, nicht auf eine bestimmte Spielart von Identität. Melancholie kann daher nicht durch das Bekenntnis zu nicht-heterosexuellen Lebensweisen überwunden werden, sondern nur durch die Flexibilisierung und Veruneindeutlichung der heute zur Verfügung stehenden Kategorien geschlechtlicher Identität.

[38] Hier ist bei Laclau ein Punkt erreicht, an dem nicht weiter argumentiert werden kann. Auf die Frage, warum der Mangel in der Struktur und im Subjekt ein Begehren nach Schließung hervorbringt, kann er keine Antwort geben. Indes ist der Gedanke nicht neu. Das Streben des hegelschen Subjekts nach Anerkennung, der Versuch des Fürsichs, dem An-sich zu gleichen, bei Sartre, das Streben nach der „jouissance“ bei Lacan – all dies lässt sich als eine Variation dieser Argumentationsfigur lesen. Konsens ist: Das Subjekt ist Mangel und in den nach-hegelianischen Varianten: ohne Möglichkeit, diesen Mangel zu überwinden. Ob man diese These und das in ihr begründete Begehren nach Schließung akzeptiert, ist eher eine Frage, wie evident sie dem Einzelnen erscheint. Alltagsbeobachtung und Selbstreflexion machen sie – wie ich meine – unmittelbar intelligibel, jedoch kann dies auch bestritten werden. Man mag dies eine Schwäche der laclauschen Theorie nennen, einen Hang zur Spekulativität, der mit wissenschaftlichem Arbeiten nichts zu tun hat. Doch immerhin versucht er eine Antwort auf die Frage zu finden, warum Menschen überhaupt handeln und sich politisch engagieren. Im Übrigen ist jede Theorie zur Voraussetzung nicht weiter zu hinterfragender Prämissen gezwungen. Ein gutes Beispiel hierfür sind etwa die auch in der Politikwissenschaft weit verbreiteten Rational-Choice-Theorien, die den Menschen bzw. ganze Staaten als rational handelnde Einheiten voraussetzen.

[39] Laclau (und Mouffe) versteht den Antagonismus an dieser Stelle als eine Praxis der Negation, die von einer oppositionellen Gruppe ausgeübt wird. An anderen Stellen ist bereits das später für Laclau maßgebende Verständnis des Antagonismus' als Grenze angelegt, die den Ausschluss festschreibt, ohne den ein System von Differenzen sich nicht konstituieren kann (z.B. Laclau/Mouffe, 2000; 161-167). Die Pluralität der Antagonismen lässt sich demnach als Pluralität von Systemen verstehen, aus denen eine Gesellschaft zusammengebaut ist.

[40] Vom gleichen Problem ist auch Judith Butlers Praxis der Resignifikation betroffen, sobald sie als umfassende politische Strategie verstanden wird. Zwar zielt Resignifikation – ebenso wie Hegemonie bei Laclau – darauf, Menschen, denen bestimmte Rechte bislang verwehrt waren, einen Weg zur Teilhabe an diesen Rechten zu eröffnen,

doch wie Butler in einer Selbstkritik anmerkt, kann daraus kein Kriterium gewonnen werden, anhand dessen reaktionäre und menschenverachtende Praktiken gegen progressive Politikformen abgegrenzt werden können. Sie verdeutlicht dies an einem extremen Beispiel. Ob in Südafrika zur Zeit der Apartheid schwarze Aktivisten zu den Wahlurnen gehen, obwohl sie als Schwarze kein Recht zu wählen haben, oder Hitler vor seiner Herrschaft Anspruch auf eine bestimmte, vorher nicht da gewesene Form des Lebens für alle Deutschen erhebt – in beiden Fällen klagt jemand durch eine resignifikatorische Praxis Rechte für sich ein, ohne von der etablierten Ordnung dazu legitimiert zu sein (Butler, 2004c; 224). Wie im Folgenden zu sehen sein wird, teilen Butler und Laclau zwar dasselbe Problem, doch sind die Konsequenzen dieses Problems für ihre Theorien sehr unterschiedlich. Bei Butler kann es nur entstehen, da sie in dem eben wiedergegebenen Absatz über die Möglichkeit einer resignifikatorischen Praxis nachdenkt, die an kein konkretes politisches Projekt geknüpft ist, sondern sich allgemein auf eine Verbesserung der gesellschaftlichen Situation richten soll. Dies ist ein Sonderfall in ihrer Theorie, da sie ihre Ausführungen sonst stets mit einem Bezug zu konkreten politischen Projekten versieht, durch die unmissverständlich klar wird, was das politische Ziel ist und warum. Genau umgekehrt verhält es sich bei Laclau.

Anerkennung als Perspektive der Geschlechterpolitik

41 In ihren Veröffentlichungen seit „Kritik der ethischen Gewalt" (Butler, 2003) verwendet Butler die Begriffe „Subjekt", „Mensch" und „Ich", ohne sie voneinander zu trennen, was zu Unsicherheiten bezüglich ihrer Ausdifferenzierung führt. Auch wenn Butler es nicht explizit erwähnt, ist ihren Ausführungen doch zu entnehmen, dass diese Kategorien in ihren Augen Konstruktionen sind – die von Diskursen und Normen hervorgebracht werden – und von ihr lediglich als Indikatoren gebraucht werden, um anzeigen, dass sie sich gerade mit Politik, Philosophie oder Psychoanalyse beschäftigt. „Mensch", „Subjekt" und „Ich" werden also nahezu bedeutungsgleich verwendet, insofern ihr semantisches Hauptgewicht auf dem Konstruktionscharakter lastet. Da der sich mit dem Anerkennungsbegriff befassende Teil dieser Arbeit sich um eine systematische Rekonstruktion Butlers verstreuter Bemerkungen zur Anerkennung bemüht und sich zu diesem Zweck eng an ihren Texten orientiert, ist es nicht zu vermeiden, das Wechselspiel der Begrifflichkeiten bis zu einem gewissen Grad zu übernehmen.

42 Die Formulierung ist hier, verglichen mit der zuvor zitierten, vergleichsweise schwach und scheint nahezulegen, es sei möglich, ein lebenswertes Leben auch ohne Anerkennung zu führen, die zu

genießen zwar schön, aber nicht zwingend ist. Der „lockere" Ton dieser Passage erklärt sich aus ihrem autobiographischen Inhalt und sollte daher nicht als eine theoretisch verbindliche Aussage zur Anerkennung gewertet werden. Butler bestätigt dies, indem sie einige Seiten später schreibt, keine Anerkennung zu besitzen würde bedeuten, nicht zum Menschlichen zu gehören und aufgrund mangelnder Erkennbarkeit nicht einmal unterdrückt werden zu können (Butler, 2004c; 218).

43 Die Originalformulierung lautet: „In a sense, the self ‚is' this relation to alterity" (Butler, 2004g; 150). Diese Formulierung bestätigt auf sehr anschauliche Weise die Feststellung Laclaus, Butler würde sich zwar gegen jede Form ontologischer oder transzendentaler Aussagen sträuben, tätige sie jedoch gezwungenermaßen selbst (Laclau, 2000; 184). Dies lässt sich zeigen, sobald die Formulierung „in gewissem Sinne" und die Anführungszeichen, von denen das Wort „ist" eingefasst wird, auf ihre Bedeutung hinterfragt werden. Wenn das Selbst nur „in gewissem Sinne" eine Relation zum Anderen ist, legt dies nahe, es gäbe auch Aspekte des Selbst, die sich nicht durch eine Beziehung zum Anderen auszeichnen. Dann kann aber nicht von einem Primat des Anderen gesprochen werden und der Unterschied Butlers zu Benjamin verschwindet. Die Vagheit des in Anführungszeichen gesetzten „ist" impliziert zweierlei: Entweder das Wort „ist" wird im Sinne einer Metapher verwendet und trifft nicht den Kern der Sache, oder das Selbst „ist" außer seiner Beziehung zum Anderen noch etwas anderes. In beiden Fällen wird die Relation zum Anderen unbestimmt und macht den Gehalt der Aussage zunichte, da sie eine Relativierung in eine Aussage einführt, die ihren Sinn nur aus ihrer kategorischen Formulierung gewinnt. Nur das Wagnis einer ontologischen Formulierung kann diese Schwierigkeiten umgehen und nur das Fungieren als ontologische Aussage im Textverlauf – entgegen der Relativierung – sichert dem Argument Butlers seine Kohärenz.

44 Wie eingangs in Ansätzen dargelegt, kann Benjamin durchaus anders gelesen werden, insofern Zerstörung ein entscheidender, entwicklungspsychologischer Faktor ist (Benjamin, 1993c; 42-52) und Anerkennung immer droht, in ihr Gegenteil umzuschlagen. Butler schreibt, Benjamin behaupte, Negation und Zerstörung könnten klar voneinander getrennt werden, und sie würde beide in ihren neuen Veröffentlichungen nur noch als Zwischenfall bzw. zu überwindendes Übel einordnen – ganz im Gegenteil zu früheren Äußerungen, denen zufolge der Zusammenbruch von Anerkennung und das Entstehen von Dominanz unausweichlich sei (Butler, 2004g; 145). Diese Vorwürfe sind schwer zu überprüfen, da Butler weder erwähnt, wie die Trennung von Negation und Zerstörung bei Benjamin ihrer Meinung nach funktioniert, noch ein Zitat angibt, das erlaubt nachzuvollziehen, welche Veröffentlichungen sie vor Augen hat, wenn sie schreibt, Benjamin habe ihren Standpunkt verändert.

45 Butler setzt hier implizit den Bereich der Legalität mit dem der Legitimität gleich, was ihr Argument ungenau und problematisch macht. Das Gesetz umfasst sicherlich den Bereich der Legalität, ist aber nicht deckungsgleich mit Legitimität, die sehr viel mehr umfassen kann. Es sind durchaus gesellschaftliche Zustände denkbar, in denen gewisse Formen von Sexualität illegal sind, von der Masse der Bevölkerung jedoch als legitim angesehen werden. In solchen Fällen bliebe den betroffenen Menschen zwar die soziale Anerkennung durch das Gesetz versagt, nicht aber die ihrer Mitmenschen. Butler scheint ihr Argument zuzuspitzen, um es besser herausarbeiten zu können.

46 Um welche Gruppen oder Individuen es sich dabei handelt, lässt Butler offen, wodurch abermals die ihm Rahmen dieser Arbeit häufig kritisierte Schwierigkeit zu Tage tritt, dass Butler ihren Begriff des Ausschlusses nicht präzisiert. Mit Laclau ließe sich sagen, der von Butler benannte Bereich liege jenseits der heutigen quasiontologischen Grenzen von Geschlechtsidentität und beschreibe Formen von Geschlecht und Begehren, die nicht binär gedacht werden können.

47 Für Merleau-Ponty ist die gesprochene Sprache jene, über die alle Menschen einer Sprachgemeinschaft sich einig sind, insofern sie über eine bestimmte Menge an Wörtern und Regeln verfügen, die zu einem bestimmten Zeitpunkt einen je spezifischen Stand der Sprache ausdrücken. Die sprechende Sprache findet in der Kommunikation oder beim Schreiben statt, wenn aus dem „starren" Fundus der gesprochenen Sprache geschöpft wird, um einen Sinn entstehen zu lassen, der im Zweifelsfall die Struktur der gesprochenen Sprache aufsprengen und verschieben kann. Mit dieser Konzeption von Sprache könnte also sogar Butlers Anliegen, die Zitation der Norm durch den Diskurs in subversiver Weise zu vollziehen, angegangen werden.

48 Der Bezug zu Benhabib zeigt noch mehr. Gegen Butler ließe sich formulieren, zur Spannung zwischen Universalität und Singularität könne es nur kommen, da sie den Begriff der Universalität soziologisch als immer schon sanktionierende Norm denkt und den der Singularität philosophisch als die Andersheit des Anderen, was eine unzulässige Vermischung verschiedener Blickwinkel darstelle und sich als Problem von selbst aufhebe, sobald man realitätsnäher ansetze und eine Unterscheidung zwischen dem Menschen in seiner allgemeinen und seiner individuellen Existenz vornehme. Wie sich in der kleinen Passage über Benhabib zeigt, ist dies keineswegs der Fall. Für Benhabib ist die Dimension des „verallgemeinerten Anderen" jene, in der jedes Individuum als „rationales Wesen" betrachtet wird, das mit seinen Mitmenschen gleiche Rechte und Pflichten teilt (was bei Butler von der Norm reguliert wird). Der „konkrete Andere" hingegen zeichnet sich durch seine besondere Geschichte, Identität, Bedürfnisse etc. aus (Benhabib, 1989; 468-469). Die von Benhabib verwendeten Begriffe erweisen sich also als sehr „bodenständig" und

realitätsnah. Über Butlers Vokabular mag berechtigterweise gestritten werden, doch beweist ein Blick auf den Ansatz Benhabibs, dass die von Butler geschilderte Spannung zwischen Norm und Singularität nicht nur den gewählten Begrifflichkeiten entspringt.

49 Butlers Argumentation an dieser Stelle ist verwunderlich. So geht das Begehren aus dem Spiegelstadium hervor und unterbricht den Zustand der Jouissance, wodurch das Subjekt infolge seiner Einschreibung in die symbolische Ordnung gebarrt und fortwährend von einem konstitutiven Mangel heimgesucht wird, der treibendes Moment seines Begehrens ist (Widmer, 1997; 26-83). Auf diese Theorieelemente Lacans stützt sich auch die Argumentation Slavoy Žižeks in seinen Beiträgen zu dem Buch „Contingency, Hegemony, Universality". In ihren Entgegnungen macht Butler ihm zum Vorwurf, sein affirmativer Umgang mit der lacanianischen Theorie würde in einer unkritischen Affirmation der Geschlechterdifferenz, des ödipalen Szenarios, des Inzestverbots und der Kastrationsangst münden (Butler, 2000; 137-148). Inwiefern ihr Bezug zum Begriff des Begehrens vor einer derartigen Affirmation frei ist, führt Butler an keiner Stelle aus.

50 Butler formuliert diesen Gedanken allgemein, nicht aber mit Fokus auf die Geschlechtsidentität (Butler, 2003; 35). Da es aber Ziel des Kapitels ist, den Begriff der Anerkennung auf Kämpfe um geschlechtliche Identität zu beschränken und keine allgemeine Theorie der Anerkennung darzulegen, wird er an dieser Stelle entsprechend reformuliert.

51 Ob ein derartiger Zustand heute eingetreten ist, kann an dieser Stelle nicht entschieden werden. Mit Blick auf den doppelten Ausschlussbegriff bei Butler und Laclau lässt sich jedoch eine Vermutung formulieren. Wenn homosexuell, bisexuell, transsexuell, transgender oder intersexuell zu sein heute nicht mehr bedeutet, unsichtbar zu sein und auf Anerkennung nicht einmal hoffen zu dürfen (Butler), bzw. wenn diese Identitäten nicht mehr im Jenseits des quasiontologischen Intelligibilitätsrahmens existieren, da sie Eingang in den von diesem gestifteten Raum des Ontischen gefunden haben (Laclau), so sind sie heute vielleicht nicht überall akzeptiert, existieren jedoch als für jeden Menschen sichtbare Möglichkeiten von Geschlechtsidentität. Wo sie anerkannt sind, deuten sie auf den anachronistischen Charakter der Normen, von denen ihre Anerkennung reguliert wird, wo sie nicht anerkannt werden, bilden sie einen für jeden sichtbaren Bereich, an dem sich die Fähigkeit der Normen bricht, Anerkennung zu stiften. Wenn nicht von einer Krise, so ließe sich aus diesem Blickwinkel doch immerhin von einem schleichenden Verlust an Verbindlichkeit sprechen, der es als politische Aufgabe erscheinen lässt, Normen zu etablieren, die über den binären und heterosexuellen Charakter von Geschlechtsidentität hinausweisen.

52 Zwar ist es möglich, zu spekulieren, ob Butler der Meinung ist, die Integration der bereits seit langem im Bereich des Irrealen existierenden geschlechtlichen Identitäten sei nur durch eine grundsätzliche Transformation der existierenden Kategorien von Geschlechtsidentität zu erreichen, doch liegt der Schwerpunkt der Textstelle einwandfrei auf einem Plädoyer für Inklusion.

53 Mit Foucault ließe sich dies als jener Augenblick beschreiben, in dem ein Primärtext sich verdunkelt und ein ihn bislang lediglich wiederholender Kommentar an seine Stelle tritt, um fortan die Hegemonie zu übernehmen (Foucault, 2000; 18-20).

54 Wesentlich umfangreicher als in dem hier zitierten Text diskutiert Antge Engel diese Thematik in ihrer Dissertation mit dem Titel „Wider die Eindeutigkeit" (Engel, 2002). Die Destabilisierung der Geschlechter und ihre Integration in eine subversive Repräsentationspolitik sind Thema der letzten beiden Kapitel.

55 Eine Ausnahme bildet das Angesicht, das nach Butler den vierten Punkt der Andersheit des Anderen bildet. Es ist den Menschen unabhängig von ihrer Geschlechtsidentität zu eigen und wird deswegen an dieser Stelle nicht in die Aufzählung mit aufgenommen.

Zur Frage des Subjekts

56 Wie im Kapitel über die Anerkennung bereits veranschaulicht, ist diese Trennung in den neueren Veröffentlichungen Butlers bei weitem nicht mehr so deutlich wie früher. Seit „Kritik der ethischen Gewalt" (2003) verwendet Butler häufig einfach nur noch den Begriff des Menschen, wenn sie nach den Konsequenzen vorenthaltener Anerkennung oder dem Ausschluss aus dem Intelligiblen fragt. Der Grund hierfür könnte darin liegen, dass sich Butler in ihren letzten Veröffentlichungen nicht mehr so stark auf diskurstheoretische Argumente stützt und ihr Vokabular einen stark humanistisch geprägten Duktus angenommen hat. Die Begriffe Subjekt und Mensch verlieren dadurch ihre Trennschärfe und werden an vielen Stellen synonym verwandt.

57 Auch werden die Bedeutungen der Begriffe Subjekt und Selbst im Zitat nicht klar voneinander unterschieden, was die Frage aufwirft, warum Butler hier zwei Begriffe verwendet, die genau genommen Verschiedenes bedeuten. Dies ist in ihren Veröffentlichungen häufig der Fall und hat seinen Grund meistens darin, dass Butler an den entsprechenden Stellen über andere Theorien referiert und deren Vokabular dabei übernimmt. So auch hier, wo sie über die Frage des Selbst bei Foucault schreibt.

58 Subjektivation ließe sich aus dieser Perspektive auch als fragiler Gleichgewichtszustand zwischen Unterwerfung und Freiheit verste-

hen. Ein Misslingen der Subjektivation ist dann nicht die Annahme eines Zeitpunkts, an dem sich im Leben eines Menschen herausstellt, dass er sich gegenüber jeder Form von sozialer Integration als resistent erweist und er deswegen aus der Gesellschaft ausgeschlossen wird. Vielmehr ist dieses Misslingen ein permanentes Risiko, entweder durch die eigene Freiheit aus dem Bereich des Intelligiblen herauszufallen oder sich den Normen so stark anzupassen, dass von Selbstaufgabe gesprochen werden muss.

59 Dazu würden alle Verhältnisse zählen, die zur ersten Kategorie des im zweiten Teils dieser Arbeit aufgezeigten doppelten Ausschlussbegriffs Butlers zählen und auch all jene, die sich mit Laclau als Unterdrückungsverhältnisse innerhalb des Rahmens des Ontischen bezeichnen ließen.

60 Dem chiastischen Verhältnis von Unterwerfung und Autonomie sprachlich Ausdruck zu verleihen ist nur möglich, wenn Formulierungen in Kauf genommen werden, die immer wieder auf die Verwobenheit der Pole aufmerksam machen. Eine solche Schreibweise ist jedoch sehr ermüdend und tendiert zu permanenten Wiederholungen. Wenn im Folgenden von Unterwerfung und Autonomie, Singularität und Allgemeinheit gesprochen wird, muss deren chiastisches Verhältnis mitgedacht werden.

61 Die von Laclau aufgegriffene These Lacans, das Subjekt ginge aus der Integration in das Symbolische hervor, ist aus diesem Grund eng mit der These Butlers verwandt, das Subjekt würde durch die Zuweisung eines Platzes in der Sprache geschaffen (Butler, 2001; 15).

62 Diese Bewegung weist große Parallelen zur Subjektivation bei Butler auf. Indem das Subjekt sich den Gesetzen der symbolischen Ordnung unterwirft, bekommt es einen Platz in ihr zugesprochen und erhält dadurch jene symbolische Repräsentanz, die es zum Leben braucht. Bei Laclau entspricht der Begriff des Symbolischen dem des Diskurses als System von Differenzen – die Argumentation lässt sich jedoch nahtlos übertragen.

63 Die Singularität des Subjekts ist bei Lacan mit dem Begriff der Jouissance verknüpft, der eine vor dem Eintritt in das Symbolische mythologische Einheit des Subjekts bezeichnet (Stavrakakis, 1999; 41f.).

64 Der bekannte Ausspruch Butlers, die Geschlechtsidentität sei eine Imitation ohne zugrunde liegendes Original (Butler, 1991; 203), zielte darauf, die angeblich natürliche Gegebenheit zweier Geschlechter durch den Verweis auf deren diskursive Konstruiertheit zu bestreiten und dadurch Platz für eine politische Auseinandersetzung über die Frage des Geschlechts zu schaffen. Wenn die Geschlechtsidentität sich damit als Element in einem Diskurs erweist, der die Verteilung der Individuen unter die intelligiblen Kategorien des Geschlechts reguliert, lässt sich mit Laclau hinzufügen, das Scheitern der geschlechtlichen Identifikation liege nicht nur an der Fiktionalität des Originals, sondern auch im notwendigen Scheitern der Identifikationsbewegung

begründet, was der Kategorie Geschlecht einen ursprünglich politischen Charakter zuspricht.

65 Wie im zweiten Teil der Arbeit gezeigt wurde, unterscheidet Laclau klar zwischen Politischem und Politik. Ersteres ist die auf Antagonismus und Dislokation unauslöschliche Subversion jedes Differenzsystems, Letzteres die in diesem unentscheidbaren Raum getroffenen konkreten Entscheidungen, die versuchen, mit dem Politischen zurechtzukommen und es in eine Ordnung zu verwandeln.

Literatur

Agamben, Giorgio (2002): Homo sacer. Die souveräne Macht und das nackte Leben; Suhrkamp; Frankfurt am Main (Übersetzt von Hubert Thüring)

Alcoff, Linda Martin (1996): Dangerous Pleasures: Foucault and the Politics of Pedophilia; in: Hekman (1996)

Alcoff, Linda Martin: Phänomenologie, Poststrukturalismus und feministische Theorie. Zum Begriff der Erfahrung; in: Stoller/Vetter (1997) (Übersetzt von Gabriella Burkhart und Silvia Stoller)

Althusser, Louis (1977): Ideologie und ideologische Staatsapparate; www.bbooks.de/texte/althusser/ (Übersetzt von Rolf Löper)

Annette Weber (1998): Diskusregime. Zur Politik des Performativen, inszeniert im affirmativen akademischen Gestus; in: Jungle World 1998 (28)

Annuß, Evelyn (1996): Umbruch und Krise in der Geschlechterforschung: Judith Butler als Symptom; in: Das Argument 1996 (4)

Annuß, Evelyn (1998): Rezension; in: Die Philosophin; 1998 (17)

Austin, John L. (2002): Zur Theorie der Sprechakte (How to do things with Words); Reclam; Stuttgart (Übersetzt von Eike von Savigny)

Badiou, Alain (1997): Die gegenwärtige Welt und das Begehren der Philosophie; in: Riha (1997)

Baudrillard, Jean (1978): Agonie des Realen; Merve; Berlin (Übersetzt von Lothar Kurzawa und Volker Schaefer

Bauhardt, Christine/von Wahl, Angelika (Hrsg.) (1999): Gender and Politics. „Geschlecht" in der feministischen Politikwissenschaft; Leske und Budrich; Opladen

Becker-Schmidt, Regina/Knapp, Gudrun-Alexi (2000): Feministische Theorien. Zur Einführung; Junius; Hamburg

Benhabib, Seyla (1989): Der verallgemeinerte und der konkrete Andere. Ansätze zu einer feministischen Moraltheorie; in: List/Studer (1989) (Übersetzt von Herlinde Studer)

Benhabib, Seyla/Butler, Judith/Cornell, Drucilla/Fraser, Nancy (1993): Der Streit um Differenz. Feminismus und Postmoder-

ne in der Gegenwart; Fischer; Frankfurt am Main (Übersetzt von Barbara Vinken, Herlinde Studer u.a.)
Benhabib, Seyla/Cornell, Drucilla (1994): Feminism as Critique. Essays on the Politics of Gender in Late-Capitalist Societys; Polity Press; Oxford
Benjamin, Jessica (1993): Phantasie und Geschlecht. Studien über Idealisierung, Anerkennung und Differenz; Stroemfeld; Frankfurt am Main (Übersetzt von Helgard Kramer und Josefine Carls)
Benjamin, Jessica (1993b): „Sympathy for the devil": Einige Bemerkungen zu Sexualität, Aggression und Pornographie; in: Benjamin (1993)
Benjamin, Jessica (1993c): Ein Entwurf zur Intersubjektivität: Anerkennung und Zerstörung; in: Benjamin (1993)
Benjamin, Jessica (1993d): Gleiche Subjekte und doch Liebesobjekte: Identifikatorische Liebe und die Herausbildung geschlechtlicher Identität; in: Benjamin (1993)
Benjamin, Jessica (2002): Der Schatten des Anderen. Intersubjektivität. Gender. Psychoanalyse; Stroemfeld; Frankfurt am Main (Übersetzt von Irmgard Hölscher)
Benjamin, Jessica (2004): Die Fesseln der Liebe. Psychoanalyse, Feminismus und das Problem der Macht; Stroemfeld; Frankfurt am Main (Übersetzt von Nils Thomas Lindquist und Diana Müller)
Bergmann, Theodor (2004): Hegemonismus; in: Haug (2004)
Bieling, Hans-Jürgen (2001): Die politische Theorie des Neomarxismus: Antonio Gramsci; in: Brodocz/Schaal (2002)
Brodocz, André/Schaal, Gary S. (Hg.) (2001): Politische Theorien der Gegenwart 1; Leske und Budrich; Opladen
Brodocz, André/Schaal, Gary S. (Hg.) (2002): Politische Theorien der Gegenwart 2; Leske und Budrich; Opladen
Bublitz, Hannelore (2002): Judith Butler. Zur Einführung; Junius; Hamburg
Butler, Judith (1987): Subjects of Desire. Hegelian Reflections in Twentieth-Century France; Columbia University Press; New York
Butler, Judith (1991): Das Unbehagen der Geschlechter; Suhrkamp; Frankfurt am Main (Übersetzt von Kathrina Menke)

Butler, Judith (1993): Für ein sorgfältiges Lesen; in: Benhabib/Butler/Cornell/Fraser (1993) (Übersetzt von Barbara Vinken)

Butler, Judith (1994): Variations on Sex and Gender; in: Benhabib/Cornell (1994)

Butler, Judith (1997): Körper von Gewicht; Suhrkamp; Frankfurt am Main (Übersetzt von Karin Wördemann)

Butler, Judith (1997b): Das Ende der Geschlechterdifferenz?; in: Huber/Heller (1997) (Übersetzt von Benjamin Marius)

Butler, Judith (1997c): Geschlechtsideologie und phänomenologische Beschreibung. Eine feministische Kritik an Merleau-Pontys Phänomenologie der Wahrnehmung; in: Stoller/Vetter (1997) (Übersetzt von Thomas Hübel und Silvia Stoller)

Butler, Judith/Laclau, Ernesto (1998): Gleichheit und Differenzen. Eine Diskussion via E-Mail; in: Marchart (1998) (Übersetzt von Oliver Marchart)

Butler, Judith (1998): Hass spricht. Zur Politik des Performativen; Berlin Verlag; Berlin (Übersetzt von Kathrina Menke und Markus Krist)

Butler, Judith (1998b): Poststrukturalismus und Postmarxismus; in: Marchart (1998) (Übersetzt von Oliver Marchart)

Butler, Judith (1998c): Weitere Reflexionen zu Hegemonie und Gender; in: Marchart (1998) (Übersetzt von Oliver Marchart)

Butler, Judith/Laclau, Ernesto/Žižek, Slavoj (2000): Contingency, Hegemony, Universality. Contemporary Dialogues on the Left; Verso; London/New York

Butler, Judith (2000): Competing Universalities; in: Butler/Laclau /Žižek (2000)

Butler, Judith (2000b): Restaging the Universal: Hegemony and the Limits of Formalism; in: Butler/Laclau /Žižek (2000)

Butler, Judith (2000c): Dynamic Conclusions; in: Butler/Laclau/Žižek (2000)

Butler, Judith (2001): Psyche der Macht. Das Subjekt der Unterwerfung; Suhrkamp; Frankfurt am Main (Übersetzt von Reiner Ansén)

Butler, Judith (2001b): Jemandem gerecht werden. Geschlechtsangleichung und Allegorien der Transsexualität; in: Das Argument 2001 (4/5) (Übersetzt von Volker Voltersdorf, Jutta Eming und Elke Koch)

Butler, Judith (2001c): Antigones Verlangen: Verwandtschaft zwischen Leben und Tod; Suhrkamp; Frankfurt am Main (Übersetzt von Reiner Ansén)

Butler, Judith (2002): Was ist Kritik? Ein Essay über Foucaults Tugend; Deutsche Zeitschrift für Philosophie 2002 (2) (Übersetzt von Jürgen Brenner)

Butler, Judith (2002b): Bodies and Power, Revisited; in: Radical Philosophy (114)

Butler, Judith (2003): Kritik der ethischen Gewalt; Suhrkamp; Frankfurt am Main (Übersetzt von Reiner Ansén)

Butler, Judith (2003b): Afterword; in: Felman (2003)

Butler, Judith (2004): Precarious Life. The Powers of Mourning and Violence; Verso; London/New York

Butler, Judith (2004b): Undoing Gender; Routledge; New York/London

Butler, Judith (2004c): The Question of Social Transformation; in: Butler (2004b)

Butler, Judith (2004d): Besides Oneself: On the Limits of Sexual Autonomy; in: Butler (2004b)

Butler, Judith (2004e): Can the „Other" of Philosophy Speak?; in: Butler (2004b)

Butler, Judith (2004f): Introduction: Acting in Concert; in: Butler (2004b)

Butler, Judith (2004g): Longing for Recognition; in: Butler (2004b)

Butler, Judith (2004h): Undiagnosing Gender; in: Butler (2004b)

Butler, Judith (2004i): Is Kinship Always Already Heterosexual?; in: Butler (2004b)

Butler, Judith (2004j): Gender Regulations; in: Butler (2004b)

Butler, Judith (2005): Obituary symposium: Jacques Derrida: Affirm the survival; in: Radical Philosophy (129):

Butler, Judith (2006): Israel/Palestine and the paradoxes of academic freedom: in. Radical Philosophy (135)

Cavarero, Adriana (1997): Schauplätze der Einzigartigkeit; in: Stoller/Vetter (1997) (Übersetzt von Petra Plieger)

Cohen-Solal, Annie (1988): Sartre 1905 – 1980; Rowohlt; Reinbek bei Hamburg (Übersetzt von Eva Groepler)

Critchley, Simon (1998): Dekonstruktion, Marxismus, Hegemonie. Zu Derrida und Laclau; in: Marchart (1998) (Übersetzt von Oliver Marchart)

Critchley, Simon (2004): Is there a normative deficit in the theory of hegemony?; in: Critchley/Marchart (2004)

Critchley, Simon/Marchart, Oliver (Hg.) (2004): Laclau. A critical reader; Routledge; London/New York

Davidson, Alaistair (2004): Hegemonie; in: Haug (2004)

Derrida (2001): Limited Inc.; Passagen; Wien (Übersetzt von Werner Rappl unter Mitarbeit von Dagmar Travner

Derrida, Jacques (2001b): Signatur Ereignis Kontext; in: Derrida (2001)

Derrida, Jacques (2005): Die Struktur, das Zeichen und das Spiel im Diskurs der Wissenschaften vom Menschen; in: Moebius/Wetzel (2005) (Übersetzt von Rodolphe Gashé und Ulrich Köppen)

Devenney, Mark (2004): Ethics and politics in discourse theory; in: Critchley/Marchart (2004)

Dreyfuß, Hubert L./Rabinow, Paul (1994): Jenseits von Strukturalismus und Hermeneutik; Beltz Athenäum; Weinheim (Übersetzt von Claus Rath und Ulrich Raulff)

Drybech, Torben Bech (1998): Diskursanalyse als postmoderne politische Theorie; in: Marchart (1998)

Duden, Barbara (1993): Die Frau ohne Unterleib: Zu Judith Butlers Entkörperung. Ein Zeitdokument; in: Feministische Studien 1993 (2)

Engel, Antge (2001): Die VerUneindeutlichung der Geschlechter – eine queere Strategie zur Veränderung gesellschaftlicher Machtverhältnisse?; in: Heidel (2001)

Engel, Antge (2002): Wider die Eindeutigkeit. Sexualität und Geschlecht im Fokus queerer Politik der Repräsentation; Campus; Frankfurt am Main

Eribon, Didier (1999): Michel Foucault. Eine Biographie; Suhrkamp; Frankfurt am Main (Übersetzt von Hans-Horst Henschen)

Evans, Dylan (2002): Wörterbuch der Lacanschen Psychoanalyse; Turia und Kant; Wien (Übersetzt von Gabriella Burkhart)

Felman, Shoshana (2003): The Scandal of the Speaking Body. Don Juan with J.L. Austin or Seduction in Two Languages; Stanford University Press; California

Foucault, Michel (1978): Dispositive der Macht; Merve; Berlin (Übersetzt von Hans-Joachim Metzger, Elke Wehr, u.a.)

Foucault, Michel (1978b): Ein Spiel um die Psychoanalyse; in: Foucault (1978) (Übersetzt von Monika Metzger)

Foucault, Michel (1994): Warum ich die Macht untersuche: Die Frage des Subjekts; in: Dreyfuß/Rabinow (1994)

Foucault, Michel (2000): Die Ordnung des Diskurses; Fischer; Frankfurt am Main (Übersetzt von Walter Seitter)

Foucault, Michel (2001): In Verteidigung der Gesellschaft; Suhrkamp; Frankfurt am Main (Übersetzt von Michaela Ott)

Fraser, Nancy (2001): Die halbierte Gerechtigkeit. Schlüsselbegriffe des postindustriellen Sozialstaats; Suhrkamp; Frankfurt am Main (Übersetzt von Karin Wördemann)

Fraser, Nancy/Honneth, Axel (2003): Umverteilung oder Anerkennung? Eine politisch-philosophische Kontroverse; Suhrkamp; Frankfurt am Main

Fraser, Nancy (2003): Soziale Gerechtigkeit im Zeitalter der Identitätspolitik. Umverteilung, Anerkennung und Beteiligung; in: Fraser/Honneth (2003) (Übersetzt von Burkhardt Wolf)

Fraser, Nancy (2003b): Anerkennung bis zur Unendlichkeit verzerrt. Eine Erwiderung auf Axel Honneth; in: Fraser/Honneth (2003) (Übersetzt von Burkhardt Wolf)

Frostholm, Birgit (1978): Leib und Unbewußtes. Freuds Begriff des Unbewußten interpretiert durch den Leib-Begriff Merleau-Pontys; Bouvier; Bonn

Fuchs, Werner/Klima, Rolf/Lautmann, Rüdiger/Rammstedt, Ottheim/Wienold, Hanns (Hg.) (1988): Lexikon zur Soziologie; Westdeutscher Verlag; Opladen

Gaché, Rodolphe: How empty can empty be? On the place of the universal; in: Critchley/Marchart (2004)

Geller, Alex (2005): Diskurs von Gewicht? Erste Schritte zu einer systematischen Kritk an Judith Butler; PappyRossa; Köln

Genschel, Corinna (1996): Fear of a Queer Planet: Dimensionen lesbisch-schwuler Gesellschaftskritik; in: Das Argument, 1996 (4)

Geras, Norman (1987): Post-Marxism?; New Left Review (163)

Giuliani, Regula (1997): Der übergangene Leib: Simone de Beauvoir, Luce Irigaray und Judith Butler; in: Phänomenologische Forschungen – Neue Folge 1997 (1)

Giuliani, Regula (2000): Merleau-Ponty und die Kulturwissenschaften; Fink; München

Giuliani, Regula (2001): Das leibliche Selbst – Grenzen der Konstruktion des Geschlechts; in: Waniek/Stoller (2001)

Glynos, Jason/Stavrakakis, Jannis (2004): Encounters of the real kind: sussing out the limits of Laclau's embrace of Lacan; in: Critchley/Marchart (2004)

Göhler, Gerhard (Hg.) (1974): Georg Wilhelm Friedrich Hegel. Frühe politische Systeme; Ullstein; Frankfurt am Main

Göhler, Gerhard (1991): Politische Theorien des 19. Jahrhunderts; in: Lieber (1991)

Göhler, Gerhard (1981): Anerkennung als Prinzip der praktischen Philosophie?; in: Hegel-Studien (16)

Gondek, Hans-Dieter (2000): Der Leib, das Unbewußte und das Fleisch. Merleau-Ponty und die Psychoanalyse; in: Giuliani (2000)

Goodin, Robert E./Pettit, Philip (Hg.) (1996): A Companion to Contemporary Political Philosophy; Blackwell Publishers; Oxford

Halder, Alois/Müller, Max (1988): Philosophisches Wörterbuch; Herder; Freiburg/Basel/Wien

Hänsch, Ulrike (1999): Subjektive Dimensionen im feministischen Streit um Geschlecht und Dekonstruktion; in: Bauhardt/von Wahl (1999)

Hark, Sabine (1999): Deviante Subjekte. Normalisierung und Subjektformierung; in: Sohn/Mehrtens (1999)

Haug, Wolfgang Fritz (Hg.) (2004): Historisch-Kritisches Wörterbuch des Marxismus, Band 6/1; Argument; Hamburg

Haug, Wolfgang Fritz (2004b): Hegemonie; in: Haug (2004)

Hauskeller, Christine (2000): Das paradoxe Subjekt. Widerstand und Unterwerfung bei Judith Butler und Michel Foucault; edition diskord; Tübingen

Heduser, Urte/Marx, Daniela/Paulitz, Tanja/Pühl, Katharina (Hg.) (2004): under construction? Konstruktivistische Perpektiven in feministischer Theorie und Forschungspraxis; Campus; Frankfurt/New York

Hegel, Georg Wilhelm Friedrich (1974): Jenaer Realphilosophie. Die Vorlesungen von 1805/06. Philosophie des Geistes; in: Göhler (1974)

Hegel, Georg Wilhelm Friedrich (1974b): Anhang zur Jenaer Realphilosophie. Ausarbeitungen zur Geistesphilosophie von 1803/04; in: Göhler (1974)

Hegel, Georg Wilhelm Friedrich (1986): Phänomenologie des Geistes; Suhrkamp; Frankfurt am Main

Heidel, Ulf (Hg.) (2001): Jenseits der Geschlechtergrenzen. Sexualitäten, Identitäten und Körper in Perspektiven der Queer-studies; MännerschwarmSkript; Hamburg

Hekman, Susan J. (1996): Feminist interpretations of Michel Foucault; Pennsylvania State University Press; Pennsylvania

Hintz, Michael/Vorwallner, Gerd (2000): Vorwort der Herausgeber; in: Laclau/Mouffe (2000)

Hirschauer, Stefan (1993): Dekonstruktion und Rekonstruktion; Plädoyer für die Erforschung des Bekannten; in: Feministische Studien 1993 (2)

Holland-Cruz, Barbara (1999): Naturverhältnisse in der Diskussion: Die Kontroverse um „sex and gender" in der feministischen Theorie; in: Bauhardt/von Wahl (1999)

Howarth, David (2004): Hegemony, political subjectivity, and radical democracy; in: Critchley/Marchart (2004)

Huber, Jörg/Heller, Martin (Hg) (1997): Konturen des Unentschiedenen; Stroemfeld; Basel

Huber, Jörg/Heller Martin (Hg) (1997b): Die Wiederkehr des Anderen; Stroemfeld; Basel

Institut für Sozialforschung Frankfurt (Hg.) (1994): Geschlechterverhältnisse und Politik; Suhrkamp; Frankfurt am Main

Jäger, Siegfried (2001): Diskurs und Wissen. Theoretische und methodische Aspekte einer kritischen Diskurs- und Dispositivanalyse; in: Keller/Hirseland/Schneider/Viehöver (2001)

Jelica Sumic (2004): Anachronism of emancipation or fidelity to politics; in: Critchley/Marchart (2004)

Keller, Reiner/Hirseland, Andreas/Schneider, Werner/Viehöver Willy (Hg.) (2001): Handbuch sozialwissenschaftliche Diskursanalyse. Band 1: Theorien und Methoden; Leske und Budrich; Opladen

Klaue, Magnus (2003): Ethos und Gewalt; in: Konkret 2003 (12)

Klima, Rolf (1988): Sozialisation; in: Fuchs/Klima/Lautmann/Rammstedt/Wienold (1988)

Krämer, Sybille (2001): Sprache, Sprechakt, Kommunikation. Sprachtheoretische Positionen des 20. Jahrhunderts; Suhrkamp; Frankfurt am Main

Kraß, Andreas (Hg.) (2003): Queer denken; Suhrkamp; Frankfurt am Main

Kraß, Andreas (2003b): Queer-Studies – eine Einführung; in: Kraß (2003)

Laclau, Ernesto (1977): Politics and Ideology in Marxist Theory: Capitalism. Fascism, Populism; NLB; London
Laclau, Ernesto (1988): Metaphor and Social Antagonisms; in: Nelson/Grossberg (1988)
Laclau, Ernesto (Hg.) (1990): New Reflections on The Revolution of Our Time; Verso; London/New York
Laclau, Ernesto (1990b): Theory, Democracy and Socialism; in: Laclau (1990)
Laclau, Ernesto (1990c): New Reflections on the Revolution of Our Time; in: Laclau (1990)
Laclau, Ernesto (1990d): The Impossibility of Society; in: Laclau (1990)
Laclau, Ernesto (1990e): Building a New Left; in: Laclau (1990)
Laclau, Ernesto (1990f): Psychoanalysis and Marxism; in: Laclau (1990)
Laclau, Ernesto/Mouffe, Chantal (1990): Post-Marxism without Apologies; in: Laclau (1990)
Laclau, Ernesto (Hg.) (1994): The Making of Political Identities; Verso; London/New York
Laclau, Ernesto (1994b): Introduction; in: Laclau (1994)
Laclau, Ernesto/Zac, Lilian (1994): Minding the Gap: The Subject of Politics; in: Laclau (1994)
Laclau, Ernesto (1996): Discourse; in: Goodin/Pettit (1996)
Laclau, Ernesto (1996b): Emanzipation und Differenz; Turia und Kant; Wien (Übersetzt von Oliver Marchart)
Laclau, Ernesto (1996c): Was haben leere Signifikanten mit Politik zu tun?; in: Laclau (1996b)
Laclau, Ernesto (1996d): Subjekt der Politik, Politik des Subjekts; in: Laclau (1996b)
Laclau, Ernesto (1996e): Von den Namen Gottes; in: Laclau (1996b)
Laclau, Ernesto (1996f): Tod und Wiederauferstehung der Ideologietheorie; in: Laclau (1996b)
Laclau, Ernesto (1996g): Macht und Repräsentation; in: Laclau (1996b)
Laclau, Ernesto (1996h): Jenseits von Emanzipation; in: Laclau (1996b)
Laclau, Ernesto (1996i): Gemeinschaft und ihre Paradoxien: Richard Rortys „Liberales Utopia"; in: Laclau (1996b)

Laclau, Ernesto (1996j): Universalismus, Partikularismus und die Frage der Identität; in: Laclau (1996b)
Laclau, Ernesto (1996k): „Die Zeit ist aus den Fugen"; in: Laclau (1996b)
Laclau, Ernesto(1996l): Deconstruction, Pragmatism, Hegemony; in: Mouffe (1996)
Laclau, Ernesto (1998): Konvergenz in offener Sache; in: Marchart (1998) (Übersetzt von Oliver Marchart)
Laclau, Ernesto/Mouffe, Chantal (2000): Hegemonie und radikale Demokratie. Zur Dekonstruktion des Marxismus; Passagen; Wien (Übersetzt von Michael Hintz und Gerd Vorwallner)
Laclau, Ernesto (2000): Structure, History and the Political; in: Butler/Laclau/Žižek (2000)
Laclau, Ernesto (2000b): Constructing Universality; in: Butler/Laclau/Žižek (2000)
Laclau, Ernesto (2000c): Identity and Hegemony: The Role of Universality in the Constitution of Political Logics; in: Butler/Laclau/Žižek (2000)
Laclau, Ernesto (2004): Glimpsing the future; in: Critchley/Marchart (2004)
Laclau, Ernesto (2005): On Populist Reason; Verso; London/New York
Landweer, Hilge (1993): Kritik und Verteidigung der Kategorie Geschlecht; in: Feministische Studien, 1993 (2)
Landweer, Hilge (1994): Generativität und Geschlecht. Ein blinder Fleck in der sex-gender Debatte; in: Wobbe/Lindemann (1994)
Laplanche, Jean/Pontalis, J.-B. (1973): Das Vokabular der Psychoanalyse; Suhrkamp; Frankfurt am Main (Übersetzt von Emma Moersch)
List, Elisabeth (1992): Schmerz: Der somatische Signifikant im Sprechen des Körpers; in: Huber/Heller (1997b)
List, Elisabeth/Studer, Herlinde (Hg.) (1989): Denkverhältnisse. Feminismus und Kritik; Suhrkamp; Frankfurt am Main
Lieber, Hans Joachim (Hg.) (1991): Politische Theorien von der Antike bis zur Gegenwart; Bundeszentrale für politische Bildung; Bonn
Lorey, Isabell (1993): Der Körper als Text und das aktuelle Selbst: Butler und Foucault; in: Feministische Studien 1993 (2)

Lorey, Isabell (1996): Immer Ärger mit dem Subjekt. Theoretische und politische Konsequenzen eines juridischen Machtmodells: Judith Butler; edition diskord; Tübingen

Ludewig, Karin (2002): Die Wiederkehr der Lust. Körperpolitik nach Foucault und Butler; Campus; Frankfurt/New York

Maihofer, Andrea (1994): Geschlecht als Existenzweise. Einige kritische Anmerkungen zu aktuellen Versuchen zu einem neuen Verständnis von „Geschlecht"; in: Institut für Sozialforschung (1994)

Maihofer, Andrea (1994b): Geschlecht als hegemonialer Diskurs. Ansätze zu einer kritischen Theorie des „Geschlechts": in: Wobbe/Lindemann (1994)

Maihofer, Andrea (1995): Geschlecht als Existenzweise; Ulrike Heimer Verlag; Frankfurt am Main

Marchart, Oliver (1996): Gesellschaft ohne Grund: Laclaus politische Theorie des Post-Fundationalismus; in: Laclau (1996b)

Marchart, Oliver (Hg.) (1998): Das Undarstellbare der Politik. Zur Hegemonietheorie Ernesto Laclaus; Turia und Kant; Wien

Marchart, Oliver (1998b): Gibt es eine Politik des Politischen? Démocratie à venir betrachtet von Clausewitz aus dem Kopfstand; in: Marchart (1998)

Marchart, Oliver (1998c): Undarstellbarkeit und „ontologische Differenz"; in: Marchart (1998)

Marchart, Oliver (2000): Das unbewußte Politische. Zum *psychoanalytic turn* in der politischen Theorie: Jameson, Butler, Laclau, Žižek; in: Trinks (2000)

Marchart, Oliver (2004): Politics and the ontological difference: on the ‚strictly philosophical' in Laclau's work; in: Critchley/Marchart (2004)

Meehan, Johanna (Hg.) (1995): Feminists read Habermas: Gendering the Subject of Discourse; Routledge; New York/London

Meehan, Johanna (1995b): Autonomy, Recognition, and Respect: Habermas, Benjamin, and Honneth; in: Meehan (1995)

Merleau-Ponty, Maurice (1966): Phänomenologie der Wahrnehmung; Walter de Gruyter; Berlin (Übersetzt von Rudolf Boehm)

Merleau-Ponty, Maurice (1966b): Humanismus und Terror; Suhrkamp; Frankfurt am Main (Übersetzt vonEva Moldenhauer)

Merleau-Ponty, Maurice (1968): Die Abenteuer der Dialektik; Suhrkamp; Frankfurt am Main (Übersetzt von Alfred Schmidt und Herbert Schmitt)

Merleau-Ponty, Maurice (1993): Die Prosa der Welt; Fink; München (Übersetzt von Regula Giuliani)

Miller, J. Hillis (2004): Taking up a task: moments of decision in Ernesto Laclau's work; in: Critchley/Marchart (2004)

Moebius, Stephan/Wetzel, Dietmar J. (2005): Biographie I; in: Moebius/Wetzel (2005)

Mouffe, Chantal (Hg.) (1979): Gramsci and Marxist Theory; Routledge & Kegan Paul; London/Boston/Henley

Mouffe, Chantal (1988): Hegemony and New Political Subjects: Toward a New Concept of Democracy; in: Nelson/Grossberg (1998)

Mouffe, Chantal (Hg.) (1996): Deconstruction and Pragmatism; Routledge; London/New York

Mouffe, Chantal (1996b): Deconstruction, Pragmatism and the Politics of Democracy; in: Mouffe (1996)

Mouffe, Chantal (2001): Feministische kulturelle Praxis aus antiessentialistischer Sicht; in: Mouffe/Trinks (2001) (Übersetzt von Jürgen Trinks)

Mouffe, Chantal/Trinks, Jürgen (Hg.) (2001): Feministische Perspektiven; Turia und Kant; Wien

Müller, Cathren (2001): Konstruktion und Rekonstruktion – Judith Butler revisited: in: Waniek/Stoller (2001)

Münker, Stefan/Roesler, Alexander (2000): Poststrukturalimus; Metzler; Stuttgart/Weimar

Nelson, Cary/Grossberg, Lawrence (Hg.) (1988): Marxism and the Interpretation of Culture; MacMillan Education; London

Pontalis, J.B. (1968): Nach Freud; Suhrkamp; Frankfurt am Main (Übersetzt von Peter Assion, Herrmann Lang u. a.)

Pontalis, J.B. (1968b): Das Problem des Unbewußten bei Merleau-Ponty (übersetzt von Herrmann Lang); in: Pontalis (1968)

Pühl, Katharina/Sauer, Birgit (2004): Geschlechterverhältnisse im Neoliberalismus. Konstruktion, Transformation und feministisch-politische Perspektiven; in: Heduser/Marx/Paulitz/Pühl (2004)

Pühl, Katharina/Wagenknecht, Nancy (2001): Wir stellen uns quer. Die Queer Theory muß ihren dark continent entdecken, die Kapitalimuskritik; in: Jungle World 2001 (15)

Ranciere, Jaques (1997): Über den Nihilismus in der Politik; in: Riha (1997)

Rebentisch, Juliane (1998): Zur sprachgrammatischen Kritik der (post-) strukturalistischen Subjektkritik: Judith Butler revisited; in: Die Philosophin (18)

Riha, Rado (Hg.) (1997): Politik der Wahrheit; Turia und Kant; Wien (Übersetzt von Rado Riha)

Riha, Rado (2004): Politics as the real of philosophy; in: Critchley/Marchart (2004)

Rödig, Andrea (2003): Scheitern erlaubt; in: Freitag 2003 (40)

Rubin, Gayle (2003): Sex denken: Anmerkungen zu einer radikalen Theorie der sexuellen Politik; in: Kraß (2003) (Übersetzt von Judith Klinger)

Sartre, Jean-Paul (1980): Kritik der dialektischen Vernunft. Theorie der gesellschaftlichen Praxis; Rowohlt; Reinbek bei Hamburg (Übersetzt von Traugott König)

Sartre, Jean Paul (1988): Sartre über Sartre. Autobiographische Schriften; Rowohlt, Reinbek bei Hamburg (Übersetzt von Gilbert Strasmann, Edmond Lutrand, u.a.)

Sartre, Jean-Paul (1988b): Über Merleau-Ponty. Freundschaft und Widersprüche; in: Sartre (1988)

Sartre, Jean-Paul (1994): Überlegungen zur Judenfrage; Rowohlt; Reinbek bei Hamburg (Übersetzt von Vincent von Wroblewsky)

Sartre, Jean-Paul (1994b): Überlegungen zur Judenfrage; in: Sartre (1994)

Sartre, Jean-Paul (1994c): Das Sein und das Nichts. Versuch einer phänomenologischen Ontologie; Rowohlt; Reinbek bei Hamburg (Übersetzt von Hans Schöneberg und Traugott König)

Scarry, Elaine (1992): Der Körper im Schmerz. Die Chiffren der Verletzlichkeit und die Erfindung der Kultur; Fischer; Frankfurt am Main (Übersetzt von Michael Bischoff)

Smith, Anne Marie (1998): Laclau and Mouffe. The radical democratic imaginary; Routledge; London/New York

Smith, Anne Marie (1998b): Das Unbehagen der Hegemonie. Die politischen Theorien von Judith Butler, Ernesto Laclau und Chantal Mouffe; in: Marchart (1998) (Übersetzt von Oliver Marchart)

Sohn, Werner/Mehrtens, Herbert (Hg.) (1999): Normalität und Abweichung. Studien zur Theorie und Geschichte der Normalisierungsgesellschaft; Leske und Budrich; Opladen
Soiland, Tove (2003): Gender – und dann?; Freitag; 2003 (29)
Stäheli, Urs (2001): Die politische Theorie der Hegemonie: Ernesto Laclau und Chantal Mouffe; in: Brodocz/Schaal (2001)
Stavrakakis, Yannis (1998): Laclau mit Lacan. Zum Verhältnis von politischer Theorie und Psychoanalyse; in: Marchart (1998) (Übersetzt von Oliver Marchart)
Stavrakakis, Yannis (1999): Lacan and the Political; Routledge, London/New York
Stoller, Silvia/Vetter, Helmuth (Hg.) (1997): Phänomenologie und Geschlechterdifferenz; WUV-Universitätsverlag; Wien
Sumic, Jelica (2004): Anachronism of emancipation or fidelity to politics; in: Critchley/Marchart (2004)
Torfing, Jacob (1999): New Theories of Discourse. Laclau, Mouffe, Žižek; Blackwell Publishers; Oxford
Trinks, Jürgen (Hg.) (2000): Bewußtsein und Unbewußtes; Turia und Kant; Wien
Wachter, Nicole (2001): Interferenzen. Zur Relevanz dekonstruktivistischer Reflexionsansätze für die Gender-Forschung; Passagen; Wien
Wagner, Hedwig (1998): Theoretische Verkörperungen. Judith Butlers feministische Subversion der Theorie; Peter Lang; Frankfurt am Main
Waldenfels, Bernhard (1997): Fremdheit des anderen Geschlechts; in: Stoller/Vetter (1997)
Walker, Jesse (2004): The death of David Reimer. A tale of sex, science and abuse; www.reason.com/news/show/33586.html
Waniek, Eva/Stoller, Silvia (Hg.) (2001): Verhandlungen des Geschlechts. Zur Konstruktivismusdebatte in der Gender-Theorie; Turia + Kant; Wien
Weinbach, Christine (2001): Die politische Theorie des Feminismus: Judith Butler.; in: Brodocz/Schaal (2001)
Widmer, Peter (1997): Subversion des Begehrens. Eine Einführung in Jacques Lacans Werk; Turia und Kant; Wien
Wobbe, Theresa/Lindemann, Gesa (Hg.) (1994): Denkachsen. Zur theoretischen und institutionellen Rede vom Geschlecht; Suhrkamp; Frankfurt am Main

Zerelli, Linda (2004): This universalism which is not one; in: Critchley/Marchart (2004)
Žižek, Slavoj (1990): Beyond Discourse-Analysis; in: Laclau (1990)
Žižek, Slavoj (1998): Jenseits der Diskursanalyse; in: Marchart, Oliver (Hg.) (1998)
Žižek, Slavoy (1999): Sehr innig und nicht zu rasch. Zwei Essays über sexuelle Differenz als philosophische Kategorie; Turia und Kant; Wien (Übersetzt von Erik M. Vogt)
Žižek, Slavoj (1999b): Judith Butler als Leserin Freuds; in: Žižek (1999)
Žižek, Slavoy (2000): Da Capo senza Fine; in: Butler/Laclau/Žižek (2000)

Weitere Programmtitel

Dirk Quadflieg
Das Sein der Sprache. Foucaults Archäologie der Moderne
164 Seiten, 15,00 EUR, ISBN 978-3-938880-04-3

Lars Gertenbach
Die Kultivierung des Marktes. Foucault und die Gouvernementalität des Neoliberalismus
188 Seiten, 17,00 EUR, ISBN 978-3-938880-09-8

Edda Kapsch
Verstehen des Anderen. Fremdverstehen im Anschluss an Husserl, Gadamer und Derrida
164 Seiten, 16,00 EUR
ISBN 978-3-938880-11-1

Stephan Uhlig (Hg.)
Was ist Hass? Anthropologische, philosophische und kulturwissenschaftliche Studien
ca. 200 Seiten, ca. 18,00 EUR, Oktober 2007
ISBN 978-3-938880-14-2

Mit Beiträgen von Hartmut Reese, Rolf Haubl, Rudolf Heltzel, Udo Tietz, Lorenz Böllinger, Margit Brückner, Volker Caysa, Katharina Liebsch und Klaus Neumann- Braun

Thomas Fuchs, Kai Vogeley und Martin Heinze (Hg.)
Subjektivität und Gehirn
ca. 300 Seiten, ca. 22,00 EUR, November 2007
ISBN 978-3-938880-15-9

Mit Beiträgen von Klaus Brücher, Hinderk Emrich, Manfred Frank, Thomas Fuchs, Wolfgang Gaebel, Jürgen Zielasek, Uwe Gonther, Jann Schlimme, Andreas Heinz, Martin Heinze, Ludger Honnefelder, Paul Hoff, Kai Vogeley, Tilo Kirche, Christian Kupke, Christoph Mundt, Hans-Peter Krüger, Friedel Reischies, Günter Schiepek und Henrik Walter

Christian Kupke (Hg.)
Lévinas' Ethik im Kontext
192 Seiten, 15,00 EUR, ISBN 978-3-938880-00-5

Mit Beiträgen von Emmanuel Lévinas, Hans-Joachim Lenger, Bernd Heiter, Elisabeth Weber, Christian Lotz, Rudolf Süsske, Andreas Spohn, Brigitte Gensch, Christian Kupke und Saito Yoshimichi

Martin Heinze, Thomas Fuchs und Friedel M. Reischies (Hg.)
Willensfreiheit – eine Illusion?
Naturalismus und Psychiatrie
256 Seiten, 20,00 EUR, ISBN 978-3-938880-07-4

Mit Beiträgen von Michael Pauen, Peter Bieri, Thomas Fuchs, Christian Kupke, Christian Kupke und Kai Vogeley, Friedel M. Reischies, Thomas Görnitz und Brigitte Görnitz, Christoph Mundt, Klaus Brücher und Uwe Gonther, Jann E. Schlimme, Bernhard Küchenhoff, Henrik Walter, Clemens Cording

Martin Heinze, Christian Kupke und Isolde Eckle (Hg.)
Sagbar – Unsagbar. Philosophische, psychoanalytische und psychiatrische Grenzreflexionen
204 Seiten, 16,00 EUR, ISBN 978-3-938880-01-2

Mit Beiträgen von Christina von Braun, Hinderk M. Emrich, Thomas Fuchs, Martin Heinze, Udo Hock, Wolfram Hogrebe, Christian Kupke, Frank Werner Pilgram, Louis A. Sass, Matthias Waltz und Osborne Wiggins

Martin Heinze, Dirk Quadflieg und Martin Bührig (Hg.)
Utopie Heimat. Psychiatrische und kulturphilosophische Zugänge
248 Seiten, 19,00 EUR, ISBN 978-3-938880-02-9

Mit Beiträgen von Rudolf Bernet, Ian Prenelle, Hinderk M. Emrich, Helmut Haselbeck, Susanna Kahlefeld, Uwe Gonther, Karen Joisten, Martin Heinze, Klaus Leferink, Christian Kupke, Johann Pfefferer-Wolf, Dirk Quadflieg, Andreas Kriwak, Franz Anton Cramer, Inge Buck und Martin Bührig